살인본능
MORDMETHODEN

살인본능
MORDMETHODEN

마르크 베네케 지음 · 김희상 옮김

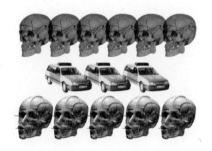

인생이라는 게 일종의 퀴즈쇼 아냐?

우리는 그저 거기에 나간 참가자일 뿐이고 말이야.

하페 케르켈링Hape Kerkeling*

* 독일의 유명 배우이자 방송 프로그램 진행자. 성우와 가수로도 왕성한 활동을 하고 있으며 책도 몇
권 썼다.

들어가는 말

법의학을 뜻하는 'forensic'은 '법정에 서다'라는
뜻의 라틴어 'in foro'라는 말에서 왔다.
즉, 공공의 심판을 받는다는 의미다.

현실은 그 어떤 판타지 소설보다도 스릴이 넘친다. 다음부터 펼쳐지는 이야기들은 그 확실한 증거다.

먼저 한 가지 충고를 하겠다. 이 책을 손에 잡고 여기에 나오는 유명한 사건들을 접하면서 혹시 들어봤다고 생각할지 모를 기존의 정보들은 모두 잊어라! 사건 수사란 언제나 우리를 경악하게 만드는 반전들의 연속이다. 워낙 복잡하게 반전이 꼬리에 꼬리를 무는 탓에 집요하게 추적을 해도 끝내 진범을 찾아낼 수 없을 것 같아 낙담에 빠질 때가 한두 번이 아니다. 여러 가지 정황이나 물증이 실타래처럼 복잡하게 얽히고

설킨 사건을 말끔하게 풀어낼 수만 있다면 얼마나 좋으랴! 하지만 사정은 그리 간단치가 않다.

예를 들어 린드버그 납치 사건의 범인으로 몰린 독일 출신 목수가 처형된 이야기를 들어보았는가? 과연 그가 진범일까? 당신의 정보원이 린드버그 가족은 25명 이상의 고용인들, 이를테면 정원사, 집사 또는 보모 등과 함께 생활했다는 이야기도 해주던가?

크로마뇽인은 사망자의 신원을 어떻게 확인했을까? 유전자 감식을 비웃으며 빠져나갈 수도 있을까? 전처가 죽음에 내몰린 정황을 O. J. 심슨 말고 누가 더 자세히 알고 있을까? 모두 똑같은 것을 보았다고 입을 모아 주장하는 증인들이 틀릴 수도 있다는 사실을 알고 있는가? 저 유명한 마술사 후디니Harry Houdini•는 대체 유령과 셜록 홈스 그리고 독일 경찰과 무슨 관련이 있을까?

하나 같이 여러분을 깜짝 놀라게 만들 이야기들이다!

나는 이 책에서 직업상 알게 된 비밀 또는 절대 누설하지 말아달라고 신신당부를 받은 정보 등을 일체 공개하지 않았다. 여기서 다룬 것은 오로지 이미 공개된 사실들뿐이다. '호몰카와 베르나르도' 사건에 언급한 인물들은 가명을 썼음을 밝혀둔다. 지면이 한정된 탓에 다루고 싶은 사건들의 가짓수를 크게 줄일 수밖에 없었다. 더욱 자세한 이야기를 할 수 없었던 것도 아쉽기만 하다. 더 궁금한 게 있으신 분들의 문의에는 성실히 답할 것을 약속드린다(www.benecke.com).

• 1874~1926, 헝가리 출신으로 미국에서 주로 활약한 마술사. 본명은 에리히 바이즈Erich Weisz 다. 수갑 등으로 포박당한 상태에서 빠져나오는 게 전문이었다고 한다.

그리고 동료 여러분, 이 책은 누구나 쉽게 읽을 수 있게 쓴 것일 뿐, 범죄학 교과서가 아니라는 점을 유념해주시길!

2004년 5월, 쾰른과 베를린에서

마르크 베네케

차례

1장

명예와 양심에 걸어라?

참혹한 범죄

"심장을 도려낸 칼크^{Kalk}*의 도살자: 광신도일까? 아니면 사이코패스?" 1997년 5월 중순 쾰른의 황색신문 〈엑스프레스^{Express}〉의 표지 전면을 장식한 기사 제목이다. 기사는 사건을 충실히 보도하고 있다. "눈으로 보고도 도저히 믿을 수가 없다. 살인범은 희생자의 흉곽을 헤집어 심장과 여타 장기들을 들어냈다. 가축도 이렇게 처참하게 다루지는 않으리라. 칼크뮐하이머슈트라세에서 발견된 시신은 60여 시간이 넘도록 머리와 양쪽 팔을 되찾지 못하고 있다. 몸통과 엉덩이 그리고 허벅지들은 법의학자들이 진땀을 흘려가며 간신히 짜 맞추어 놓았다."

앞의 제목으로 사건의 실체에 믿기 어려울 정도로 가깝게 접근해 있

---

* 쾰른을 가로질러 흐르는 라인 강의 오른쪽에 위치한 구의 이름. 원래 '칼크Kalk'라는 말은 석회를 뜻한다.

었다는 사실을 이 대중지 기자는 꿈도 꾸지 못했으리라. 또 그것을 어찌 알 수 있었으랴? 사람들은 그저 '시대의 유행'이 요구하는 쪽으로만 단서를 몰아가기에 급급했을 따름이다.

기자들은 불과 몇 년 전 오스카상에 빛나는 영화 〈양들의 침묵〉에서 본 것은 있어 가지고 서둘러 범죄 심리학자에게 매달렸다. 박사의 첫 번째 소견은 이랬다. "심장을 도려냈다는 것은 광신도가 일종의 제례를 치르기 위해 살인을 저질렀다는 것을 암시합니다. 아무튼 범인은 감정이라고는 눈곱만큼도 찾아볼 수 없는 냉혈한이 확실해 보입니다." 과연 그럴까? 이제 곧 우리는 그 진실을 확인하게 될 것이다.

퀼른의 칼크 구민들은 불안과 두려움에 떨었다. "연쇄살인범"이 언제라도 현관문을 열고 들이닥칠 것만 같았기 때문이다. 주부인 레나테 칼프(서른세 살)는 겁에 질린 목소리로 "밤새 한숨도 자지 못했어요. 조그만 소리에도 벌떡 깨어 일어나곤 했거든요" 하고 털어놓았다. 어떤 남자는 자기 말을 곧이곧대로 기사로 써달라는 신신당부와 함께 "이제 안심하고 살아가기는 다 틀려버린 일이야!"라며 한숨을 쉬었다. 그리고 자신의 이름을 반드시 익명 처리해달라고 몇 번이나 강조했다.

소동의 발단은 1997년 5월 12일로 거슬러 올라간다. 아주 화창했던 월요일 네크메틴 타스치는 해질 녘이 되자 오른쪽 라인 강변에 있는 자신의 집으로 돌아가기 위해 자전거를 타고 주말농장을 나섰다.

당시만 하더라도 오늘날에 비해 사람들의 왕래가 잦았던 칼크뮐하이머슈트라세를 한참 달리던 타스치는 문득 소변이 보고 싶어 막다른 옆 골목으로 접어들었다. 차를 돌리기 위한 공터까지 간 타스치는 그곳의 덤불을 겨냥하고 물건을 꺼내들었다. 그런데 거기에 파란색 쓰레기봉투 하나가 떡하니 놓여 있는 게 아닌가. 가정용 쓰레기봉투보다 훨씬 크고 묵직해 보이는 것이었다.

오른발로 봉투를 툭툭 차보던 타스치는 화들짝 놀라 뒤로 넘어가고 말았다. 손이 잘려 나간 사람의 팔뚝 하나가 쑥 불거져나온 것이다. 간신히 정신을 차린 타스치는 전속력으로 자전거를 몰아 공중전화박스로 갔다. 당시만 하더라도 휴대폰은 누구나 지닌 필수품이 아니었기 때문이다. 이 취미 정원사는 서둘러 '110'을 눌렀다.

경찰과 시체처리반이 수습해온 것을 쾰른의 법의학 연구소 스테인리스 탁자 위에 올려놓자 수사관들은 그게 남자의 몸통이라는 것을 한눈에 알아보았다. 물론 팔과 몸통만 있었을 뿐, 손과 머리 그리고 다리는 종적이 묘연했다. 어느 모로 보나 범인은 시신을 토막 낸 게 분명했다. 신속한 신원 확인을 시도할 수 있는 부위는 하나도 빠짐없이 뭉개져 있거나 떨어져 나간 상태였다. 성기도 있어야 할 곳에서 눈에 띄지 않았다. 경험이 많고 아주 약삭빠른 범인임에 틀림없어 보였다.

수사관들이 뜬눈으로 밤을 지새운 이튿날 돌연 새로운 단서들이 속속 튀어나오기 시작했다. 화요일 오후 거리에서 뛰놀던 아이들이 또다른 쓰레기봉투를 발견했다. 이번에도 전날의 발견 장소와 마찬가지로 칼크 지역에서 주로 빈곤층이 모여 사는 아이트슈트라세가 문제의 현장이었다. 아무것도 모르고 쓰레기봉투를 연 아이들은 그 안에서 엉덩이와 굵직한 허벅지를 보고 새된 비명을 질러 댔다.

그로부터 한 시간 반이 지나자 두 번째 봉투가 발견된 지점에서 불과 300여 미터 남짓 떨어진 곳에서 열세 살의 카를하인츠 슈타초비아크가 토막 난 종아리들을 찾아냈다. 렘샤이터슈트라세의 놀이터에서 침 한 번 뻗으면 닿을 만큼 가까운 거리였다. 자루는 인도 위에 놓여 있었으며, 다행스럽게도 아이는 곧 엄마를 불러올 수 있었다. "정말 끔찍했어요." 사건 조서에 기록된 엄마의 진술이다. "하필이면 아이가 그런 걸 발견하다니. 범인이 아직 잡히지 않았다는 생각만 해도 소름이 끼쳐요."

그녀의 소름에는 다 그만한 이유가 있었다. 이미 10년 전 비슷한 사건이 있었던 것이다. 당시 언론은 1면 톱으로 "도살자!"라는 커다란 제목을 달았었다. 그때의 현장은 에렌펠트였다. 라인 강변의 왼쪽, 그러니까 칼크와 강을 사이에 두고 좀더 북쪽으로 올라간 곳으로, 역시 전형적인 노동자 계층의 주거지역이었다. 희생자는 마리아 볼렌샤인이라는 이름을 가진 여자로, 시신은 마찬가지로 토막이 나 있었다.

토막이 난 부분들을 쓰레기봉투에 담은 점이랄지, 지역구 내부 여기저기에 흩어놓는 등의 수법이 비슷한 데다가, 옛날 사건은 여전히 미제로 남아 있었던 탓에 언론은 두 사건 사이의 연관을 거의 확실한 것처럼 떠벌려 댔다.

시민들의 분위기는 뒤숭숭하기만 했다. 이미 앞서 언급했던 1991년의 히트작 〈양들의 침묵〉뿐만 아니라 불과 2년 전의 〈저승사자Der Totmacher〉 역시 사람들의 뇌리에 강렬한 인상을 심어놓은 탓이다. 〈저승사자〉에서 한 시간 반 동안 연쇄살인범 프리츠 하르만Fritz Haarmann을 소름끼치도록 실감나게 연기한 배우는 바로 괴츠 게오르게Götz George다.• 그도

• 본문에서 언급하고 있는 영화는 독일 영화감독 로무알트 카르마카르Romuald Karmakar의 1995년 작품이다. 〈저승사자〉는 전부 24명에 달하는 소년과 남자들을 살해한 프리츠 하르만이라는 연쇄살인범의 실제 범죄 기록을 바탕으로 만든 것이다. 주연을 맡은 괴츠 게오르게는 독일 최고의 연기파 배우로 꼽힌다.

그럴 것이 1920년대에 있었던 사건의 재판 과정에서 정신과 의사에게 위촉해 실시한 정신감정 기록을 자구 하나 틀리지 않게 철저히 연구한 게오르게의 연기는 섬약해 보이기만 하는 이기주의자가 얼마나 무섭게 돌변할 수 있는지 말 그대로 똑똑하게 보여주었기 때문이다. 오랫동안 정체가 밝혀지지 않았던 범인의 부드럽기만 한 인상을 본 사람들은 부들부들 떨 수밖에 없었다. 영화를 통해 확인한 얼굴은 신문지상이나 잡지 또는 방송에서 매일 접하는 평범한 인물과 조금도 다르지 않았기 때문이다. 내 바로 옆에 있는 사람이 정신이상 증세를 가진 연쇄살인범일 수 있다! 이 얼마나 무서운 일인가. 이런 시대의 흐름에 맞추어 사람들은 하르만과 같은 유형을 진범으로 떠올릴 따름이었다.

하지만 그동안 쾰른의 수사관들은 사건이 연쇄살인범의 소행일 것이라는 짐작뿐인 확신과 거리를 두기 시작했다. 시신이 입고 있던 너덜너덜하게 찢긴 바지 호주머니에서 놀랍게도 계좌 입출금 명세서가 나온 것이다. 물론 거기에는 계좌주의 이름이 찍혀 있었다. 이로써 막연하기만 했던 피해자의 신원이 뜻밖에도 성겁게 확인이 된 것이다.

수사관들이 안도의 한숨을 몰아쉰 것은 당연한 일이다. 손도 머리도 없는 피해자의 신원을 확인할 방법은 골절을 당한 흔적이 역력하게 남아 있는 뼈에 의지하는 것밖에 없었기 때문이다. 하지만 골절상을 확인하기 위해 엑스레이 사진을 들고 일일이 골절 전문의들을 찾아다닌다? 도대체 어느 병원, 어떤 의사가 나이도 출신 지역도 모르는 남자의 엑스레이 사진을 보고 "아, 이 사람이요!" 할 것인가? 희망도 없는 지루하기만 한 탐문 수사라는 헛수고를 줄여준 것은 그러니까 기막힐 정도로 예외적인 우연이었던 것이다.

물론 신원 확인을 했다고 해서 모든 문제가 풀린 것은 아니었다. 시신에서 끄집어낸 장기를 가지고는 무슨 짓을 한 것일까? 도대체 어쩌자고 시신을 저렇게 난도질해가며 토막을 낸 것일까?

퀼른 제2형사과 강력반 수사관들은 일단 신중한 태도를 보였다. "뭔가 의미 있는 단서를 잡기 위해서는 먼저 혐의가 가는 사람의 주변을 철저히 탐문 수사해보고 집도 몇 번이고 찾아가봐야 할 것 같습니다." 형사 한 명이 애매모호한 표정으로 한 말이다. 물론 그는 혐의자라는 사람이 누구인지 입도 뻥긋하지 않았다. 아마도 근질근질한 입을 참느라 혀를 지그시 깨물었을 게 틀림없다. 수사관들은 죽은 사람의 신원을 확인하자마자 주변 인물과 친척들을 상대로 탐문 수사를 벌여왔던 것이다. 이미 단서를 잡고 있으면서 수사의 만전을 기하기 위해 입조심을 한 모양이다.

친지들 가운데 몇 명은 바로 칼크 지역에서 살고 있었다. 시신의 일부가 발견된 두 곳에서 500여 미터도 채 떨어지지 않은 곳이었다. 집의 세입자는 모하메드 라페스Mohammed Rhafes라는 사람으로, 서른한 살의 희생자 하쌘Hassan과 이복형제였다. 라페스는 부인인 아지자Aziza와 스물두 살 딸 잘리하Saliha와 함께 살고 있었다. 수사관의 거듭되는 질문에 라페스는 도무지 뭐가 어떻게 된 일인지 알 수 없다는 말만 되풀이했다. 그리고 범행이 일어난 것으로 추정되는 시간에 확실한 알리바이도 가지고 있었다. 해당 시간에 라페스는 철도에서 야간 근무를 하느라 자동차로 족히 30분은 달려야 하는 뒤셀도르프에 있었던 것이다.

라페스의 딸 잘리하는 좀더 구체적인 이야기를 들려주었다. "하쌘 삼촌은 그날 우리 집에 약 한 시간 정도 머물렀어요. 그런 다음 가셨거든요."

엄마는 딸과는 다른 이야기를 했다. 그녀의 말에 따르면 시동생은 "약 5분 정도" 집에 있었을 뿐이라는 것이다. 모녀가 각각 다른 시간을 말하는 것을 들은 수사관들은 눈빛을 반짝였다. 뭔가 있을 거라는 강한 예감이 든 것이다. 가족의 두 변호인들이 묵비권을 행사하라고 충고를 하기 전에, 딸은 더욱 의미심장한 말을 했다. 당시 "집 안에서 무슨 일이 벌어졌다!"는 것이다.

곧장 영장을 발부받아 가택수색을 벌인 수사관들은 그 "무슨 일"이라는 게 대단히 큰일임을 밝혀냈다. 아지자의 바지에서 사람을 태운 재를 담은 자루가 나왔으며, 욕실에 설치된 원통형 난로에는 시동생의 두개골과 손의 잔해가 들어 있었던 것이다. 그 밖에도 아주 깔끔하게 청소가 된 거실에서 아주 미세하기는 하지만 사망자의 혈흔도 찾아냈다. 곧바로 검찰은 두 여인들을 상대로 체포 영장을 청구했다. "다만 모하메드 라페스의 범행 가담 여부는 아직 확인할 수 없습니다. 따라서 그는 불구속 기소하겠습니다. 아직 혐의를 벗은 게 아니므로 수사관의 수사에 적극 협조해야 합니다." 저 쌀쌀맞은 독일어로 법관이 했다는 영장 심사 판결이다.•

결코 간단한 사건이 아니었다. 두 여자가 한 명의 건장한 남자를 아무런 도움도 받지 않고, 그것도 단 한 사람의 눈에도 띄지 않고 죽인 다음 토막을 내서 쓰레기봉투에 담아 칼크의 거리 곳곳에 뿌리고 다녔다? 또

• "쌀쌀맞은 독일어"라는 표현은 라페스가 아랍계 외국인 노동자라는 사실을 염두에 둔 것이다. 인구 가운데 30퍼센트가 외국인 노동자인 독일에서 언어 소통은 늘 심각한 사회문제다.

방바닥은 말할 것도 없고 집 안 구석구석에 그토록 깔끔하게 핏자국이 지워질 수 있는 것일까? 현장을 철저하게 감식한 수사관들이 확인한 것은 그야말로 미량의 혈흔이었을 뿐이다.

수사 현장에서 고민한다고 풀릴 문제는 아무것도 없다. 오로지 현장을 살피고 또 살피는 방법밖에는! 가족의 냉장고는 각각 따로 포장해 재워놓은 양고기 덩어리들로 가득 채워져 있었다. 그러니까 "도살자"는 실제로 존재했던 것이다. 물론 비유적인 의미에서가 아니라, 진짜 현실의 "도살자"가! 모하메드 라페스가 직접 자신의 손으로 이복동생을 죽이지 않은 것은 사실이었다. 하지만 시체를 전문가의 솜씨로 토막 낸 사람은 바로 라페스였다. 하지만 그의 아내 아지자는 한사코 모든 죄가 자신에게만 있다고 울부짖었다. 남편은 살해 현장에 없었거니와 시체에 칼도 대지 않았다는 거였다.

누가 시체를 토막 냈든 분명한 것은 여러 차례 양을 도살해본 경험이 있는 사람의 솜씨였다는 사실이다(가족은 아마도 불법 도축을 해왔던 것으로 보인다. 독일에서 이슬람 업자에게 도축을 허용한 것은 2002년 이후의 일이기 때문이다. 또는 검사를 받지 않은 동물을 법망을 피해 몰래 도살한 것일 수도 있다). 가축을 도살할 때는 언제나 장기들을 끄집어낸다. 누가 되었든 도축을 취미로 하는 범인은 이런 습관을 사람을 죽이면서도 그대로 지킨 셈이다. 남편이든 아내든 죽은 시체를 분해할 때 어떻게 피가 흐르는지도 익히 알고 있었으리라. 아마도 쿠스쿠스˙를 요리할 때 쓰는 평퍼짐하고 커다란 접시들이 피를 받는 데 큰 도움이 되지 않았을까. 마지

˙ 밀을 쪄서 고기와 채소 등을 곁들여 먹는 북아프리카 전통 요리.

막으로 범인은 피로 흠씬 물든 바닥 장판을 뜯어낸 게 틀림없다. 그렇게 하면 오랫동안 닦고 문지르는 수고를 줄일 수 있을 뿐만 아니라, 수사관들로 하여금 어떻게 핏자국 하나 없이 사람을 죽일 수 있을까 하며 지레 의심을 접게 만드는 효과도 낼 수 있으니 말이다.

하싼 라페스를 죽인 진범이 누구인가 하는 문제는 아지자의 자백으로 인해 오늘날까지도 미궁에 빠져 있다. 그녀가 법정에 서서 유일하게 한 발언은 이랬다. "그(하싼)가 내 딸을 침실로 끌고 들어가 겁탈하려 했어요. 그때 마침 제 눈에 싱크대 위에 있던 칼이 보였죠." 당시 마흔다섯 살이었던 여인은 법정에서 더이상 아무 말도 하지 않았다. 아지자의 변호인은 그것만으로도 자백을 한 것이라고 볼 수 있다며 더이상 발언을 하지 말라고 유도했다.

경찰의 신문에서 아지자는 물론 더 자세한 이야기를 털어놓았다. 심지어 그녀가 보는 사건의 진행 과정이 어땠는지 조목조목 설명하기도 했다. 평소 마약 중독 증세를 보이던 시동생 하싼은 툭하면 집에 나타나 행패를 일삼아 왔다는 거였다. 그날도 저녁 9시쯤 불현듯 나타난 하싼은 돈과 보석을 내놓으라고 한바탕 난리를 피웠다는 것이다. 마침내 잘리하까지 희롱하려 들자 격분한 아지자는 주방에서 칼을 집어 들고 시동생을 찔렀다고 했다. 시동생이 죽자 잘리하는 의식을 잃고 쓰러지고 말았다는 것이다. 엄마는 딸을 방으로 끌어다가 눕힌 다음, 혼자서 시체를 토막 냈다고 털어놓았다.

토막 난 덩어리를 봉투에 쓸어 담고 핏자국을 닦아내고 욕실의 난로에 석탄불을 피웠을 때는 새벽 1시가 되었다고 했다. 놀랍게도 장기와 머리 그리고 손의 일부는 난로 안에서 잘 타더라는 거였다.

이웃 사람들은 신문에 난 이 버전의 사건 보도 기사를 읽자마자 정말 굴뚝에서 검은 연기가 피어오르는 것을 보았다고 입을 모았다. 사건이 있던 날 밤과 다음 날 아침 지붕 위로 검은 연기가 뭉게뭉게 솟아오르더라나. 더불어 어쩜 그렇게도 프리츠 하르만의 경우와 똑같은지 모르겠다며 사람들은 심각한 표정을 지었다. 하르만의 집에서도 지방 덩어리를 태우는 것처럼 매캐한 검은 연기가 피어올랐다는 거였다. 하지만 하르만은 단 한 번도 시신을 태운 일이 없었다. 값싼 고기라며 시장에 내다 팔지도 않았다. 다만 정화조나 가까이 있는 강에 처박았을 뿐이다. 아무튼 인간이란 말을 부풀리는 묘한 습성을 가진 동물이다.

시체를 잘게 자르는 일이 얼마나 어려운 것인가 하는 점은 직접 비교해보면 잘 알 수 있다. 숙련된 솜씨를 자랑하는 도축업자, 그러니까 여기서 남편 또는 아내는 한 구의 시체를 해체하는 데 단 두 시간이면 충분하다. 하지만 경험이 없는 프리츠 하르만은 처음 일을 저질렀을 때 며칠을 씨름했어야만 했다.

아지자가 진술한 대로 해체한 부분들을 가지고 실제로 쇼핑 카트로 칼크의 거리들을 분주히 오가는 것을 보았다는 목격자는 단 한 사람도 나오지 않았다. 어쨌거나 이제 확실해진 것은 이 사건이 사이코패스나 냉혹한 연쇄살인범의 소행은 아니었다는 점이다. 오히려 그 반대다. "그(하싼)는 저와 제 딸을 건드렸어요." 어머니가 신문을 맡은 정신분석 전문가에게 했다는 말이다. "그런 건 정말이지 우리에게는 커다란 치욕이었죠." 이로써 아지자는 사건의 전모를 한 점의 의혹도 없이 밝힌 셈이다. 그러니까 사건의 핵심은 언론이 떠들어 대던 것처럼 엽기적인 살인마의 "묻지마식 살인"이 아니라, 주변에서 흔히 볼 수 있는 전형적인 자기방어였던 것일 뿐이다. 다만 여기서 주목해야만 할 문제는 정말 가장이 아니라 어머니가 칼을 손에 잡았을까 하는 것이다.

피고의 남편은 입을 꾹 다물고 말을 거의 하지 않았다. 다만 유일한 한마디가 사건의 진실을 추측하게 만들 뿐이다. 가족의 일원으로 진술을 거부하는 묵비권을 행사하기는 했지만 못내 부담스러운 마음의 짐을 덜고 싶었던 모양이다. "아내를 지켜줄 수 없던 게 너무나 마음이 아픕니다." 모로코 출신의 라페스는 끝내 눈물을 떨어뜨리고 말았다.

새로운 기술의 등장

유전자 감식이라는 기법이 발명되기 100년 전에 처음으로 수사 기법에 혁명을 몰고 온 것은 이른바 "지문 감식"이라는 것이다. 물론 혁명의 물꼬를 튼 쪽은 독일이 아니라 남아메리카였다. 독일의 수사관들은 지문 감식이라는 새로운 방법이 경찰의 실제 수사에 응용될 수 있을지 확신을 갖지 못했다. 새로운 방법을 두고 먼저 거부감부터 드러낸 것이다. 1891년부터 라틴아메리카에서 지문이 범인 검거에 혁혁한 성과를 올리고 있다는 소문을 독일 수사관들은 도무지 믿으려 들지 않았다. 아니, 손가락에 그려진 선들을 비교할 수 있으려면 먼저 모든 손금들에 관한 정보부터 축적을 해놓아야 의미 있는 비교가 가능할 게 아니냐는 반론이었다.

아무튼 새 기술을 바라보는 경찰관들의 불신은 뿌리 깊기만 했다. 참다못한 드레스덴의 경찰청장 파울 코에티히는 1903년 3월 30일, 앞으로 모든 범죄 수사에 지문 활용을 강제하는 명령을 내렸다. 정식 교육을 받은 수사관으로서 지문과 같은 탁월한 기법이 독일에서 무시당하는 꼴을 더이상 두고 볼 수 없었던 것이다.

효과는 단박에 나타났다. 오늘날까지 지문은 현장에서 가장 쉽게 확보할 수 있는 단서로 꼽히고 있다. 현장에 남은 단서들 가운데 족히 4분의 3정도를 차지하는 게 지문이다. 2001년 인문학자 한 사람이 미국에서의 지문 남용을 공격하는 글을 써서 언론의 커다란 반향을 불러일으키기는 했지만, 그래도 지문은 여전히 가장 효과적인 수사 방법으로 꼽히고 있다. 이유는 간단하다. 지문 감식은 그만큼 확실한 물적 증거를 확보해주기 때문이다.

100년 전과는 달리 오늘날 사람들은 새로운 범죄 수사 기법을 열광적으로 받아들이기는 하지만 그 속도만큼이나 빠르게 회의적인 반응도 쏟아져나온다. 특히 미국에서 최근 들어 새 방법을 도입하기 전에 일종의 유예기간을 두어야 한다는 목소리가 힘을 얻고 있다. 새 수사 기법의 결과물을 법정에 내놓기 위해서는 꼼꼼하게 어떤 부작용이 있을지 검토하는 시간을 가져야 한다는 것이다. 사실 몽타주 작성이나 유전자 감식에 있어 그 방법을 적용할 한계를 먼저 분명히 해두지 않으면 문제가 생겨날 소지는 크기만 하다. 유럽에서야 워낙 신기술을 받아들이는 속도가 느리고 또 아주 신중하게 접근하는 탓에 미국에서와 같은 격렬한 찬반논쟁은 별로 일어나지 않는다.

그러나 신기술만 위험부담을 가지고 있는 것은 아니다. 기존의 방법들 역시 암초에 걸릴 위험은 크기만 하다. 증인의 진술이 그 좋은 예다. 왕왕 진술은 숭숭 구멍 난 기억이나 착각 또는 선입견 등으로 심각한 결함을 노출하곤 한다. 워낙 정도가 심한 탓에 정말 그런 진술을 법정에서 증거로 채택해야 할지 곤혹스러울 때가 한두 번이 아니다. 거꾸로 극도의 심리 불안 상태로 인해 저런 사람의 말을 믿어야 좋을지 헷갈리는 경우에 오히려 결정적인 단서가 잡히는 경우도 많다. 그래서 이 책은 자연과학을 이용한 수사 기법의 발달만 취급할 게 아니라, 인간이기에 생겨날 수 있는 모든 "인간적인 측면"들을 함께 다루게 될 것이다. 미리부터 말해두지만 참으로 기기묘묘한 게 우리네 인생살이다.

범죄를 부르는 관행

초창기 법의학자들을 곤란에 빠뜨린 것은 무엇보다도 새로운 기술을 낯설게 바라보고 거부감을 갖는 사람들의 태도였다. 앞서 든 지문이라는 예만 보아도 기왕의 습관을 깨기란 간단한 일이 아니다. 게다가 살인 사건과 같은 강력 범죄를 다루는 데 있어 수사관들의 손을 묶어 매는 사회적 강제도 적지 않다. 오늘날 범죄로 여겨지는 행위가 과거에는 일상이었던 사례가 얼마나 많은가. 습관과 관행이 잘못된 것, 심지어 잔혹 행위로 사람들에게 의식이 되기까지 몇십 년, 심지어 100여 년이 넘게 걸리는 경우가 허다하다.

예를 들어 결투라는 전통이 마침내 꼬리를 감춘 것은 20세기 초반에 들어와서의 일이다. 19세기 말엽 독일어권 지역에서 결투는 명시적으로 금지된 행위였다. 다시 말해서 감옥에 갈 각오를 하고 결투를 벌여야만 했다. 하지만 금지령을 두려워하는 사람은 별로 없었다.

1888년 아돌프 코후트라는 이름의 박사는 결투 현상을 두고 다음과 같이 말했다. "장교나 대학생들만 결투를 벌인 건 아니죠. 정치가, 시인, 예술가 등 직업을 불문하고 '자신의 명예'가 더럽혀졌다고 생각하면 불문곡직 칼이나 권총을 잡았습니다. 별것 아닌 오해, 입꼬리를 비트는 기분 나쁜 미소, 깔보는 눈길, 사소한 의견 차이 등 쌈닭을 흥분하게 하는 일은 많기만 했죠. 걸핏하면 볏을 쫑긋 세우고 목숨 걸고 남의 목숨을 짓밟으려 든 겁니다."

결투를 벌이는 관행은 심지어 결투만큼은 막아야 한다고 주장해온 결투 반대론자로 하여금 자신의 주장과 학설을 까맣게 잊어버리고 무기를 잡게 만드는 위력을 과시하기도 했다. 언제나 발단은 그놈의 "명예"였다. 남자뿐만 아니라 여자 역시 잃어버린 명예를 무슨 "신주단지" 모시듯 했다. 재물을 도둑맞은 것 못지않게 흥분해서 길길이 날뛰며 결투를 외치곤 했다. "가보"를 잃은 것만큼이나 치명적인 게 "더럽혀진 명예"였다. 결투 신청이야말로 잃은 것을 회복할 유일하고도 적절한 기회라고 보았던 것이다. 이런 사정을 그림처럼 보여주는 좋은 예로 당대 최고의 유명 인사였던 두 남자의 결투를 꼽을 수 있다. 시작부터 어처구니가 없어 웃길 뿐만 아니라, 전혀 예상하지 못한 반전으로 재미있는 결말을 맺은 사건이다.

목숨을 건 결투

1871년 독일을 통일하는 위업을 세우고 통일 독일 제국의 초대 수상으로 취임한 오토 폰 비스마르크Otto von Bismarck는 불타는 공명심에 아주 무뚝뚝한 성격의 소유자였다. 1832년 괴팅겐에서 법학 공부를 시작하기 전에 비스마르크는 베를린에서 첫 번째 드잡이를 벌였다. 장식이 화려한 값비싼 옷을 차려입은 비스마르크를 보고 어떤 대학생이 실소를 금치 못한 것이다. 드높은 자부심과 자존심으로 무장한 비스마르크는 "얼간이 같은 놈!" 하고 쏘아붙였다. 요즘 같으면 서로 픽 웃고 지나갈 일을 대학생은 그 자리에서 결투를 신청했다. 문제는 같은 동아리 소속의 대학생들 세 명이 "얼간이"의 편을 들고 나선 것이다. 하지만 선선히 결투 신청을 받아들이는 비스마르크를 보고 네 명의 대학생은 눈이 휘둥그레지고 말았다. 곧바로 꼬리를 내렸기에 망정이지 네 명의 "얼간이"들은 하마터면 목숨을 잃을 뻔했다. 비스마르크는 옷만 잘 차려입은 게 아니라 대단히 뛰어난 칼 솜씨를 자랑했기 때문이다. "얼간이"들은 황급히 달려온 또다른 친구의 귓속말에 꽁무니부터 빼고 말았다.

유서 깊은 귀족 가문 출신이었던 비스마르크는 자신도 대학에 들어 감과 동시에 동아리에 들 생각이었다. 그래서 어느 동아리가 좋을까 기웃거린 탓에 네 "얼간이"들이 속한 향우회 "하노베라Hannovera"•에도 그의 칼 솜씨가 전해져 있었던 것이다. 게다가 시비가 벌어질 당시 비스마르크는 훨씬 더 큰 세력을 자랑하는 "브라운슈바이크 동우회" 소속이었다. 아무튼 괴팅겐에서 공부하는 3년 동안 비스마르크가 벌인 결투만 24회가 넘는다고 한다. 나중에 어른이 되어서도 비스마르크는 자신이 상대에게 입힌 흉터를 몹시 자랑스러워했다나.

하지만 피를 부르는 결투를 달가워하지 않는 여론 때문에 비스마르크는 칼을 뽑을 때마다 대학 당국의 처벌을 감수해야만 했다. 비스마르크는 여느 동우회 회원과 마찬가지로 벌을 받을 때마다 거들먹거리는 태도로 한껏 자신감을 뽐냈다. 아무튼 손상당한 명예 회복을 위해서라면 기꺼이 칼을 뽑아든 것이다. 더구나 "브라운슈바이크 동우회"의 더욱 혁혁한 전과를 자랑하는 선배가 한 결투 신청도 마다하지 않고 상대의 얼굴에 칼자국을 남기고 말았다.

반면 루돌프 폰 피르호Rudolf von Virchow••의 인생은 그 출발부터 달랐다. 포메른의 소시민 가정에서 태어난 피르호는 1840년 베를린의 사관학교 부속병원에서 의학 공부를 시작했다. 학비를 부담스러워하는 부

•   하노버 출신 동우회라는 뜻.

••   1821~1902, 독일 출신의 병리학자이자 인류학자. 엄격한 자연과학으로서의 의학이라는 모델을 추구한 것으로 유명하다.

모를 생각해 장학금을 받을 수 있는 사관학교를 택한 것이다.

이후 의사가 된 피르호는 병리학자이자 해부학자로서 국민 건강을 위해 헌신했다. 특히 그는 열악한 생활환경에서 고생하는 도시의 빈민 노동자들을 지극한 정성으로 돌보았다. 전염병은 빈민의 생활환경 개선을 통해서만 막을 수 있다고 힘주어 강조한 탓에 피르호는 베를린 대학교의 교수직을 내놓아야만 했다. 이후 다시 베를린의 부름을 받기까지 피르호는 뷔르츠부르크에서 7년 동안 의학을 가르쳤다. 그의 많은 제자들이 교수가 된 것만 보아도 피르호의 가르침이 얼마나 훌륭한 것인지 잘 알 수 있다.

피르호는 의학자로서만이 아니라 정치가로서도 명성을 떨쳤다. 1861년 피르호는 자유주의를 표방한 "진보정당Fortschrittspartei"의 공동 창설자로 이름을 올렸다. 그는 40년 동안 베를린 시의회 의원을 지냈으며, 51년 동안 프로이센 지방의회에서 활동했고, 독일 전체를 대표하는 "제국의회"에서는 13년이라는 세월을 보냈다. 우리가 지금 돌아볼 결투의 역사에서 위대한 순간은 1865년 6월 2일의 일이다. 당시 프로이센 지방의회에서는 해군 문제를 둘러싸고 격론이 벌어졌다.

당시 정치 상황에서 이른바 '좌파'라 할 수 있는 피르호는 귀족 출신임을 자랑스러워하는 프로이센 주지사 비스마르크를 벌써 몇 년 동안이나 사사건건 물고 늘어짐으로써 한껏 자극하고 있었다. 여기에 전함 처리 문제로 격론이 빚어지면서 두 사람 사이의 긴장감은 그야말로 극에 달할 지경이었다.

올덴부르크 주를 대표하는 각료였던 한니발 피셔가 1852년 정부로부터 위탁을 받아 해군의 낡은 군함을 경매 처분하기로 나섰을 때, 이 문제는 그야말로 뜨거운 감자였다. 독일과 덴마크가 평화협정을 체결하면서 필요가 없어진 군함 처리 문제는 정부의 생각처럼 간단하게 굴러가지 않았다. 수많은 독일 국민은 억장이 무너져내리는 것만 같았다. 해군에 몸담고 있는 사람들만 그런 것은 아니었다. 자신이 낸 세금으로 건조된 군함이 팔려나간다는 소식을 들은 국민들은 섭섭한 감정을 노골적으로 드러냈다. 피셔가 역사책에 "선박 중개상"이라는 오명을 뒤집어쓰고 있는 이유가 달리 있는 게 아니다. 심지어 살아 있는 동안 피셔는 "사기꾼이자 한탕주의자"라는 욕을 먹어야만 했다. 몇 푼 이익에 눈이 어두워 "손을 더럽히는 무뢰한"이라나! 정부로부터 위탁을 받았을 뿐인 피셔로서는 억울하기도 했으리라. 그렇지만 그의 이름은 오늘날까지도 "해전海戰 애호가"들 사이에서 악당의 대명사처럼 불리고 있을 따름이다.

함선 경매 이후 해군 문제는 사사건건 격론을 불러일으켰다. 피르호의 공격이 비스마르크의 마음을 얼마나 상하게 했는지 우리는 아쉽게도 짐작만 할 수 있을 뿐이다. 당시 의회 속기록에 나오는 피르호의 발언을 오늘날 우리의 입장에서 읽어보면 거듭 자제하는 분위기가 만져질 정도의 입바른 소리에 지나지 않는다. 좀 심하다 싶은 것도 약간의 뻔뻔함이 묻어날 정도랄까. 하지만 항상 그놈의 명예가 화근이었다. 정반대되는 성격의 소유자들이 오랜 기간에 걸쳐 벌여온 논쟁은 이제 정점을 향해 치닫고 있었다. 속기록을 보면 다음과 같은 피르호의 발언이 나온다.

"말도 안 되는 주장(함선 경매는 한니발 피셔의 단독 결정에 따른 것이라는 주장—지은이)이 횡행하고 있어 어쩔 수 없이 보고서의 몇 대목을 직접 읽어드려야만 하겠군요. 보고서를 읽으면서 친애하는 수상 각하께서 보고서를 남김 없이 검토는 하셨는지 의심하지 않을 수 없습니다. 혹시 원하는 쪽으로 결말을 이끌어내기 위해 정작 중요한 문제는 무시하신 것은 아닌지요? 그래도 수상 각하께서 보고서에 피셔의 행위를 옹호하는 대목이 없다고 주장하신다면, 전 정말이지 모르겠습니다. 진실이라는 말을 어떻게 여기고 계신지 궁금하기 짝이 없군요."

이 공격은 비스마르크가 생각하는 명예에 너무나 깊은 상처를 남기고 말았다. 피르호는 비스마르크가 중요한 서류를 읽지도 않았을 뿐만 아니라 거짓말까지 하고 있다는 비난의 칼날을 휘두른 것이기 때문이다.

며칠 지나지 않아 비스마르크는 결투 입회인으로 코이델이라는 사람을 내세웠다. 일단 들어온 결투 신청을 물리칠 수 없었던 피르호 역시 헤니히를 증인으로 세웠다. 이제 상황은 긴박하게만 돌아갔다. 언론은 비스마르크도 피르호도 나라에 없어서는 안 될 중요한 정치인이라며 죽음의 위협을 무릅쓰는 일만큼은 없어야 한다고 언성을 높였다. 그러나 그것은 겉보기일 뿐, 워낙 대립된 세계관과 정치적 이념을 가진 두 사람이었기에 내심 결투를 손꼽아 기다리는 분위기였다.

물론 상황은 막장까지 치닫지는 않았다. 6월 8일 베를린 시장 포르켄베크가 중재를 시도하고 나선 것이다. 의사당 연단에 선 시장은 의회 안에서 일어난 일을 의회 바깥으로 끌고나가서는 안 된다고 강변했다. "법과 도덕 그리고 화합"을 최고의 가치로 삼는 의회 안에서 결투는 불가능하므로 대화로써 문제를 풀어야 한다며 거듭 화해를 촉구했다.

의회 의장 그라보 역시 옳다구나 맞장구를 치고 나섰다. 냉정한 어조로 의장은 누구를 막론하고 모든 의원은 의회가 정한 규율에 복종해야 마땅하다고 힘주어 강조하며 의회 안에서 결투는 있을 수 없는 일이라고 못 박았다. 이로써 사건은 해결된 것이라며 의장은 의사봉을 탕탕 두들겼다.

군함 매각을 둘러싼 추문으로 자신의 정치적 입지에 결정적인 타격을 받은 국방 장관 로온의 생각은 달랐다. 자신은 무슨 일이 있어도 비스마르크의 편에 설 것이라고 시키지도 않은 소리를 하면서 "개인의 명예야말로 인간이 가진 가장 소중한 것"이라며 명예의 회복을 위해서는 법도 불사해야 한다고 목청을 높였다. 자신이 "결투의 무조건적인 신봉자"는 아니지만, 이번 일만큼은 결투가 불가피하다며 비스마르크를 들쑤신 것이다. "세상의 어떤 권력"도 명예를 바로잡으려는 개인의 요구를 무력화할 수는 없다는 소리까지 서슴지 않았다. 이런 국방 장관의 눈에 국회법 같은 게 들어오겠는가? 여기서 그치지 않고 로온은 한마디 더 거들어, 만약 피르호가 공개 사과를 하지 않으면 비스마르크는 명예 회복을 위해 어떤 수단이라도 고를 자유 및 권리가 있다는 노골적인 선동을 자행했다. 게다가 일단 저질러진 결투 신청을 의회가 묵살할 수는 없으며, 피르호는 어떤 무기를 고를 것인지 결정만 하라고 을러댔다. 참으로 놀라운 발상이 아닐 수 없었다. 프로이센의 국방 장관은 법보다 개인의 명예를 우선시하는 것만으로 모자라 아예 입법부를 상대로 협박을 해댄 꼴이니 말이다.

보수당은 쌍수를 들고 국방 장관의 발언을 지지하고 나섰다. 당 대변인은 즉각 원칙적으로 의회 안에서의 모든 대결은 "의사당 밖에서도 그에 합당한 결과를 불러와야 마땅하다"며 싸움을 더욱 부추겼다. 그러니까 긴가민가한 경우에는 불법적인 결투 역시 좋은 방법이라는 억지였다. 언론은 연일 이 사건을 놓고 대서특필했다. 하긴 이 얼마나 좋은 먹잇감인가.

의회가 들쑤신 벌집처럼 소란스러웠음은 당연한 일이다. 의장의 명시적인 입장 표명에도 찬반 격론은 쉽사리 잦아들 줄 몰랐다. 결국 아무런 결정을 내리지 못하자 국방 장관은 다음 날 피르호에게 쪽지를 보내 이제 앞으로 일을 어떻게 처리할 생각이냐며 고견을 구했다.

오늘날 베를린 대학병원(샤리테Charité*)의 역사를 설명한 글을 보면 아주 분명한 어조로 당시 피르호의 입장을 피력한 대목이 나온다. "결투 신청을 받기는 했지만 정치적 문제를 해결하는 데 있어 무기는 적절하지 않다는 확신으로 의연하게 양보했다"는 것이다. 과연 그럴까? 그렇게 쉽게 물러설 피르호가 아닐 텐데?

피르호는 무기를 잡는 대신 역시 대가다운 전략으로 사건을 마무리 지었다. 6월 17일, 그러니까 처음 시비가 일어난 날로부터 꼭 2주 만에 피르호는 다시 의회의 연단에 서서 당시 자신의 연설에는 이미 사과의 의미도 포함되어 있었다고 강조했다. 예나 지금이나 비스마르크가 논란의 빌미를 제공한 보고서를 읽지 않았다는 생각에는 변함이 없다고 피르호는 힘주어 말했다. 만약 비스마르크가 보고서를 꼼꼼하게 읽었다면 분명 뭔가 문제가 있다는 것을 알아차렸을 것이라는 지적이었다. 그럼에도 보고서와 다른 이야기를 했다는 것은 결국 읽지 않았다는 방증이 아니냐며 비스마르크를 몰아세운 것이다. 모르는 것을 두고 의도적으로 거짓말을 할 사람은 없으므로 진실을 재촉한 것은 어디까지나

---

* 이 병원의 설립에는 피르호가 결정적인 공헌을 했다.

수상의 양심을 존중하는 배려였다! 그저 모르는 것을 모른다고만 이야기하라고 했던 것일 뿐이라며 피르호는 불쾌했다면 양해를 구한다고 여유로운 미소를 흘렸다.

공을 넘겨받은 비스마르크는 이를 갈면서도 무늬뿐인 사과를 받아들이지 않을 수 없었다. 계속 뻗댔다가는 거짓말쟁이로 몰릴 수밖에 없지 않은가. 수상의 대변인인 국방 장관은 피르호에게 통지를 보냈다. "수상 각하께서는 더이상 사건을 문제 삼고 싶지 않으시다는 뜻을 전해달라고 하십니다."

두 고집불통의 결투는 결국 말싸움으로만 끝을 보았다.

명예가 문제로다

퀼른과 베를린 같은 대도시나 공장이 많은 루르 지방처럼 외국인들이 많이 살고 있는 지역에서 신문 독자들은 사건·사고 뉴스를 읽으며 깜짝 놀라곤 한다. 프랑크푸르트 외국인 담당 경찰관 할루크 카야가 스크랩해놓은 기사들이 그 좋은 예다. "자신을 동성애자라고 놀려 대는 데 격분한 남자가 상대를 열일곱 번이나 칼로 찔렀다!" "쉰다섯 살의 남자가 자신의 아내와 침대에서 뒹굴고 있던 이웃 남자를 현장에서 살해하고 그 흉기에 입을 맞추었다!" "격분한 아버지가 딸을 강간하려고 했던 열여섯 살 소년과 그의 마흔아홉 살 아버지를 살해했다."

그런 사건들을 보며 당혹스러운 나머지 문화가 달라서 생겨난 결과일 것으로 지레짐작을 하는 경향이 있다. 실제로 위의 기사들에서 눈 한 번 끔뻑이지 않고 살인을 한 사람들은 언제나 터키계였다. 사건의 핵심이 손상당한 명예다 보니 범인들은 100여 년 전 독일의 의원들처럼 법을 무시해도 좋다고 생각하는 모양이다. 범인들은 한결같이 자신의 명예에 손상이 가는 최악의 상황을 정당하고도 훌륭한 방법으로 정리했다는 확신에 젖어 있다.

물론 독일 사람들도 위급한 경우에 법보다 양심에 따르는 것을 당연히 여긴다. 심지어 국가가 이를 장려하기도 한다. 군인과 경찰관이 행사하는 무력은 어디까지나 양심의 결단에 맡겨진 것이며, 일반 시민에게도 눈 뜨고 볼 수 없는 만행을 주먹으로 응징할 용기를 인정해주고 있다. 이렇게 볼 때 범법 행위에서 어떤 문화가 다른 문화보다 우월한 가치를 가지고 있다는 식의 접근 방식은 말이 되지 않는 것이다. 그런 논리는 자신의 사회에서 통용되는 가치만이 옳다는 터무니없는 자만심만 갖게 만들 뿐이다.

범죄 행위를 이해하기 위해서는 범인을 범행으로 몰고 간 심리적인 동기를 정확히 살펴보는 것이 문화적 차이를 운운하는 것보다 훨씬 올바른 접근 방식이다. 지금 우리의 예에서 문제가 되고 있는 것은 명예와 자존심의 훼손이다. 터키 전통 사회는 명예를 세 가지로 구분하고 있다. 여기서 다른 두 가지는 해당이 되지 않는다 할지라도 한 가지만 심각한 위협을 받으면 명예는 깨진 것으로 본다.

한 인간이 사회 안에서 감당해야 하는 성적 역할과 관련된 명예를 터키 사람들은 "나무스namus"라고 부른다. 그러니까 사회 안에서 성별에 따라 어떤 태도를 취해야 하는지 규정한 것이 "나무스"다. 이를테면 남자는 가정을 부양할 의무를 가지며, 여자는 살림을 떠맡고 아이를 키우는 것이 타고날 때부터의 의무라고 보는 식이다. 여기서 더 나아가 여자가 반드시 지켜야만 할 명예를 정한 게 "이르츠irz"다. 이에 따르면 여성들은 혼전 순결을 반드시 지켜야만 한다. 남자를 만나는 데 있어서도 적극적인 태도를 보이면 안 된다. 항상 다소곳하게 수줍음을 보여야 마땅하다. 그러니까 남자에게 "이르츠"는 적용되지 않는다. 쉽게 말해서 남자는 혼전 성관계를 가져도 나무랄 일이 아니라고 보는 것이다.

"나무스"가 성별에 따라 한 인간이 사회에서 감당해야 할 일반적인 역할을 규정한 것이라면, "이르츠"는 특별한 의미에서 여자가 지켜야 할 순결과 다소곳한 몸가짐을 요구하고 있는 셈이다.

세 번째 종류의 명예를 일러 터키 사람들은 "세레프Şeref"라고 한다. 이것은 바로 우리 유럽 사람들이 말하는 "개인적인 명예"를 뜻한다. 다시 말해서 저 사람은 늘 올곧게 행동한다는 식의 좋은 평판으로 높은 사회적 평가를 받는 게 "세레프"다. 이 "세레프"는 지금 우리의 주제인 범죄 행위에 있어 그다지 큰 비중을 차지하지 않는다.

특히 심각한 결과를 불러일으키는 것은 남의 여자에 손을 대는 일이다. 여자가 원해서 바람을 피운 경우도 용서받지 못할 죄악이다. 여자의 "나무스"와 "이르츠"가 손상된 것만이 문제가 아니다. 가족 전체의 명예가 짓밟혔다고 생각하는 것이다. 당사자만이 아니라 가족 내의 남자들, 특히 형제들이 격분에 떨며 복수를 외친다. 이들의 "나무스"야말로 가족의 수호, 특히 실추된 명예의 회복에 달려 있기 때문이다. 예로부터 터키 사회에서 불륜을 저지른 아내 또는 겁간당한 딸을 가진 경우 사회적으로 철저히 고립당하며 경제적인 불이익을 감수할 수밖에 없었기 때문에 갖은 무기를 동원해 방어를 하려고 나서는 것이다. 가족 전체가 살아남느냐 하는 절박한 위기에서 달리 선택할 방법이 없기 때문이다.

그래서 터키 사람들은 그런 사태를 미연에 방지하려는 경보 체계를 만들어왔다. "이르츠"와 "나무스"에 조금이라도 저촉되는 일이 있으면 지극히 민감하게 반응하며 폭력적으로 돌변하는 태도를 보이는 것이다. 혹시라도 흑심을 품고 있는 놈들에게 겁을 주어 지레 포기하게 만들려는 수법이다. 이런 뿌리 깊은 문화 의식에서 허약해 보인다거나 남자답지 못하다 또는 유순하다는 소리를 듣는 것보다 치욕적인 일이 또 있을까? 최악의 경우 난무하는 "나무스수츠namussuz", 즉 "나무스 없는 놈"이라는 욕설을 피하기 위해 안간힘을 쓰는 것은 너무나 당연한 일이다.

이런 행동은 서유럽에서 볼 때 어처구니없는 것이기는 하다. 지금 때가 어느 때인데 수탉처럼 볏을 세우고 모든 것을 지시하려고 드는 잔혹한 마초가 될 법이나 하냐는 반문이다. 하지만 이는 어디까지나 서구 중심적 관점에서 보는 편견일 뿐이다. 문화의 차이 운운하는 것은 문제 해결에 조금도 도움이 되지 않는다. 비록 우리가 살아가고 있는 시대가 갈수록 다양해지고 서로 다른 문화들에 적응해가고 있지만, 앞으로도 상당 기간 법의학자와 수사관들은 옛날 동료들이 결투 사건을 다루었던 것처럼 명예를 지키려는 양심의 명령으로 빚어진 많은 범죄 사건들을 상대해야만 하리라.

무엇이 명예훼손인가?

20세기 초 법률가들은 객관적으로 증명할 수 있는, 모든 개별적인 사례들을 포괄하는 보편적인 명예라는 것은 있을 수 없다는 결론에 도달했다. 어떤 인물이 남긴 공적을 일일이 기록으로 남긴다 한들 그 명예에 시비를 거는 사람은 어디서든 꼭 나타나기 마련이다. 단 한 사람도 빠짐없이 훌륭하다고 인정하는 그런 보편타당한 명예란 존재하지 않는다. 이유는 간단하다. 명예나 모욕이라는 것은 그때그때 처한 상황에 따라 달라지는 것이기 때문이다.

매년 사순절에 열리는 쾰른의 카니발을 예로 들어 살펴보자. 카니발에서 왕자 역할은 누가 맡을 것인지, 카니발 추진위원회 회장은 누구로 할 것인지, 동방박사 세 사람을 상징하는 별들의 역할은 누구에게 줄 것인지 하는 따위의 문제는 쾰른에서 대단히 심각하고도 중요하다. 유서 깊은 전통을 자랑하는 쾰른 카니발에서 그런 역할이나 지위를 누린다는 것은 엄청난 명예이기 때문이다. 하지만 사육제를 즐기는 전통이 없는 곳에서도? 쾰른의 동방박사라며 어깨를 으스대고 괴를리츠나 뤼겐 또는 바덴바덴의 거리를 돌아다녔다가는 비웃음을 사기에 안성맞춤이다. 정신이 어떻게 된 거 아니 냐는 오해를 사지 않는 것만으로도 다행으로 여겨야 하리라. 자, 그럼 여기 서 누가 누구를 모욕했는가?

그래서 형법은 누군가 다른 사람의 자긍심에 심각한 상처를 주었는지 판 단을 할 때, 해당 인물이 무슨 단체 회장이랄지 훈장을 받았다든지 하는 따 위의 명예 칭호를 가지고 있다는 사실을 일체 무시하도록 규정하고 있다. 마찬가지 이유로 회사나 단체 또는 관청은 모욕의 대상이 될 수 없다. 우리 는 다만 사람을 모욕할 수 있을 따름이다. "텔레콤Telekom"이나 철도청 또 는 국세청의 명예를 훼손했다는 이야기를 들어보았는가? 아무리 불만이 많아도 우리는 직원을 상대로 공격을 감행하고 그 직원의 명예를 다치게 할 수 있을 뿐이다. 반대로 프리슬란트Friesland*의 무뚝뚝하기 짝이 없는 인 간들에게 쾰른 카니발의 왕자가 모욕을 당할 일은 거의 없다. 프리슬란트 에는 왕자의 추종자들이 없기 때문이다. 떠받드는 사람이 있어야 칭찬이든 모욕이든 가능할 게 아닌가?

물론 오늘날까지도 어떤 특정 개인을 모독한 경우 최고 2년까지 실형을 언도받을 수 있다(근거 없는 비방이나 명예훼손의 경우에는 5년까지 늘어난 다). 예를 들어 독일에서는 1983년 모욕과 관련한 8,000여 건의 판결이 있 었으며, 험담과 비방으로 약 200여 건, 명예훼손으로는 단지 98건만 실형 을 언도받았을 따름이다. 다시 말해서 명예라는 문제는 더이상 100년 전처 럼 심각하게 받아들여지지 않고 있는 것이다.

---

* 네덜란드 북부 해안에 있는 주. 주도는 레이우아르던Leeuwarden이다. 춥고 습한 날씨에 사람들 이 무뚝뚝하기로 유명한 지역이다.

단지 독일에서 쉽사리 볼 수 있는 예외적인 사례로는 도로 교통에서 운전자들이 흔히 저지르는 손가락 욕(가운뎃손가락으로 허공을 찔러대는 상스러운 행위)을 꼽을 수 있다. 2000년 바이에른의 한 운전자는 과속감시카메라에 대고 가운뎃손가락을 뻗은 죄로 600유로에 달하는 벌금형을 받았다. 뮌헨 고등법원의 판사가 내린 판결을 들어보자. "그 같은 저속한 행위는 비디오 판독에 종사하는 관료를 무시하고 모욕을 준 행위로 보아 마땅하다."

훨씬 더 나은 사리 판단의 예도 찾아볼 수 있다. 그냥 평범한 사람은 몇 번씩 들여다보아도 그게 정말 명예훼손일지 아리송한 경우에 예리하게 모욕 여부를 가려낸 판례도 많다. 1961년 슈투트가르트의 고등법원은 한 남자에게 도대체 무슨 죄를 물어 판결을 내려야 할지 몰라 고심을 거듭한 적이 있다. 사연인즉 이 남자는 어떤 여자와 아주 기묘한 성관계를 가져왔던 것이다. 법관들 사이에 "빨강 수염"이라는 별명으로 더 유명한 이 남자는 여자에게 자신이 병을 앓고 있는데, 이 병은 "성적 자극"을 받아야만 그러니까 성관계를 통해서만 치유될 수 있다고 통사정을 했다고 한다.

이 간특한 남자가 병을 앓았던 것은 사실이다. 병명은 맥락막염脈絡膜炎이었다. 남자는 여자의 동정심을 유발하려고 자신의 병이 제2차 세계대전에서 입은 부상 때문이라는 거짓말까지 능청스럽게 주워섬겼다. 간절히 원하는 "자극"을 받아야만 완전히 실명하는 것을 막을 수 있다며 눈물까지 글썽이는 남자를 바라보는 여자의 마음은 미어졌다. 한술 더 떠 "빨강 수염"은 이런 말도 했다. "병이 심해지면 지적 장애도 일어날 수 있다!" 아무튼 파국을 막기 위해서는 앞서 말한 치료 행위가 꼭 필요하다는 거였다. 가장 좋은 방법은 아무래도 "오럴 섹스"라나!

일곱 달이 지나 마침내 이 "가짜 환자"가 자신을 기만한 것을 깨달은 여자는 즉각 고소장을 제출했다. 실제로 지방법원지원은 형법 185조에 의거,

지속적인 모욕 행위가 이루어졌음을 인정하고 징역형을 언도했다. 재심을 받아들인 지방법원본원 역시 판결에 하자가 없음을 확인했다. 오늘날의 관점에서 보면 남녀 사이에 흔히 볼 수 있는 희롱 때문에 감옥에까지 가야 한다니 믿기 어려운 일이 아닐 수 없다.

사건은 결국 슈투트가르트 고등법원까지 올라갔다. 고등법원은 법 해석의 모범이라는 게 어떤 것인지 잘 보여주었다. 법이라는 것은 모름지기 큰 틀만 짚어주는 보편적인 것이라야 마땅하다. 어떤 법전도 가능한 모든 경우를 세세하게 예측해서 규정할 수 없거니와 또 그래서도 안 되기 때문이다. "음란한 행위가 (…) 형법 185조가 정하고 있는 고의적인 인격 침해로 볼 수 있다는 점은 공인된 사실임에 틀림없다." 슈투트가르트 고등법원 판사 게를라흐가 갈팡질팡 논란이 많은 사건을 두고 한 말이다.

"하지만 다른 한편으로 볼 때 상대의 명예를 손상시키는 행위는 원칙적으로 그 상대방의 동의 아래 이루어진 일이라면 위법한 것이라고 할 수 없다. 쌍방이 합의하에 한 일을 두고 어느 한쪽을 모욕한 것이라고 볼 수는 없는 일 아닌가." 남을 기꺼이 돕지 못해 안달인 여인이 치료를 위한 만남의 시간을 갖기로 "합의했다"는 것, 그러니까 억지나 강요에 의해서가 아니라 자발적으로 구강으로 "성적 자극"을 주었다는 사실에는 논란의 여지가 없었다. 결국 "빨강 수염"의 희롱은 모욕으로 볼 수는 없다는 판결이 내려졌다.

고등법원의 판결이야말로 현명한 게 아닐까. 성인이 서로 합의하고 행동한 것을 "고의적인 모독"이라고 본다면 바람을 피우는 일 역시 참을 수 없는 명예훼손이 아닌가? 배우자가 자신의 명예가 손상되었다며 길길이 뛴다면 외도 행위도 고의적인 모욕 행위로 처벌해야 하는가 말이다. 같이 바람을 피운 상대방도 자신은 그저 모욕을 당한 것일 뿐이라고 둘러대는 황당한 상황마저 생겨날 수 있다. 이성적인 판단을 할 수 있는 성인 두 사람이 혼외정사를 원했다면 그게 사회적으로는 지탄받을 일일지언정 법적인 판단으로는 어디까지나 개인의 자발적인 선택일 따름이다. 그러니까 법에 호소해야 할 것과 그렇지 않은 것 사이의 경계는 분명해야 한다. 부부 사이의 자존심을 법으로 지켜달라는 것이야말로 우스꽝스러운 일이 아닐까. 바꿔 말해서 눈을 시퍼렇게 뜨고도 자기 발로 곤경으로 걸어 들어갔다면 그 행위에 따른 책임은 다른 누구도 아닌 자기 자신이 져야만 한다. 성인이 스스로 명예를 포기하고서 법에게 호소를 한다는 것은 말이 되지 않기 때문이다(물론 인간의 존엄성이나 생존권 같은 보다 높은 법적 가치는 보호받아 마땅하다).

"빨강 수염" 사건에서 고등법원은 여기서 그치지 않고 더욱 현명한 행보를 보여주었다. 이 순진한 여성은 남자의 거짓말을 믿고 성관계를 갖기로 동의한 것이기 때문에 법적으로 볼 때 그녀의 동의는 사기 피해에 해당한다고 판시한 것이다. 이로써 "빨강 수염"의 구질구질한 성욕을 사기죄로 처벌할 길은 활짝 열렸다.

좋은 뜻으로 내린 판결이기는 했지만 사실 말이 안 되는 소리다. 여자는 맑은 정신 상태에서 남자의 엽기적인 행각을 두고 얼마든지 좋고 나쁨을 결정할 수 있는 성인이지 않은가? 법적 판단은 사건이 명예훼손에 해당하지 않는다는 선에서 그쳐야만 했다. 건전한 상식까지 법이라는 잣대로 다스릴 수야 없는 노릇 아닌가.

물론 사람이라면 누구나 법의 영역이 아닌 곳에서도 비정상적인 방법으로 남의 명예를 해치는 일은 삼가야 한다. 그런데 사람의 심리란 참 묘한 것이다. 비정상적인 방법으로 명예를 훼손당했다 하더라도 혼자서만 그런 게 아니라면 위로가 되는 모양이다. "빨강 수염" 사건에서도 이런 심리를 확인해주는 반전이 일어났다.

　이른바 "펠라티오"를 통해 "빨강 수염"을 치료했다는 여자들이 다수 나타난 것이다. 아무튼 눈병에 걸린 "빨강 수염"의 성욕은 대단히 왕성했던 모양이다. 거기에 흔쾌히 동의한 여자들도 만만치 않지만 말이다. 어쨌거나 소식을 전해들은 고소인은 몹시 기쁘다고 자기 입으로 털어놓았다. 이제 "책임을 혼자서만 져야 하는 게 아니라서 한결 마음이 놓인다!"며 눈물을 글썽이더라나….

2장

단서들

—

숲 속에서 발견된 뼈

라페스 사건의 경우 시체 토막들을 짜 맞추는 작업은 비교적 쉽게 이루어졌다. 하지만 시체의 잔해와 범행 사이의 연결 고리를 밝혀내기가 언제나 그처럼 간단한 것은 아니다. 노련한 수사관들조차 고개를 절레절레 흔들게 만드는 전형적인 어려움으로는 "숲 속에서 발견된 뼈"를 꼽을 수 있다.

뼛조각들은 매년 어디선가 끊임없이 나타난다. 그게 사람의 뼈인지 한눈에 알아보기는 어려운 일이다. 뼈가 얼마나 오랫동안 발견 장소에 방치되어 있었던 것인지 그 시간을 알아내기란 대개 불가능에 가깝다. 한 달? 1년? 아니면 100년? 어딘가 묻혀 있던 것을 산짐승이 파내서 끌어다놓은 것은 아닐까? 때문에 발견 장소를 중심으로 멀리 반경을 잡아 살펴보는 게 바람직하다. 수색견을 동원하거나 탐지용 쇠막대기로 땅을 일일이 찍어보고 다니며 뭔가 걸리는 게 없는지, 땅을 파헤친 다음

얼기설기 덮어놓은 곳은 없는지 철저하게 뒤지고 다녀야 한다.

철저한 조사를 해야만 발견된 뼈가 실종자의 것인지 또는 살인 사건의 희생자에게서 나온 것인지 판단 내릴 수 있다. 실종자 명부를 살피고 근접하게나마 비슷한 골격을 가진 사람을 찾아낼 수 없다거나, 살인 사건을 암시하는 흔적(이를테면 뼈에 나 있는 칼자국 같은 것) 같은 게 전혀 없다면 수사는 시작부터 싹수가 노래지고 만다.

그래서 과학수사연구소에는 불과 몇 년 전까지만 하더라도 그런 뼈들을 저장해두는 부서를 따로 마련해두고 있었다. 미국에서 그런 곳에는 대개 '법의인류학자Forensic Anthropologist'라는 명패가 붙어 있다. 여기서 법의인류학자란 사람의 뼈를 연구하는 것을 전문으로 하는 법의학자를 가리키는 말이다. 그러니까 뼈를 가지고 사망 경과 시간, 사망 원인 또는 시체를 옮겼을 가능성 등을 밝혀내는 전문가가 법의인류학자다. 하지만 유감스럽게도 전 세계적으로 뼈 전문가는 손꼽을 정도로 희귀한 존재다. 말하자면 법의학의 고고학이라고 할 수 있는 법의인류학을 가르치는 곳이 거의 전무하다시피 하기 때문이다. 또 그런 전문가를 채용해주는 곳도 별로 없다 보니 그나마 있는 뼈 박사들은 프리랜서로만 활동하고 있을 따름이다.

법의인류학자를 양성하는 몇 안 되는 기관들 가운데 하나가 이른바 '보디 팜Body Farm'이라고 하는 곳이다. 원래 이곳의 정식 명칭은 "법의인류학 연구 시설Forensic Anthropological Research Facility"이라는 아주 소박한 것이다. 사실 연구소에는 '시설'이라는 말이 딱 적절하다. 테네시 대학교 축구장 뒤편에 원형으로 마련되어 있는 곳이 '보디 팜'이기 때문이다. 연구소의 사무실은 축구장 지하에 자리 잡고 있다. "녹스빌, 테네

사진1 미국의 테네시대학교에 위치하고 있는 '보디 팜' 부지에 선 마르크 베네케. ⓒ 마르크 베네케

시대학교 사우스 스타디움South Stadium 250번지"라는 주소만 봐도 범상치 않다는 느낌이 드는 곳이 '보디 팜'이다.

공식적으로 '보디 팜'은 대학교의 인류학과에 속하는 작은 부서로 알려져 있을 뿐이다. 법의인류학은 인류학과에서 운영하는 생물학에 기반을 둔 뼈 연구 분과로 고고학, 문화인류학 등과 더불어 이른바 "녹스빌 뼈 연구 클로버"를 형성하는 한 축이다. 그러니까 법의인류학, 고고학, 문화인류학, 이렇게 세 분과가 뼈 연구의 근간을 형성한다는 것을 클로버로 상징한 셈이다.

'보디 팜'은 시체를 다루는 여느 연구 기관들과 마찬가지로 도심에서 멀리 떨어진 외곽에 자리를 잡았다. 이런 위치를 잡은 데에는 다 그만한 이유가 있다. 사람들의 왕래가 없는 한적한 곳에서 여러 분과 학문들이 함께 연구를 진행하다 보니 쉽사리 시도하기 어려운 흥미로운 실험들이 얼마든지 가능하기 때문이다. '보디 팜'의 경우 특히 우리의 관심을 사로잡는 것은 "시체의 숲"에서만, 그것도 지극히 짧은 시간 동안만 관찰할 수 있는 곤충들이다. "시체의 숲"이라는 말은 독일의 일간지 〈디 차이트Die Zeit〉가 시설을 그림 그리듯 멋들어지게 표현한 것이다.

'보디 팜'의 역사는 윌리엄 배스라는 인류학자가 대학에 뼈 연구만을 전문으로 하는 학과를 세워달라는 학교 당국의 위탁을 받은 1971년에 시작되었다. 배스는 1995년까지 녹스빌 인류학과 학과장을 맡으며 공간 확보와 설비 마련에 힘을 쏟았다. 물론 이런 시설은 과학수사를 전담하는 수사 팀을 위한 것이기도 했다. 법의학 연구 시설을 세운 목적은 상당히 부패가 진행된 단계일지라도 시신, 그러니까 뼈를 가지고 사망자의 신원을 보다 빠르고 정확하게 확인하고자 하는 데 있다. 앞서 언급했듯 될 수 있는 한 정확한 정보를 가질 때 수사관은 신속하고도 확실한 수사를 할 수 있다. 사망자의 나이, 인종, 방치 시간 등이 정확해질수록 사건 해결의 속도가 빨라지는 것은 당연한 일이 아닌가(물론 법의인류학자라고 해서 언제나 까다로운 문제만 상대해야 하는 것은 아니다. 배스가 학생 신분으로 처음 맡았던 사건들 가운데 하나는 켄터키에서 정면으로 충돌한 화물 트럭 두 대의 운전사들의 신원을 확인하는 것이었다. 이런 경우 신원 확인은 비교적 간단하게 이루어질 수 있다. 그런데 유해들을 수습한 결과 놀랍게도 죽은 사람은 두 사람이 아니라 세 사람인 것으로 밝혀졌다. 게다가 제3의 인물은 여자였다. 이 여인은 사고가 일어나기 전에 두 화물차 가운데 하나에 이미 시신으로 방치되어 있었던 것으로 추정되었다. 역시 시체를 다루는 일은 까다로운

사진2 '보디 팜'에 누워 있는 유골의 두개골. © 마르크 베네케

법인가?).

뼈를 정교하게 다룰 줄 아는 예술의 경지는 이미 윌리엄 배스 이전에 확고한 토대를 다져놓고 있었다. 탐험가들이 세계 방방곡곡을 누비며 수집한 뼈들은 자연박물관이나 해부학 연구소 등에서 몇십 년에 걸쳐 측정과 연구의 대상이 되어왔던 터라 그 성과를 집약한 아주 쓸모 있는 도표 자료까지 만들어져 있을 정도였다. 이런 도표를 이용하면 골격을 가지고 살아 있는 몸을 추론해보는 중요한 작업도 어렵지 않게 해낼 수 있다.

하지만 많은 인류학자들이 인종 우월주의에 열광(적어도 유럽에서)했거나 열광하도록 강요를 받았던 탓에 제2차 세계대전 이후 이 분야를 연구하는 사람은 거의 찾아보기 힘든 지경에 이르고 말았다. 줄자를 들고 두개골의 크기나 코 높이 따위를 재는 인류학자는 인종차별주의자라는 악평에 시달려야만 했기 때문이다. 물론 과학적인 연구를 위해 자료를 수집하는 것을 두고 잘못된 행위라고 비난한 것은 아니다. 다만 그 결과물을 인간 사회가 음흉한 속셈으로 오용하고 악용한 데서 비난이 비롯된 것이다. 독일어권 지역에서 법의학 수사를 하는 데 있어 오늘날까지도 해당 전문가가 턱없이 부족한 이유가 달리 있는 게 아니다. 미국 영화나 책에서 흔히 볼 수 있는 법의인류학자는 독일에서 거의 전무한 실정이다.

윌리엄 배스는 초심으로 돌아가 기초를 확실하게 다지고 학생들을 적극적으로 끌어모으기 위해 1971년부터 학과의 이름을 걸고 뼈 수집에 나섰다. 출처가 확실한 뼈들을 가지고 각종 측정을 실시해 얻은 자료들을 일종의 카드 체계로 기록하고 정리하는 수고를 아끼지 않았다. 이를테면 나이, 성별, 출신 지역, 병력病歷 등을 일일이 카드에 기록함으로써 방대한 데이터베이스를 구축한 것이다. 이런 자료는 정체를 알 수 없는 해골이 나타났을 경우 그 신원 확인을 위한 역추적을 가능하게 해주었다. 하나의 골격이 어떤 신체적 특징을 갖는지 알아낼 수 있는 도표를 만들어낸 것이다.

배스의 의욕은 여기서 그치지 않았다. 인류학 연구소에서 직접 시체를 부패시켜보는 실험을 하기로 작정한 것이다. 이를 위해 연구소장 배스는 학생들과 함께 차를 타고 세 시간이나 걸리는 대학 부설 농장으로 가야만 했다. 무척 번거로운 일이 아닐 수 없었다. 우선 학생들이 하루에도 몇 차례씩 실험의 진행 과정을 확인할 수 있어야만 했다. 두 번째로 경찰도 뼈 감식을 배우는 과정에 참여할 기회를 주어야만 했다. 이때문에 아무래도 농장에서는 실험의 효과를 극대화할 수 없었다.

"대학 내에 시체를 놓아둘 곳이 필요합니다." 배스는 학장에게 매달리며 간청했다. 배스의 설명을 듣는 동안 학장의 머리가 번쩍했다. 뼈를 가지고 몸통을 알아내는 선에서만 그칠 게 아니라 아예 장기간 시체를 자연조건 그대로 놓아두고 부패해가는 과정을 관찰하면 어떨까 하는 데 생각이 미친 것이다. 그렇게 할 수만 있다면 늘 문제가 되는 사망 경과 시간 추정에 획기적인 도움을 주는 연구 결과들을 얻어낼 수 있기 때문이다.

1981년 초 배스는 마침내 학교 당국으로부터 적당한 부지를 할당받았다. 장소는 대학에서 나오는 쓰레기를 태우던 소각장 자리였다. 이렇게 해서 녹스빌 인류학과 부설 '보디 팜'이 탄생하게 된 것이다. 학교 당국이 부지를 선뜻 내어줄 수 있었던 것은 때 마침 미국에서 법령 하나가 통과되었기 때문이다. 이 법은 더이상 야외에서 쓰레기를 소각하지 못하게 하는 내용을 담고 있었다.

"그런 야외 시설은 꼭 필요한 것이었죠." 30년 뒤 배스의 회고다. "사망 경과 시간을 확실하게 추정해낼 수 있다는 것은 과학수사 기법에 있어 획기적인 진보를 가져다주는 문제였거든요. 사건을 다룰 때마다 경찰관들은 언제나 제일 먼저 저에게 시체가 얼마나 오랫동안 방치된 것이냐고 묻곤 했지요. 사망 경과 시간을 알아낼 수 있어야만 그게 누구의 시체인지 신원 확인을 할 수 있으니 말입니다." 하지만 사망 경과 시간 추정이란 시체의 부패 단계를 통해서만 알아낼 수 있다. 그러니까 뼈의 모양과 상태만 알아가지고는 아무런 도움이 되지 않는 것이다. 시체가 썩어가는 과정을 연구하는 것은 그래서 꼭 필요한 일이다.

테네시는 배스의 옛 활동 구역인 캔자스보다 인구밀도가 높았던 탓에 배스는 거의 매일같이 시체를 볼 수 있었다. 물론 뼈만 남은 게 아닌 비교적 싱싱한(?) 시체를 말이다. 그래서 테네시에 '보디 팜'을 세워야 한다는 주장이 설득력을 얻기도 했다. 배스의 증언을 들어보자. "테네시에서 죽은 사람은 그 썩는 냄새 때문에 일찍 발견되기 마련입니다. 다시 말해서 곤충에 의해 활발한 분해 현상이 일어나는 과정을 생생하게 목격할 수 있죠." 이에 반해 사람들이 그리 많이 살지 않는 캔자스의 외딴 지역에 버려진 시체는 발견되기까지 오랜 시간이 걸린다. 완전히 썩어버려 뼈만 남은 게 많을 수밖에 없는 이유다. 부패한 조직을 검사할 필요가 없어지는 경우가 대부분이다.

원하던 시설을 얻은 배스는 썩은 조직을 연구하는 일에 열과 성을 쏟았다. 인류학의 다른 분과에서도 성공적인 성과를 이끌어낸 배스였지만, 아무래도 그의 마음을 온통 사로잡은 것은 전 세계적으로 유일한 것인 '보디 팜'이었다. 심지어 정년퇴임을 하고 난 뒤에도 배스는 1헥타르 (1만 제곱미터)에 이르는 야외 시설의 책임자로 일했다. 배스가 후임자 머리 마크스에게 시설을 넘겨준 것은 1995년의 일이다. 마크스는 지금까지 현장 책임자로 일하고 있다.

물론 "법의인류학 연구 시설"의 설립이 순탄하게만 이루어진 것은 아니다. 설립 첫해, 장래 'FBI' 특수 요원 윌리엄 로드리게스는 부패가 한참 진행 중인 시신에 기생하는 곤충들을 연구하느라 여념이 없을 때였다. 대학병원의 주차장을 '보디 팜' 쪽으로 확장하기 위한 공사가 벌어지면서 언론이 시설을 주목하고 나섰다. "파리 떼가 시커멓게 달려들지 뭐예요!" 공사를 맡았던 인부 한 명이 지방방송국의 카메라에 질린 얼굴을 해가지고 읍소를 했다. "그 구역질 나는 놈들이 한 구의 시체에서 날아오르더니 나를 덮치지 뭡니까!"

배스와 로드리게스는 가슴을 졸여야만 했다. 흥분한 녹스빌 주민들이 밤새 쳐들어와 시설을 깨끗이 깔아뭉개는 것은 아닌지 뜬눈으로 지새야 했던 것이다. 1981년 늦여름 로드리게스는 심지어 '보디 팜' 부지에 텐트를 치고 한때나마 초병 노릇까지 했다. 연구에 호의적이었던 학장이 철조망으로 울타리를 치게 하고 나서야 로드리게스는 철수할 수 있었다. 이 철망은 오늘날에도 부지를 둘러싸고 있다.

그동안 윌리엄 로드리게스는 곤충 실험에 푹 빠져들었다. 실험을 위해 그는 시체를 커다란 철망에 넣은 다음, 땅에 몇 센티미터 높이로 박아놓은 말뚝들 위에 얹어놓았다. 철망은 여우와 같은 동물이 시체에 달려들지 못하게 막기 위한 것이었고, 말뚝은 시체 밑에서 곤충을 채집하기 위한 배려였다(오늘날에는 시체를 높이 매달아놓고 실험을 하지 않는다. 구더기들은 위로 기어오를 수 없어 밑으로 떨어지기 때문이다).

몇십 년 전 다른 연구자들이 동물의 사체를 가지고 한 실험에서와 같은 체절동물이 시체에 기생하는 것을 발견한 로드리게스는 쾌재를 불렀다. 물론 종류와 기생 시간에 있어 약간의 차이는 있었지만 이는 환경조건이 달라 생겨난 편차로 볼 수 있었다. 이로써 시체에 기생하는 곤충에 관한 연구는 미국에서 과학수사의 유용한 방법으로 인정을 받기에 이르렀다. 이때부터 미국의 유수한 대학들에 속속 관련 학과들이 생겨나면서 곤충 전문가가 양성되기 시작했다. 곤충의 종류와 환경의 영향을 연구하는 까다로운 작업은 예전의 뼈 전문가는 꿈도 꿀 수 없던 것이다. 이로써 녹스빌 테네시대학교의 인류학과에 거의 30년을 더부살이하던 시체 연구는 곤충학이라는 새로운 분과 학문으로 독립해 나왔다.

로드리게스가 첫 실험을 한 지 1년이라는 세월이 흐르자 이웃들의 흥분도 상당히 누그러들었다. 한여름에 40여 구 정도의 기증받은 시체들이 뿜어내는 썩는 냄새와 이러저런 곤충이 발산하는 악취가 역겹기는 했지만 이제는 일반인들도 '보디 팜'을 유용하고 평화로운 연구 시설로 받아들이기 시작한 것이다.

보디 팜의 활약

그동안 시신이 부패하는 과정의 상당 부분은 과학적인 규명이 이루어졌다. '보디 팜'의 설립이 가져다준 성과다. '보디 팜'의 연구원들은 예나 지금이나 시신이 발견된 현장을 그대로 재현해내는 일에 많은 노력을 기울이고 있다. 한 번 두 눈으로 목격했던 현장은 물론이고, 장차 벌어질 수 있는 상황까지 예측해 현실과 똑같이 구성해보는 것이다. 이를테면 시체를 묻어놓는다거나 그늘 또는 물속에 방치해두는 따위가 그것이다. 환경을 조금만 바꾸어도 시신의 부패 과정에 엄청난 변화가 일어나는 것을 보고 있노라면 놀란 입을 다물 수 없을 지경이다. 나는 직접 캐나다의 뜨겁고 비가 많이 오는 여름에 그런 실험에 참여해본 경험이 있다. 그때 두 눈으로 똑똑히 관찰할 수 있었던 것은 길가에 버려놓은 돼지는 불과 2주 만에 해골만 앙상하게 남은 반면, 거기서 몇 미터 떨어지지 않은 덤불에 방치해둔 돼지는 비교적 살집이 넉넉하게 남아 있었다는 사실이다.

그래서 '보디 팜'은 시체의 부패 과정에 영향을 미치는 요소들을 보다 정교하게 실측한 자료들을 확보하려고 노력했다. 물론 여기서 가장 중요한 역할을 하는 것은 시체에 기생하는 곤충들이다. 부패 과정에서 생겨나는 가스를 탐지할 수 있는 인공 코도 등장했으며 그 화학적 변화를 측정하는 기계들도 속속 만들어졌다.

법의인류학자들이 실제 상황과 똑같이 구성한 실험은 놀랍고 강한 인상만을 남기는 게 아니다. 더 나아가 실험은 시체가 버려진 현장의 조건들을 정확히 모를 경우 주먹구구식으로 사망 경과 시간을 추정해서는 안 된다는 것도 분명하게 보여준다. 무엇보다도 '보디 팜'이 갖는 강점은 경찰관들과 함께 과학 실험이라는 게 실제 현장에 있어 어떤 의미를 갖는 것인지 곱씹어볼 좋은 기회를 제공해준다는 데 있다. 현실의 진짜 사건은 통제된 상황에서의 실험, 이를테면 온도나 지표면의 속성을 잘 알고 행해지는 실험과는 확연히 다르다. 이런 차이를 고려하지 않으면 수사를 하는 데 있어 심각한 오해가 빚어질 수 있다. 바로 그래서 우리는 실험을 할 때에도 언제 그리고 왜 딱정벌레나 검정파리가 시체에 달려드는지 정확히 주목해야만 한다. 말하자면 실험 결과가 통제된 조건하에 이루어진 것이라는 사실을 수사관에게 정확히 인지시키기 위해서다. 대개의 경우 수사관이 과학자에게 던지는 물음은 정반대의 것이다. 눈앞에 보고 있는 것과 같은 부패 상황이 빚어지기 위해서는 어떤 온도와 무슨 조건이 결정적인 역할을 하는지 궁금해하는 게 수사관이기 때문이다. 이렇게 해서 과학자는 수사관에게, 수사관은 과학자에게 서로 배움을 주고받을 수 있다.

미국의 연방 경찰 'FBI' 역시 매년 일군의 특별수사관들을 '보디 팜'에 파견한다. 수사관들로 하여금 법의인류학을 배우도록 하려는 조치다. 물론 수사관들은 시체의 부패 과정에 관한 것만 배우지 않는다. 무엇보다도 땅속에 묻혀 있는 시체를 가능한 한 손상시키지 않으면서 적절한 시간 안에 발굴하는 법을 익힌다. 실제 수사를 하는 경우처럼 강한 압박을 받지 않기 때문에 비교적 여유 있게 시체 다루는 법을 배우게 되는 것이다. 시간 압박을 받는다고 해서 포클레인을 동원해가며 성급하게 땅을 후벼 파는 게 얼마나 위험한 일인지 두 눈으로 확인하는 셈이다.

훈련에서는 시체가 묻혀 있을 가능성이 있는 곳을 탐지하는 법부터 배우게 된다. 먼저 쇠막대기 같은 것으로 조심스럽게 땅을 찔러보며 반응을 살핀다. 반응이 있는 경우 현장에 표시를 해두고 주변에 폴리스라인을 친다. 그리고 플라스틱 삽으로 흙을 긁어내듯 조심스럽게 떠내며 떠낸 흙을 체로 거른다. 이때 가장 중요한 원칙은 다음과 같은 것이다. 절대 땅을 후벼 파지 않는다! 언제나 긁어내듯 평면과 평행하게 삽을 놀리면서 옆에서부터 접근해 들어가야만 한다. 흙을 체로 거르는 이유는 그 안에 섞여 있을지 모를 희생자나 범인에게서 나온 흔적을 가려내기 위해서다.

이 코스에 처음 참여한 사람이 누구인지는 한눈에 알아볼 수 있다. 얼굴을 잔뜩 찡그리고 기회가 있을 때마다 나직한 목소리로 투덜거리는 사람은 틀림없이 신참이다. 흙 속에 섞여 있는 증거물을 혹시라도 놓쳤을까 싶어 몇 번이고 같은 과정을 되풀이하는 훈련을 하며 한숨이 절로 나오는 것은 비교적 경험이 많은 선임자도 마찬가지다.

이런 코스가 대단한 효과를 불러온다는 점은 버지니아 주 콴티코에 있는 "FBI 아카데미"가 직접 이 코스를 도입한 것만 보아도 잘 알 수 있다. 여기서도 연방 경찰관은 직접 자신의 손으로 흙을 만져야만 한다(세간에서는 'FBI 에이전트'라고 해서 무슨 특별한 비밀 정보를 취급하는 대단한 직업인 것으로 알고 있지만 미국에서 '에이전트'는 그저 수사관을 부르는 단어일 뿐이다). 별다른 도구도 없이 손만 가지고 수북한 가을 낙엽 속에 흩뿌려놓은 뼈들을 찾느라 고역을 치르는 수사관들을 보고 있노라면 애처롭다는 생각까지 든다. 게다가 눈길이 닿는 곳까지 펼쳐진 숲은 어쩜 그리도 크기만 한지…. 여기서도 뼛조각을 하나라도 놓친 경우 작업은 처음부터 다시 되풀이해야만 한다. 코스를 지도하는 교관은 깔끔하게 갈퀴질을 해놓은 정원처럼 숲 일대가 철저히 헤집어져야만 하루 일과가 끝난 것으로 인정한다. 물론 수고를 아끼지 않는 훈련생들을 위한 조그만 위로도 감추어져 있다. 낙엽 더미 속에 묻혀 있는 해골의 손에는 재미난 농담을 새겨놓은 작은 철판 같은 게 심심찮게 들려 있기 때문이다.

체계적인 연구를 통해 얻어낸 성과를 범죄 현장에 적용해보는 게 얼마나 중요한 일인가 하는 점은 '보디 팜' 초창기 멤버였던 윌리엄 로드리게스가 그동안 미국에서 최고의 실력을 자랑하는 전문가로 자리를 잡았다는 점에서 분명히 확인할 수 있다. 로드리게스는 미국 정부의 위탁을 받아 해외 각지를 돌아다니며 시체를 발굴하는 팀의 단장을 맡고 있다. 예컨대 구舊유고슬라비아에서 벌어진 전쟁 현장을 찾아다니며 학살과 같은 전쟁범죄를 입증해내는 일을 하고 있는 것이다.

머리 마크스가 이끌고 있는 오늘날의 '보디 팜'은 2000년부터 특히 부패를 일으키는 물질에 어떤 것이 있는지 추적하는 작업에 열중하고 있다. 이를 위해 여학생(이상하게도 '보디 팜'이든, 내 연구실이든 이 일을 해보겠다는 남성 지원자는 거의 찾아보기 어렵다. 그 이유가 뭔지 아리송하기만 하다)은 부패가 진행 중인 시체에서 주기적으로 조직을 채취해 실험실에서 분석 작업을 벌인다. 아마도 머지않은 장래에 부패를 일으키는 물질을 탐지해낼 수 있는 기계도 개발될 것으로 보인다. 이런 기계가 있다면 매장된 시체를 찾는 데 도움이 될 뿐만 아니라, 보다 정확한 사망 경과 시간 추정도 가능하게 만들어줄 것이다. 부패의 진행은 수많은 외부 조건에 영향을 받는 것이기 때문에 그런 감식 기계를 만들어내는 것은 틀림없이 투자가 아깝지 않은 일이리라.

'보디 팜'의 창설자에 관해 한마디 더 하고 넘어가자. 그는 결코 기이한 일에만 몰두하는 괴짜가 아니다. 일흔일곱 살이 된 배스는 여전히 힘이 넘쳐나며 어떤 상황에서도 유머 감각을 잃지 않는 멋쟁이다. 쾌활한 배스를 보며 사람들이 놀라 마지않는 것은 시체를 다루는 냉정함이다. "저와 같은 연구자에게 있어 범죄 사건은 철저히 중립적인 자세를 지켜야만 하는 것일 뿐입니다." 배스 본인의 말이다. "실험을 할 때마다 저는 제 자신에게 끝없이 되묻곤 합니다. 이제 충분히 알아낸 걸까? 희생자의 신원을 확인하고 그에게 무슨 일이 벌어진 것인지 자신 있게 이야기할 수 있을 정도로 내 노력이 충분했을까? 만족할 만한 대답을 얻기까지 끊임없이 되묻는 물음이죠."

냉정함과는 반대로 배스는 시설에서 조촐한 추도식을 올리는 일에도 지치는 법이 없다. 동료들은 그런 배스를 보고 웬 생뚱맞은 기벽일까 의아하게 여기곤 했다고 한다. 물론 대개의 해부학 연구소들 역시 시신 기증자를 기리는 추도식을 매년 한 번씩 거행하기는 한다. 하지만 배스처럼 자주 추도식을 올리지는 않기 때문이다. 냉정함으로 꾸며진 겉모습의 이면을 들여다보면 이 독특한 남자를 훨씬 더 잘 이해할 수 있으리라. "전 두 아내와 사별했습니다. 모두 암으로 세상을 떠났죠. 더이상 슬픔에 시달리고 싶지 않습니다. 죽음을 싫어합니다. 사람을 묻는 일은 더더욱 싫습니다."

시체를 찾는 수색견

'보디 팜'이 시체하고만 씨름하는 것은 아니다. 1995년 오클라호마시티에서 폭탄 테러로 빌딩이 붕괴하면서 168명이 사망하는 참사가 일어났을 때, 테네시에서는 시체를 찾는 수색견이 그런 현장에 투입될 수 있는지 테스트를 한 적이 있다. 우리가 흔히 범죄 영화에서 보는 것과 달리 이 네 발 달린 조수는 다루기가 쉽지 않기 때문이다.

개가 시체를 찾아낼 수 있는 이유는 딱 한 가지다. 조련사에게 찾기 놀이를 하도록 훈련받았기 때문이다. 물론 조련사는 개가 성공을 할 때마다 먹이를 줌으로써 더욱 놀이에 집중하게 만든다. 그러니까 탐색 견은 천진난만한 아이들처럼 놀이를 즐기는 녀석이라야 한다. 그렇지 않으면 자신에게 아무런 쓸모가 없는 일에 결코 달려들려고 하지 않는다. 개를 훈련시키는 일은 아이를 키우는 일과 똑같다. 강요하고 강제한다고 해서 절대 말을 듣지 않는다. 먼저 우리는 피교육자를 이해해야만 한다. 개를 이해하려면 (그래서 시체를 찾게 만들려면) 먼저 개의 습성에 관해 배워두어야만 한다.

폭탄 테러에서처럼 수많은 시체들이 널려 있는 상황에서 개는 쉽게 지치고 힘들어 할 수 있다.

개는 냄새의 세계에서 사는 동물이다. 특히 시체의 냄새를 맡도록 훈련받은 개가 무너진 빌딩 아래 깔려 있는 수많은 시체들의 냄새를 맡다 보면 한마디로 과부하가 걸려버리고 마는 것이다. 온통 죽은 사람 냄새뿐인데 어디서 무엇을 찾아낸단 말인가? 오늘날까지도 이 문제를 해결할 만족할 만한 해답은 없다. 다만 개를 아주 짧은 시간 동안에만 투입하는 수밖에! 여러 마리를 번갈아가며 현장에 들여보내는 게 최선이다. 하지만 개는 끌고 다니는 주인이 있어야만 하는 동물이다. 많은 개들을 조달하는 것도 문제지만, 그만큼 많은 인원을 투입해야 한다는 것은 더욱 심각한 문제다. 한마디로 비용이 엄청나게 올라가는 것이다. 현재 희망을 걸고 있는 유일한 해결책은 개의 심리를 연구해 투입 시간을 늘려주는 것뿐이다(물론 개의 투입 시간이 늘어나면 개를 끌고 다닐 요원의 수도 줄일 수 있다).

범죄 수사에 이용되는 기술들

뼈를 가지고 그 주인이 어떤 사람인지, 사건은 어떻게 일어난 것인지 밝혀내는 일은 모든 과학적 접근 방식이 그렇듯 분명한 한계를 가지고 있다. 예를 들어 뼈에 긁힌 자국이 없고 부러지지도 않았다고 한다면, 여기서 우리가 알아낼 수 있는 것은 무엇일까? 우선 생각해볼 수 있는 것은 격심한 폭행을 당한 게 아니구나 하는 것이리라. 하지만 동시에 다른 가능성들도 엄연히 존재한다. 피해자가 입에 물린 재갈로 인해 질식사했을 수도 있지 않은가? 아니면 칼로 배를 찔렸거나 … . 뭐가 뭔지 아리송한 것처럼 짜증나고 속상한 일도 없다. 아서 코난 도일이 정리한 이른바 "수사 황금률"에 정면으로 위배되기 때문이다. "다른 모든 가능성들이 부정되고 나서 남는 설명은 옳은 것이다. 도저히 그럴 수 없을 것처럼 보일지라도 그것은 진실이다." 그러나 우리의 예는 어떤가? 가능성들이 줄어들기는커녕 오히려 늘어나고 있지 않은가!

바로 그래서 수사관은 자신의 도구 상자 안에 될 수 있는 한 많은 기법들을 담아 넣으려 한다. 이런 기법은 모두 가능성을 확인해주거나 부정하는 것이라야 한다. 어느 쪽이든 수사를 올바른 방향으로 이끌어야만 하는 것이다.

물론 모든 수단이 언제나 남김 없이 사용되는 것은 아니다. 하지만 적절한 방법을 적당한 때 꺼내 쓸 수 있도록 상비해두는 것은 꼭 필요한 일이다. 단지 몇 명의 법의학자만 가진 특수 지식이 필요한 경우라면 해결 방법은 교육뿐이다. 전문 지식을 남김 없이 갖추지는 못할지라도 최소한 그 근본원리만큼은 숙지를 시켜야 수사의 큰 틀을 잡아줄 수 있다. 'FBI' 특수 요원들이 부단한 연수를 통해 최신 수준에 머무르려 애쓰는 이유가 달리 있는 게 아니다. 물론 그렇다고 수사관이 법의학자나 범죄생물학자가 될 필요는 없으며, 그 역도 마찬가지다. 우선 작업 방식이 다를 뿐만 아니라, 사건에 접근해 들어가는 사고방식도 가지각색이다. 또 그래야만 한다. 과학 실험을 한다고 해서 소매치기 사건이 해결되는 것은 아니며, 가택수색을 한다고 해서 사망 경과 시간을 알아낼 수도 없는 노릇 아닌가. 오히려 다양한 분야의 전문가들이 함께 협력을 하는 게 중요하다. 제복과 양복, 가죽점퍼 그리고 실험실 가운 등이 함께 어울려 밀접한 협력 관계를 유지하는 것이야말로 사건 해결에 있어 결정적인 역할을 한다.

얼굴 복원과 신원 확인

'보디 팜'의 예에서 보듯 수사 초기에 중요한 문제로는 두 가지를 꼽을 수 있다. 먼저 될 수 있는 한 신속하게 희생자의 신원 확인이 이루어져야 하며, 정확한 사망 경과 시간을 알아내야 한다.

두 가지를 나누어보는 이유는 간단하다. 신원 확인이 중요하기는 하지만 그것만 가지고는 사건을 발생 시간대에 따라 추적해서 재구성해보는 게 불가능하다. 그래서 더더욱 중요한 게 사망 경과 시간을 알아내는 일이다. 혐의가 가는 사람들을 신문해 그 진술의 진위를 파악하기 위해서는 사망 경과 시간을 꼭 알아야만 한다. 수사관이 언제 죽음이 시작된 것인지 정확하게 알수록, 증인들의 진술이 진실을 말하고 있는지 평가하기가 쉬워지는 것은 당연한 일이 아닌가. 특히 누가 언제 어디서 누구와 만나 무슨 일을 벌였는지 알아내고자 할 때 사망 경과 시간은 반드시 알아야만 하는 필수 사항에 속한다. 거꾸로 신원 확인 없이 사망 경과 시간만 아는 것은 아무짝에도 쓸모없는 일이다.

결과적으로 법의학자는 시체를 가지고 그 주인의 신체적 특징을 알아내는 데 수고를 아끼지 말아야 한다. 특히 중요한 것은 얼굴이다. 증인이 특히 강하게 기억하는 것은 바로 얼굴이기 때문이다. 글이나 말로 된 인물 설명만 가지고는 아무리 넓게 탐문 수사를 벌여도 별다른 성과를 이끌어내기 힘들다는 점이 얼굴의 중요성을 웅변한다. 전단지에 얼굴을 찍어 돌리기만 하면 일반 시민들로부터 제보는 쏟아져 들어온다. 조금도 놀랄 일이 아니다. 그만큼 얼굴에는 많은 정보들이 담겨져 있기 때문이다. 아무리 말로 설명한들 사진 한 장만 하랴.

수사를 위해 얼굴을 알아내는 데는 세 가지 방법이 있다. 아직 살점이 남아 있는 시신의 경우에는 이른바 "시체 화장법"이라는 것을 써서 얼굴을 복원해보는 게 그 첫 번째 방법이다. 두 번째는 주변 사람들의 증언을 토대로 몽타주를 그려보는 것이다. 살점 한 점 남지 않은 두개골의 경우에는 그 골격에 맞는 얼굴을 재구성해보는 방법이 있다.

시체 화장법은 오늘날 거의 잊혀진 낡은 기술이다. 시신을 입관한 채 사람들이 볼 수 있도록 전시하는 풍습이 사라져버렸기 때문이다. 옛날 장의사와 같은 시체 처리 전문가들은 망자의 얼굴이 평안하게 보이게 하면서도 입관한 시체의 부패가 시작되는 것을 늦추는 방법을 알고 있었다. 예를 들어 시체의 경우 대개 벌어지게 마련인 입을 다물게 만들어주는 것은 단순하기는 하지만 꼭 필요한 처리 방법이었다. 장례식을 치르는 데 시신이 입을 벌리고 있으면 보기에 흉하기 때문이다. 입을 벌린 채 내버려두면 신원 확인을 위해 얼굴 윤곽을 알아보기도 어려워진다. 이를 피하려고 옛날에는 망자의 턱 아래 책을 받쳐놓고 시신이 경직

되기까지 기다리기도 했다. 경우에 따라서는 입을 아예 솜씨 좋게 꿰매 버리는 방법을 택하기도 했다. 오늘날의 시체 관리사, 이를테면 스스로 "장례 권위자" 또는 "현대 방부 처리 전문가"라 자칭하는 사람들은 시 신을 다루는 더 많은 비밀들을 알고 있다고 주장하곤 한다. 옛날의 시체 복원술을 알고 있다는 주장이기는 하나 한결같이 노출을 꺼리는 터라 실체를 확인하기란 쉽지 않은 일이다.

사람의 얼굴은 죽음이라는 게 시작되자마자 변하기 마련이다. 얼굴 을 이루고 있는 모든 근육이 이완되기 때문이다. 마지막으로 보았거나 체험했던 얼굴이 어떤 모양이든 전혀 상관없다. 얼굴이 표정을 짓게 만 드는 근육은 뇌의 조종을 받는데, 죽음과 함께 뇌는 활동을 정지해버리 고 만다. 이가 세 개만 빠져도 얼굴 모양은 몰라볼 정도로 변한다. 망자 가 살아 있을 때 깊은 잠에 빠진 모습을 단 한 번도 본 일이 없는 친척과 친지는 이완된 얼굴이 생시와 조금도 닮지 않은 것을 보고 깜짝 놀라곤 한다. 교통사고 희생자의 신원 확인과 같은 흔히 볼 수 있는 사례에서도 전혀 얼굴을 알아볼 수 없는 심각한 경우가 생겨나는 이유가 달리 있는 게 아니다. 비교적 사망 초기 단계에서조차 잘못된 신원 확인이 이루어 지는 바람에 수사관들은 엉뚱한 실마리를 붙들고 헤매는 경우가 적지 않다. 심지어 부부가 배우자의 시신을 알아보지 못하는 일도 벌어진다. 적어도 당장 알아보지 못하는 일은 허다하다.

1981년 소설 《고르키 파크Gorky Park》*가 발표되면서 시체의 신원을

---

* 미국의 작가 마틴 크루즈 스미스Martin Cruz Smith의 작품. 모스크바의 고르키 공원에서 일어난 살인 사건을 박진감 넘치게 그려낸 작품이다.

확인하는 한 가지 방법이 세상에 알려지게 되었다. 이른바 "얼굴 복원"으로 이는 오늘날까지 많은 수사관들의 숙원을 해결해준다.

죽음이 시작되면 얼굴은 근육의 이완으로 뒤틀리고 창백해질 뿐만 아니라 부패가 본격적으로 시작되면서 시퍼렇게 더 나아가 붉게 또는 검게 변색되기 마련이다. 경우에 따라 얼굴이 푹 꺼지기도 하고, 거꾸로 부패로 인해 생겨나는 가스가 조직을 부풀리면서 퉁퉁 부어오르기도 한다.

이미 부패가 시작된 얼굴을 원형대로 보존하기 위해서는 대단한 인내심과 기술적인 노하우가 필요하다. 그 좋은 예가 레닌의 시신이다. 방부 처리를 하고 일반에게 공개된 숱한 공산주의 정치가의 시신들 가운데 얼굴이 망가지지 않고 보존된 것은 레닌이 유일하다.

시체에서 일반적으로 가장 먼저 파괴되는 것은 안면 조직이다. 특히 한여름 야외에서 부패 속도는 대단히 빠르다. 체절동물이 시신에 쉽게 접근할 수 있기 때문이다(자세한 것은 누구나 쉽게 이해할 수 있게 과학수사의 기본을 설명한 졸저《모든 범죄는 흔적을 남긴다》[김희상 옮김, 알마]를 참조할 것). 검정파리는 불과 몇 분 또는 길어야 몇 시간 만에 시체에 달라붙어 알을 낳는다. 산란 장소로 특히 선호하는 곳은 갓 부화한 구더기가 피부를 쉽게 갉아먹을 수 있는 부위다. 쉽게 마르지 않도록 보호된 촉촉하고 피부조직이 얇은 곳을 노린다. 이를테면 눈, 콧속, 귀와 입 등이 그런 곳에 해당한다. 그러다 보니 신원 확인을 하는 데 있어 가장 중요한 얼굴이 제일 빨리 해체되고 마는 것이다.

구더기가 얼굴을 갉아먹기 시작했다면 수사관의 관점에서 볼 때 시

체를 보존해두는 것은 더이상 아무런 의미가 없다. 조직들이 숭숭 구멍
이 뚫리면서 손상되는 탓에 무리가 없는 방법으로 회복을 시키는 것은
불가능하기 때문이다. 그 대신 조직 아래 틀을 이루고 있는 뼈를 바탕으
로 얼굴이 어떤 모습을 하고 있었는지 추적해보는 도리밖에 없다. 하지
만 살점이 하나도 남아 있지 않은 마당에 어떻게 그게 가능할까?

자연과학과 의학이 함께 손을 잡고 만들어놓은 도표가 얼굴 복원에
이르는 열쇠라 할 수 있다. 여행자들이 세계를 누비고 다니면서 지역마
다 독특한 얼굴 유형이 있음을 주목해온 것은 벌써 수세기 동안 이루어
져온 일이다. 이를테면 유럽인에 비해 아시아 사람들은 코가 낮다든지,
아프리카 사람들은 입술이 두툼하다든지 하는 게 그 좋은 예다. 이런 신
체적 특징은 오래전부터 실측해서 자료로 만들어져 있다. 어떤 점이 두
드러져 보이고 어느 것은 잘 드러나지 않는다는 식으로 신체 구조의 특
징을 파악함으로써 우리는 해당 인물의 출신 지역을 둘러싼 대략적인
정보를 알아낼 수 있는 것이다. 최근 들어서는 뼈뿐만 아니라, 그것을
둘러싸고 있는 살집, 예컨대 피부, 지방, 결합조직, 근육 등도 측정해두
고 있다.

측정 바늘을 꽂아본다든지(사망자), 엑스레이나 초음파로 측정(생존
자)을 하면서 특정 지역 출신에 따른 차이들을 일일이 확인해보는 것이
다. 조직의 두께만 놓고 보면 다른 지역 출신과 별반 차이가 나지 않는
것처럼 보이지만, 그래도 지역에 따른 차별성은 충분히 확인할 수 있었
다. 특히 중요한 것은 지역별 평균치를 산출해보는 것이었다. 그래야 두
개골만 가지고 얼굴을 복원할 수 있는 기초 자료를 확보할 수 있기 때문
이다.

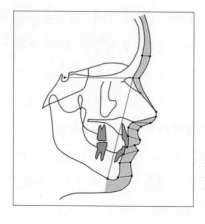

그림1 얼굴 피부조직의 두께. 각 인종은 그만의 독특한 값을 갖는 피부조직 두께를 가지고 있다. 이 값을 이용해 두개골에 피부조직을 씌워보는 일을 한다. 그림: 앤드루 티렐Andrew Tyrrell

　그림1은 2001년의 연구에서 얻어낸 열두 개의 중요한 측정치들을 그려본 것이다. 이때 얼굴 표면과 뼈 또는 이 사이의 간격을 수직으로만 재지 않고 비스듬하게도 측정하면서 다양한 값을 얻어내려 시도했다. 특히 중요하게 여긴 것은 얼굴 피부조직의 두께를 알아내는 일이다. 피부조직의 두께는 인공적으로 얼굴을 복원할 때 그동안의 경험으로 미루어 결정적인 역할을 하기 때문이다.

　물론 모든 신체적 특징은 개인에 따른 편차가 심하다. 하지만 여기서도 과학자들이 좋아하는 도구는 강력한 힘을 발휘한다. 그것은 바로 "평균치"라는 것이다. 여기서 "평균치"란 골격을 덮고 있는 피부조직의 두께를 여러 사람에게서 실측한 다음 얻어낸 중간 값을 말한다. 이 값에 따라 두개골의 여러 다른 부위에 조직을 덧씌우는 것은 얼굴을 인공적으로 복원하는 기술의 기초가 된다.

　얼굴 두께는 나이에 따라 변한다. 특히 아동과 청소년은 그 변화 속도가 빠르기만 하다. 또 피부의 두께는 앞서도 언급했듯 출신 지역(유전적인 요소)과 체중에 따라 달라진다. 다행히 어떤 골격이 가지고 있는 뼈의 형태는 대충이나마 출신 지역이 어디인지 알 수 있게 해준다. 물론 나이와 성별도 어느 정도 가려볼 수 있다. 예를 들어 그동안 손뼈의 엑스레이 사진을 가지고 그 주인의 나이를 징확하게 산출해낼 수 있는 방법이 개발되었다. 다만 뼈는 그 주인이 날씬한지 뚱뚱한지 하는 것은 귀띔해주지 않는다.

범죄 사건에서 뼈만 고스란히 남아 있는 경우는 드물다. 예를 들어 불에 탄 시신의 얼굴이 심하게 훼손되었을지라도 다른 신체 부위는 겉보기보다 멀쩡할 때가 적지 않다. 불로 인해 신체의 표면이 고온에 노출되기는 하지만, 몸 안으로 갈수록 온도는 급격히 떨어지기 때문이다. 그러니까 인간의 몸은 지방과 수분을 많이 함유한 방화벽이 쳐 있는 것과 마찬가지다. 심지어 숯덩이처럼 새까맣게 타버린 시신에서 멀쩡하게 남아 있는 심장과 내부 장기들을 보고 의대생들은 깜짝 놀라곤 한다.

예를 들어 피부가 검게 타버렸음에도 허벅지 두께는 대략적으로나마 계산해낼 수 있다. 이런 식으로 우리는 완전히 훼손된 얼굴이 얼마나 많은 체지방을 가지고 있었는지 간접적으로 추론할 수 있다. 바꿔 말해서 골격만 가지고도 사망자의 인종이 무엇인지 거꾸로 추적해갈 수 있는 것이다. 나머지 살집으로는 사망자의 비만 여부를 가려낼 수 있다. 이렇게 얻어낸 자료와 평균적인 얼굴 피부조직 두께를 가지고 얼굴 복원이 이루어지는 것이다.

입술과 코를 복원하는 일은 한층 더 까다롭다. 뼈를 가지고 입술이 얼마나 도톰했는지 코가 높았는지 낮았는지 또는 휘었는지 하는 따위를 알아낼 수 있는 단서는 거의 없다. 그림1과 사진7(106쪽)을 보면 이런 기술적인 결함도 점차 극복되어가고 있다는 것을 한눈에 확인할 수 있다. 사진7은 구강 구조를 측정해서 입술 모양을 유추하는 과정을 보여주고 있다. 아마도 미래에는 더욱 정교한 측정과 한층 더 빨라진 컴퓨터로 입술과 코의 형태를 보다 정확하게 알아낼 수 있을 것이다.

레닌의 시신

"친애하는 동무들, 노동자, 농민 여러분!" 1924년 1월 29일 레닌의 미망인 나데즈다 크룹스카야Nadezhda Krupskaya•는 당시 소련의 유일한 유력 일간지 〈프라우다〉에 기고한 글에서 이렇게 운을 떼고 있다.

"여러분에게 간곡히 청합니다. 여러분의 슬픔이 블라디미르 일리치••라는 인격을 물적 숭배의 대상으로 삼지 않도록 해주십시오. 그는 자신의 이름으로 궁전을 짓지 않았으며 기념비를 세운 일도 없습니다. 이런 모든 것은 생전의 레닌이 하찮게 여겼던 것일 뿐입니다. 오히려 부끄러워하고 몹시 부담스러워할 게 틀림없습니다. 여러분도 지금 이 나라를 덮친 불행과 혼란을 잘 알고 계실 겁니다. 블라디미르 일리치라는 이름을 명예롭게 기억하고자 하신다면 차라리 유치원과 학교, 주택과 병원을 지으시기 바랍니

• 1869~1939, 러시아 출신의 여성 정치가이자 혁명운동가. 원래의 직업은 교사였다. 레닌과는 1898년 결혼식을 올렸다.

•• 레닌의 원래 이름. 그의 본명은 정확히 블라디미르 일리치 울리야노프Vladimir Ilich Ulyanov다. 공식 명칭으로 썼던 니콜라이 레닌은 1902년부터 사용한 필명이다.

다. 더욱 좋은 방법은 그의 가르침과 일치하는 삶을 살아가는 것입니다!"

이 같은 호소를 하기 여드레 전 레닌은 동맥경화와 뇌출혈 등으로 오랜 투병 생활 끝에 사망했던 것이다. 아마 매독을 앓았을 것이라는 주장도 일각에서는 제기하고 있다. 크룹스카야는 자신의 간곡한 호소가 먹혀들지 않으리라고 벌써부터 짐작하고 있었다. 우선 당시 소비에트 실권자들은 어떻게든 레닌의 시신을 정치적으로 활용하려고 안달이었다. 더 나아가 역사상 위대한 인물이 무덤 속에서 평안을 누리도록 내버려둔 백성은 없었다. 찰리 채플린과 알베르트 아인슈타인만 하더라도 어떤 운명을 겪어야 했던가? 그토록 간곡하게 유서에 영화 유작, 또 연구 자료를 폐기해달라고 했음에도 고스란히 남지 않았던가.

레닌의 경우 무덤 속의 평안은 더더욱 상상하기 어려운 것이었다. 레닌의 후계자를 자처하는 데 성공한 스탈린은 자신의 독주 체제를 굳히기 위해 한껏 부풀린 "권력 쇼"를 연출할 필요를 절감하고 있었다. 전임자가 살아 있을 때도 그의 뜻에 아랑곳하지 않았던 스탈린의 귀에 미망인의 간청 따위가 들어올 리 만무했다.

레닌이 사망하기 석 달 전 이미 공산당 중앙위원회는 스탈린의 제청을 받아들여 비밀회의를 열어 레닌의 시신을 보존하기로 결정을 내린 상태였다. 벌써 오래전부터 전임자를 냉혹하게 무시해온 스탈린이었지만 결정을 내리는 회의 석상에서만큼은 갖은 아양과 위선을 떨어 댔다. 다음은 중앙위원회 비밀회의 석상에서 스탈린이 했다는 발언이다. "현대 과학은 시신을 지속적으로 보존할 능력을 갖추고 있다는 견해를 제시하시는 분들이 많더군요. 어쨌거나 그가 우리와 더이상 함께하지 않는다는 사실을 사람들이 익숙하게 받아들일 수 있을 때까지는 보존할 수 있을 것으로 보입니다."

두 명의 정치국원, 즉 트로츠키와 부하린의 생각은 달랐다. "트로츠키가 옳소." 부하린의 반론이다. "레닌의 유해를 성물로 만든다면 그건 오히려 레닌을 욕보이는 일입니다. 아니지요, 그건 안 될 말입니다. 이성적으로 생각할 때 그건 일고의 가치도 없는 일입니다." 그로부터 며칠 지나지 않아 트로츠키는 "당의 단합을 파괴하고 위협하는 행동"을 벌였다는 죄목으로 국외 추방이라는 판결을 받았다. 당시 트로츠키의 발언을 기억하는 사람은 아무도 없었다. 이런 마당에 스탈린과 맞서려는 사람은 더더욱 없었다.●

비밀경찰 총수 스탈린은 레닌이 죽은 지 이틀 뒤인 1월 23일에 이미 〈프라우다〉 지면을 통해 당의 노선을 천명했다. 다음은 그가 쓴 기고문이다. "역사의 왕들이 방부 처리를 거쳐 미라로 보존되는 이유는 간단합니다. 그들은 왕이기 때문입니다. 왕을 왕으로 모셔야 하는 제 입장에서 볼 때, 문제의 핵심은 블라디미르 일리치의 시신을 지속적으로 보존해야 하느냐 마느냐 하는 게 아닙니다. 어떻게 해낼 것인가, 이게 우리에게 주어진 과업입니다."

나흘 뒤 레닌의 시신은 임시로 마련된 영묘로 옮겨졌다. 인부들은 돌 같이 딱딱하게 얼어붙은 땅을 3미터나 깊게 파고 들어가야만 했다. 레닌의 시신은 그곳에 안장되었다. 이런 식으로 시신을 냉동시킨 것은 대단한 행운이었다. 지표면의 여름과 같은 날씨에서 시신은 돌이킬 수 없이 썩어버렸을 것이기 때문이다. 시신을 보관하는 데 필요한 냉동 시설을 직접 제작할 기술을 가지고 있지 않았던 소련은 일단 외국에서 주문을 해야만 했다.

오싹한 냉기가 감도는 무덤 안에서는 박테리아가 생장하지 못해 시신이 천천히 말라버린다. 여기에는 세 가지 이유가 있다. 우선, 낮은 온도에서 박테리아는 아주 천천히 번식하거나 아예 번식하지 못한다. 두 번째, 시체가

● 레온 트로츠키Leon Trotskii(1879~1940)와 니콜라이 부하린Nikolai Bukharin(1888~1938)은 모두 스탈린을 반대하는 노선을 취하다가 처형당한 공산주의자다.

원래부터 가지고 있는 자기 파괴적인 독소도 전혀 작용할 수 없다. 마지막으로 냉기는 시체 주위의 수분을 모두 얼려버린다. 그러니까 시체는 주변보다 더 많은 수분을 함유하고 있다. 이 수분은 아주 천천히 몸 밖으로 빠져나간다. 이렇게 해서 얼음같이 차가운 바닥에서도 시체는 건조하게 말라버리는 것이다.

시체를 성공적으로 보존하는 데 있어 결정적인 도움을 준 것이 또 있다. 해부학자 아브리코소프는 포르말린, 알코올, 염화아연, 글리세린 등을 섞어 만든 6리터의 용액으로 레닌의 혈관을 가득 채웠다. 말하자면 일종의 부동액을 주사한 것이다. 이제 혈관은 박테리아나 다른 병균들이 마음껏 누비고 다닐 고속도로가 더이상 아니다. 온도가 높은 곳에서라면 세균들은 혈관이라는 고속도로를 활개 치고 다닌다.

그럼에도 레닌의 뇌를 꺼내기 위해 두개골에 톱질을 한 부위에서 갈색 얼룩이 생겨났다. 말라버린 피부도 곳곳이 검게 변색했다. 그동안 중앙위원회에서는 가능한 한 모든 지식을 총동원해가며 어떤 게 올바른 시체 보존 방법인지 하는 문제를 놓고 격론을 벌이고 있었다.

며칠을 두고 설왕설래가 오간 끝에 위원회는 해부학 교수 블라디미르 보로브요프에게 위탁해 시체를 박제로 만들 팀을 꾸리게 했다. 보로브요프는 이 일을 맡으면서 진땀을 흘리지 않을 수 없었다. 한마디로 목숨이 왔다 갔다 하는 일이었기 때문이다. 시신을 원상태로 돌려놓는 데 실패한다면 국가를 배반한 대역죄로 몰릴 게 뻔했다. 그렇다고 명령을 거부한다면, 아예 '나 죽여주소!' 하고 스스로 목을 내놓는 것이나 다름없었다.

보로브요프가 누릴 수 있었던 커다란 행운은 1895년에 모스크바의 병리학자 멜니코프 라스베덴코프가 고안해낸 부패 방지 요법을 몇 차례나 시험해본 경험을 가지고 있다는 점이었다. 이 요법의 핵심은 다음과 같은 첨가

사진3 레닌의 시신(앞에 보이는 것)은 부패를 피할 수 있었다. 비록 낡은 수법이기는 했지만 꼼꼼한 방부 처리와 한겨울의 추위 덕분이다. 그 뒤로 왼쪽에서부터 "방부 팀"의 책임을 맡았던 블라디미르 보로브요프 교수, 레닌 친위대 대장 벨린스키, 펠릭스 E. 제르시스키의 비서 벤자민 게르손이 보인다. ⓒ 일리야 츠바르스키Illja Zbarski, 모스크바/상트페테르부르크

물로 만든 용액을 사용하는 것이다. 이 용액은 오늘날까지 레닌의 시신을 보존해준 결정적인 원인으로 보인다.

- 글리세린 240리터(피부조직을 부드럽게 유지해주며, 경우에 따라서는 동파하는 것을 막아준다)
- 칼륨 초산염 110킬로그램(피부조직 내의 수분과 결합한다)
- 물 150리터
- 염소 키니네 1~2퍼센트(살균 및 소독)

이 용액 덕분에 팀원들은 평온한 마음으로 침착하게 과업을 수행할 수 있었다. 처리를 하는 넉 달 동안 영묘는 문을 굳게 걸어 잠근 채 일체 일반

에게 공개되지 않았다. 또 생화학자 보리스 츠바르스키가 보로브요프를 지원하기 위해 투입되었다. 10년 뒤에는 츠바르스키의 아들 일리야도 팀에 합류했다. 일리야는 오늘날까지 레닌의 시신은 진짜가 전시되어 있는 것이지, 세간의 풍문대로 왁스로 만든 시체 모형이 아니라고 힘주어 주장하고 있다.

최초의 팀은 이미 변색된 시신을 대체 어떻게 두 달을 거슬러 올라간 원상태의 의젓한 것으로 되돌려놓을 수 있었던 것일까? 오늘날의 관점에서 봐도 이들의 솜씨는 기적에 가깝다. 물론 이런 놀라운 박제 기술은 화학이라는 꼼수를 총동원한 것이기는 하지만 말이다.

사실 팀원들은 조금이라도 자신들의 노고가 어긋나는 날이면 곧 죽음으로 내몰릴 수밖에 없다는 점을 잘 알고 있었기 때문에 더이상 잃을 게 없었다. 죽기 아니면 살기로 달려드는 마당에 무엇이 두려우랴. 보로브요프는 우선 흉곽과 복부에 있는 모든 장기들을 남김 없이 끄집어냈다. 특히 부패하기 쉬운 게 이런 것들이기 때문이다. 그런 다음 속이 훤하게 드러난 시신을 일단 물로 깨끗이 씻어냈다. 다음 차례는 포르말린으로 한 곳도 빠짐없이 구석구석 닦아냈으며 마지막으로 식초로 헹궈냈다.

이제 상당히 깨끗해지고, 박테리아에 노출되기 쉬운 장기들을 들어낸 시신은 일단 완전히 해동시킨 다음, 포르말린을 채운 욕조에 담갔다. 시체 안치실의 난방은 항상 섭씨 16도를 유지하도록 했다. 평소에는 쾌적한 작업 온도라 할 수 있는 섭씨 16도의 단점은 끊임없이 역한 포르말린 증기가 시신을 담아놓은 욕조에서 피어오르게 만든다는 점이다.

물론 팀원들에게 더욱 끔찍한 일은 포르말린이 레닌의 시신에 고루 스며들지 않는다는 사실이었다. 보로브요프는 포르말린이 더욱 깊이 스며들게 하려면 꼭 필요한 칼질을 주저했다. 마침내 마음을 다져먹은 보로브요프는

사진4 정치 지도자들과 "방부 처리 팀"에 참여했던 과학자들. 레닌의 시신 보존이 실패했더라면, 이들 모두를 기다리는 것은 죽음뿐이었다. ⓒ 일리야 츠바르스키, 모스크바/상트페테르부르크

동료들에게 급히 꾸민 서류를 내밀며 동의한다는 뜻으로 서명을 해줄 것을 간곡히 부탁했다. "죽은 사람을 걱정해서 이러는 게 아니야. 시체야 아무래도 좋아. 난 다만 산 사람들의 목숨을 지켜주기 위해 도박을 하는 것일 뿐이라고!" 보로브요프가 내미는 동의서에 사인을 하며 동료 로사노프가 했다는 말이다. 레닌의 시신을 필요 이상으로 자르거나 갈라내는 일은 최악의 경우 사형을 감수해야 한다는 것을 뜻했기 때문이다. 어깨와 등뿐만 아니라 손바닥과 손가락 끝에도 칼집을 내줘야만 하는 현실 앞에서 과학자들은 눈앞이 캄캄할 수밖에 없었다. 보로브요프의 동료들이 선뜻 동의를 해주지 못하고 망설이기만 한 것은 당연한 일이다.

마침내 보로브요프는 직접 칼을 잡기로 결단을 내렸다. 어차피 막다른 골목에 내몰린 마당에 정면 돌파하기로 작심한 것이다. 보로브요프는 계속해서 욕조의 알코올 농도를 높였다. 알코올은 피부색이 살아나게 해줄 뿐만 아니라 포르말린이 더욱 잘 스며들게 만들어준다. 레닌의 시신이 마침 내 글리세린과 칼륨 초산염 그리고 물을 섞은 욕조에 넣어지자 팀원들은 안도의 한숨을 쉴 수 있었다. 온전히 유연함을 되찾은 시신은 살아 있는 몸처럼 부드럽게 보이기만 했다. 피부에 거뭇거뭇하게 피어오른 얼룩은 팀원들이 과산화수소를 가지고 표백을 했으며 곰팡이가 슨 부위는 페놀로 깨끗이 닦아냈다.

이제 남은 일은 눈 감고도 해낼 수 있는 숙련된 작업이었다. 입술을 꿰매 봉합했고, 안구는 유리알로 교체했으며, 눈꺼풀 역시 감기는 일이 없도록 꿰매버렸다. 레닌의 동생 디미트리 울리야노프는 새로 마련한 유리관에 안치된 시신을 살펴보고 두루 만족감을 표시했다. "야, 정말 기가 막히는 솜씨더군요. 죽은 지 불과 몇 시간 지나지 않아 본 모습과 똑같았어요. 아냐, 더 나았던 것 같아!" 팀원들이 목숨을 구한 순간이다!

이후 레닌의 시신은 지속적인 관리를 필요로 했다. 코끝과 귀 그리고 손가락은 아주 쉽게 말라버리는 탓에 미라처럼 검게 변해버렸다. 그래서 시신을 고급 면사로 칭칭 감은 다음 (그동안 새로 맞춘) 고무 코르셋을 씌워놓고 마르지 않도록 주기적으로 액체로 된 방부제를 분무해주곤 했다.

1997년 5월 당시 러시아 국가 원수 보리스 옐친은 곧 레닌의 시신을 운구해 상트페테르부르크에 있는 레닌 어머니 묘지에 합장하겠다고 공표했다. 시신을 보존하는 데 들어가는 엄청난 비용도 비용이지만, 무엇보다도 구시대와의 단절을 상징적으로 연출하려는 속셈이었다. 하지만 즉각 거센 항의가 빗발치듯 쏟아졌다. 공산주의 강경파는 레닌 시신을 모신 대大영묘가 자리하고 있는 붉은 광장은 유엔의 결정으로 세계문화유산으로 선포된 곳이기 때문에 절대 손을 대서는 안 된다고 목청을 높였다. 레닌의 영묘가 붉은 광장에 자리를 잡고 있는 한, 레닌의 시신도 보호를 받아야 마땅하다는 억지 주장이었다. 공산당 의원들은 그들의 영원한 지도자를 더욱 공고히 지키고자 붉은 광장의 건축물은 일체 변경을 금지한다는 법령을 국회에서 통과시키기도 했다. 하지만 시신 관리를 책임지고 벌써 몇십 년 동안 갖은 노고를 아끼지 않고 있는 일리야 츠바르스키조차 이제는 생각이 달라진 모양이다. "과학적으로 보자면 비교할 것을 찾을 수 없는 대단한 업적이기는 하죠." 일리야의 한숨 섞인 푸념이다. "하지만 언제까지 시대에 뒤떨어진 그런 만행을 계속해야 하는 거죠? 어쨌거나 서구 사회의 문화적 감각으로 보면 도저히 있을 수 없는 야만적인 일이 벌어지고 있는 겁니다." 하기야 오늘날 해부학 연구를 위해 자신의 시신을 기증하는 사람들조차 끝까지 자신의 이름을 밝히지 말라고 신신당부를 할 정도로 꺼리는 일이 미라가 되는 것이다. 예외가 있기는 하다. 폭력을 일삼는 러시아 마피아는 그들의 죽은 두목을 박제해놓고 멋지다며 낄낄대고 있을 뿐이다.

얼굴 복원의 한계

코와 입만 얼굴 복원을 까다롭게 만드는 것은 아니다. 머리카락 색깔, 눈썹 모양이나 이른바 "헤어스타일" 역시 사람을 알아보는 데 있어 중요한 특징이다(그래서 군중 속에 숨는 데는 모자 하나 쓰는 것만으로도 충분한 것이다). 얼굴 복원의 약점은 또 있다. 항상 얼굴이 어딘가 모르게 긴장이 풀어져 헤벌어진 건가 싶다가도, 거꾸로 한곳만 뚫어져라 바라보는 진지한 표정은 너무 부자연스럽다. 일상의 스쳐지나가는 만남에서 도무지 경험할 수 없는 표정인 탓에 그게 누구인지 아리송하기만 한 것이다.

동시에 그 습성을 모르는 사람의 얼굴 표정을 그려낸다는 것은 원칙적으로 불가능한 일이다. 하지만 거꾸로 어떤 특정한 표정, 이를테면 극히 소수의 사람들만 짓는 표정 때문에 범인을 밝혀내는 게 가능한 경우도 있다. 결국 얼굴 복원이란 모든 범죄 수사 기법이 그렇듯 장단점과 넘을 수 없는 한계를 가지고 있다.

안면 근육을 재구성하는 데 있어 불확실함이 너무 크다 보니 20세기 말에 들어와 이 기법의 채택 여부를 둘러싼 격론이 벌어졌다. 1999년 두 명의 오스트레일리아 해부학자들은 얼굴 복원이라는 기술이 실제 수사에 있어 얼마나 도움이 되는지 실험을 감행했다. "이 연구는 하나의 통일된 절차를 거쳐 만들어본 열여섯 개의 얼굴 복원 사례들을 가지고 정말 사람을 알아보는 데 있어 우연히 알게 되는 것보다 나은 결과를 보여주는지 확인해본 것이다." 두 명의 과학자들이 쓴 글에 나오는 대목이다. 실험 결과는 충격적이었다.

두 해부학자는 네 개의 사람 두개골들을 가지고 석고로 본을 떴다. 그리고 친절하게도 샘, 프레드, 케이트 그리고 제인이라는 이름을 각각 붙여주었다. 이제 네 명의 친구들은 각각 다른 방법, 하지만 동일한 조건에서 실행한 방법들로 얼굴을 되돌려받았다.

첫 번째 방법은 몽타주를 그리는 것과 같은 종류의 비교적 간단한 그림이었다. 진짜 몽타주와 차이가 있다면 두개골 말고는 해당 인물에 대한 암시가 전혀 없었다는 점이다(다시 말해서 증인의 진술을 전혀 참고하지 않고 오로지 그 두개골 모습만으로 얼굴을 그려보았다). 그러니까 몽타주 작가는 오로지 얼굴 피부의 평균 두께만을 가지고 작업했다. 코와 입술, 이마, 턱의 모양과 크기도 평균값만 가지고 유추해냈다. 물론 우리의 화가는 조각상을 만든 게 아니라, 어디까지나 그림을 그린 것일 뿐이다. 하지만 작업을 하는 데 이용된 수치들은 나머지 경우들과 똑같다.

두 번째 방법은 두개골을 찍은 사진을 가지고 컴퓨터로 작업을 해보는 것이었다. 컴퓨터 프로그램에는 이른바 "몽타주 세트"라는 게 있다.

컴퓨터에 저장되어 있는 여러 가지 모양의 눈, 코, 귀, 입 등을 가지고 몽타주를 완성하는 프로그램이 그것이다. 컴퓨터를 사용하기 때문에 얼굴의 피부 두께와 정확하게 맞는 작품을 완성해낼 수 있었다. 이렇게 만들어진 몽타주는 두개골의 골격과 완벽하게 일치했다.

세 번째 방법은 석고로 본을 뜬 두개골에 서른네 개의 작은 구멍들을 뚫어 나무못을 박아넣는 것이다. 나무못들은 얼굴 피부 두께의 평균값에 해당하는 크기를 갖도록 잘라낸다. 여기에 사용하는 평균값은 1980년대 법의학자 리하르트 헬머가 살아 있는 사람들을 대상으로 초음파를 이용해 측정해서 계산해낸 것이다. 이제 자유롭게 남아 있는 나무못 끝에는 컴퓨터 소프트웨어를 이용해 만들어낸 인공 물질을 걸어 얼굴 모양을 만들어나간다(여성의 평균 얼굴 피부 두께는 25밀리미터, 남자는 약 26밀리미터). 이렇게 만들어진 조각상에는 인공 눈을 끼워넣는다. 코의 너비는 대략적으로나마 계산을 해내야 한다. 여기서도 마찬가지로 살아 있는 사람들을 대상으로 측정해놓은 평균값을 이용한다. 코는 보통 두개골에 나 있는 뻥 뚫린 코의 자리에서 가장 넓은 폭의 3분의 2에 해당하는 정도로 너비를 잡는다. 눈꺼풀도 이런 평균값으로 유추해서 만든다. 귓바퀴의 크기는 코의 길이로 미루어본다. 이렇게 얼굴을 복원해가는 모습을 찍어놓은 것이 사진7(106쪽)의 a~f에 이르는 것이다.

나무못을 쓰는 방법이 너무 단순할 수 있다는 생각에서 오스트레일리아 해부학자들은 한 가지 좀더 고전적인 방법을 추가했다. 먼저 두개골에 얼굴 근육을 모사한 것을 갖다가 붙이는 방법이다. 살아 있는 사람의 안면 근육은 두개골에 딱 붙어 있는 탓에 반드시 눈으로 확인할 수 있는 최소한 몇 개의 자국을 남기기 마련이다. 이런 흔적을 이용하면 안

면 근육의 두께를 추적할 수 있다. 더 정확하게 이야기하자면 대충의 윤
곽을 잡을 수 있다는 말이다. 하지만 유감스럽게도 모든 안면 근육을 이
런 식으로 추적할 수 있는 것은 아니다. 말하자면 뺨이나 입술 근육의
정확한 형태는 두개골에 남아 있는 흔적으로 알아낼 방법이 없다. 아무
튼 추적이 가능한 것부터 손질을 해나가면서 전체 윤곽을 잡아나가는
도리밖에 없다.

꼬박 일주일이 걸린 작업 끝에 네 개의 두개골은 각각 그에 어울리는
얼굴을 얻었다. 하나의 두개골당 두 장의 그림과 모형 두 개가 얻어진
것이다. 어떤 것이든 머리카락은 고려하지 않았다. 자, 이제부터 실험은
본격적으로 물살을 탄다. 두 명의 실험자들은 서른일곱 명의 자발적인
지원자들(이들은 모두 의료 분야에 종사하는 사람들이다)에게 전부 열여섯
장의 사진들을 보여주었다. 이 사진들은 그림 두 장과 모형 두 개를 찍은
것이다. 지원자들이 맡은 과제는 열여섯 장의 사진들을 열 장의 얼굴 사
진들과 비교해보는 일이었다. 물론 사진들은 두개골의 진짜 주인을 찍
은 것이었지만, 그 가운데는 전혀 상관없는 얼굴들도 들어 있었다. 지원
자들이 그저 아무렇게나 찍는 요행으로 우연히 그 주인을 알아내는 것
을 방지하기 위한 조처였다.

결과는 실망스럽기 짝이 없었다. 두개골의 모형과 얼굴 사진을 비교
하는 실험은 거의 500번 정도 이루어졌는데 여기서 짝을 정확하게 맞
춘 경우는 겨우 서른여덟 번에 지나지 않았다. 완벽하지 않은 수사 방법
일지라도 가뭄에 콩 나듯 결정적인 단서를 제공해줄 수 있다는 확인만
으로 만족한다면 그나마 위로가 될까? 다시 말해서 얼굴 복원이라는 방
법에 있어 모든 증인이 빠짐없이 되살려낸 얼굴 모델을 보고 신원 확인

대상자를 알아보는 것은 아니라 할지라도, 열 명 가운데 한 명은 결정적인 실마리를 줄 수 있다는 게 아닌가. 하긴 이 정도만 해도 수사를 올바른 방향으로 이끄는 발전이라 할 수 있다.

물론 증인들이 실험에 있어 400번 이상 잘못된 확인을 했다는 것은 진지하게 생각해볼 대목이 아닐 수 없다. 더욱 놀라웠던 점은 이 잘못된 확인의 경우 거의 3분의 2 이상이 비교 대상 사진들 가운데 맞는 인물이 없었음에도 전혀 엉뚱한 사람을 그 주인이라고 지목하고 나섰다는 사실이다. 이런 실수는 정말이지 심각한 문제가 아닐 수 없다. 수사의 방향을 전혀 엉뚱한 곳으로 이끌 뿐만 아니라, 억울한 누명을 쓰는 사람들이 속출할 수 있기 때문이다.

이 실험을 통해 확인된 높은 실패율은 우리의 은연중에 잘못 길들여진 사고 습관 때문에 생겨나는 게 틀림없다. 사람들은 언제나 어떤 결과에는 그에 상응하는 원인이 반드시 있을 거라고 생각하기 마련이다. 말이 안 되는 데도 원인이 꼭 있을 거라고 집착하는 것을 보면 어처구니가 없을 지경이다. 사람들은 실험이나 실제 사건에서 사진들을 보여주면 그 가운데 찾는 인물이 꼭 있을 거라고 지레 단정을 한다. 그렇지 않고서야 사진을 보여줄 이유가 없다고 생각하는 것이다. 사실은 얼마든지 다를 수 있다. 우선 수사의 진척 정도에 따라 고를 수 있는 사진의 범위가 달라진다(수사의 방향을 잘못 잡은 경우, 찾고자 하는 인물이 사진 가운데 있을 확률은 떨어진다). 두 번째로 제대로 된 적절한 사진을 골랐는가 하는 문제도 무시할 수 있는 게 아니다(좀더 최근에 찍은 사진은 없었을까?).

이런 이유로 해서 오스트레일리아 해부학자들의 실험은 참담한 결과를 보일 수밖에 없었다. 실험 참가자들은 얼굴을 가려볼 수 있는 친숙

한 특징, 무엇보다도 머리카락이 없었던 탓에 짐작과 추측에만 의존하고 만 것이다.

"참가자들은 열여섯 번에 한 번 꼴로 얼굴을 정확히 알아보았을 뿐이다. 그나마 우연히 맞추는 것보다는 나은 게 아닐까." 실험을 끝낸 해부학자들의 소감이다. "어쨌든 얼굴 복원은 부정확하고 믿을 수 없는 신원 확인 방법임이 밝혀졌다. 이는 물론 수사에 결정적인 도움을 준 얼굴 복원의 개별 사례들이 적지 않다는 보고서와는 정면충돌하는 것이다. 얼굴 복원 기술자들이 주장하는 높은 성공률과도 부합할 수 없는 결과다. 어째서 이렇듯 모순된 상황이 연출된 것일까? 아마도 성공적으로 해결된 사건들에만 주목을 한 탓에 이런 오해가 빚어진 게 아닐까? 실패한 사례들은 아예 발표조차 되지 않았다는 사실이 이런 심증을 더욱 굳혀준다." 해부학자들은 스스로 이런 진단을 내리고 있다.

"더 나아가 얼굴 복원은 전혀 과학적인 방법이 아니다. 과학적이라고 보기에는 예술적 상상력을 발휘할 여지가 너무 크기 때문이다. 무엇보다도 얼굴을 복원하는 데 있어 너무나 많은 기준과 방법 들이 공존하고 있다. 어떤 게 좋을지 자유롭게 선택하는 작업은 과학이 아니라 예술이다. 잘못과 실수가 빚어질 소지가 너무나 큰 것이다. 하긴 매끈한 두개골을 가지고 어떻게 헤어스타일을 짐작할 수 있으랴."

통렬한 지적이기는 하다. 하지만 해부학자들의 결론이 맞는다면 어째서 얼굴 복원이라는 방법이 여전히 통용되고 있는 것일까? 다음 사례는 오스트레일리아 해부학자들의 실험이 어떤 함정에 빠졌는지 분명하게 보여준다. 사실 우리네 인생은 이런 함정의 연속이다.

옥수수밭 살인 사건

때는 금요일, 화창한 여름날이었다. 정확한 날짜는 1993년 8월 20일. 구경꾼들은 낡은 "유보트"를 기다리고 있었다. 슈파이어의 박물관으로 가기 위해 라인 강을 타고 올라가는 잠수함을 보려고 만하임의 주민이 강둑으로 쏟아져나온 것이다. 쉽게 보기 어려운 광경을 구경하기 위해 몰려나온 시민들의 호기심 어린 반짝이는 눈빛은 곧 경악으로 가득 차고 말았다. "산보객들의 입에서 탄식과 비명이 화창한 여름 하늘을 찢었다." 당시 사건을 보도하고 있는 〈만하임 모르겐Mannheimer Morgen〉 지의 기사다. "만하임 북쪽에 위치한 '테오도어 호이스' 다리에서 남쪽으로 50미터쯤 떨어진 곳에 있는 옥수수밭에서 숯덩이처럼 탄 시체 한 구가 발견된 것이다. 놀란 사람들은 곧바로 경찰에 신고했다." 죽은 남자의 힘줄이 열기로 오그라든 탓에 팔과 다리는 기묘한 모양으로 뒤틀려 있었다. 시체 주위의 옥수수 가지들은 불에 탄 채 쓰러져 있었다. 땅바

96

사진5 만하임의 옥수수밭. 정체불명의 남자 시체가 농로에서 발견되었다. 화살표가 가리키는 검은 자국은 시체를 태우려다가 생긴 흔적이다. ⓒ 발터 노이쉬Walter Neusch

닥에는 길게 끌린 핏자국이 선명했다. 어느 모로 보나 타살이 분명했다.

도시는 충격과 경악에 휩싸였으며 참혹한 범죄 현장 위로 경찰 헬리콥터가 혹시 무슨 단서를 잡을 수 있을까 해서 몇 차례나 맴돌았다. 하이델베르크대학교의 법의학자들이 부름을 받고 곧장 달려왔다. 법의학자들은 시신이 불타기 전에 이미 두개골에 구멍이 나 있었다고 확인했다. 이 구멍은 총알이 만든 것이었다.

다음 날 시신에 남아 있는 옷자락과 머리카락을 조사한 경찰은 남자가 살아 있을 때 어떤 모습을 하고 있었을지 대강 추정해냈다. 갈색의 곱슬머리를 가진 남자는 굵은 실로 짠 하얀 양말에 역시 직물로 짠 연갈색 슬리퍼를 신고 있었다. 입고 있는 바지는 검은색 진이었으며, 청록색 상의는 셔츠인지 티셔츠인지 잘 구별이 되지 않았다. 1990년대라기 보다는 1980년대에나 어울릴 법한 기묘한 옷차림이었다. 시체는 지독한 화상으로 얼굴을 알아볼 수 없었다.

시체가 버려진 장소는 옥수수밭이 아스팔트를 깐 산책로와 직접 맞닿아 있는 곳이었기 때문에 대낮에 그곳에 버려졌다고 보기는 어려웠다. 목요일에서 금요일로 넘어가는 밤에 그곳에 버려진 게 분명했다.

그동안 시신의 부검이 이루어졌다. 남자는 스물다섯에서 서른다섯 살가량으로 체중은 60킬로그램이었다. 젊고 깡마른 남자였던 것이다. 치아 상태는 그야말로 엉망이었다. 왼팔 위쪽에는 아마추어가 그린 게 분명한 서툰 문신이 기묘한 모습을 자랑했다. 불에 그슬린 탓에 개를 그린 것인지 비둘기를 나타낸 것인지 애매하기만 했다. 어찌 보면 창에 도끼날을 달아놓은 중세 무기 같기도 했다. 그 밖에 남자는 수염을 길렀던 게 분명했다. 이런 모든 것으로 미루어 남자는 암흑세계와 연관이 있는 게 틀림없어 보였다. 어쨌거나 사회적으로 취약한 계층에 속한다는 것은 움직일 수 없는 사실이었다. 그다음 주 월요일 만하임 경찰은 전화 자동응답기를 상시 가동하기로 결정을 내렸다. 희생자가 누구인지, 혹시 범행을 목격한 사람은 없는지, 익명의 제보를 받기 위해서였다. 물론 포상금도 내걸었다. 고작해야 3,000마르크(1,534유로)*에 지나지 않는 돈이었지만 말이다. 제2차 세계대전이 끝난 시절 책정된 이 금액은 어찌된 일인지 오늘날까지 조금도 인상되지 않고 있다.

기대와 어긋나지 않게 암흑세계에서 아무런 제보도 들어오지 않았다. 실마리를 잡아낸 쪽은 부퍼탈 경찰이었다. 불에 탄 시체가 발견된

---

* 2015년 현재 환율로 약 200만 원 정도에 해당하는 금액.

지 2주 뒤에 발생한 연금생활자 노부부 피살 사건을 수사하던 경찰이 두 사건 사이의 연관을 주목했다. 졸링겐이 주거지인 노부부는 금은보석을 수집하는 취미를 가지고 있었는데, 강도를 당해 총에 맞아 죽고 만 것이다. 범인들은 시계와 희귀 동전 그리고 보석 등 총 10만 유로*에 달하는 금품을 훔쳐 달아났다. 사건이 발생하기 전에 두 명의 동유럽 남자들이 노부부의 집으로 가는 길을 물어봤다는 제보가 들어왔다. 그런데 이 사건은 어느 모로 보나 7월에 벌어졌던 범죄와 흡사했다.

7월에도 동유럽 남자 두 명이 하나우(프랑크푸르트 암 마인 인근 도시)에서 동전 수집상을 습격해 귀중품을 털었던 것이다. 총을 겨눈 범인들은 상인에게 상점 문을 열라고 강요한 다음, 그를 꽁꽁 묶어놓고 고가의 물건들을 강탈하고서 승용차를 이용해 달아났다. 희생자를 죽이지 않았던 탓에 경찰의 추적은 신속하게 이루어졌다.

2인조 강도는 만하임의 지역구 가운데 하나인 피어른하임에서 가까운 고속도로 휴게소에 차를 버려두고 사라졌다. 만하임 경찰을 긴장시키는 대목이었다. 우선, 휴게소가 숯덩이 시체가 버려진 옥수수밭에서 불과 몇 킬로미터밖에 떨어지지 않은 곳이었기 때문이다. 둘째, 죽은 남자는 체격으로 보아 동유럽 남자가 분명했다. 그럼 범죄 조직의 일원이었던 사망자가 내부 다툼으로 살해된 것일까? 두개골의 총상과 시체를 태운 잔혹함으로 미루어 충분히 있음직한 일이었다. 하지만 수사는 곧 벽에 부딪치고 말았다. 비슷한 전과를 가진 동유럽 남자들을 추적해본 결과, 이미 오래전에 독일을 떠난 것으로 되어 있었기 때문이다. 이후

---

* 약 1억 3000만 원에 해당한다.

반년 남짓 만하임 옥수수밭 살인 사건의 수사는 조금도 진전을 보이지 못했다.

1994년 1월 사건은 공영방송 ZDF의 〈미제 사건 파일 XY〉라는 프로그램을 통해 전파를 탔다.[*] 방송은 특히 졸링겐에서의 노부부 살인 사건과 하나우의 강도 사건이 밀접한 연관이 있는 것으로 다루었다. 용의선상에 오른 유력한 혐의자들은 만하임에 주거 등록을 했던 두 명의 폴란드 남자들이었다. 만하임 사건은 청부 살인인 것으로 보인다는 추정도 곁들여졌다. 루블린에서의 살인 사건으로 두 명의 남자들을 추적하고 있던 폴란드 경찰의 추정이었다.

두 남자들의 최근 사진은 물론 좀더 오래된 사진들까지 공개되었다. 두 남자는 모두 차림새를 조금만 달리해도 전혀 달라 보이는 변화무쌍한 외모를 자랑했다. 한 장의 사진에서 더 젊어 보이는 쪽은 그야말로 거리의 쌈패와 같은 몰골을 하고 있었으며, 다른 한 명은 능글맞은 장사꾼처럼 보였다. 젊은 남자의 최근 사진은 콧수염을 기르고 있었다. 워낙 변장과 수법이 노련한 범인들인 탓에 체포할 가능성은 희박해 보이기만 했다. 게다가 그들은 위조 여권을 소지하고 있었다. 젊은 쪽이 즐겨 쓰던 가명들도 알려졌다. 본명이 크비에크Kwiek인 용의자는 "다리우스 소스노프스키Daius Sosnowski"나 "발데마르 피아세키Waldemar Peasecki" 또는 "마리우스 체르빈스키Marius Czerwinski" 등 필요에 따라 이름을 마구 바꾸고 있다고 폴란드 경찰은 통보해왔다.

---

[*] ZDF의 정식 명칭은 Zweites Deutsches Fernsehen으로 '독일 제2공영방송'이라는 뜻이다. 본문에서 언급하고 있는 프로그램의 정식 명칭은 〈Aktenzeichen XY ungelöst〉로 해결되지 못한 범죄 사건을 소개함으로써 시민으로부터 제보를 받고자 하는 프로그램이다.

성공적인 얼굴 복원

범인을 잡는 것 못지않게 중요한 일은 죽은 사람이 누구인지 밝혀내는 일이다. 본의 법의학자 리하르트 헬머는 다행스럽게도 만하임 옥수수밭 사망자의 얼굴을 복원해내는 데 성공했다(사진7, 106쪽).

헬머는 법의학 얼굴 복원의 선구자라 할 수 있는 인물이다. 헬머보다 앞선 사람으로는 러시아의 해부학자 미하일 M. 게라시모프를 꼽을 수 있다. 게라시모프는 유골로(특히 원시인) 얼굴을 추적하는 일에 헌신해온 인물이다. 그는 처음에 독일어로, 나중에 영어로 번역된 책으로 서구 사회에 이름을 알렸다(사진6). 그의 책은 누구나 알기 쉽게 쓴 것으로 유명하다. 게라시모프는 책이 출간된 직후인 1970년 7월에 예순두 살의 나이로 사망했다.

헬머와 달리 게라시모프는 역사상 위인들이나 원시인들, 이를테면 이반 뇌제雷帝*, 프리드리히 실러** 그리고 하이델베르크인 등의 유골로 얼굴을 추적해보는 일을 가장 즐겼다. 하지만 예나의 뼈 전문가 에겔링이나 체코의 수크 교수와 같은 학자들은 유골을 가지고 근접하게나마 얼굴을 되살려보는 것은 가능하지 않다며 코웃음만 칠 뿐이었다. 그러기에는 아직 극복하지 못한 불확실한 요인들이 너무나 많다는 것이었다. 하지만 게라시모프가 성공적으로 얼굴을 복원해내자 이야기는 달라졌다. 오랜 세월에 걸친 각고의 노력 끝에 두개골을 가지고도 실물

---

* 1530~1584, 러시아 황제. 극단적인 공포정치를 펼쳐 '뇌제'라는 별명을 얻었다. 러시아 경제 발전에 많은 공을 세운 왕이다.
** 1759~1805, 괴테와 함께 독일 고전주의 문학을 대표하는 작가.

사진6 미하일 게라시모프는 얼굴 복원의 선구자로 "페이스 파인더Face Finder"(얼굴 찾는 사람)라는 별명을 얻었다. 그는 오래된 유골을 가지고 얼굴 복원을 시도했을 뿐만 아니라, 살인사건 수사에 그가 고안한 방법을 응용하기도 했다(그가 쓴 책의 영문판 표지 사진).

에 가까운 얼굴을 되살려볼 수 있다는 게 입증된 것이다. 생애 말년에 게라시모프는 다음과 같은 말을 하고 있다. "최근 들어 제가 두개골을 가지고 재구성해본 많은 초상화들이 유명해졌습니다. 과학자들은 물론이고 박물관에서도 앞다투어 제 초상화들을 수집해 전시하고 있을 정도입니다. 초상화들은 신빙성이 아주 높은 것으로 평가받고 있습니다. 생시에 찍은 사진과 비교해 손색이 없을 정도라는 게 증명되었기 때문입니다."

여기서 잠깐 숨을 고른 게라시모프는 정색을 했다. "흔히 사람들은 두개골로 재구성한 얼굴이 초상화나 사진과 맞아떨어지는 게 제 개인적인 능력 때문인 것으로 치부하곤 합니다. 뭐 손끝 감각이 대단히 뛰어난 탓이라나요. 물론 그런 걸 저만의 능력으로 평가해주는 게 개인적으로 기분 나쁠 일은 아니지요. 하지만 사실은 다릅니다. 제가 가르친 방법으로 제자들도 똑같은 성과를 이루어내고 있는 걸 보십시오. 이는 두개골을 이용한 얼굴 복원이 큰 틀에서 옳다는 증거가 아니겠습니까? 이 방법이 석기시대나 청동기시대 사람들의 초상화만 그려주는 것은 아닙니다. 정체를 알 수 없는 사람의 신원을 확인해주는 체계적인 방법으로 손색이 없으리라 자신합니다.”

게라시모프 자신이 언급하고 있는 섬세한 “손끝 감각”은 사실 그를 포함해 모든 얼굴 복원 기술자들이 들어 마땅한 비난이다. 자기 입으로 직접 “손끝 감각” 운운하면서 핵심을 피해가려고 하고 있지만 어림없는 일이다. 정확히 말해서 두개골만 가지고 얼굴을 되살려내는 기술자는 없다. 작업을 하면서 끊임없이 추가 정보들을 참고하는 덕에 성공적인 결과를 이끌어내는 것일 뿐이다. 다시 말해서 자신들이 얼굴을 알아내는 게 아니라, 여러 정보들을 취합해 알아낸 얼굴을 두개골에 적용시키는 게 이른바 “얼굴 복원”이라는 방법이다. 한마디로 앞과 뒤가 뒤바뀐 것이랄까. 그러니까 게라시모프를 위시한 얼굴 복원 기술자들의 “손끝 감각”은 섬세하고도 뛰어나다! 범죄 수사의 미명 아래 개인 정보를 마음껏 들여다보는 것 역시 범죄라는 점은 조금도 생각하지 않는 것일까?

자신에게 맡겨진 사건들을 사실상 한 건도 빠짐없이 해결했다는 게라시모프의 주장은 서유럽의 법의학자와 수사관들을 서글프고도 분노하게 만들고 있다. 저 친구는 손대는 사건마다 척척 해결하는데 우리는 왜 이 모양인가 하는 낙담 그리고 그로 인한 스트레스 말이다. 하지만 서구의 동료들이 한 가지 잊고 있는 게 있다. 당시 소련이라는 국가는 지금 우리와는 완전히 다른 수사 체계와 방법을 구사하고 있었다는 사실이 그것이다. 그리고 소련의 수사기관은 죽은 사람의 신상 정보를 마음대로 열람하고 조달할 수 있었다. 오늘날 유럽에서 그랬다가는 당장 감옥행이다! 추상과도 같은 정보 보호법으로 인해 개인의 신상 정보에 접근할 수 있는 길은 엄격하게 제한되어 있다. 지적하고 넘어갈 것은 또 있다. 아마도 이게 훨씬 더 진실에 가까운 것이리라. 유럽의 사회주의 또는 공산주의 국가에서 범죄 사건은 고위층의 지시 한마디로 해결되었다! 복잡하고 까다로운 사건일수록 윗선에서 "그만해!" 하면 그 즉시 없던 일로 해야만 했던 것이다. 무슨 사건이 일어났다고 공식적으로 발표하지도 않았을 뿐더러, 설혹 알려졌다 하더라도 언제나 외부에는 깔끔하게 해결된 것으로 포장되었다.

리하르트 헬머 역시 1980년대와 1990년대에 걸쳐 수사 목적으로 얼굴을 재현하는 실험을 숱하게 했다. 그 밖에도 헬머는 거꾸로 죽은 사람의 사진을 가지고 두개골에 맞춰보는 문제에도 매달렸다. 헬머는 두 가지 방법, 즉 두개골로 얼굴을 짐작하는 방법(복원)과 사진에 맞춰 해당 두개골을 찾는 "오버랩(겹쳐 보기)" 모두 수사에 적잖은 도움을 주는 것으로 입증해냈다. 아무런 방법도 통하지 않을 때 이 두 가지는 그나마 기댈 수 있는 마지막 희망이라는 것을 말이다.

옥수수밭 사건에서 얼굴 복원이 수사에 도움을 준 이유는 간단했다. 도대체 사망자를 안다는 사람이 전혀 나타나지 않았기 때문이다. 될 수 있는 한 많은 사람들을 상대로 탐문 수사를 벌여야 하는 수사관들에게 얼굴을 재구성해본 사진 한 장이 큰 도움이 되었음은 당연한 일이다. 또 이 사진은 수사를 본격적인 궤도에 올려주는 혁혁한 성과를 올렸다. 사진을 본 시민들 가운데 몇몇이 작년 8월 만하임에 잠깐 머무른 적이 있는 "크시슈토프Krzystof"라는 이름의 남자와 비슷하다는 제보를 해온 것이다. 루블린을 떠나 이탈리아로 향하는 여정에서 크시슈토프는 만하임을 중간 기착지로 삼았다는 거였다. 당장 연락을 받은 폴란드 경찰은 크비에크와 빌라프스키Bielawski의 주변에 크시슈토프라는 이름의 남자가 존재했는지 조사에 나섰다. 아니나 다를까, 그런 이름의 인물은 실재했다. 크시슈토프 레자크! 그의 정확한 이름이었다. 주거지는 루블린이었으며, 두 용의자들과 잘 아는 사이였다. 만하임 경찰은 곧장 사망자의 지문을 발송해 폴란드에 저장되어 있는 레자크의 지문과 비교하게끔 했다. 지문은 한 치의 오차도 없이 딱 맞아떨어졌다. 크시슈토프 레자크가 바로 옥수수밭에서 불에 탄 시체의 주인이었던 것이다. 이로써 사망자의 신원 확인은 개가를 올릴 수 있었다.

이제 우리의 흥미를 잡아끄는 것은 두개골로 복원해본 얼굴 모습과 진짜 레자크의 사진을 비교해보는 일이었다. 리하르트 헬머는 사망자의 머리 모양과 색깔이 어떻다는 구체적인 정보를 얻을 수 있었던 탓에 그의 모습을 나무랄 데 없이 그려낼 수 있었다(사진7). 하지만 머리 모양을 분장해주기 전의 모습, 그러니까 두개골로 얼굴 윤곽만 그려낸 것을 보고 있노라면 오스트레일리아의 해부학자들이 얼굴 복원이라는 방법을 의심한 이유를 분명히 알 수 있다. 헤어스타일을 꾸며주지 않았더라면 헬머의 저 훌륭한 복원도 별 쓸모가 없었으리라. 하지만 그렇다고 저 해부학자들처럼 얼굴 복원을 부정만 하는 것도 바람직하지는 않다. 시체들에 있어 대개 머리카락은 오랫동안 그대로 남아 있기 때문이다. 실제로 머리카락은 거의 썩지 않는다.

물론 두개골에 안면 피부 두께의 평균치만 씌워보는 것으로는 당사자가 누구인지 알아보기 어렵다. 심지어 전혀 다른 사람으로 알아볼 가능성이 더욱 크다. 하지만 만하임 사건이 보여주듯 불에 심하게 탄 시신일지라도 머리카락은 얼굴 복원을 하기에 충분할 정도로 남아 있기 마

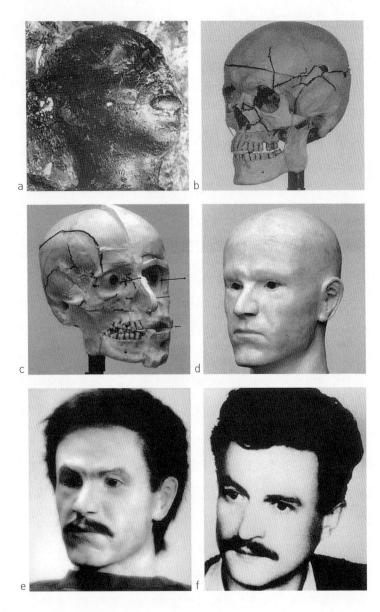

사진7 만하임 옥수수밭 살인 사건에서 리하르트 헬머가 얼굴을 복원해본 것(사진을 사용할 수 있게 해준 리하르트 헬머와 디터 레오폴트에게 감사한다).

련이다. 이렇게 복원해낸 얼굴 모습은 적어도 수사관에게는 귀중한 단서가 될 수 있다.

헬머의 다음 발언은 이런 맥락에서 시사해주는 점이 많다. "성공적으로 재현해낸 얼굴을 증명사진처럼 찍어놓으면 진짜 실물과 조금도 다를 게 없다. 전문적인 훈련을 받지 않은 사람은 그게 인공적으로 만들어낸 모형이라는 것을 구분할 수 없을 정도다." 물론 그런 사진이 수사의 보조 수단 그 이상도 이하도 아니라는 점은 헬머도 명확히 의식하고 있다. "얼굴의 재현이 아무리 구체적이라 할지라도 그것은 어디까지나 하나의 단서에 지나지 않는다. 최종 신원 확인을 위해서는 언제나 다른 자료들로 보충을 해줘야만 한다."

헬머의 지적은 모든 수사 기법에 공통적으로 적용되는 말이다. 절대 확실하다고 인정받고 있는 유전자 감식이라 할지라도 법정에서는 사건을 심리하는 데 필요한 여러 증거들 가운데 하나일 뿐이다. 다시 말해서 피고가 범인이라는 것을 확증하기 위해서는 언제나 종합적인 판단이 이루어져야만 한다. 모든 물적 증거는 그 자체로만 따로 떼어놓고 보면 진실일지 모르나, 법정에서는 아무짝에도 쓸모없는 것으로 전락할 수 있다. 구슬이 서 말이라도 꿰어야 보배라고 하지 않던가. 아무리 확실한 증거일지라도 사건의 전후맥락을 설명하는 데 있어 설득력을 가져야만 한다. 바로 그래서 사건을 다루는 수사관과 법관이 끊임없이 고뇌해야만 하는 것이다.

───

끝나버린 노래

1994년 5월 12일, 그러니까 옥수수밭 살인 사건이 벌어진 지 9개월

만에 드디어 파울 빌라프스키Paul Bielawski는 꼬리가 밟히고 말았다. 안
트베르펜으로 피신한 그는 그곳에서 귀금속을 처분하기 위해 동분서주
하던 끝에 인터폴의 그물에 걸려든 것이다. 빌라프스키가 베네룩스 나
라들에 머물고 있다는 제보가 끊이지 않았을 뿐만 아니라, 안트베르펜
은 빌라프스키와 같은 범죄자가 암약하기 좋은 도시였던 것이다. 영악
한 공범 크비에크는 벌써 고향으로 돌아간 반면, 빌라프스키는 훔친 여
권을 위조해 사용하다가 보기 좋게 수사망에 걸려들고 만 것이다. 살인
범은 가명을 쓰고 있었으며, 이 가명은 다른 범죄를 저지르는 데에도 이
용했던 것으로 밝혀졌다. 결국 다른 범죄로도 수배가 되어 있었기 때문
에 신분증의 진위 여부는 큰 문제가 되지 않았다. 본명이든 가명이든 모
두 수배자 명단에 올라가 있었기 때문이다.

벨기에 경찰이 범인을 검거하는 멋진 활약을 보여준 뒤에 바빠진 쪽
은 우크라이나 경찰이다. 우크라이나의 대도시 드네프로페트로프스크
로 넘어가 암약하던 크비에크 역시 수사망에 걸려들었기 때문이다. 불
에 탄 크시슈토프 레자크의 시신이 발견되고 나서 꼭 1년이 지난 시점
에 크비에크는 사귀던 여자 친구와 결혼을 할 생각이었다. 교회에서 결
혼식을 올리기 전에 크비에크는 먼저 인구 100만의 도시 드네프로페트
로프스크 관청에 정식으로 혼인신고부터 했다. 신원 조회 결과 관청이
곧바로 경찰에 신고했음은 물론이다. 결국 크비에크는 교회의 연단으
로 향하던 도중 경찰에 체포되고 말았다. 신랑이 되기 일보 직전에 범인
의 손에 수갑이 채워진 것이다.

바흐, 라파엘 그리고 소년의 흩어진 뼈

1867년 이래 해부학자들은 뼈만 앙상하게 남은 두개골에 그 얼굴을 돌려주려고 점점 더 열심히 매달려왔다. 물론 두개골의 주인은 범죄에 의해 희생된 사람이 아니다. 해부학자들이 보다 더 관심을 가졌던 쪽은 역사상 위대한 인물이나 고고학이 발굴해낸 유물과 같은 것이었다. 프리드리히 고트리프 벨커*는 오랫동안 프리드리히 실러의 것으로 여겨져 온 이른바 "군주 영묘 해골"**을 가지고 실러의 얼굴을 복원하려 했을 뿐만 아니라, 단테와 라파엘의 두개골을 가지고도 같은 시도를 했다. 실러와 단테의 경우 벨커는 자신이 되살려본 얼굴을 해당 인물의 초상화와 끊임없이 비교를 해가

---

* 1784~1868, 독일 출신의 문헌학자. 빌헬름 폰 훔볼트의 추천으로 독일에서 최초로 고고학과를 세운 인물이다.

** 실러가 묻혀 있던 공동묘지가 폐쇄되면서 바이마르 시장 슈바베가 실러의 해골을 찾아내어 괴테에게 건네준 것을 말한다. 괴테는 그게 진품인 줄 알고 실러를 기리는 유명한 시를 썼으며, 바이마르 군주의 영묘 묘실에 이를 전시했다고 한다. 그래서 "군주 영묘 해골"이라는 이름이 붙었다. 하지만 최근 들어 유전자 감식을 실시한 결과, 두개골의 주인은 실러가 아닌 것으로 밝혀졌다.

며 다듬었다. 라파엘을 다루는 데 있어서는 주로 그 외모를 묘사한 다른 자료들을 참고했다.

법의학의 차원에서 처음으로 얼굴 복원을 시도한 사람은 오늘날에도 그 명성이 조금도 퇴색하지 않은 해부학자 빌헬름 히스*다. 그는 1895년 요한 제바스티안 바흐의 것으로 알려진 두개골이 정말 그의 것인지 가려내려는 작업을 했다. 히스가 복원해낸 얼굴은 작곡가의 초상화와 훌륭한 일치를 보여주었다.

얼굴 복원 기법을 수사에 적용하자는 첫 제안은 1899년 한스 그로스**라는 사람이《범죄인류학 기록》이라는 잡지에서 했다. 하지만 당시 본격적인 얼굴 복원이 이루어지기에는 자료가 턱없이 부족했다. 얼굴의 여러 부위 피부 두께를 가늠할 수 없다 보니 얼굴 복원은 기대한 것만큼 성과를 올릴 수 없었던 것이다. 게다가 어떤 사람을 콕 집어낼 수 있는 얼굴 복원이 정말 가능한 것인지 하는 문제를 놓고 격론이 벌어졌다. 오늘날 이 분야의 기술적 수준은 복원해낸 얼굴이 사망자의 그것과 기본 틀에 있어서는 아주 흡사하다는 것을 보증해줄 정도로 발전했다.

게라시모프가 처음 얼굴 복원을 맡은 것은 1939년 레닌그라드에서 일어난 사건이다. 들판에 버려진 뼈는 사람들을 놀라게 했다. 누군가 산산조각 난 뼈들을 몇 미터에 해당하는 면적에 흩뿌려놓은 것이다. 물론 동물도 시체를 그렇게 만들 수 있으며, 실제로 늑대가 만든 것으로 보이는 물어뜯은 자국이 발견되기도 했다. 현장에서 20미터 정도 떨어진 곳에서는 두개골과

---

* 1831~1904, 스위스 출신의 해부학자. 현대 해부학의 기초를 닦은 인물로 유명하다.
** 1847~1915, 오스트리아 출신의 법관이자 예심판사. 이른바 '범죄학'의 창시자로 알려져 있는 인물이다. 1912년 오스트리아 그라츠 대학교에 범죄학과를 처음 설립했다.

아래턱도 나왔다. 이 뼈들은 날카로운 칼날 같은 것으로 자른 흔적이 역력한 것으로 미루어 동물의 짓이 분명 아닌 것으로 판명되었다. 게라시모프는 30년 뒤 이 사건을 다음과 같이 회상하고 있다.

"예심판사의 방에 들어섰을 때 판사는 마침 사건 심리를 중단하라는 명령을 담은 문서에 서명하려던 참이었어요. 그는 짜증이 가득 담긴 표정으로 저에게 이렇게 묻더군요. '무슨 일이시죠?'

저는 이렇게 대답했죠. '조금 전 민병대 1대대 구도프 소위에게 정체불명의 유골이 발견되었다는 연락을 받았습니다.'

'예, 그래서요?' 예심판사가 되물었습니다.

'저는 벌써 15년 동안 두개골을 가지고 얼굴을 복원해보는 작업을 해오고 있습니다. 사망자의 신원 확인을 도와드리고 싶습니다.'

예심판사는 어처구니가 없다는 표정으로 이죽대더군요. '말도 안 돼! 어떻게 두개골을 가지고 얼굴을 되살려본다는 거요? 하지만 기왕 온 거니까 뼛조각들을 싸가지고 가시오. 어차피 우리가 손해볼 건 없으니 말이오. 난 12시간 안에 사건 심리 중단 결정을 내려야만 하오. 뼈가 화장터로 가든, 당신에게 가든 상관없으니 당신 마음대로 하시오.'

30분 뒤 저는 작업실 책상 앞에 앉았죠. 책상 위에 커다란 종이를 한 장 펼치고 그 위에 조심스럽게 뼛조각들을 내려놓았습니다. 긴뼈도 섞여 있는 유골은 완전한 게 아니었습니다. 갈비뼈와 척추에 사라진 부분들이 많았습니다. 두개골의 상태는 양호했지만 흙과 풀이 덕지덕지 붙어 있더군요. 심지어 두개골 안에도 흙이 들어 있었습니다. 붓으로 신중하게 털어내자 자잘한 머리카락들이 우수수 떨어졌습니다. 붉은빛을 띤 금발의 머리카락은 이발이라도 한 것인지 짧게 잘린 상태였죠.

두개골을 청소하고 나자 전두골 좌측 부위에 사각의 뭉툭한 둔기로 가격

당한 흔적이 나타났죠. 뒷머리의 오른쪽, 측두골의 유양돌기 바로 위쪽에는 얇고 날카로운 칼날이 만든 게 분명한 숱한 자상이 나 있었습니다.

한 점도 의심할 여지가 없는 살인이었죠. 범행은 틀림없이 날카롭게 갈아놓은 가볍고 작은 사냥용 손도끼로 이루어진 것이었습니다. 이마에 타격을 준 것은 도끼의 머리가 분명했습니다. 이제 제가 할 일은 희생자의 성별과 나이를 될 수 있는 한 정확하게 알아내고, 두개골을 바탕으로 얼굴이 어떻게 생겼는지 재현해보는 것이었습니다.

두개골이 아직 완전히 성숙하지 않았고, 윗부분의 봉합 부위에 벌어진 틈새가 있으며, 이의 미약한 마모 정도 그리고 가장 안쪽의 어금니가 없는 것 등으로 미루어 사망자는 기껏해야 열둘에서 열세 살을 넘기지 않았을 것이라는 추정이 가능했습니다.

더욱 어려운 것은 성별을 알아내는 일이었죠. 희생자가 워낙 어린 나이인지라 뼈에는 성징을 확인할 수 있는 특징이 거의 없었기 때문입니다. 하지만 눈 위의 이마가 강인해 보이고 아래턱의 골격이 비교적 크며, 측두골 우측의 유양돌기가 크다는 점 그리고 안면 전체의 골격이 강인해 보인다는 점 등으로 미루어 소녀라기보다는 소년이라고 보는 게 마땅했습니다. 비교적 골격이 큰 사지골 역시 이런 가정을 뒷받침해주었습니다.

이로써 두 시간 만에 사망자의 외모를 판별할 수 있는 정보들을 얻어낸 저는 곧 예심판사에게 전화를 걸어 다음과 같이 물었습니다. '혹시 실종자 명단 가운데 열둘에서 열세 살 정도의 소년이 없나요? 몸집은 작지만 다부진 체격을 가졌고, 하관이 긴 얼굴에 뒤통수가 툭 튀어나왔으며 기계로 짧게 자른 붉은 빛깔의 금발(살해되기 일주일 전에 이발을 한 게 틀림없습니다)을 가진 소년입니다.'

예심판사는 놀란 목소리로 되물었습니다. '뭐라고요, 붉은색 금발을 가

진 소년? 그런 걸 어떻게 알았소?'

제 대답은 이랬습니다. '그런 걸 알아내는 게 제 직업이거든요. 자세한 건 나중에 설명 드리지요.'

전화에 대고 당신도 조금만 주의를 했더라면 머리카락을 발견할 수 있었으며, 짧게 자른 붉은색 금발인 것을 알아볼 수 있었을 거라고 쏘아붙이고 싶지는 않았습니다.

소년의 두개골을 가지고 얼굴을 재현해보는 데에는 특별한 준비 작업이 필요했습니다. 다행히 저는 몇 가지 재료를 이미 갖추고 있었습니다. 그동안 모아놓은 엑스레이 사진들 가운데 아홉에서 열세 살 사이의 소년들 것은 전부 열두 장이었습니다. 이를 통해 저는 대략적으로나마 안면 피부의 두께를 가늠해볼 수 있었습니다.

그런 다음 본격적으로 얼굴을 재현하는 작업을 시작했습니다. 아주 힘들고 까다로운 일이죠. 온정신을 집중해야 하고 치밀함을 잃지 않아야 하는 일입니다. 먼저 치아가 맞물리도록 아래턱을 잡아주는 게 필요했습니다. 이 소년의 경우 죽고 난 다음 이를 많이 잃어버린 탓에 쉽지 않은 작업이었습니다. 그런 다음 왁스를 이용해 얼굴 형태를 결정짓는 데 가장 중요한 저작근을 빚어냈습니다. 얼굴 조직을 완성한 다음 유리알로 만든 눈을 끼워 넣었죠.

두개골의 정중앙선을 중심으로 얼굴이 윤곽을 잡아가기 시작했습니다. 같은 나이 또래 아이들의 안면 피부 두께를 적용했으며, 두개골이 가지고 있는 개인적 특성을 고려했죠. 특히 코뼈와 치아 교합 그리고 약간 튀어나온 아래턱 등이 유별났습니다. 이렇게 해서 차츰 소년의 얼굴이 완성되어 갔죠. 들창코에 통통한 볼 그리고 깎아지른 것만 같은 이마와 약간 쫑긋한 귀를 가진 얼굴이 만들어졌습니다.

이튿날 저는 정각 오전 11시에 예심판사를 찾아갔습니다. 그리고 판사와 함께 민병대 1대대의 구도프 소위에게로 갔습니다. 우리 세 사람은 머리를 맞대고 어떤 방식으로 신원을 확인할 것인지 의논했습니다. 복원한 얼굴을 가지고 신원 확인을 하는 게 처음 있는 일인지라 막막하기만 했습니다. 비슷한 일을 해본 경험이 없었기 때문이죠. 한 가지만은 분명했습니다. 왁스로 복원한 얼굴을 가족에게 직접 보여주어서는 안 된다는 점이었죠. 밀랍으로 만들어진 아들 머리를 보는 순간 아버지나 어머니가 얼마나 놀라겠습니까?(죽지 않은 것으로 여기고 있던 터라면 더욱 놀라겠죠!) 너무 큰 충격을 받게 되면 불상사가 벌어질 수도 있을 겁니다. 구도프의 제안에 따라 우리는 재현해낸 실물이 아닌, 그것을 찍은 사진을 보여주기로 했습니다. 그것도 다른 사진들에 섞어서 말이죠. 재현해낸 것이 살아 있을 때 찍은 사진처럼 보이게 하기 위해 마치 옷을 입은 것처럼 꾸미거나 모자를 씌워보기도 했습니다. 다양한 각도에서 본 모습을 찍기도 했죠. 이렇게 해서 죽은 머리를 재현한 일곱 장의 사진이 생겨났습니다. 사진의 얼굴이 산 사람의 것이 아니라는 점은 사진을 자세히 들여다보아야만 알 수 있었죠.

제가 지켜보는 가운데 신원 확인이 이루어진 것은 닷새 뒤의 일이었습니다. 그동안 예심판사는 뼈가 발견된 장소에서 멀지 않은 K라는 마을에서 한 소년이 실종된 사실을 알아냈습니다. 아이는 벌써 여러 차례 가출을 했었다고 하더군요. 그래서 부모는 별로 걱정을 하지 않았던 모양입니다. 어디로 갔든 곧 다시 돌아오리라 믿었던 겁니다. 워낙 일을 벌이는 것을 좋아하던 녀석이라 그저 여기저기 떠돌아다니고 있으려니 여긴 것이지요.

예심판사는 증인 신문을 위해 소년의 아버지를 레닌그라드로 소환했습니다. 판사의 질문에 아버지는 아들이 이제 갓 열두 살이라는 것, 어머니처럼 붉은 기가 도는 금발에 쾌활한 성격이며 책 읽기를 즐기는 착한 학생이었다고 하면서, 농사일을 손에 익히지 못해 늘 도시로 가고 싶다는 말을 입에 달고 살았다고 진술했습니다. 아버지는 아들이 죽었을 거라는 생각을 꿈에도 하지 않았던 게 틀림없어 보였습니다.

신문이 끝나자 우리는 처음에 약속한 대로 아버지에게 열둘에서 열세 살 소년들의 사진 서른 장을 보여주었습니다. 물론 그 가운데에는 죽은 아이의 재현한 얼굴을 찍은 일곱 장도 끼어 있었죠. 아버지는 망설이고 자시고 할 것도 없이 사진 더미에서 곧장 일곱 장을 골라냈습니다. 그러면서 자기 아들이 틀림없다고 하더군요. 사진의 얼굴이 진짜가 아니라는 생각은 전혀 하지 않는 게 분명했습니다. '어, 그 녀석 어디서 이런 멋진 옷을 입었지? 모자도 새 것이네! 아무튼 잘 지내고 있는 모양이죠?' 이로써 살해된 소년의 신원은 결정적으로 밝혀졌습니다. 두개골로 얼굴을 재현한 것을 실제 수사에 처음 적용해보는 실험이 눈부신 성공을 거두는 순간이었습니다.

예심판사의 계속된 수사는 제 도움이 없이 이루어졌습니다. 제 기억으로 수사는 1941년에 가서야 종결되었습니다."

뉴질랜드의 오클랜드라는 지역에서도 수사 팀이 사건 해결을 위해 얼굴 복원을 사용한 사례가 있다. 1999년 마누카우 항구에서 이미 상당히 썩어버려 도무지 신원을 확인할 길이 없는 시신이 발견된 것이다. 수사관들은 시체의 주인이 폴리네시아 키리바시 섬 출신의 선원일 것으로 짐작하고 확실한 확인을 위해 그의 집에서 여러 가지 물건들을 가져다가 시체의 DNA와 일치하는지 조사를 벌였다. 하지만 선원의 방에서 채취한 머리카락의 유전자는 시체의 그것과 일치하지 않았다. 시체의 부패가 상당히 진행된 터라 DNA도 심하게 손상된 탓이다. 그래서 수사관들은 두개골로 얼굴을 재현해보도록 했다. 이렇게 만들어낸 얼굴을 스캐너로 떠서 컴퓨터를 이용해 실종된 남자의 사진과 비교해본 것이다. 두 사진은 정확하게 일치했다. 아무튼 신원 확인을 하는 데는 부족함이 없었다. 드디어 실종된 선원은 죽은 것으로 공표될 수 있었다.

국경을 넘는 범법자들

1990년대 동구권이 무너진 이후 빈곤에서 탈출하려는 열망으로 숱한 사람들이 독일로 넘어오고 있다. 여기에 이제는 국경까지 활짝 열려 있는 탓에 크비에크와 빌라프스키 등과 같은 전문 킬러가 서구 사회를 무대로 활개 치는 일은 빈번하게 벌어지고 있다. 물론 대개 치고 빠지는 수법을 쓰는 통에 체류 기간은 짧기만 하다.

목적을 위해서라면 수단과 방법을 가리지 않고 잔혹한 폭력을 불사하는 범인들의 행태는 과거 독일 사회가 전혀 모르던 것이다. 이를테면 쾰른의 고급 주택가인 한발트에서는 잔악한 강도 사건이 워낙 자주 일어나는 통에 주민들이 직접 조를 짜서 경비를 서는 지경에 이르고 말았다. 현재까지도 주민들의 자치 경비대는 그대로 운용되고 있다. 20세기 독일에서 이런 일은 상상도 못하던 것이다.

강도짓을 벌이고 다니는 범인들을 잡기 위해서는 막대한 수고와 예산을 들어야만 한다. 지역 단위로 암약하는 범죄 조직이야 쉽게 눈에 띄는데다가 주변에 지울 수 없는 흔적을 남기는 탓에 뿌리 뽑기가 어렵지 않다. 하지만 동유럽에서 넘어온 범죄자들은 내키는 대로 쏘다니며 일을 저지르는 통에 추적에 여간 애를 먹는 게 아니다. 게다가 경찰은 그들의 인적 사항을 파악하느라 그야말로 동분서주하는 노력을 아끼지 말아야 한다. 크비에크와 빌라프스키의 경우는 그래도 쉽게 사건을 해결한 사례에 속한다. 두 사람은 독일의 소도시들을 전전하며 범행을 저지르면 경찰의 주목을 끌지 않으리라고 안이하게 생각했던 게 틀림없다. 범행을 저지르고도 얼마 동안 태연하게 독일에 머물렀으니 말이다. 물론 덕분에 그들을 추적해 체포할 수 있었던 것은 다행스러운 일이다.

보수를 받고 청부 살인을 맡는 전문 킬러의 경우는 사정이 전혀 다르다. 일을 저지르고 곧장 튀기 때문이다. 이들은 쓸모 있는 단서도 거의 남기지 않기 때문에 잡기가 여간 힘든 게 아니다. 하노버 경찰이 머리를 싸매야만 했던 다음 사건은 전문 킬러를 상대해야 하는 수사관들의 고충을 잘 보여준다.

완전범죄를 꿈꾸다

서른다섯 살의 유치원 교사 수잔네는 부모와 함께 동화에나 나옴직한 행복한 세상에서 살고 있었다. 선량한 사람들의 온기로 가득한 그런 세상 말이다. 1985년 그녀는 한스위르겐이라는 이름의 남자를 알게 되어 3년에 걸친 열애 끝에 결혼에 성공했다. 신혼부부는 상당한 융자를 끌어안고 고급 빌라에 입주했다. 두 가구가 생활할 수 있게 설계한 빌라의 한쪽 독채를 온전히 독차지한 고급 주거 환경이었다. 게다가 신혼부부의 새 보금자리는 수잔네 부모의 집에서도 훤히 보이는 위치에 자리잡고 있었다.

1998년 2월 18일 수요일 착한 아내 수잔네는 새벽 3시 남편의 출근을 도와 그의 일터인 농산물 도매시장에 데려다주었다. 한스위르겐의 승용차는 월요일부터 정비소에서 수리를 하고 있었기 때문이다. 남편을 출근시킨 수잔네는 곧장 집으로 돌아와 다시 잠자리에 들었다.

아침 8시 수잔네의 어머니는 1층 바닥에 쓰러져 미동도 하지 않는 딸을 발견했다. 벌써 유치원에 출근했어야 할 딸의 자동차가 집 앞에 여전히 세워져 있는 것을 보고 이상하게 생각한 어머니가 비상 열쇠로 문을 따고 들어가 발견한 것이었다.

널브러져 있는 딸의 머리에서 흘러나온 피로 방바닥은 흥건할 정도였다. 놀란 어머니는 곧장 구급차를 부르고, 8시가 조금 지나 도매시장의 사위에게 전화를 걸었다. 13초가 걸린 통화의 내용은 이랬다. "여보게, 빨리 집으로 오게! 수잔네가 피투성이야!"

한스위르겐은 그 즉시 출발하며 두 명의 동료에게 아내가 강도를 당한 모양이라고 다급한 목소리로 외쳤다고 한다. 집에 도착한 그는 의사의 설명을 듣고 그 자리에서 실신하고 말았다. 워낙 충격이 심한 탓에 자살할 위험까지 있다고 본 의사는 그를 정신과 병실에 입원까지 시켰다.

하지만 다음 날 한스위르겐은 다시 냉정을 되찾았다. 그는 범인들이 집 안을 발칵 뒤집어놓으며 2만 7000마르크(약 1만 3804유로)*를 노린 게 틀림없다고 진술했다. 도매시장의 지분을 사기 위해 직장 동료에게 빌린 돈이라는 친절한 설명까지 곁들이면서 말이다. 돈은 전부 1,000마르크짜리 지폐 스물일곱 장으로 현금이었다고 했다.

돈을 빌려주었다는 동료도 한스위르겐의 진술이 맞다고 증언했다. 하지만 수사관들은 돈이 들어 있었다는 서랍장에 손댄 흔적이 거의 없는 것을 보고 고개를 갸웃했다. 물론 돈은 두 개의 값비싼 롤렉스 시계들과 함께 깨끗하게 사라져 있었다. 범인들은 서랍장만 신중하게 다룬

* 약 1800만 원 정도.

게 아니었다. 거기서 꺼낸 옷가지들도 차곡차곡 개켜 침대 위에 가지런히 쌓아두었다. 지하실에 있는 금고는 손끝 한 번 댄 흔적이 없었다. 열쇠가 난방 방열기 뒤에 떡 하니 숨겨져 있었음에도 말이다. 그런 곳에 열쇠를 숨긴다는 것은 누구나 알고 있는 오랜 습관이지 않은가. 현관문도 강제로 따고 들어온 흔적은 찾아볼 수 없었다. 아마추어의 소행일까, 아니면 아주 노련한 프로의 작품일까?

행복한 결혼 생활, 주차해놓은 자동차 그리고 매춘부

수잔네의 부모는 물론이고 한스위르겐도 지난 10년 동안의 결혼 생활은 나무랄 데가 없었노라고 경찰에게 말했다. 양쪽 모두 바람 한 번 피운 일이 없었다는 거였다. 부부는 거액의 생명보험도 들어놓지 않았다고 남편은 힘주어 강조했다. 그러니까 어느 한쪽의 죽음으로 막대한 보상금을 챙길 일이 없다는 암시였다.

한스위르겐은 결백한 것으로 보였다. 돌연 화가 치밀어 범행을 저질렀다고 보기도 어려웠다. 일터인 도매시장과 집을 오가는 시간만 거의 한 시간이 걸린다. 또 도매시장의 이른 아침은 몹시 바쁜 시간이다. 만약 한스위르겐이 자리를 비웠다면 곧장 동료들이 알아차렸을 것이다. 게다가 그의 승용차는 정비소에 맡겨져 있지 않은가.

하지만 범인은 어떤 식으로든 부부와 관련이 있는 게 틀림없어 보였다. 어느 모로 보나 집 안 사정에 밝다는 인상을 지울 수 없었기 때문이다. 그렇지 않다면 평화로운 주거지역에서 아침 일찍 유치원 선생을 살해한다는 게 말이 되는 이야기일까? 혹시 한스위르겐을 노렸으나 그의 생활 습관을 잘못 안 탓에 애먼 아내를 죽인 것일까? 다음 날인 목요일 강력반 수사관들은 늘 하던 대로 모든 관련자들의 통화 내역을 추적해 보고 깜짝 놀랐다. 범행이 벌어지기 전날 한스위르겐은 한 유곽과 열일 곱 번, 또다른 유곽과 몇 차례 통화를 한 것으로 밝혀졌기 때문이다. 두 유곽의 주인은 동일 인물로, 동유럽의 암흑계와 긴밀한 관계를 유지하고 있는 것으로 잘 알려진 재력가였다.

이제 사건은 갈수록 기묘해져갔다. 자동차 정비소 기술자는 꼼꼼하게 살폈으나 한스위르겐의 차는 멀쩡하기만 했다고 증언했다. 그런데도 차를 가져가지는 않고 열쇠와 차량 등록 서류만 달라고 하고는 그대로 돌아갔다는 것이다. 이상한 점은 또 있었다. 목요일에 조사를 해본 결과, 한스위르겐은 1995년 정체를 알 수 없는 여인과 함께 카리브 해에서 휴가를 즐긴 것으로 밝혀진 것이다. 당시 한스위르겐은 그 여자를 자신의 아내로 내세웠다는 거였다. 하지만 이야기를 전해 들은 장인과 장모는 펄쩍 뛰었다. 그때 사위는 혼자 출장을 간 것일 뿐, 부부 동반으로 휴가 여행을 떠난 게 아니라고 몇 번이나 힘주어 강조했다.

주말까지 계속된 수사는 새로운 사실들을 속속 밝혀냈다. 하나같이 한스위르겐을 의심하게 만드는 사안들이었다. 그가 뻔질나게 전화를 걸었던 유곽에는 베아타라는 이름의 창녀가 있었다. 경찰이 내미는 사진(한스위르겐)을 본 베아타는 모르는 사람이라고 딱 잡아뗐다. 하지만 바로 옆집에서 일하는 창녀는 정반대의 진술을 했다. 한스위르겐은 베아타의 단골 손님이라고 증언한 것이다. 결국 한스위르겐은 구속적부심 판결을 받기 위해 판사 앞에 서야만 했다. 날카롭게 캐묻는 판사의 질의에 한스위르겐의 표정은 갈수록 일그러지기만 했다. 질문마다 말이 바뀌었으며 진술들이 빚어내는 모순을 명쾌하게 해명하지도 못했다. 마침내 구속영장은 발부되고 말았다. 확실한 알리바이를 가지고 있었음에도 혐의를 부정할 수 없는 막다른 골목에 내몰린 것이다.

다음 주에도 흥미로운 단서들은 계속 쏟아져나왔다. 한 보석 가게의 여점원이 한스위르겐에게 두 개의 롤렉스 시계를 판매한 사실을 기억해낸 것이다. 한스위르겐은 도둑맞았다는 시계들의 진품 보증서를 이미 경찰에 증거로 제출한 뒤였다. 여점원은 더 많은 사실을 알고 있었다. 원래 시계를 사려던 사람은 한스위르겐이 아니라 인상착의로 미루어 "유럽 남쪽" 사람임이 틀림없었다는 거였다. 그 남자는 시계 값으로 수표를 내놓았으나 여점원이 수표를 받지 않는다고 하자, 한스위르겐이 대신 돈을 치러주기로 했다는 것이다.

곧장 추적에 나선 경찰은 그 "유럽 남쪽 남자"가 그리스 사람이라는 것을 밝혀냈다. 한스위르겐의 오랜 고객인 그리스 남자가 롤렉스 시계 두 개의 실소유자였던 것이다. 물론 그는 한스위르겐에게 빌린 돈을 곧바로 갚았다고 통보해왔다. 그리고 서로 오랫동안 연락이 없었다는 말도 곁들였다. 결정적인 진술은 또 있었다. "아, 보증서는 나중에 보내주겠다고 하더니 아무래도 까맣게 잊어버린 모양이더라고요!"

이제 모든 정황은 한스위르겐에게 불리하게만 돌아갔다. 한스위르겐은 그동안 자신이 수집한 시계들의 가치가 10만 마르크(약 5만 1129유로)*가 넘는다며 주변 사람들에게 떠벌려온 것으로 확인되었다. 심지어 아내가 피살된 뒤 강도를 당한 증거물이라며 롤렉스 시계 두 개의 보증서를 경찰에 제출까지 하지 않았던가. 하지만 시계의 실소유주는 그

---

* 약 6600만 원.

리스인으로 밝혀진 것이다. 대체 왜 이런 일이 벌어진 것일까? 해답은 간단하고도 놀라웠다. 한스위르겐이 가지고 있던 시계들은 모두 가짜였다. 그러니까 그는 막대한 돈을 시계에 투자한 게 아니라, 창녀들에게 퍼준 것이다. 1992년부터 한스위르겐이 관계를 가졌던 여성들은 스무 명이 넘었다. 주로 직업여성들이었다. 창녀들은 한결같이 입을 모아 한스위르겐 같은 허풍쟁이와 호구도 없을 거라고 증언했다. 그야말로 돈을 물 쓰듯 하는 통에 데리고 놀기 좋았다나!

이제 미결수 한스위르겐의 모든 진술은 처음부터 다시 철저하게 검토되었다. 담당 수사관은 한스위르겐이 도둑맞았다고 주장하는 2만 7000마르크로 도매시장에서 사려고 했다는 지분이 무엇인지 조사했다. 시장 상인들은 고개만 절레절레 흔들 뿐이었다. 그 정도 금액으로 살 수 있는 지분이란 없다는 거였다. 확인 결과 범행이 있기 이틀 전 한스위르겐은 고작 2,000마르크에 해당하는 주식만 구입한 것으로 밝혀졌다.

유령 인물, 거리의 매춘 소년 프랑크

모든 정황이 방탕한 생활을 웅변하기는 했지만 그렇다고 이 난봉꾼의 목에 올가미를 걸 정도는 아니었다. 사건의 핵심은 어디까지나 살인이지 돈 문제가 아니었기 때문이다. 물론 한스위르겐을 둘러싼 의문은 여기서 그치지 않았다. 사건이 일어나기 이틀 전에 하노버의 호텔방을 예약한 이유를 캐묻는 수사관의 질문에 한스위르겐은 납득할 만한 설명을 내놓지 못하고 더듬기만 한 것이다.

그날 한스위르겐은 오후 2시 30분 호텔에 전화를 걸어 아침 식사를 포함한 2인용 객실을 예약했다. 40분 뒤 직접 호텔에 나타난 그는 숙박

계에 서명하고 다시 호텔을 떠났다. 하지만 그가 예약한 방의 텔레비전 유료 채널이 저녁 6시 15분에 켜졌던 것으로 확인되었다. 이튿날, 그러니까 사건 발생 하루 전, 오전 11시 15분에 누군가 방 열쇠를 반납했다. 한스위르겐은 도대체 누구를 위해 호텔방을 잡았던 것일까? 난봉꾼의 설명은 기가 막힌 것이었다.

호텔방을 빌린 날 이른 오후 시간에 한스위르겐은 시내를 이곳저곳 배회한 끝에 역 앞에서 프랑크라는 이름의 매춘 소년과 눈이 맞았다고 주장했다. 그렇지만 그를 데리고 단골 유곽에 가서 1 대 2 섹스를 벌이기에는 너무 비쌌던 탓에 함께 호텔로 갔다는 거였다. 그리고 프랑크는 호텔에서 묵었다나. 어처구니가 없었던 수사관들은 서둘러 프랑크의 몽타주 전단을 만들어 돌렸으나 그를 안다는 사람은 단 한 명도 나오지 않았다. 철저하게 이성과의 섹스만 즐겼던 한스위르겐이 동성애를 시도했다는 것도 앞뒤가 맞지 않는 이야기였다. 매춘 소년 운운하는 이야기에는 날조한 분위기가 그대로 묻어났다. 그의 행적을 좀더 면밀하게 추적하던 수사관들은 4시 45분에, 그러니까 프랑크와 호색을 즐겼다고 주장한 시간대에 한스위르겐이 시장의 현금인출기에서 돈을 빼간 기록을 확인할 수 있었다. 이렇게 해서 처음부터 말이 되지 않았던 그의 거짓말은 와르르 무너지고 말았다.

수사의 결정적인 실마리가 풀리기 시작한 것은 경찰이 한 전화번호에 주목을 하면서부터다. 사건이 벌어지기 전날 저녁 한스위르겐이 라트비아Latvia•로 몇 차례나 국제통화를 한 사실을 밝혀낸 것이다. 전화번

• 러시아 북서쪽에 있는 공화국으로 발트 해와 리가 만에 면해 있다. 수도는 리가.

호의 주인은 졸비타라는 이름의 창녀였다. 하노버 인근에서 몇 년 동안 매춘을 해오다가 본국으로 강제송환당한 여자였다. 사건의 전모를 밝혀줄 결정적인 단서였다. 어째서 이 사건이 거듭 동유럽과 연결되는지 설명해줄 수 있는 연결 고리였기 때문이다.

하지만 수사는 막다른 골목으로 내몰리고 말았다. 1998년 7월 첼레 고등법원은 한스위르겐의 구속 연장에 동의해주지 않았다. 사실 법원으로서는 아무런 물증이 없는 마당에 마냥 그를 잡아둘 수 없었다. 경찰은 이를 갈았지만 어쩔 도리가 없었다. 거짓말을 늘어놓는 게 분명하기는 했지만 범행 당시 도매시장에 있었던 그의 알리바이를 깰 도리가 없었기 때문이다. 그 먼 거리에서 아내의 머리를 총으로 쏘았을 리야 없지 않은가.

—

베아타, 악에 받치다

한스위르겐은 다시 집에서 느긋한 생활을 즐길 수 있었다. 여전히 틈만 나면 창녀와 놀아났으며 아무 일도 없었다는 듯 다시 직장을 나갔다. 하지만 '우연'이라는 이름의 수사관은 역시 놀라운 솜씨를 자랑했다. 다른 사건으로 베아타를 취조하던 경찰은 그녀로부터 귀가 번쩍 뜨이는 말을 들었다. 베아타가 한참 푸념을 늘어놓던 끝에 한스위르겐이 자신에게 빚진 돈이 있다고 털어놓은 것이다. 그게 무슨 소리냐고 추궁하는 경찰에게 베아타는 한스위르겐이 변호사 비용을 대주기로 해놓고 이제 와서 딴소리를 하고 있다고 볼멘소리를 했다. 사정인즉 이랬다. 한스위르겐을 상대로 수사가 한창 진행되고 있을 무렵, 베아타도 체포된 일이 있었다. 그녀에게 공범 혐의를 둔 경찰이 더욱 철저하게 수사를 진행하기 위한 조치였다. 그때 베아타는 변호사를 고용할 수밖에 없었는데, 한스위르겐이 그 비용을 대주기로 약속을 했다는 거였다. 대신 경찰에게 될 수 있는 한 그동안의 관계를 털어놓지 않기로 하고 말이다. 하지만 단골은 계속해서 지불을 미루고만 있다며 베아타는 분통을 터뜨렸다. 오히려 거꾸로 한스위르겐은 "그게 다 우리 모두를 위해서 한 일인 걸 몰라줄 수 있느냐!"며 베아타를 나무랐다는 것이다.

심지어 한스위르겐은 베아타에게 "모든 게" 오래전부터 치밀하게 계획된 것이었다고 털어놓으며 "그게 다 너를 위해 꾸민 일이다!"라며 그녀의 환심을 사려고 했다는 것이다. 하지만 창녀는 오로지 돈만 원했다. 결국 돈을 받아내려면 모든 사실을 곧이곧대로 판사에게 실토하는 게 좋겠다고 생각한 것이다. 이로써 "완전범죄"는 물 건너가고 말았다. 결국 살인범은 자신의 꾀에 빠지고 만 것이다.

판사는 다시금 한스위르겐에게 물었다. "어떻게 아내가 강도를 당했다는 걸 알았소? 당신 장모는 전화로 그저 '피투성이'라는 말만 했을 뿐인데도 말이오?" 허를 찔린 피고는 아무 말도 하지 못했다. 결국 한스위르겐은 다시 감방 신세를 져야만 했다.

법정에서 피고는 횡설수설할 뿐이었다. 이제 한스위르겐이 이 살인을 배후에서 조종했다는 것, 동유럽에서 전문 킬러를 사서 아내를 살해했다는 것을 의심할 사람은 아무도 없었다. "하지만 확실한 범행 동기는 끝내 밝혀지지 않았습니다." 당시 수사를 맡았던 하노버 경감 베르너 에커만의 술회다.

"물론 대략적인 동기는 그 윤곽을 뚜렷이 드러냈습니다. 수잔네를 죽여서 얻는 이득이 만만치 않았을 거예요. 집이 자신의 차지가 되는 것은 말할 것도 없고, 액수가 많지는 않지만 보험 배상금도 받아낼 수 있었으니까요." 더욱 결정적인 동기는 다른 데 있었던 게 틀림없다. 수잔네의 주치의가 한 증언을 들어보면 그 전모가 드러난다. 1997년 12월 수잔네가 완전히 탈진한 상태를 보인 적이 있다는 거였다. 그러면서 남편이 바람을 피워 속상해 죽겠다고 하더라는 것이다. 그녀는 남편에게 쪽지를 써서 "나를 떠나고 싶다면 붙잡지 않겠다!"는 통보도 했다고 한다. "이혼을 하게 되면 그때까지의 방탕한 생활을 더 이어갈 수 없었을 겁니다. 이혼한 아내에게 생활비를 지급해야 함은 물론 장인과 장모가 매달 주던 용돈(그때까지 총 10만 마르크에 달했다) 역시 포기할 수밖에 없었으니 말입니다." 에커만 경감의 회고담이다.

더욱 치명적이었던 것은 한스위르겐의 병든 자존심이었으리라. 가진 거라곤 알량한 자존심밖에 없으면서도 오만하고 방자했던 한스위르겐은 마누라가 그토록 쉽게 자신을 포기하는 것을 견딜 수 없었던 모양이다. 그의 정신 감정을 맡았던 의사도, 그가 그동안 관계를 맺었던 숱한 여인들도, 한스위르겐이 병적일 정도로 질투가 심했다는 증언을 했다. 수잔네가 다른 남자의 품에 안길 수도 있다는 상상을 견딜 수 없다는 말을 천연덕스럽게 하더라는 것이다. 자신은 숱하게 바람을 피우고 다니면서 말이다.

"실제로 범행이 어떻게 이루어진 것인지는 밝혀지지 않았습니다." 에커만 경감의 말이다. "한스위르겐이 두 명의 범인을 위해 호텔방을 빌렸다는 것 그리고 원래 범행은 월요일에서 화요일로 넘어가는 밤에 실행되기로 계획되었다는 점 등을 말해주는 정황은 충분합니다. 하지만 무슨 이유에서인지 계획은 틀어지고 말았고, 한스위르겐은 자신의 승용차를 화요일에도 정비소에 그대로 놓아두었지요. 그리고 수요일 새벽 수잔네에게 일터까지 태워달라고 하면서 알리바이를 만들어두었습니다. (…)

1998년 7월 라트비아의 리가에 있는 독일 대사관에서 졸비타는 수사관의 신문을 받았습니다. 그동안 한스위르겐과 연락을 주고받았다는 사실을 순순히 시인하더군요. 그와는 하노버의 바에서 일하던 시절 알게 되었다고 합니다. 전화 통화는 그저 안부를 물었을 뿐이라고 딱 잡아떼더군요. 하지만 졸비타가 범행에 가담했다는 사실을 입증할 자료는 아무것도 없었습니다. 결국 실제로 손에 피를 묻힌 범인들은 오늘날까지도 꼬리가 잡히지 않고 있습니다."

수사에 진전이 없다고 해서 처벌을 내릴 수 없는 것은 아니다. 1999년 6월 하노버 지방법원은 숱한 정황증거와 증인들의 진술을 토대로 한스위르겐에게 종신형을 선고했다. 죄목은 "살인 교사"였다. 대법원이 피고의 상고를 기각하면서 형은 확정되었다.

하마터면 "완전범죄"로 묻힐 뻔한 사건이 마지막 순간에 해결된 것이다. 한사코 변호사 비용을 뜯어내려던 창녀의 악에 받친 진술, 휴대폰과 신용카드의 무절제한 사용, 양철판과 플라스틱으로 만든 짝퉁 롤렉스 시계 등 여러 가지 우연한 요소들이 기막히게 얽혀 사건은 그 전모를 드러낼 수 있었다. 그런데 이게 정말 우연일까?

꽃가루는 알고 있다

돈에 고용된 전문 킬러가 끼어든 사건은 해결하기가 아주 어렵다. 증인들이 범인을 알아본다 할지라도 별 도움이 되지 않는 경우가 많다. 범인은 이미 산 넘고 물 건너 가버린 다음이기 때문이다.

하지만 모든 사건이 그처럼 암담하기만 한 것은 아니다. 특히 법의학과 수사 기법의 최신 전문 분야를 올바로 활용할 경우, 의외의 성과를 올릴 수 있다. 아무리 날고 기는 범인이라 할지라도 곤충이나 진균류 또는 꽃가루 등이 만들어내는 단서를 막을 방법이 없기 때문이다. 더더구나 이런 단서는 조작할 수도 없다. 우선 생물학자조차 이 세상에 존재하는 수많은 미생물을 일일이 알고 있는 것은 아니기 때문이다. 게다가 이런 미생물은 육안으로 알아볼 수가 없다.

마그데부르크의 한 연구 팀은 미생물로 학살의 책임자를 밝혀내는 멋진 개가를 올린 일이 있다. 1994년 2월 엘베 강의 도시에서 한창 건축

공사를 벌이던 도중에 우연히 수많은 시체들이 묻힌 학살 현장이 그 참상을 드러냈다. 유골은 형태로 보아 젊은 남자들의 것이 분명했다. 앞니는 구타를 당했는지 모두 부러져 있었다. 아마도 모진 고문 끝에 사살당한 군인들의 유골인 모양이었다. 젊은 남자들만 무더기로 묻힌 현장을 달리는 설명할 방법이 없기 때문이다. 하지만 어째서 도시 한복판에 이런 참혹한 현장이 자리를 잡은 것일까?

물론 이 물음도 그 해답을 찾을 수 있었다. 참사 현장이 발견된 부지는 제2차 세계대전 중에 게슈타포가, 나중에는 소련 비밀경찰 'GPU'●가 주둔하던 곳이었다. 게슈타포는 종전 선언이 이루어지기 직전인 1945년 4월 전쟁 포로들을 무차별 학살했다. 예전 같으면 나치스의 강제수용소에서 벌어지던 일이 이제는 게슈타포의 연병장에서 자행된 것이다. 이때만 하더라도 강제수용소는 이미 폐쇄되어 있었기 때문이다. 반면 'GPU'는 1953년 여름 당시 독일민주공화국Deutsche Demo-kratische Republik(동독)에서 일어난 6월 17일 봉기의 주동자들을 대거 살해했다. 이제 문제는 다음과 같은 것으로 귀결된다. 이 유골들을 책임져야 하는 쪽은 어디인가? 게슈타포인가 'GPU'인가?

발굴 현장의 참혹한 역사는 수사를 하는 데 결정적인 단서를 제공해준 셈이다. 가능성이 두 가지로만 압축된 탓이다. 1945년 4월에 게슈타포가 저지른 만행일까, 아니면 1953년 6월 또는 7월에 'GPU'가 벌인 학살일까? 생물학적인 단서로 두 시기 가운데 어느 쪽인지 판별해낼 수

● 소련의 국가정치보안부Gosudarstvennoe Politicheskoe Upravlenie. 조직의 주요 임무는 반혁명분자, 정치범, 간첩 등을 색출하는 것이었다. 국경 군과 특수부대를 장악한 탓에 강력한 권력을 자랑했다.

있을까?

이를 위해 연구해야 할 것은 유골의 비강 안에 들어 있는 꽃가루다. 4월과 5월에는 한여름과는 다른 나무와 풀들(이를테면 떡갈나무와 보리수)이 꽃을 피우기 때문이다. 다시 말해서 초봄에 날리는 꽃가루를 여름에 들이마시는 일은 없다. 게슈타포가 학살을 자행한 것이라면 무엇보다도 떡갈나무와 보리수 꽃가루가 시신에서 발견되어야만 한다.

하지만 살육 행위가 6월에 이루어진 것이라면 자작나무나 여름 질경이(학명: 플란타고 아시아티카Plantago asiatica)의 꽃가루가 나와야 한다. 그렇다면 범인은 소련의 비밀경찰로 판명되는 것이다.

법의학자 라인하르트 슈치보르와 크리스토프 슈베르트는 마그데부르크 대학교 법의학 연구소에서 해당 연구를 실행할 계획을 세웠다. 먼저 학자들은 유골의 비강에 특정 계절에 속하는 꽃가루가 들어 있는지 전반적으로 조사하기로 했다. 사계절의 모든 꽃가루가 비강 안에 축적되어 있을 가능성도 배제할 수 없었다. 꽃가루 조사가 이루어질 수 있는 이유는 간단하다. 꽃가루 껍질은 아주 단단해서 적당한 조건이 성숙되지 않으면 해체되기가 아주 어렵기 때문이다. 다른 한편 코에서 분비되는 점액으로 꽃가루가 다시 빠져나갔을 수도 있다. 이런 경우에는 아무리 단단한 껍질이라도 해체되고 말았으리라.

마그데부르크 법의학자들은 일련의 실험을 통해 우선 두 번째 가정(점액으로 인한 배출)을 확인해보았다. 이를 위해 슈베르트는 일주일에 네 번씩 깨끗한 휴지로 코를 풀었다. 그런 다음 실험실에서 분비물 속에 떠 있는 꽃가루를 가려내어 황산을 끓인 김으로 소독한 다음 고성능 현미경으로 형태를 분류해 어떤 식물 종류가 포함되어 있는지 정리해 보았다.

이로써 살아 있는 사람의 몸속으로 들어온 꽃가루는 빠른 속도로 다시 배출된다는 게 확인되었다. 바꿔 말해서 죽은 사람의 몸에서 꽃가루는 그대로 쌓인다. 계절에 따라 달라지는 공기 중에 떠 있는 꽃가루 종류와 그 빈도는 시체의 콧속에 그대로 반영된다는 점도 알아냈다.

사람이 죽은 지 오랜 시간이 지나도 꽃가루의 단단한 껍질은 법의학 수사를 하는 데 큰 도움을 준다. 시체의 신체 조직은 분해될지라도 유골의 틈새나 빈 공간에 들어간 꽃가루의 껍질은 고스란히 남는다. 시체가 강한 물줄기로 씻겨버리는 것을 막아주는 장소, 이를테면 깊이 웅덩이를 파고 만든 무덤과 같은 곳에서 시체는 부패할지라도 꽃가루 껍질은 몇십 년, 아니 몇백 년이 지나도 끄떡없이 남는다. 비강에서 꽃가루를 채취하는 것은 사망자가 죽은 계절 또는 심지어 달을 알아내는 데 있어 더할 나위 없이 좋은 방법이다.

마그데부르크의 법의학자들은 이런 사전 조사 단계를 거친 다음 본격적인 연구에 착수했다. 이들은 마그데부르크 재료 공학 연구소 동료들의 도움을 받아 집단 무덤의 두개골에서 여러 가지 종류의 꽃가루들을 확보하는 데 성공했다. 무덤에서 나온 네 개의 두개골에서 학자들은 75~464개의 질경이 꽃가루들을 각각 헤아려볼 수 있었다. 그 밖에도 몇 개의 보리수 꽃가루와 소량이지만 자작나무 꽃가루도 나왔다. 이 꽃가루들은 모두 여름에 생겨나는 것이다. 그러니까 꽃가루 종류들을 종합해볼 때 사망 시점을 초봄이라고 볼 수는 없었다. 꽃가루가 시체가 묻혀 있던 주변 흙에서 나온 게 아니라는 점을 확실히 하기 위해 비강에서 발견한 것과 엉치등뼈(여기에는 구멍과 같은 게 전혀 없다)에서 채취한 흙을 비교해보았다. 엉치등뼈에는 꽃가루가 전혀 없었다.

대량 학살이 게슈타포 아니면 'GPU'의 소행이라는 가정이 맞는다면, 그 많은 여름 꽃가루들로 인해 게슈타포는 범인이 아닌 게 확실해지는 셈이다. 다시 말해서 마그데부르크 도심에서 일어난 학살 행위는 동독 민중 봉기 참가자들을 상대로 빚어진 것이다.

버섯류의 포자 역시 사람이 마지막 숨을 들이마신 장소가 어디인지 밝혀준다. 마그데부르크의 학자들은 예를 들어 비강에 들어 있는 버섯 홀씨를 가지고 숲에 버려진 시체가 죽음을 맞은 곳을 가려낼 수 있었다. 시체가 발견된 장소 근처에 그 포자 종류에 속하는 버섯이 자라고 있고, 이런 버섯 홀씨는 멀리 날아가지 못하는 통에 희생자는 바로 숲에서 죽음을 맞이한 게 된다. 다시 말해 어디 다른 데서 죽인 다음, 숲에 가져다가 버린 게 아니라는 것이다. 다른 곳이었다면 숲에서만 볼 수 있는 홀씨를 들이마셨을 수가 없기 때문이다.

3장

우연과 숫자 그리고 증인

수사 본능과 우연

3장에서는 사람과 기술이 실수와 혼란을 거듭할지언정 수사는 궁극적으로 목표에 이른다는 점을 보여줄 것이다. 오류가 빚어짐에도 사건을 해결할 수 있는 데에는 여러 가지 원인들이 있다. 그 가운데 하나는 수사관의 본능적 감각이며, 더욱 말리기 힘든 쪽은 '우연'이라는 이름의 수사관이다.

과학자들은 감과 우연이라는 예측 불가능하고 통제하기 어려운 조수들이 등장할 때면 몹시 불편해한다. 그러나 기가 막힐 정도로 똑똑하거나, 못 말릴 정도로 머리가 나쁜 범인을 따라잡는 데에는 감과 우연에 의지하는 것 말고 딱히 다른 방법이 없는 것을 어쩌랴.

돈을 노린 협박이나 납치 사건의 경우 '본능적 감각'과 '우연'은 특히 결정적인 역할을 한다. 협박과 납치 사건에서 범인은 자신을 일부라도 노출하지 않을 수 없다. 희생자 가족에게 요구 사항을 전달해야 하며 어떻게 돈을 넘겨받을지 머리를 짜내야 하기 때문이다. 납치 사건의 경우는 범인을 추적하는 것만이 능사가 아니다. 무엇보다도 희생자를 될 수 있는 한 빨리 구출해야만 한다. 수사관이 받는 압력은 그만큼 커질 수밖에 없다. 이런 급박한 상황에서 과학수사의 까다로운 최신 기술만 요구할 수는 없는 노릇 아닌가.

　물론 최선은 범인과 희생자를 모두 찾아내는 것이다. 곧 소개할 사례들은 첨단 수사 기법은 별 소용이 없지만, 그럴수록 우연과 감에 따른 직관은 보탬이 됨을 잘 보여줄 것이다.

누가 협박 편지를 썼는가

"그를 강제 구인하러 갔을 때 마침 한 옷 가게의 진열장을 꾸미느라 바쁘더군요. 이마에 줄줄 흘러내리는 땀을 닦아내면서도 순순히 따라나섰습니다. 굳은 표정의 얼굴은 창백하기만 했어요. 우리 경찰은 그가 협박범이라는 확신을 가지고 있었습니다. 충격을 받은 것만 같은 남자는 이내 침착한 표정을 지으며 무고한 시민에게 뭘 바라는 거냐고 하더군요. 협박이라니 도대체 무슨 소리를 하는 건지 모르겠다면서 말입니다." 카를스루에 경찰청 수사 반장 안톤 킴멜의 회고담이다.

하지만 실내장식가가 그의 주장대로 전혀 결백한 것만은 아니었다. 경찰은 며칠째 그를 예의 주시하면서 뭔가 석연치 않은 점을 발견했던 것이다.

1961년 7월 말 한 부유한 미망인은 끔찍한 편지 한 통을 우편함에서 발견했다. 편지는 8월 8일에서 9일 사이에 공원 울타리의 정해둔 기둥

가운데에 현금 1만 마르크를 비닐봉투로 싸서 넣어두라고 요구했다. 당시 1만 마르크라면 엄청난 거액이다. 아직 주식이나 펀드라는 것을 모르고 오로지 주택부금만 꼬박꼬박 넣는 것을 최선으로 알던 시절이었으니 말이다.

돈을 두라는 장소도 음산한 범행 분위기와 딱 맞았다. 그 공원 바로 옆에 공동묘지가 자리를 잡고 있었기 때문이다. 편지에 적힌 협박은 더욱 으스스했다. 지목한 장소에 돈을 정확히 가져다 놓지 않으면, "팔과 다리를 잘린 채 공동묘지에 버려져 있을 것"이라나!

8월 8일 협박을 당한 미망인은 정오에 돈을 범인이 지목한 장소에 가져다 놓았다. 11시간 뒤 한 젊은 남자가 현장에 살그머니 나타났다. 울타리 뒤 수풀 사이로 손을 넣어 몇 번 휘젓던 청년은 눈 깜짝할 사이에 다시 현장에서 사라졌다. 하지만 돈은 그대로 있었다. 미망인이 실수로 울타리 기둥을 잘못 알았던 것일까? 잠복한 채 현장을 지켜보던 경찰은 어안이 벙벙할 수밖에 없었다. 남자의 행동이 그만큼 민첩했기 때문이다. 골목 사이로 순식간에 사라져버린 청년의 뒷모습을 좇던 경찰은 놀란 눈을 끔뻑거릴 뿐이었다.

경찰은 계속 잠복해 더 지켜보기로 했다. 다음 날 아침 8시 45분, 골목에서 다시 어제 그 남자가 나왔다. 하지만 청년은 주변을 돌아보지도 않고 차를 타고 시내 쪽으로 가버렸다. 점심시간에 다시 돌아온 그는 차를 골목에 주차했다. 거기서 그는 경찰이 잠복해 있는 차를 의심스러운 눈길로 한참 바라보았다. 워낙 눈에 잘 띄는 커다란 차를 고른 게 경찰의 실수였을까? 청년은 다시 차에 올라 경적을 두 번 울리며 시내 쪽으로 가버렸다.

청년은 바로 문제의 실내장식가였다. 이튿날 이 스물두 살의 젊은 유부남은 체포되었고 경찰의 필적감정 요구에 응해야만 했다. 남자의 필체는 협박 편지의 그것과 매우 흡사했다. 경찰이 은행 빚 1만 마르크가 있다는 것을 입증하는 자료를 제시하자, 얼굴이 하얗게 질린 유부남은 엉뚱한 이야기로 경찰을 놀라게 했다. 자신은 풀숲에서 뭔가 찾은 게 아니라, 버렸다는 거였다. 그게 뭐냐는 질문에 젊은 신랑은 겸연쩍은 웃음을 흘리며 한 번 써먹은 콘돔이라고 했다. 그러면서 대체 협박이니 돈이니 하는 게 무슨 소리냐고 외려 되묻는 것이었다.

남자의 말을 도무지 믿을 수 없던 경찰은 돈을 가져다 놓으라고 한 장소 주변을 철저히 뒤졌다. 그런데 이게 어찌된 일인가? 유부남이 말한 콘돔이 실제로 거기에 있는 게 아닌가. "몹시 곤혹스러워하던 피의자는 엉뚱한 혐의는 벗어야겠다는 각오로 다음과 같이 진술했다. 1961년 8월 8일 저녁, 부모가 경영하는 식당의 화장실에서 여종업원과 성관계를 가졌다는 거였다." 당시 수사 반장이 쓴 조서의 내용이다. "이때 사용한 콘돔은 바지 호주머니에 넣어두었으며 집으로 가는 길에 버릴 생각이었다는 것이다. 하지만 집에 도착해보니 여전히 콘돔이 호주머니 안에 들어 있는 것을 보고 깜짝 놀란 피의자는 아내에게 들킬세라 곧바로 집을 나와 문제의 공원으로 달려갔다. 그곳에서 피의자는 수풀로 덮여 있는 수챗구멍 위로 그 위험한 '증거물'을 버렸다고 한다."

여종업원은 눈썹 한 번 깜빡이지 않고 성관계를 맺은 사실을 인정했다. 콘돔과 같은 물건은 1960년대에는 간통으로 처벌될 수 있는 결정적인 물증이었음에도 군말 없이 인정하는 것을 보면 두 사람 사이의 관계가 상당히 깊은 모양이었다. 하지만 필적감정 결과를 굳게 믿었던 경찰은 의심을 떨칠 수가 없었다. 또 상황이 그렇게 몰아가기도 했다. 문제가 된 공원 울타리는 가로등이 환하게 켜져 있었던 탓에 피의자 부부의 침실에서도 훤히 내다보이는 곳이었다. 그런데도 아내의 눈을 무서워하지 않고 하필이면 그곳에 콘돔을 버렸다? 수사관들은 믿을 수 없다며 주먹을 불끈 쥐었다.

하지만 더이상 아무런 증거가 나오지 않자 담당 판사는 4주 뒤 피의자를 풀어주라는 석방 명령을 내렸다. 실내장식가는 다시 자유의 몸으로 풀려났다.

이틀이 지난 다음 미망인은 새로운 협박 편지를 받았다. 이번에는 그녀의 여동생도 함께 있는 자리에서였다. 협박의 내용은 더욱 끔찍했다. 팔과 다리를 자르는 대신 "염산을 가득 푼 욕조"에 푹 재워버리겠다나!

편지가 아무런 반응을 불러일으키지 못하자 동네에 사는 다섯 명의 부자들에게 비슷한 협박을 담은 편지가 계속해서 날아들었다. 심지어 두 통의 편지에는 신문에 실린 부고를 오려 붙여놓기도 했다. "예기치 못한 급사로 안타까운 마음을 금할 길 없다"는 문구에 붉은 펜으로 밑줄을 그어놓은 것이다.

경찰은 범인이 요구한 돈을 넘겨주라고 하고 현장에 잠복해 철저히 관찰했지만 아무 일도 일어나지 않았다. 혐의를 받고 있는 실내장식가도 꼼짝하지 않았다. 아무튼 협박 사건을 그가 주도했다는 단서는 필적 감정 외에 전혀 찾아볼 수 없었다. 혹시 그가 정말 결백한 것은 아닐까? 물론 부모가 하는 식당의 여종업원과 간통을 벌인 것 말고는 말이다.

사건 해결의 실마리는 예기치 않은 곳에서 찾아왔다. 1963년 2월의 세 번째 일요일 같은 도시에 사는 연금 생활자 노파가 현관문을 열자 편지 한 통이 떨어져 있었다. 우표를 붙이지 않은 편지에는 1만 마르크를 내놓지 않으면 "죽여버리겠다!"는 내용이 담겨져 있었다.

우표를 붙일 돈도 없어 편지를 직접 가져다 놓은 것일까? 아무튼 이로써 범인은 결정적인 실수를 저지르고 말았다. 동네 주민들은 문제가 되는 시간에 노인의 집 앞에서 기웃거리던 한 젊은 남자의 인상착의를 정확히 기억해냈다. 경찰이 내미는 몽타주를 받아든 노파는 깜짝 놀랐다. 몽타주의 주인공은 다름 아닌 아들의 친구였기 때문이다. 걸핏하면 찾아와 아들과 체스를 두곤 하던 친구의 얼굴을 노파는 똑똑히 기억하고 있었다.

"열여덟 살의 전기공인 그 친구의 집에서 충분한 증거를 확보할 수 있었습니다." 다시 킴멜의 회고담이다. "아홉 번에 걸친 협박 미수, 가택침입 그리고 미성년자 추행 등의 죄를 물어 범인을 처벌할 수 있는 증거물은 차고 넘쳤습니다." 이렇게 해서 꼬리를 물던 협박 사건은 마침내 조용해질 수 있었다. 그뿐만 아니라 다른 여러 범죄들도 이 젊은 친구의 소행으로 밝혀졌다.

경찰의 조사를 받는 체스광의 대답은 퉁명스럽기만 했다. "꿈에 그리던 자동차를 사기 위해 돈이 필요했어요!" 하지만 매번 갈취하기로 한 돈을 집어올 엄두와 용기가 나지 않더라나! 그래서 별 수 없이 계속 협박 편지를 쓰는 쪽을 택할 수밖에 없었다는 것이다. 그동안 벌어진 소동을 생각하면 참으로 어처구니없는 결말이었다. 열여덟 살 철부지의 방에서는 염산 한 병도 나왔다. 염산을 어디에 쓸 작정이었느냐는 경찰의 질문에 전기공은 굳게 다문 입을 열지 않았다.

이로써 실내장식가는 완전히 혐의를 벗을 수 있었다. 실제 그는 협박 사건과 조금도 관계가 없었던 것이다. 화장실에서 쾌락을 즐기고 콘돔을 제때 처리하지 못한 건망증 탓에 4주 동안 철창신세를 지는 누명을 쓰고 만 것이야 누구를 탓하랴. 마누라에게 한동안 시달림깨나 받았으리라. 아무튼 이 모든 소동은 필적감정이라는 수사 기술을 지나치게 맹신했던 탓에 빚어진 웃지 못할 희극이었을 뿐이다. 어쨌거나 사건이 해결된 통에 이 소도시는 한동안 잠잠해졌다.

그로부터 1년 반 뒤 철부지 체스광은 감형 조치를 받고 소년원에서 풀려났다. 그가 석방된 지 이틀 뒤인 1965년 4월 8일 우체국장은 자신 앞으로 주소가 적힌 편지를 한 장 받았다. 편지는 5,000마르크를 자세하게 묘사한 장소로 가져다 놓으라는 요구를 담고 있었다. 요구를 들어주지 않으면 우체국장의 다섯 살 된 딸을 강간하겠다는 거였다. 편지 봉투의 발신인 난에는 이 소도시에 있는 한 기계공장의 회사 로고가 찍혀 있었다. 편지는 직접 손으로 쓴 것이었다.

그동안 이런 사건이라면 이골이 난 경찰은 곧바로 수사에 착수했다. 한밤중에 범인이 원하는 곳으로 돈을 가져다 놓았으나, 이번에도 범인은 나타나지 않았다. 경찰이 철부지를 떠올린 것은 당연한 일이다.

곧바로 경찰에 불려온 전기공은 다시금 경찰의 취조를 받으면서 필적감정에 응해야만 했다. 피의자가 글을 쓰는 동안 수사관 한 명은 1년 하고도 6개월 전에 청년의 방을 수색하면서 문제의 기계공장 로고 스탬프를 보았던 것을 떠올렸다. 전기공은 바로 그 공장에서 직업훈련을 받았던 것이다.

수사는 전부 세 갈래의 흐름으로 갈라졌다. 우선 협박 편지에 찍힌 로고는 피의자의 방에서 나온 스탬프의 그것과 일치하지 않았다. 하지만 필적감정 결과는 "확실히" 피의자가 협박 편지를 쓴 것이라고 확인했다. 마지막 상황은 좀 묘했다. 피의자의 첫 심문에는 그의 보호관찰관이 동행했었다. 그런데 이 보호관찰관은 자꾸 전기공에게 범행을 자백하라고 종용했던 모양이다. 그래야 판사가 피의자의 정직함을 높이 사서 형량을 줄여줄 거라고 했다는 것이다. 관찰관이 유도한 대로 피의자는 그게 자신의 소행이라고 자백하고 말았다.

참으로 복잡한 상황이 아닐 수 없었다. 필적이 같고 자백까지 있는데, 스탬프가 충돌을 일으킨 것이다. 그런데 더욱 묘한 일이 벌어졌다. 피의자는 분명 유치장에서 감호를 받고 있는데도 협박 편지가 폭발적으로 늘어난 것이다. 기계공장의 고객 스물다섯 명이 받은 편지는 회사의 직인이 선명했으며, 욕설과 음담을 두서없이 늘어놓은 끝에 요구 조건을 제시하는 협박 편지였다. 심지어 고객을 상대로 형편없는 도둑놈이라면서 하루 빨리 부채를 청산하라는 어처구니없는 모독을 서슴지 않았다. "이 돼지 같은 놈들!" 편지는 항상 이렇게 문장을 시작했다. 아무래도 편지를 쓴 작자는 자제력을 완전히 잃은 정신병자처럼 보였다.

정신이 이상해 보이기는 저 전기공도 마찬가지였다. 조사해보니 체포되기 며칠 전 사람들의 왕래가 잦은 곳에서 성기를 노출한 채 욕설을 퍼붓다가 경찰에게 훈방 조치를 당한 사실이 있었다. 아무튼 저 스탬프만 빼면 모든 정황이 그가 범인이라고 말해주고 있었다. 그럼 피의자가 공장 견습생 시절 공문 서식을 갖춘 편지지와 봉투를 다량 훔쳐두었다가 마구잡이로 발송을 하고 있는 것일까? 하지만 그는 지금 유치장 안에 있지 않은가? 도대체 뭐가 뭔지 알 수가 없었던 판사와 수사관들은 머리를 싸매고 고민에 빠졌다.

일단 경찰은 공장에 가보기로 했다. 거기서 확인한 결과, 최근 스탬프를 도난당한 사실이 밝혀졌다. 공장 사람들은 도대체 그런 것을 왜 훔쳐 갔는지 모르겠다며 고개를 절레절레 흔들었다. 사라진 스탬프는 제품을 출고할 때 쓰는 것이었을 뿐, 다른 용도는 전혀 없었기 때문이다.

사실 스탬프가 그리 큰 비중을 차지하는 단서는 아니었다. 필적과 자백으로도 충분히 판결을 이끌어낼 수 있지 않은가. 그래도 철저함을 기하기 위해 수사관들은 공장 직원들을 상대로 일일이 탐문 수사를 벌였다. 직원들의 최근 행적을 샅샅이 추적하던 경찰의 눈을 사로잡은 것은 열일곱 살짜리 견습생이었다. 소년의 어딘가 모르게 불안하게만 보이는 눈빛을 야릇하게 여긴 한 수사관이 집요하게 파고들자 마침내 소년은 협박 편지를 쓴 게 자신이라고 실토했다. 이 소년은 전기공이나 인테리어 전문가와는 전혀 관계가 없었다. 모든 게 자기 혼자서 한 일이라고 털어놓았다. 편지에 욕설과 음담을 쓰다 보니 짜릿한 성적 흥분이 느껴지더라는 것이다! 협박 편지가 폭발적으로 늘어난 데에는 다 그만한 이유가 있었던 셈이다.

이제 전기공은 자백을 철회했다. 보호관찰관의 변명은 이랬다. 감옥에서 풀려나자마자 협박 편지들이 다시금 세상을 시끄럽게 만드는 통에 전기공의 소행이 확실하다고 판단하고 더 험한 꼴을 보기 전에 자백하는 게 좋겠다고 권했다는 것이다. 그러니까 대학 교육까지 받은 이 사회복지사 역시 편견에 사로잡혀 자신이 지켜주어야 할 전기공을 오히려 궁지에 몰아넣고 만 것이다. 출감과 협박 편지의 출현이 시기적으로 딱 맞아떨어지는 우연을 필연이라고 본 것이랄까. 보호관찰관은 한 번 협박 편지를 쓴 사람이라면 두 번째도 망설임 없이 쓸 것으로 믿었다며 후회의 눈물을 흘렸다.

1966년 2월 문제의 견습생은 청소년을 상대로 열리는 배심원 재판에서 6개월에 해당하는 소년원 금고형을 선고받고 집행유예로 풀려났다. 이로써 한바탕 난리법석을 빚은 연쇄 협박 사건은 마침내 종지부를 찍을 수 있었다.

이 사건에서 교훈을 얻은 카를스루에 경찰은 앞으로 필적감정을 더욱 신중하고 철저하게 하기로 결정했다. 두 번에 걸친 협박 사건에서 이른바 전문가라는 사람이 필적이 일치한다고 공식 감정을 마쳤음에도, 두 번 모두 사실과 다른 것으로 밝혀지지 않은가. 법관과 수사관이 증거와 전문가 소견이라는 것만 믿고 매달릴 게 아니라, 이 연쇄 납치 사건에서처럼 뭔가 이상하다는 직감을 소중히 여기는 것은 꼭 필요한 일이다. 역시 아서 코난 도일의 황금률은 아무리 강조해도 지나침이 없는 귀중한 원칙이다. 아무리 사소한 것일지라도 전체와 맞지 않는 게 있다면 철저히 파고들어야 한다! 모든 증거들이 전체 맥락과 딱 맞아떨어질 때에만 우리는 어떤 사람의 죄를 물을 수 있다. 이처럼 현실의 수사는 단 한 조각의 진실이라도 놓치지 않으려는 사투를 벌여야 하는 퍼즐 놀이와 같은 것이다. 그리고 이 퍼즐 놀이는 애거사 크리스티*나 조르주 심농**의 격조 높은 추리소설에 조금도 뒤지지 않는 섬세하고도 치밀한 구성을 자랑하기 마련이다.

---

* 1891~1976, 영국이 낳은 세계적인 추리작가.
** 1903~1989, 벨기에 출신으로 불어로 작품 활동을 벌인 소설가. 심리 묘사가 뛰어난 추리소설을 썼다.

하이네켄, 콘크리트 벽 안에 갇히다

몸값을 노리는 납치 사건의 경우 물증이라는 게 별 도움이 되지 않을 때가 왕왕 있다. 무엇보다도 사건 자체의 성격상 과학적으로 접근해 분석해야 할 단서가 별로 없다. 범인들은 돈을 받을 때까지는 인질을 될 수 있는 한 살려두려고 하기 때문에 시급히 그들의 본거지를 알아내야만 한다. 돈을 챙기고 나면 인질의 목숨은 누구도 보장할 수 없다. 이처럼 촌각을 다투는 사건에서 한가하게 단서만 물고 늘어질 수도 없는 노릇 아닌가. 여기서 필요한 것은 그야말로 수사관의 직감이다. 어디서 어떻게 범인과 인질을 추적해야만 하는지 난감하기만 한 상황에서 수사가 올바른 방향으로 나아가고 있는지 말해주는 것은 수사관의 동물적인 감각뿐이다.

세계적인 규모를 자랑하는 맥주 회사 회장 알프레드 하이네켄Alfred

Heineken*이 그의 운전사 아브 도데러Ab Doderer와 함께 납치된 것은 1983년 11월의 일이다. 1500만 유로**라는 막대한 몸값도 문제였지만, 더욱 중요한 것은 인질을 살아 돌아오게 하는 일이었다.

경찰은 불과 며칠 사이에 750여 건에 달하는 제보들을 받았다. 그 가운데 하나는 중국 음식점과 관련된 것이었다. 매일처럼 두 사람 분의 음식을 주문해서, 그것도 배달을 시키는 게 아니라 직접 사람이 와서 가져가더라는 것이다. 게다가 제보자의 말을 그대로 빌리자면, 음식을 가져가는 사람은 "도끼눈으로 주변을 살피며 지극히 조심스러워 한다"고 했다. 이보다 더 아리송한 제보가 또 있을까? 하지만 음식을 직접 가져가는 사람을 살그머니 미행한 암스테르담 경찰은 눈을 의심하지 않을 수 없었다. 남자는 음식을 들고 암스테르담 서항西港의 옛 공업지구에 있는 한 낡은 창고로 갔던 것이다. 물결무늬 모양의 석판을 지붕에 씌운 낡은 창고에서 식사를 한다? 창고 주변에는 담벼락이 서 있었으며, 입구에 붙은 간판에는 '가구 공장'이라고 적혀 있었다. 2인분 식사를 목수 한 사람이 해치운다? 그것도 플레이트 지붕을 한 낡은 창고에서? 무슨 기벽일까, 아니면 사건 해결의 열쇠일까?

남자가 어디론가 다시 사라지자, 열 명으로 이루어진 특공대가 창고로 접근했다. 겉보기에 창고는 아무 이상이 없었다. 오랫동안 사용하지 않은 흔적이 역력했으며, 전면을 커다란 강화 플레이트로 덧대놓았다. 사람들이 입구를 쉽게 찾지 못하게 막아놓은 모양이었다. 대원들은 안

---

* 1923~2002, 네덜란드 출신으로 세계적인 맥주 기업 '하이네켄'의 회장을 역임한 인물. 창업주 게라르 아드리안 하이네켄Gerard Adria Heineken의 손자다.
** 약 194억 원.

에 누구 없냐고 소리를 지르며 벽을 두들겼다. 하지만 안에서는 아무 소리도 들리지 않았다. 하다못해 쥐새끼 한 마리 없는 것처럼 적막하기만 했다. 작전이 허사로 돌아가는 순간이었다. 특공대는 무전으로 상황을 보고했다. "아무 성과 없음. 상황 종료함."

하지만 게르트 판 베에크 경사는 무언가 이상하다는 느낌을 지울 수가 없었다. 대원들과 함께 출발하기 전에 경사는 다시금 성큼성큼 창고로 다가가 플레이트를 두들겨보았다. 그런데 이게 어찌된 일인가? 마치 속이 텅 빈 깡통을 두들기는 것 같은 소리가 나는 게 아닌가! 고강도 석재로 짠 플레이트에서 그런 소리가 난다는 것은 문에 직접 덧댄 게 아니라 문과 플레이트 사이에 빈 공간이 있다는 암시였다. 대체 입구를 왜 그렇게 기묘하게 가려놓은 것일까? 무엇을 위장하기 위해 그랬을까? 경사는 머리를 긁적이며 자문하지 않을 수 없었다.

마침내 경사는 대원들을 다시 돌려세운 뒤 해머로 플레이트를 깨게 했다. 드디어 모든 문제가 환하게 풀렸다. 그 안에는 급조한 콘크리트 골방들이 만들어져 있었던 것이다. 두 개의 골방에는 각각 기업 총수 하이네켄과 그의 운전사가 갇혀 있었다. 콘크리트 골방에는 방음 처리를 완벽히 해두었던 탓에 두 사람은 서로 대화를 나눌 수 없었다. 경찰이 안에서 아무런 소리를 들을 수 없었던 이유였다. 거꾸로 두 명의 인질은 경찰이 소리쳐 부르는 소리도 들을 수 없었다.

한겨울이었던 탓에 두 인질은 오로지 두 가지 소원만 들어달라고 간절히 애원했다. 우선 콘크리트 벽에 고정된 쇠사슬에서 풀려나는 것이었으며, 두 번째로는 몸을 따뜻하게 녹이는 것이었다. 범인들은 물론 얼마 뒤 현장에서 경찰 특공대에게 검거되었다. 하지만 납치범들은 이미 챙긴 몸값을 어디에 숨겨놓았는지 잊어버렸노라고 한사코 입을 다물었다.

하이네켄이 극적으로 구출되고 나서 한동안 시간이 흐른 뒤, 암스테르담에서 약 50킬로미터 떨어진 자이스트라는 지역을 산책하던 시민은 땅에서 무언가 비죽 나와 있는 것을 발견하고 잡아당겼다. 이게 뭔가? 100달러 지폐 다발이 쏟아져나오는 게 아닌가! 뜬눈으로 고민하던 정직한 시민은 돈을 고스란히 경찰에 가지고 가 신고했다. 경찰이 현장을 더 깊이 파고 들어가자 요즘 돈으로 환산해서 약 800만 유로가 넘는 거금이 햇살 아래 드러났다. 바로 하이네켄의 몸값으로 지불되었던 돈이었다. 이렇게 해서 원래 주인은 절반 이상의 몸값을 되돌려받을 수 있었다. 한겨울의 시멘트 벽 속에서 혹독한 대가를 치르고도 사건은 좋은 결말을 맺은 셈이다. 이런 다행스런 결말이 경찰관의 직감과 행운에 의한 것이라면 지나친 결론일까?!

마누엘라 슈나이더를 본
수십 명의 목격자와 단 한 번의 우연

협박범들이 위의 사건처럼 항상 사소한 실수로 인해 경찰의 수사망에 걸려드는 것은 아니다. 납치범들은 대개 아주 머리가 좋은 사람이라는 통설도 믿을 게 못 된다. 돈과 권력에 대한 욕심은 똑똑하든 멍청하든 누구나 가지고 있는 것이기 때문이다.

범인이 아주 영악해서 누구도 그를 잡을 수 없는 경우에 심지어 사람들은 그에게 호감을 갖기도 한다. 하지만 꼼수를 쓰면 쓸수록 범인은 그만큼 자신을 노출하기 마련이다. 수사관들은 바로 이런 점을 이용해 보다 효과적인 협상 전략을 짜기도 한다. 범인의 성격적 특징을 간파하고 있기에 사건 해결은 더욱 속도를 낼 수 있다. 바로 그래서 완벽한 납치극이란 있을 수 없다. 앞서도 말했듯 똑똑한 범인일수록 경찰을 상대로 게임을 벌이고 싶은 욕구가 커지기 때문이다.

물론 어처구니가 없을 정도로 멍청한 범인들도 차고 넘쳐난다. 범행을 저지르면서 온갖 상식 밖의 행동을 서슴지 않는 탓에 추적해볼 만한 단서를 거의 남기지 않는 최악의 사태가 벌어지기도 한다. 도대체 무슨 생각을 하는 것인지 그 속을 전혀 알 수 없는 범인의 다음 행보를 예측 하기란 불가능한 일에 가깝다. 루르 지역에서 일어난 다음 사건은 그 전 형적인 사례다. 참고로 이 사건을 담당했던 수사관은 에센 경찰청 소속 의 헬무트 뷜터와 노르베르트 베스트팔 경감이다. 이들의 헌신적인 노 력이 아니었다면 사건은 아직도 미제로 남았으리라.

사건은 열두 살 소녀 마누엘라 슈나이더Manuela Schneider의 등굣길에 서 시작되었다. 평소 소녀는 언니와 함께 아침 7시쯤 집을 나서서 버스 정류장으로 갔다. 하지만 마침 언니가 실습 생활을 시작해 더 일찍 나가 야 했던 터라, 1994년 5월 5일 마누엘라는 홀로 걸어서 10여 분 정도 걸 리는 정류장으로 갔다. 정류장은 차량 통행은 빈번하지만 약간 외진 길 에 자리를 잡고 있었다. 소녀는 보통 여기서 버스를 타고 학교 근처 꽃 가게 앞에서 내렸다. 꽃 가게에서 친구와 만나 함께 등교를 했기 때문이 다. 하지만 이날 마누엘라는 꽃 가게에 들르지 않았으며 학교에도 오지 않았다.

마누엘라의 실종 사실을 처음 알아차린 사람은 엄마였다. 학교가 파 하자마자 딸과 만나기로 했던 엄마는 아무리 기다려도 오지 않는 마누 엘라 때문에 무슨 일인가 싶었다. 놀란 엄마는 아이들 아빠에게 전화를 했고, 아빠는 다시금 마누엘라의 담임선생에게 전화를 걸어 어찌된 일 인지 물었다. 하지만 마누엘라를 보았다는 사람은 아무도 없었다. 아이 가 감쪽같이 사라져버린 것이다.

이 사건은 1990년대 말 독일을 발칵 뒤집어놓았던 연쇄 아동 살해 사건이 일어나기 훨씬 전의 일이었다. 물론 벨기에의 아동 성추행범 마르크 뒤트루Marc Dutroux가 벌이고 다닌 사건들로 부모들의 경각심이 높기는 했지만, 오늘날처럼 소녀가 사라졌다 하면 단 몇 분 만에 전국을 흥분의 도가니로 몰아넣을 정도는 아니었던 것이다.

오후 늦게 마누엘라의 언니가 수상한 전화를 받으면서 드디어 사건은 본격적으로 막을 올렸다. 한 남자가 전화를 걸어 자신이 여자아이를 데리고 있으며 "경찰에 알리면 큰일 날 줄 알라"며 끊었다. 마누엘라의 아빠는 곧장 경찰에 신고했다. 소녀를 찾아내려는 모든 시도가 물거품으로 돌아가자, 그날 저녁 경찰은 특별수사반을 편성했다.

납치범의 요구를 들어주는 것처럼 꾸미기 위해 팀은 은밀하게 수사를 벌였다. 밤새 아이를 알고 있는 모든 사람들이 경찰의 조사를 받아야 했다. 부모의 전화에는 상시 감청반이 붙었으며, 언론은 사건 보도를 철저히 자제했다. 다음 날 저녁까지 아무런 단서도 발견되지 않았고 더이상의 전화도 없었지만, 그동안 수사관들은 실종된 소녀를 둘러싼 많은 사실을 알게 되었다. 소녀는 수줍음을 많이 타며 말수가 거의 없는 내성적인 아이였다. 태어나 열 살이 될 때까지 살았던 산골 자우어란트*는 마누엘라에게 동화 속에 나오는 왕국과 같은 곳이었다. 엄마와 아빠 그리고 언니의 사랑을 듬뿍 받으면서 자란 어여쁜 공주가 마누엘라였다. 그러다가 가족은 에센의 한 커다란 저택으로 이사를 왔다. 마누엘라의 아빠가 저택의 관리인으로 일하게 되었기 때문이다. 이전에 알지 못하던 으리으리한 집은 낯설기만 했고, 친구 한 명 없어 쓸쓸하기만 했다.

---

* 독일 노르트라인베스트팔렌 주에 있는 구릉지를 이르는 말.

학교에서 산골 출신의 이 "신출내기"는 아이들의 생각할 수 있는 모든 심술에 시달리며 "왕따"를 당할 뿐이었다.

마누엘라는 유일한 친구에게 언젠가 털어놓았던 것처럼 집 근처에 있는 폐가에 숨어버린 것일까? 친구는 마누엘라에게 들었다며 그곳이 마누엘라가 즐겨 찾던 은신처라고 경찰에게 말했던 것이다. 하지만 무너진 벽만 덩그러니 남은 그곳에는 먼지와 거미줄만 무성했을 뿐이다.

그러던 차에 마누엘라가 썼다는 글이 수사관들의 이목을 끌었다. 학교에서 아이들에게 납치 사건을 조심하라며 경각심을 일깨우기 위해 내준 작문 숙제였다. 한 가공의 소년이 납치를 당한 사건을 이야기해주고, 그 감상과 마음가짐을 적어보라는 숙제였다. 작문에서 마누엘라는 짚 더미에 숨어야 하는 소녀의 외로움을 그리고 있었다. 그 밖에 자우어란트 이저론*의 친척들에게 보낸 편지들도 발견되었다. 편지에서 소녀는 에센이라는 대도시가 낯설기만 하다며 고향으로 돌아가고 싶은 마음뿐이라고 울먹였다. 그럼 혹시 마누엘라는 고향으로 가는 열차에 몸을 실은 것일까? 아니면 국도를 따라 고향까지 걷기로 작정이라도 한 것일까? 아니 아이가 그냥 집을 나간 것일 뿐이라면, 낯선 남자가 어떻게 가족을 협박할 생각을 했을까? 또 실제로 납치당한 것이라면 왜 범인은 더이상 아무런 요구를 해오지 않는 것일까?

더구나 노선버스 운전기사가 문제의 목요일 아침에 마누엘라가 타는 정류장에 정차를 하지 않았다고 진술을 하면서, 사건은 갈수록 미궁에 빠져들었다. 정류장에 아무도 서 있지 않았고, 누구도 내리려 하는

---

* 자우어란트에 있는 소도시. 인구 약 9만 6000명의 작은 도시다.

사람이 없었기 때문에 시간을 아끼려고 그냥 지나쳤다는 거였다. 경찰이 제시하는 사진을 본 버스 운전기사는 매일 같은 시간에 언니와 함께 버스를 타던 마누엘라를 한눈에 알아보았다.

그런데 버스 운전기사에게 질문을 하고 있는 사이 우연히 버스에 타고 있던 한 할머니는 정반대의 이야기를 했다. 노파는 마누엘라뿐만 아니라 경찰이 사진을 보여주지 않은 언니의 생김새까지 자세히 설명하면서, 마누엘라가 목요일에 혼자 버스에 타는 것을 똑똑히 보았다고 했다. 운전기사가 착각을 하고 있는 것일 뿐이라며, 버스는 해당 정류장에 분명히 정차했다고 주장했다.

정면충돌하는 진술들로 적잖이 당황한 수사관들은 아예 전문가에게 버스가 문제의 정류장에 정차했는지 아닌지 가려볼 감정을 의뢰했다. 이를 위해 사용한 방법은 속도계를 분석해 버스의 주행거리와 시간을 계산해내는 것이었다. 독일의 버스는 운행 간격의 합리적인 산출을 위해 속도계에 최고 속도와 최저 속도를 기록하는 장치를 부착하고 있다. 그러니까 해당 날짜의 속도계 기록을 일일이 확인하면서 계산해낸 시간을 승객의 진술과 비교해보는 것이다. 노선버스는 주행 경로가 정해져 있기 때문에 몇몇 승객의 확실한 진술만 있으면 주행에 걸린 총 시간에 비추어 언제 어디서 버스가 정차를 했는지 알아낼 수 있다.

조사 결과 버스는 7시 이후 13분과 14분, 16분 그리고 19분에 각각 정차했음이 밝혀졌다. 이를 정류장에 붙어 있는 운행 시간표*와 비교하

---

* 독일 노선버스는 정류장의 운행 시간표에 나와 있는 그대로 운행을 한다. 다시 말해서 버스는 정해진 시각을 준수해가며 정류장에 정차한다.

니 버스는 마누엘라가 이용하는 정류장에 틀림없이 정차했던 것으로 나왔다. 그러니까 마누엘라는 분명 버스에 탔다. 버스 운전기사가 이른 아침의 나른함 때문에 착각을 한 것이었지, 노파가 졸면서 꿈을 꾼 게 아니었던 것이다.

그동안 수사반은 규모가 엄청나게 늘어났다. 다른 부서의 경찰관들까지 속속 합세를 해야만 했기 때문이다. 경찰은 모든 교통사고 기록, 병원 진료카드, 목격자의 증언 등 해당 지역에서 일어난 사건들을 철저하게 훑었다. 수사관들은 12시간마다 교대를 해가며 중노동을 마다하지 않았다.

하지만 토요일 밤까지 소녀의 행방을 알려주는 새로운 단서나 제보는 전혀 없었다. 주간지 〈포커스Focus〉가 사건을 보도하고 싶다는 문의를 해오자, 경찰은 결국 일요일 저녁부터 공개수사로 전환하기로 결정을 내렸다. 동시에 마누엘라의 부모도 다시 한 번 심문을 받아야 했다. 전화가 걸려올 상황에 대비를 하느라고 부모는 그때까지 별다른 조사를 받지 않았던 것이다(1994년에는 아직 전화회선을 돌려놓는 기술이 없었다. 종합정보통신망 'ISDN'이 구축되기 전이기 때문이다. 독일 텔레콤은 위급한 경우 전화회선을 돌려놓는 속도가 너무 느렸다). 마누엘라의 부모는 토요일 내내 심문을 받았다. 경찰은 부모가 혹시 자작극을 벌이고 있는 것은 아닌지 철저하게 캐물었다.

수사는 전혀 예상하지 못한 방향에서 활기를 띠기 시작했다. 경찰이 소녀의 사진을 담은 포스터와 전단지를 배포하고 심지어 방송 차량까지 동원해 제보를 해달라고 홍보하자, 한 이웃 사람이 문제의 목요일 아침에 거리에서 알록달록한 우산이 펼쳐진 것을 보았다고 한 것이다. 실제로 목요일에는 부슬비가 내렸었다. 설명을 들은 마누엘라의 언니는 자기네 우산이 맞다고 했다. 서로 전혀 모르는 두 사람이 더 나타나 같은 증언을 하자, 경찰은 우산을 찾아 나섰다. 하지만 우산은 끝내 나타나지 않았다. 세 명이나 보았다는 우산은 어디로 가버린 것일까? 꼼꼼한 성격의 소녀가 실수로 우산을 잃어버리거나, 심지어 내버리지는 않았을 것이라고 수사관들은 의견을 모았다. 그럼 몸싸움이라도 있었던 것일까?

하지만 공개수사로 전환한 일요일부터 전혀 다른 사실을 이야기하는 숱한 제보가 쏟아져 들어왔다. 제보의 내용은 모든 관련자들을 안심시키는 것이었다. 일요일인 5월 8일 에센의 수사본부는 평균 10분마다 걸려오는 전화를 받느라 눈코 뜰 새가 없었다. 전화는 모두 약 50킬로미터 떨어진 이저론에서 오는 것이었다. 제보자들은 한결같이 마누엘라를 보았노라고 말했다. 심지어 보자마자 전화를 건다는 사람들도 꽤 되었다. 이저론 목격자들의 증언에 따르면 마누엘라가 무엇을 하고 다니는지 정확히 추적할 수 있을 정도였다. 사람들은 이저론 근처의 조랑말 농장에서 마누엘라를 보았다고 했다. 꽤 설득력 있는 설명이었다. 마누엘라 또래의 소녀는 조랑말을 무척 좋아하기 때문이다. 농장에서 나와 포장된 길을 따라 어디론가 가는 것을 보았다는 사람도 있었다.

그런데 정작 경찰은 마누엘라를 찾을 수가 없었다. 순찰차는 물론이고 일반 차량까지 동원해 일대를 샅샅이 뒤졌으나 소녀의 행방은 여전히 오리무중이었다.

월요일이 되자 마누엘라의 유일한 친구였던 여학생이 경찰에 찾아와 희한한 이야기를 했다. 목요일, 그러니까 마누엘라가 사라진 날 저녁

9시쯤 이 열세 살의 증인은 주말농장을 가로지르는 외딴길을 걷고 있었다는 거였다. 그때 갑자기 반대편에서 인기척이 나는 바람에 심장이 멎을 만큼 놀랐다고 했다. 부모가 그 길로 다니는 것을 엄하게 금지했기 때문에 놀라움은 더욱 컸단다. 하지만 다행스럽게도 한밤중의 산책자는 바로 마누엘라였다는 것이다. 친구라면 부모에게 비밀을 지켜줄 것이기에 안심했단다. 어디 가느냐는 질문에 마누엘라는 이저론의 숙모 집에 가는 길이라고 대답했다고 한다. 이내 두 소녀는 "잘 가!"라는 인사말과 함께 헤어져 각자 갈 길을 재촉했다는 것이다.

친구의 증언을 들은 경찰은 그 즉시 주말농장 일대를 수색했다. 물론 예상했던 대로 마누엘라는 거기에 없었다. 조랑말을 좋아하는 소녀가 벌써부터 이저론에 있다는 목격담이 쏟아지고 있는 마당에 주말농장에 있다면 그게 더이상한 일이 아닌가. 주말농장에서는 마누엘라가 남겼을 만한 흔적도 나오지 않았다.

같은 날 이번에는 어떤 엄마가 경찰에 전화를 걸어왔다. 자기 딸이 월요일 아침에 주말농장을 가로질러 학교를 가던 길에 마누엘라를 보았다고 하더라는 내용이었다. 마누엘라가 되돌아온 것이다!

새 목격자는 마누엘라의 인상착의를 정확하게 설명했다. 그도 그럴 것이 이저론 시절부터 마누엘라를 잘 알던 동향 사람이었기 때문이다. 소녀의 증언은 이랬다. "오늘 아침에 보았을 때 마누엘라는 몹시 지쳐 보였어요. 머리가 자꾸 뒤로 넘어갔고, 눈은 반쯤 감고 있더라고요. 숲길 가의 풀 위에 앉아 있는 마누엘라는 옷매무새가 헝클어져 있었고 며칠은 씻지 않은 것처럼 지저분했어요. 저는 마누엘라에게 함께 가자고 설득하며 손을 잡았지요. 그랬더니 저한테 등에 매고 있던 책가방을 던지지 뭐예요. 무거운 게 그 안에 들어 있었는지 몹시 아팠어요. 그러더니 언덕 쪽으로 뛰어올라가며 몇 차례나 '알렉스!'를 외쳐 부르더군요."

진술은 꽤 신빙성이 있게 들렸다. 마누엘라의 외모도 설득력 있게 설명했을 뿐만 아니라, 주말농장에 마누엘라 부모가 한때 오두막 한 채를 가지고 있었다는 이야기도 사실과 맞아떨어졌기 때문이다. 증인의 주장대로라면 가출 소녀는 이제 오두막으로 돌아온 셈이다. 목격자는 예전에도 종종 마누엘라가 오두막에 숨곤 했다고 말했다. 기분이 나쁘거나 서글플 때면 오두막을 찾곤 했다는 것이다. 그리고 마누엘라가 이저론에 알렉스라는 이름의 남자 친구를 알고 있다는 것도 사실이었다.

요약해보면 다음과 같은 그림이 그려졌다. 마누엘라는 첫날 주말농장의 오두막에서 하룻밤을 지새웠다. 그리고 나서 다음 날 이저론으로 가버린 모양이다. 거기서 알렉스를 만난 소녀는 그와 함께 다시 주말농장의 오두막으로 돌아온 것이다. 목격자 소녀의 엄마는 자기 딸이 "결코 이야기를 지어내지 않으며 허튼소리도 하지 않는 성격을 가졌다!"고 힘주어 강조했다.

이때 경찰은 마누엘라가 에센의 노선버스에서 내리는 것을 보았다는 목격자도 확보했다. 이제 이리저리 방황하는 가출 소녀를 다시 부모의 품으로 돌려보내는 것은 시간문제인 것 같았다.

만전을 기하기 위해 경찰은 마누엘라가 친구에게 가방을 집어던졌다는 장소를 조사했다. 가방은 틀림없이 가출 소녀나 그 남자 친구가 다시 챙겼으리라. 목격자가 말한 풀밭을 살펴보니 진짜 접시 크기만 하게 눌린 자국이 있었다. 지친 마누엘라가 주저앉아 있었다는 곳이 분명했다. 증언대로 알렉스를 향해 달려갔다는 언덕도 있었다. 여기까지 보면 나무랄 데 없는 증언이었다.

마누엘라의 부모 집에 전화벨이 울린 것은 이제 막 텔레비전의 9시 저녁 뉴스가 끝났을 때였다. 한 남자가 불안하게만 들리는 목소리로 말했다. "아무런 표시를 하지 않고, 일련번호도 연결되지 않는 지폐로 200만 마르크를 준비해라! 시한은… 금요일까지다!" 남자는 여기까지 말하고 전화를 끊었다. 벌써 오랫동안 납치극일 가능성을 깨끗이 잊어버리고 특별수사반의 규모도 축소했던 경찰은 너무나 놀란 나머지 돌처럼 굳어지고 말았다.

혹시 장난 전화는 아니었을까? 여러 가지 정황은 장난 전화가 틀림없다고 말하는 것 같았다. 우선 마누엘라의 언니 멜라니는 첫날 전화를 걸었던 그 목소리가 절대 아니라고 힘주어 말했다. 혹시 그동안 마누엘라를 학대해오던 부모와 언니가 함께 짜고서 자꾸 이상한 방향으로 사건을 몰아가려고 꾸미고 있는 것은 아닐까? 대체 마누엘라는 어디에 숨어 있는 것일까? 벌써 죽은 것은 아닐까? 아니면, 실제로 집을 나갔던 아이가 돌아오는 길에 납치를 당한 것일까?

확실해 보이는 것은 다만 아이가 처음에는 주말농장에, 그다음에는 이저론에, 그리고 다시 주말농장으로 헤매고 다닌다는 것뿐이었다. 그런데 갑자기 1994년 5월 10일 화요일 저녁 모든 게 다시 미궁으로 빠지고 만 것이다. 이날 저녁 새롭게 확인된 단서는 전화를 건 장난꾸러기(혹시 가족에게 매수된 것은 아닐까?)가 에센이라는 대도시의 어느 공중전화박스에서 전화를 걸었다는 사실일 뿐이었다.

그동안 수사관들은 이저론에서 계속 쏟아져 들어오는 제보들과도 씨름을 해야만 했다. 목격자들은 한결같이 마누엘라가 어떤 남자아이와 이저론의 번화가를 배회하고 있다고 알려왔다. 여드레 동안 12시간 내지 16시간씩 수사를 벌이느라 지칠 대로 지쳐 있던 수사관들은 마지막 힘을 짜내어 그 번화가를 이 잡듯 뒤지고 다녔다. 하지만 어찌된 일인지 마누엘라의 모습은 눈을 씻고 봐도 찾을 수가 없었다. 항상 코앞에서 놓쳐버리는 일이 어떻게 해서 가능한 것일까? 지친 나머지 짜증까지 났지만 수사관들은 아무런 소득을 올리지 못하고 철수할 수밖에 없었다.

전화를 걸었던 저 수상한 남자도 소득이 없기는 마찬가지였다. 5월 13일 금요일 그는 오후 1시 45분에 다시 부모에게 전화를 했다. 화요일의 전화와 분명 같은 목소리였다. 남자는 요구한 200만 마르크가 준비되었는지 물었다. 마누엘라의 아빠는 경찰이 지시한 대로 그런 엄청난 돈을 마련할 수 없다고 말했다. 돈도 돈이지만 딸이 살아 있다는 증거를 먼저 보여달라고 요구했다. 그러자 남자는 한동안 말을 잇지 못하고 망설이기만 했다. 수사관들과 부모는 숨을 죽이고 대답을 기다렸다. 드디어 남자는 "오케이"라고 말하며 곧장 전화를 끊었다.

이제 못돼먹은 개구쟁이가 장난을 치고 있는 게 틀림없어 보였다. 마누엘라가 살아 있다는 증거를 보이라니까 저렇게 당황하지 않는가. 전화는 이번에도 에센의 공중전화박스에서 걸려온 것으로 확인되었다. 이저론에서는 제보가 더이상 들어오지 않았다. 분명 마누엘라가 종적을 감춘 모양이었다. 드디어 본격적으로 거리의 아이가 되어가고 있는 것일까? 인구밀도가 높은 라인-루르 지역의 기차역에는 가출 청소년들로 차고 넘쳐났다. 차표 검사를 하는 일이 거의 없는 교외선 기차를 타고 이리저리 떠돌며 구걸 행각을 벌이는 비행 청소년들 말이다. 아무튼 그런 아이들에게 이보다 더 안성맞춤한 곳은 없으리라.

전화를 걸었던 수상한 남자는 여전히 미련이 남았던 것일까? "오케이"라고 말한 그날 저녁, 그러니까 8시를 조금 지나 다시 전화를 걸어 이번에는 아무 말을 하지 않고 송화기에 녹음테이프를 틀었다. "안녕하세요!" 하는 목소리가 흘러나왔다. 틀림없는 마누엘라의 음성이었다. "저 마누엘라예요. 처음보다 덜 무섭기는 하지만 빨리 엄마와 아빠를 보고 싶어요. 제가 풀려날 수 있게 아저씨의 요구를 들어주세요." 이것으로 일방적인 통화는 끝났다. 이제 사건은 전혀 다른 방향으로 물꼬를 틀어버린 것이다. 알렉스와 마누엘라가 부모를 상대로 잔인한 장난을 치고 있는 것은 아닐까? 돈을 뜯어내 둘이서 어디 멀리 도망가려는 것일까? 그렇다면 어디로? 어쨌거나 돈을 넘겨주기까지는 가까운 곳에 머무를 게 틀림없었다. 한시라도 빨리 둘의 은신처를 찾아내야만 한다.

그러나 수사 반장은 이런 버전을 믿으려 하지 않았다. 그 대신 특별수사반의 규모를 예전으로 되돌리고 수사관들에게 당장 수색에 나설 것을 주문했다. 밤을 새워서라도 소녀를 반드시 찾아내야만 한다고 거듭 강조했다. 5월 15일 저녁 9시 30분 다시 전화벨이 울렸다. "안녕, 저 마누엘라예요. 엄마, 아빠, 언니, 모두 사랑해요! 수요일까지 요구를 들어주세요, 그럼 안녕!" 이제 수사관들의 낯빛은 하얗게 질리고 말았다. 제발 아니기를 기대했던 납치극이 현실로 나타나고 만 것이다.

다음 날 에센 경찰청에 다급한 목소리의 전화가 걸려왔다. 전화의 주인공은 마누엘라의 아빠였다. 그는 딸이 이번에는 직접 전화를 해왔다고 감격에 젖은 목소리로 말했다. 그리고 실제로 얼마 뒤 지치고 남루한 몰골의 마누엘라가 완전히 얼어붙은 채로 집에 돌아왔다. 도대체 무슨 일이 있었던 것일까?

 뒤셀도르프와 에센을 잇는 약 2킬로미터 길이의 루르탈* 다리의 정기 안전 검사를 하던 건축 감독관은 모두 열여덟 개의 교각들 가운데 두 번째 것 안에 숨겨져 있던 소녀를 발견했다. 다리 아래 교각이 맞닿은 곳에는 텅 빈 공간이 있었는데, 뒤셀도르프 시의 건축 감독관이 민간 회사와 함께 이 공간들을 검사하며 다리의 보수공사가 필요한지 점검에 나섰던 것이다. 마누엘라는 다섯 개의 철골들이 얽혀 있는 곳에 깔아놓은 매트리스 위에서 떨고 있었다.

 그러니까 마누엘라는 집을 나간 것이 아니라, 목요일부터 교각 위에 붙잡혀 있었던 것이다. 납치범은 누구이며 어디에 있는 것일까?

 수사관들은 더이상 에센과 이저론을 아우르는 광범위한 지역이 아니라, 몇몇 곳만 집중해서 조사를 벌일 수 있었던 덕에 곧 결정적인 단서를 찾아냈다. 어떤 여성 목격자가 동성애자들의 온상인 한 주차장에서 문제의 목요일 아침 "수상한 승용차"를 보았다는 제보를 해왔다. 여자는 차의 모습을 정확히 기억하고 있었을 뿐만 아니라, 차량 번호도 적어두었다. 마누엘라는 여자가 설명하는 승용차가 범인의 것이 맞는다고 확인했다.

 지체 없이 경찰은 차량 주인의 집을 찾아갔다. 남자의 집에서는 여러 가지 물건들과 옷가지를 확보할 수 있었다. 모두 마누엘라가 보았다는 것이었다. 다만 묘한 점은 차량 소유주이자 집 주인으로 집에서 멀리 떨어지지 않은 병원에서 근무를 하고 있던 의사는 도대체 경찰이 무슨 소

* 루르 계곡이라는 뜻.

리를 하는 것인지 전혀 알지 못했다는 사실이다. 자동차를 스물한 살의 동성 애인과 함께 쓰고 있다는 의사의 말에 경찰은 곧 그 청년을 혐의자로 꼽았다. 실제로 마누엘라가 설명한 납치범의 인상착의는 이 자동차 수리공과 딱 맞아떨어졌다.

의사의 집에서 찾아낸 증거물과 목격자 증언 그리고 마누엘라의 설명을 바탕으로 작성한 몽타주 등을 들이대자 다니엘은 범행을 순순히 자백했다. 그는 돈이 필요했던 건 자신이 아니라 형이라고 했다. 그러니까 납치는 형과 함께 꾸민 짓이었다. 후천성 면역 결핍증AIDS 양성자인 형은 얼마 남지 않은 인생을 마음껏 즐기기 위해 돈을 필요로 했다는 것이다.

1981년과 1982년에 걸쳐 일어났던 니나 폰 갈비츠Nina von Gallwitz 사건에서와 마찬가지로 이 형제 범인들은 치명적인 실수를 저지르고 말았다. 충분한 조사도 해보지 않고 부자 동네를 기웃거리며 어떤 아이가 언제 학교에 가는지 관찰한 것이다. 아침이면 언제나 마누엘라가 고급 저택에서 나오는 것을 본 범인들은 소녀의 부모가 부자임에 틀림없다고 지레짐작을 한 것이다.

범행이 벌어진 문제의 목요일 이 어처구니없는 아마추어들은 마누엘라에게 접근해 길을 물으면서 학교까지 태워다주겠다고 유인했다. 거부하는 소녀를 형제는 강제로 차에 태웠다. 펼쳐진 우산은 그때 잃어버린 것이다.

범인들은 마누엘라를 교각 안쪽의 버팀목에 묶고, 손과 발까지 포박했다. 사이사이 범인들은 인질에게 빵과 콜라, 초콜릿, 차와 샐러드 따위를 가져다 주었다.

살인본능

만약 다니엘이 범행을 저지른 다음 그의 반려자인 의사와 네덜란드로 짧은 휴가 여행을 떠나지 않았더라면 수사관들이 이토록 애를 먹지는 않았으리라. 섹스 파트너가 저지른 범행을 전혀 몰랐던 의사의 의심을 사지 않기 위해 다니엘은 여행을 거절할 수 없었다. 이것이 몸값을 요구하는 전화를 하지 못한 이유였다.

교각의 안전 점검이 이루어지지 않았더라면, 범인들의 황당무계함으로 미루어 무슨 일이 벌어졌을지 상상만 해도 아찔하다. 복면도 하지 않았던 납치범이니 도대체 사건을 어떻게 마무리 지으려고 했을까 하는 의문을 지울 수가 없다. 돌발적이고 충동적인 행동 방식이 더 큰 비극을 불러오지는 않았을까?

"결국 사건이 다행스럽게 해결되기는 했지만 경찰은 계속해서 도무지 풀리지 않는 의문들을 붙들고 씨름해야만 했습니다." 수사에 참여했던 경찰관 뵐터와 베스트팔의 술회다.

"경험이 많은 노련한 수사관이라면 증인의 진술이라는 게 그다지 신뢰할 수 없는 것이라는 사실을 잘 알고 있습니다. 그래도 이 사건에서처럼 서로 전혀 알지 못하는 수많은 증인들이 앞다투어 황당한 증언들을 쏟아낸 것은 이성적으로 도저히 설명할 수 없는 일이죠. 저마다 이상한 소리를 하는 탓에 사건은 거의 완벽한 퍼즐 놀이가 되지 않았습니까? 모든 진술을 다양한 관점에서 검토를 해야만 하는 이유는 여기에 있습니다. 혹시 무슨 착각을 한 것은 아닌지, 기묘한 영웅심에 빠져 공상을 늘어놓는 것은 아닌지, 끝없이 살펴야만 합니다. 특히 공개수사의 경우 목격자들이 하는 이야기는 신중하게 가려들어야만 합니다. 의미 있는 정보를 가려내기 위해서는 끊임없이 보충 질문을 던져보는 자세가 꼭

166

필요합니다." 두 노련한 수사관들은 입을 모아 이렇게 말했다.

"하지만 오랜 경험을 통해 사람들의 심리를 간파할 줄 아는 수사관일 지라도 열셋이나 열네 살 소녀가 그럴싸하게 이야기를 지어내는 솜씨 앞에 굴복하고 만다면 그야말로 해답이 안 나옵니다. 마누엘라가 다행 히 살아 돌아온 이후에도 괴상한 목격담을 늘어놓았던 두 소녀들은 없 는 이야기를 지어낸 게 아니라며 틀림없이 그렇게 보았다는 바위와도 같이 강한 확신을 가지고 있었습니다."

또 이저론에서 날아든 저 수많은 제보들은 어떻게 설명해야만 할까? 아마도 대도시 시민들과 농촌 사람들은 어떤 현상을 두고 바라보는 시 각이 전혀 다른 게 아닐까? 적어도 수사관들의 짐작은 그랬다. 대도시 시민들은 자신이 두 눈으로 확실하게 본 것만을 말하는 데 반해, 한적한 시골 사람들은 이야기를 부풀리는 성향을 가지고 있다는 것이다. 아마 이저론 주민들은 마누엘라의 안타까운 운명에 지나치게 감정이입을 한 나머지 상상의 날개를 활짝 펼친 모양이다. 게다가 각종 미디어가 넘쳐 나는 대도시에서는 이내 관심이 시들해지지만, 이저론과 같은 곳에서 그처럼 "큰 사건"은 계속해서 상상력을 자극하게 만드는 효과를 낳는 모양이라며 경찰은 희한한 목격담들이 쏟아진 배경을 설명했다.

한 가지만큼은 확실했다. 1994년 5월 16일 마누엘라와 가족, 더 나아 가 에센 경찰은 수호천사에게 결정적인 도움을 받았다. 생명이 위협받 는 상황을 모면할 수 있게 해준 것은 때마침 벌어진 안전 점검 덕이었으 니 말이다. "우연"이라는 이름의 수호천사가 없었던들 이런 행운을 상 상할 수나 있을까?

납치범들은 수호천사에게 단단히 밉보인 모양이다. 에센 지방법원

은 형제에게 각각 10년과 8년의 금고형을 언도했다. 다니엘은 대법원
에까지 상고했으나, 재심 요청은 1995년 7월 31일에 기각되고 말았다.

이로써 모든 수사관들이 넌더리를 내며 비슷한 사건이 절대 일어나
지 않았으면 좋겠다는 간절한 바람을 품게 만든 사건이 마침내 종결되
었다. 두 명의 아마추어가 1990년대의 가장 어리석은 범행을 저지른 주
인공으로 기록되는 영광을 안은 것이다.

희대의 납치극
찰스 린드버그 주니어 사건

루르탈 다리 사건에서 빚어진 혼란이 20세기에 별생각 없이 저지른 어처구니없는 범죄로 대중의 관심과 참여를 이끌어낸 유일한 사례는 아니다. 특히 묘하게만 꼬였던 사건으로는 미국에서 일어난 납치 사건을 꼽을 수 있다. 이 사건은 비행기 조종의 선구자로 역사에 기록된 찰스 린드버그Charles Augustus Lindbergh*가 어느 날 저녁 자신의 아들이 침대에서 사라진 것을 발견하면서 시작되었다. 이 범죄의 진상이 밝혀지기까지는 60년이라는 세월이 걸렸다. 그러니까 범인도 희생자도 사건이 어떻게 해결되었는지 알지 못하고 죽었다.

이 희대의 사건이 시작되었을 때, 린드버그는 미국에서 가장 유명한

---

* 1902~1974, 미국 출신의 비행사. 1927년 대서양을 넘어 뉴욕과 파리의 단독 비행에 처음으로 성공한 인물이다.

인물 가운데 하나였다. 물론 그런 유명세가 전 세계적인 것은 아니라 할 지라도 말이다. 1927년 5월 20일에서 21일에 걸쳐 당시 스물다섯 살이 었던 청년은 33시간하고도 30분이라는 기록으로 뉴욕에서 대서양을 건너 파리로 날아갔다. 린드버그가 '르 부르제' 공항에 착륙했을 때, 그가 이룩한 승리는 이루 말할 수 없는 것이었다. "전 당시 마침 소르본 대학에 갓 입학한 신입생이었습니다." 한 미국인의 회고담이다. "린드버그가 스코틀랜드 상공을 날고 있으며 곧 파리에 착륙할 수 있을 것이라는 소식을 라디오 방송에서 들었을 때, 한 친구와 저는 노선버스를 타고 공항으로 가던 중이었습니다. 거기서 우리는 철조망 울타리 뒤에 몰려든 엄청난 군중 사이에 끼어 있었습니다. 린드버그가 '스피릿 오브 세인트루이스'호를 착륙시키자 군중은 울타리를 간단히 짓밟고 활주로로 달려갔습니다. 경찰이 안간힘을 쓰고 나서야 비로소 린드버그는 열광하는 군중에게서 풀려날 수 있었죠." 경찰은 린드버그를 곧장 미국 대사관으로 데리고 갔다. 그리고 그는 거기서 하룻밤을 묵었다.

"심지어 극장 공연까지 잠시 멈추고 린디[•]가 무사히 착륙했다는 공고를 할 정도였으니 두말해 무엇 하겠어요!" 계속된 증언이다. "우리는 환호성을 지르며 거리로 뛰어나갔지요. 사람들이 서로 얼싸안고 덩실덩실 춤을 추었습니다. 마치 거대한 파티가 열린 것처럼 흥겨운 분위기였습니다. 다음 날 린디의 업적을 기리기 위해 사람들은 샹젤리제를 따라 행진을 했습니다. 정말 제 인생에서 가장 아름다웠던 날들 가운데 하루였죠."

• 린드버그의 애칭.

물론 린드버그도 마찬가지였으리라. 이날로 인해 그의 인생은 확 바뀌게 되었으니 말이다. 그때까지 비행사의 인생은 결코 순탄한 게 아니었지만, 이제 프랑스 대통령의 영접까지 받으며 의회에서 연설도 하는 일약 스타가 된 것이다. 영국의 조지 5세도 린드버그를 초대하려고 안달이었다.

하지만 미국은 그들의 비행 영웅을 한시라도 빨리 모시려고 더욱 안달이었다. 대통령 쿨리지는 전함 "멤피스"를 셰르부르로 급파해 린드버그와 그의 '스피릿 오브 세인트루이스'를 모시게 했다. 약 3주 뒤 다시 고향 땅을 밟은 린드버그는 배에서 내려 미국의 수도 한복판에 세워진 거대한 오벨리스크인 워싱턴 기념비 앞에 마련된 무대 위에 올랐다. 벌써부터 거기서 기다리고 있던 대통령은 장문의 축사를 했다. 반대로 린드버그의 답사는 역사상 최단 연설 기록이 아닌지 의심될 정도로 짧았다. 단지 일곱 개의 짧은 단문들로 이루어진 연설에서 린드버그는 유럽인들이 자신에게 이제 미국과 하나가 된 것 같다고 전해달라는 부탁을 했다고 말했다. 그런 다음 모든 분들에게 다시 한 번 감사를 드린다며 정중하게 인사하고 자리에 앉았다.

타고난 사회적 신분은 영웅과 거리가 멀었던 린드버그였지만, 얼마 뒤 그는 용기의 가상함을 인정받아 최고 명예 훈장을 받았다. 이 훈장은 원래 전시戰時에만 수여되는 것이었다. 그 밖에도 군 당국은 그에게 대령 계급(예비역 대령)을 달아주었다. 이 계급장을 몹시 자랑스러워했던 린드버그는 이때부터 사람들이 자신을 대령으로 불러주기를 원했다.

린드버그 영웅 만들기 행사는 계속되었고, 6월 13일 맨해튼에서 벌어진 퍼레이드로 절정에 달했다. 그때까지 맨해튼에서 벌어졌던 것 가

운데 가장 큰 규모를 자랑하는 퍼레이드였다. "린드버그 대령!" 시청 청
사에서 시장이 감격한 표정으로 말했다. "뉴욕은 당신 것이오!"

이후 사람들에게 "럭키 린디Lucky Lindy"라는 애칭으로 불린 린드버그
는 자신의 비행기와 함께 미국의 48개 주를 돌며 순회 행사를 가졌으며
대서양 횡단 비행 경험을 담은 책을 팔아 10만 달러를 벌어들였다. 훈
장과 포상은 계속되었으며 각종 기업들, 특히 석유 기업의 이사로 추대
되었다.

복주머니는 끊임없이 대령에게 선물을 쏟아주었다. 공화당 출신으
로 멕시코에서 미국 대사를 지내고 있던 드와이트 모로가 크리스마스
휴가를 함께 보내자고 린드버그를 자신의 영지로 초대했을 때, "럭키
린디"는 대사의 딸을 소개받았다. 스물일곱 살의 앤은 지적인 분위기로
차분하면서 수줍어하는 성격까지 린드버그와 흡사한 점이 많은 아가씨
였다.

1929년 4월 말 멕시코에서 뉴저지로 돌아오는 린드버그는 앤의 손
을 꼭 잡고 있었다. 물론 비행기가 아닌 기차를 타고 돌아오는 길이었
다. 두 사람은 5월 29일 결혼식을 올렸다. 린드버그는 온 세상을 다 가
진 것처럼 감격에 몸을 떨었다. 적어도 이 순간만큼은 걱정하고 근심할
게 없었다.

하지만 눈에 보이지 않는 먹구름이 벌써부터 몰려들고 있었다. 물론
아직은 뉴저지와 멀리 떨어진 곳이었기는 했지만 말이다. 앤에게는 언
니 엘리자베스와 동생 콘스탄스, 이렇게 두 자매가 있었다. 동생인 콘스
탄스는 고급 사립학교의 기숙사에서 살고 있었지만 크리스마스 휴가라
집에 내려와 있었다. 린드버그와 앤이 기차를 타고 두 사람의 미래를 향

해 출발하기 직전, 콘스탄스는 너무나 이상한 편지를 한 통 받았다.

현지 경찰이 아직도 보관하고 있는 수사 기록은 다음과 같은 내용을 담고 있다.

"1929년 4월 24일 22시 20분 위드라는 사람(주소: 150 스쿨 스트리트)이 편지 한 통을 가지고 경찰서에 와 신고를 했다. 편지의 수신인은 콘스탄스 모로(주소: 밀턴 사립학교)로 되어 있다. 편지는 돈을 요구하면서 무시할 경우 폭력을 사용하겠다고 협박하고 있다. 모로 씨는 현재 헤서웨이 저택에 머물고 있다. 쉴드 서장은 더 자세한 것을 알아내고 저택을 경비하라며 경찰관 리를 오늘 밤 헤서웨이 저택으로 급파했다."

돈을 넘겨주는 방법을 자세히 적은 편지가 다시 콘스탄스 모로에게 도착한 것은 그로부터 2주 뒤다. 왜 이렇게 오랜 시간이 걸려야 했을까? 쉽게 납득하기 어려운 부분이다. 그동안 찰스와 앤은 벌써부터 뉴저지에 도착해 있었다.

협박 편지는 2만 5000달러를 특정 모양의 상자에 넣어 저택 가까이 있는 담벼락 구멍에 넣어두라고 지시하고 있었다. 경찰은 범인이 요구하고 있는 전달 방법이 워낙 이상한 탓에 놀란 눈만 끔뻑였다. 놀라운 것은 그뿐만이 아니었다. 언제라도 담벼락을 지나가면서 그 안에 들어 있는 상자의 돈을 가질 수 있으리라 생각하는 것일까? 정치가의 가족을 이런 식으로 갈취할 수 있으리라고 믿는다면 정말 웃기는 범인이 아닐까? 또 경찰은 협박이 린드버그와 관련이 있는 것은 아닐까 하는 걱정도 하고 있었다. 저 유명한 린드버그가 같은 집에 살고 있는 데도 하필 멕시코 미국 대사의 막내딸을 표적으로 고른 이유가 뭘까?

만전을 기하기 위해 경찰은 범인이 요구한 것과 같은 크기와 모양의 텅 빈 상자를 한 여배우에게 부탁해 담벼락 구멍 안에 가져다 놓게 했다. 그리고 수사관들이 잠복을 하고 하루 종일 감시했으나, 아무 일도 일어나지 않았다.

그동안 앤은 남편을 더욱 잘 알게 되었다. 그녀는 자신이 받은 교육 수준과 견줄 수 없는 남편의 교양에 적잖이 실망했다. 린드버그는 박식한 교양을 자랑하는 매력적인 지성인이 아니었을 뿐만 아니라, 대서양 횡단에 성공하기 전까지는 까다롭기 이를 데 없는 외톨이에 지나지 않았다. 특히 앤의 눈길을 사로잡은 것은 툭하면 신경질을 내는 린디의 곤란한 성격이었다. 그러니까 남편은 일종의 '너드Nerd'였던 것이다. 성격이 괴팍해 주변과 잘 어울리지 않고 자기 일에만 몰두하는 성격의 소유자를 우리는 '너드'라 부르지 않던가. 자기 일만 알 뿐 다른 모든 것은 이해할 수도 없고, 이해하려고도 하지 않는 괴짜 말이다. 린드버그에게 있어 무모할 정도로 고집스럽게 매달리는 것은 '비행'뿐이었다.

좋은 사람과 나쁜 사람

사랑을 나누는 데 있어서도 린드버그는 서툴기만 했다. "1929년 5월 29일 나는 앤 스펜서 모로와 결혼했다." 자서전에서 그가 쓰고 있는 말이다. "개인으로서는 말할 것도 없고 인류 전체를 봐서도 짝을 찾는 것은 인생을 살며 내려야 하는 가장 중요한 결단이다. 어떤 미래를 맞느냐하는 문제가 여기에 달려 있기 때문이다. 과거가 나를 키웠다면 좋은 짝은 나의 미래를 가꾸어주리라. 짝짓기야말로 겉으로 드러나든 그렇지 않든 수없이 많은 방식으로 우리의 가치관에 영향을 주는 중요한 일이다." 사뭇 비장한 말투다.

"짝을 짓는다는 것은 어느 한 사람하고만 관계하는 일이 아니다. 상대의 주변과 가족도 함께 따라온다. 난 이미 결혼 전에 이런 확신을 가지고 있었다. 이후 결혼 생활은 이 확신을 사실로 확인해주었다."

"짝짓기"와 "인류"라? 대체 무슨 생각을 하고 있기에 결혼을 두고 이런 딱딱하고 거창한 표현을 쓰고 있는 것일까? 이게 무슨 말인지는 당시 사회에 널리 퍼져 있던 믿음을 살펴보면 잘 알 수 있다. 그때만 하더라도 사람들은 앞다투어 인간 집단은 유전적인 "개량"이 가능하다고 굳게 믿었다. 심지어 고전 우생학은 특정 인간들의 짝짓기를 통해 우성 형질을 인위적으로 이끌어낼 수 있게 해주는 법칙들을 제시하기도 했다. 물론 완두콩과 닭 그리고 토끼에게는 틀림없이 그런 법칙들을 적용할 수 있다. 하지만 인간에게도? 설혹 할 수 있다 하더라도 아주 조심스럽게 그 한계를 명확히 해야만 하는 게 아닐까? 어쨌거나 린드버그는 자신이 짝짓기에 성공했다고 자신했던 모양이다. 다만 그가 한 가지 모르는 사실이 있었다. 몸이든 정신이든 건강함과 불건강함, 고귀함과 비천함 사이에는 수많은 중간 단계들이 있다는 것 말이다.

앤 린드버그는 1929년 가을에 임신했다. 그동안 그녀는 남편과 함께 로스앤젤레스에서 뉴욕까지 날아가는 힘겨운 비행에 성공해서 또 하나의 신기록을 작성했다. 만삭이 된 몸을 이끌고 뉴저지 앵글우드로 돌아온 것은 1930년 5월의 일이다. 그리고 앤은 자신의 생일이기도 한 1930년 6월 22일에 찰스 린드버그 주니어를 낳았다. 언론은 촉각을 곤두세우고 린드버그 부부의 출산 소식을 기다리고 있었지만, 부부는 2주나 지나서야 비로소 득남을 공식적으로 확인해주면서 아이가 건강하고 활달하다고 전했다.

그동안 린드버그는 어엿한 사업가로 변신하는 데 성공했다. 주식 투자를 하기에 돈과 시간 그리고 호기심이 충분했으며 뉴욕의 각종 연구소들을 돌아보고 새로운 계획을 세우느라 바빴다. 물론 비행은 거기서 빠질 수 없는 것이었다. 이번에는 소련과 일본 상공을 거쳐 중국까지 날아볼 생각이었다. 미국의 사업가들은 린드버그가 이 비행을 통해 새롭고도 훌륭한 항로를 개척함으로써 무역의 길을 활짝 열어주기를 기대했다. 사정이 이러니 새 비행기 "시리우스"를 장만하고 모험에 드는 경비를 조달하는 데는 아무런 어려움이 없었다. 약간 문제가 있다면, 린드버그가 앤의 동행을 고집한다는 정도였다. 실행 시기는 1931년 7월 말에서 10월 초까지로 잡혔다. 하지만 장인의 갑작스러운 죽음 때문에 린드버그는 무거운 마음으로 계획을 취소해야만 했다. 바로 이때부터 슬슬 문제가 불거지기 시작했다.

린드버그 부부는 주말을 보내는 집을 따로 가지고 있었다. 호프웰의 별장이 그것이다. 월요일 아침이면 린드버그는 별장에서 맨해튼으로 일을 보러 나갔으며, 앤과 아기는 앵글우드의 집으로 돌아갔다. 찰스는 저녁에 앵글우드로 귀가했다. 그러니까 보모 베티 고는 주말이면 자유 시간을 즐겼으며 앵글우드의 집에서만 일을 했다.

1932년 2월 29일 월요일 린드버그는 주중과 주말의 주거 계획을 뒤바꿨다. 그는 아내에게 두 번이나 전화를 걸어 호프웰에 남아 있으라고 부탁했다. 날씨가 좋지 않고 아이가 감기 기운이 있는지라 앵글우드로 돌아가는 것은 아무래도 무리가 있다면서 말이다. 앤은 가장이 시키는 대로 하기로 했다. 결국 보모는 예외적으로 월요일에 호프웰로 출근했다. 하지만 린드버그 자신은 어찌된 일인지 월요일 저녁을 가족과 함께 보내지 않고 앵글우드로 갔다.

아무래도 앵글우드의 집이 더 편했던 것일까? 하긴 맨해튼에서는 그 집으로 가는 게 더 빠르기는 했다. 아무튼 아내와 아기 그리고 보모가 이틀을 더 머무르게 된 호프웰 저택은 지은 지 얼마 되지 않았던 터라 아직 커튼도 달려 있지 않았다. 하지만 커튼이 없다고 해서 크게 불편한 것도 아니었다. 집이 매우 한적한 곳에 자리를 잡고 있었기 때문이다. 게다가 당시에는 아직 파파라치라 불리는 사람들이 없었다. 더구나 린드버그와 같은 국가적 영웅의 집 뜰에 몰래 숨어든다는 것은 상상조차 할 수 없던 시절이다. 당시 사회는 그런 행위를 불손하고 무례한 짓으로 보고 결코 용서하지 않는 분위기였다. 그 밖에도 새집의 창에는 덧문이 달려 있어 그것을 닫는 것만으로 충분했다. 좀더 정확하게 말하자면 아기 방의 창문에 달린 덧문은 닫히기는 하지만 빗장은 걸 수가 없었다. 어찌된 일인지 걸쇠가 구부러져 있었기 때문이다.

3월 1일 화요일에는 비가 줄기차게 내렸다. 저녁이 되어서야 빗줄기가 좀 뜸해지는가 싶더니 이번에는 거센 바람이 불었다. 저녁 6시가 되자 보모 베티는 찰스 주니어의 잠자리를 정돈하기 시작했다. 아기에게 우유를 먹인 보모는 오늘날에도 인기가 높은 아기용 연고를 아기 가슴에 발라주었다. 기도를 편안하게 해주어 감기를 낫게 하는 약이다. 7시에서 7시 30분 사이에 엄마와 보모는 아기를 침대에 눕혔다. 30분 뒤 베티는 다시 한 번 아무 이상이 없는지 살폈다. 콧물이 조금 흐른 것 외에 찰스 린드버그 주니어의 상태는 좋았다. 플란넬 옷을 입은 아기는 새록새록 잠들어 있었다. 보모는 아기가 손가락을 빨지 못하도록 엄지에 금속으로 만든 조그만 골무 같은 것을 씌워주었다.

다시 30분 뒤 집의 정문 앞에서 자동차 경적이 울렸다. 린드버그가 귀가한 것이다. 평소보다 약 45분 정도 늦은 시각이었다. 다시 얼굴을 본 기쁨에 아내는 대령이 늦은 이유를 캐묻지 않았다.

아들의 얼굴을 월요일 아침 이후 보지 못했음에도 대령은 자게 내버려두라며 아기 방으로 들어가지 않았다. 오후에도 전화를 걸어 아기를 일단 재운 뒤에는 다시 아기 방에 들어가지 말라고 아내에게 신신당부했던 린드버그였다. 감기를 앓는 아기를 성가시게 하지 말고 편안하게 내버려두라는 거였다. 대령은 홀로 조용히 저녁 식사를 마친 다음 아내와 함께 거실에 앉아 잠깐 이야기를 나누었다. 그동안 거세진 바람은 한적한 집 주변의 나무들을 흔들며 요란하게 울부짖었다. 갑자기 린드버그가 아내에게 물었다. "무슨 소리 못 들었소?" 하지만 앤이 들은 것은 바람 소리일 뿐이었다.

날씨가 좋지 않은 날이면 흔히 그러듯 린드버그는 따뜻한 물을 받아놓은 욕조에 몸을 뉘었다. 마침 욕실은 바로 아기 방 옆이었다. 그러나 린드버그는 규칙은 지켜야 하는 것이라며 아기 방을 들여다보지 않았다. 목욕을 마친 대령은 1층의 서재로 내려갔다. 앤은 2층의 침실에 머무르고 있었다.

린드버그 가족이 키우는 애완견 '워고시'도 집 안의 이곳저곳을 한가로이 돌아다닐 뿐이었다. 하루 종일 너무 조용해서 기척도 내지 않던 개였다. 낯선 사람을 향해서만 짖는 탓에 그리 놀라울 일도 아니었다. 하지만 낯선 사람만 봤다 하면 무섭게 짖어댔다. 다시 말해서 개가 짖지 않았다는 것은 집 안에 가족과 하인들 외에는 아무도 발을 들이지 않았다는 말이 된다. 당시 집에 와틀리 노부부가 머무르기는 했다. 두 노인은 인력 회사에서 파견 나온 집사와 요리사였다. 당시 노부부 역시 그들 방에 있었다.

저녁 10시가 되자 베티는 아기 방으로 올라갔다. 아이 아빠가 방해하지 말고 내버려두라던 시한이 지났으므로 잠깐 살펴보고 필요하면 소변도 보게 하기 위해서였다. 보모는 혹시 자는 아이가 깰까 봐 불을 켜지 않았다. 먼저 창문을 닫은 다음 실내를 약하게 밝히는 조그만 전구만 켰다. 순간, 보모는 꼬마 린디가 흔적도 없이 사라진 것을 발견했다.

한달음에 엄마에게 달려간 보모는 혹시 아기를 데리고 있는지 물었다. 벌써부터 잠옷으로 갈아입고 잠자리에 들었던 앤은 대령이 아들을 안고 있겠지 하고 대답했다. 그러나 대령도 아기의 행방을 모르는 것은 마찬가지였다. 곧장 아기 방으로 뛰어올라가 불을 켠 린드버그는 아기 침대가 흐트러진 자국 하나 없이 말끔하게 비어 있는 것을 발견했다. 대령은 체념한 듯 고개를 떨어뜨리며 아내에게 이렇게 말했다. "앤! 그들이 우리 아기를 훔쳐갔소."

당장 집 안에는 대소동이 벌어졌다. 집사는 경찰에 전화를 걸었으며, 대령은 총에 실탄을 장전하고 외쳤다. "아무것도 손대지 마!" 그리고 쏜살같이 집 밖으로 달려나갔다. 집에 남은 세 명의 여인들은 아무것도 손대지 말라는 명령에는 아랑곳없이 집 안 구석구석을 샅샅이 뒤졌으나 아기의 흔적은 어디에도 없었다. 여자들이 흥분을 가라앉히지 못하고 어쩔 줄 몰라 거실에서 발만 동동 구르는 사이 대령은 집사가 운전하는 차에 올라타 집에까지 이르는 비포장도로를 오르내리며 손전등으로 사방을 샅샅이 훑었지만, 여기서도 아이의 흔적은 나타나지 않았다.

린드버그는 집으로 돌아와 다시 한 번 아기 방을 수색했다. 이때 잠기

사진8 호프웰에 있는 린드버그의 저택. 아들의 납치 사건이 일어난 곳이다. 아기 방은 화살표가 가리키듯 2층에 있었다. ⓒ UPI/빌더베르크Bilderberg

지 않는 덧문이 달린 창틀에서 편지 봉투 하나를 발견했다. 여자들의 눈에는 띄지 않았던 것이다. 린드버그는 편지에 손도 대지 말라고 명령했다. 심지어 이제 막 현장에 도착한 두 명의 경찰관들도 편지에 손을 댈수 없었다. 그러니까 봉투는 창틀에 놓인 그대로 감식반의 도착을 기다렸다.

마찬가지로 손전등을 들고 집 주변을 돌아보던 두 명의 경찰관은 놀라운 사실 하나를 더 발견했다. 아기 방 창문 아래의 진흙에 신발 자국과 사다리가 놓였던 것으로 보이는 흔적이 찍혀 있었던 것이다. 수사관들은 발자국을 따라간 끝에 버려진 사다리를 찾아냈다. 어느 모로 보나 어떤 사람이 손수 만든 것으로 보이는 사다리는 2층의 아기 방에 닿기에 충분한 높이였다.

운반이 용이하게 만들어진 사다리는 모두 세 부분으로 분해할 수 있었다. 지지대를 이루는 끝부분에는 웬만한 하중을 받아도 견딜 수 있게 끔 나무를 깎아 만든 쐐기가 달려 있었다. 그러니까 어지간해서는 쓰러지지 않을 사다리였다. 누군지는 모르지만 사다리를 만든 아마추어 목수는 손재주가 있는 모양이었다. 그러나 전문가가 만든 것이라고 보기에는 사다리의 구조가 아무래도 어설퍼 보였다.

우선, 계단을 이루고 있는 발판이 비교적 얇았으며 못질을 세로 방향으로만 했다. 더욱 이상한 점은 디딤판의 간격이 50센티미터나 떨어져 있었다는 사실이다. 대체 누가 이런 희한한 사다리를 만들 생각을 했을까? 아무려나 다리가 무척 긴 사람이 아니고서는 올라탈 엄두도 낼 수 없는 사다리였다. 밑부분 말고는 달리 고정할 부분도 만들어놓지 않은 사다리여서 웬만큼 능숙한 솜씨를 가진 사람이 아니면 타기 어려웠다. 진흙과 바람이 없었더라도 이런 사다리를 초보가 타려면 다리부터 후들거렸을 게 틀림없다.

사다리 옆의 진창에는 낡은 끌도 하나 나왔다. 범인은 그것으로 창문을 따고 방에 들어간 모양이다. 범인은 사다리를 타고 아이를 끌고 내려온 게 분명했다. 끌은 도주하면서 버렸을 것이다. 아이는 틀림없이 배낭에 넣지 않았을까? 그렇지 않다면 사다리를 탈 때나 도주할 때 손을 자유롭게 쓰지 못했을 테니 말이다.

찰스 린드버그는 이 소란 중에도 놀라울 정도로 침착함을 잃지 않았다. 평생 꼼꼼함과 절제를 훈련해온 그대로 여기서도 상황을 나름대로 장악하려고 들었다. 수사를 지휘하고 주도하려는 린드버그를 인정하지 않는 경찰관은 그날로 수사 팀에서 빠져야 했다. 상관에게 미국 영웅을 뭐로 보느냐고 한마디 하는 것으로 린드버그의 의사는 충분히 존중되었다. 이렇게 해서 대령은 사건 수사가 종료될 때까지 실질적인 책임자로 행세할 수 있었다.

아기의 납치 소식이 뉴욕에 전해지자마자 뉴욕 경찰국은 뉴저지로 통하는 워싱턴브리지를 봉쇄하고 모든 여행객들을 검문했다. 동시에 뉴저지 주 경찰이 호프웰로 급파되었다. 오토바이를 타고 도착한 기동대원들은 다시 한 번 일대를 철저하게 수색했다. 물론 대원들은 그 멋들어진 긴 부츠를 신고 집 주위를 돌아다니며 진흙에 온통 발자국을 찍어댔다. 이로써 거기에 남아 있을지 모를 모든 단서와 흔적은 경찰의 구둣발 아래 사라지고 말았다.

곧이어 기자들도 몰려들기 시작했다. 린드버그는 현관에서 기자를 일일이 맞으며 거실로 안내해 빵을 대접했다. 마지막으로 뉴저지 주 경찰총장 노먼 슈워츠코프Norman Schwarzkopf senior•가 도착했다.

많은 경찰 총수가 그렇듯 슈워츠코프 역시 정치적 배경으로 그 자리에 오른 인물이었던 탓에 대령과의 좋은 관계 유지가 그의 최고 관심사였다. 아기 방에서 발견된 편지 봉투를 먼저 지문 검사부터 하고 열자는 린드버그의 제안을 경찰 책임자는 흔쾌히 받아들였다. 그런데 놀랍게도 봉투에서는 단 하나의 지문도 나오지 않았다. 편지도 마찬가지였으며 방 안에도 남은 지문은 없었다. 그것 참 기묘한 일이었다. 서툰 글씨로 철자법도 엉망인 협박 편지의 내용은 이랬다.

"친애하는 신사분! 5만 달러를 준비하시기 바랍니다. 2만 5,000달러

• 1895~1958, 군 장성 출신으로 뉴저지 주의 경찰 총수를 지낸 인물. 2차 걸프전에서 사령관을 지낸 노먼 슈워츠코프 주니어의 아버지다.

는 20달러짜리 지폐로, 1만 5000은 10달러 지폐로, 나머지 1만은 5달러 지폐로 챙겨주십시오. 이틀이나 나흘 뒤에 다시 연락을 드려 돈을 전달해주실 방법을 알려드리겠습니다. 경고하건대 언론이나 경찰에는 알리지 마시기 바랍니다. 아이는 잘 돌보고 있습니다. 앞으로 저에게 받을 모든 편지에는 서명과 함께 세 개의 구멍들이 찍혀 있을 것입니다. 말하자면 그 편지가 진짜 제가 쓴 것이라는 증표인 셈입니다."

편지가 언급하고 있는 서명이란 서로 겹쳐진 두 개의 동그라미였다. 그 안에는 다시 반원이 그려져 있었다. 바깥쪽의 두 개 안에는 푸른색을, 안쪽 것 안에는 붉은색을 각각 칠해두었다. 세 개의 색칠된 부분의 한가운데에는 각각 조그만 구멍이 뚫려 있었다.

미리 말해두자면 수사는 엄청난 인원과 물량을 투입했음에도 거의 진전을 보지 못했다. 오히려 집 주변의 흔적들은 경찰의 군홧발에 짓이겨졌으며, 협박 편지는 아리송하기만 했다. 아마도 누군가 아기 방에 남아 있는 지문들을 깨끗이 닦아낸 게 틀림없어 보였다. 납치는 정확히 언제 일어난 것일까? 적지 않은 사람들이 기거하고 있을 뿐만 아니라 좋은 코와 귀를 자랑하는 충직한 개까지 있는 집에서 어떻게 감쪽같이 납치가 성공할 수 있었을까?

풀리지 않는 의문들의 목록은 갈수록 길어져만 갔다. 누가 감기까지 걸린 아이를 그런 나쁜 날씨에 자동차도 없이(타이어 흔적은 전혀 없었다) 납치를 한 것일까? 아무리 아이라고 해도 행동하는 데 적잖이 거추장스러웠을 텐데 말이다. 또 범인은 어떻게 린드버그 가족이 평소와 달리 화요일에 새집에 머물고 있다는 것을 알아냈을까? 그동안 누군가 가족을 감시라도 했던 것일까? 몰래 미행을 하면서 결정적인 기회를 노리기라도 한 것일까? 그렇다면 과연 얼마 동안이나? 또 어디서부터?

범인이 치밀하게 계획을 세워 범행을 저질렀다 하더라도 아이를 납치하는 순간 아무도 방 안에 들어오지 않으리라고 어떻게 확신을 했을까? 혹시 가족 가운데 끄나풀이라도 심어놓았다는 말인가? 또 끄나풀이 있다 하더라도 대령이나 엄마가 아들을 향한 애틋한 정에 끌려 갑자기 자고 있는 아이를 보고 싶어 하는 경우는 막을 수 없는 노릇 아닌가? 만약 범인이 린드버그가 밤 10시까지 아이를 방해하지 말라고 명령을 내린 것을 알고 있었다면 물론 위험부담은 그만큼 줄어들었으리라. 집에서 일하는 하인들 가운데 누가 이런 정보를 눈에 띄지 않게 밖으로 전해주기라도 한 것일까? 그런데 그날 저녁 하인들의 대다수는 원래의 집에 머무르고 있었을 뿐, 새 저택에서 벌어지고 있는 일은 전혀 몰랐다.

아무리 집안 사정을 훤하게 꿰고 있다 하더라도 위험부담은 크다. 한 예로, 감기에 걸린 아이는 언제라도 깨어나 울 수 있지 않은가. 말이 나왔으니 한 가지 더 지적하자면, 이제 갓 20개월이 된 아이가 납치를 당하면서 조금도 울지 않았을까?

사다리 역시 많은 의문을 갖게 만들었다. 범인이 누구든 최악의 날씨에서조차 그 흔들리는 사다리를 타고 높이 올라갈 실력을 자랑했다. 게다가 창문에 달린 덧문이 구부러진 걸쇠 때문에 제대로 잠기지 않는다는 사실도 알고 있었다. 그럼 혹시 범인은 투시력을 가진 마술사라도 되는 것일까?

그러나 그 누구도 현장에서 품을 수 있는 의문들 가운데 가장 끔찍한 것을 입에 올릴 엄두를 내지 못했다. 범인은 비바람이 몰아치던 밤에 최소한 두 번 아이 방의 창문에 올라갔어야만 한다. 여자들이 처음 집 안을 온통 뒤졌을 때만 해도 협박범이 보낸 편지는 전혀 눈에 띄지 않았다. 린드버그와 집사가 실탄을 장전한 총과 손전등을 가지고 일대를 탐색하고 돌아와서야 편지가 나타났다. 편지는 조금도 젖지 않았으며 구겨지지도 않은 채로 창틀에 놓여 있었다. 그렇다면 범인은 남자들이 바깥을 수색하는 동안 다시 한 번 사다리를 타고 올라와 편지를 가져다 놓았다는 말이 된다. 납치범은 아무래도 칠칠치 못한 성격이거나 믿기 어려울 정도로 담이 큰 냉혈한인 모양이다. 상황이 더욱 심각했던 것은 아닐까.

5월 12일, 그러니까 납치가 일어난 지 두 달하고도 열하루가 지난 시점에 찰스 린드버그 주니어의 시체가 이미 상당 부분 썩어버린 채 발견되었다. 린드버그의 집에서 약 4.5킬로미터 떨어진 곳의 작은 길 가장자리에 유해는 마치 버려진 것처럼 놓여 있었다. 검시관은 현장에서 아이가 실종 당시 죽은 것 같다는 소견을 제시했다. 법으로 정해진 부검은 실시되지 않았다. 친권자인 아버지가 당장 화장해서 장례를 치르도록 절차를 밟았기 때문이다. 물론 이로써 범인이 남겼을 마지막 물증은 연기가 되어 날아가고 말았다. 이제 경찰의 수사는 세 가지 변수에 매달릴 수밖에 없었다. 첫 번째는 간접증거가 등장하는 것이며, 두 번째로는 결정적인 제보가 들어오는 것이었고, 마지막으로 기댈 수 있는 것은 '우연'이라는 이름의 수사관이 보여줄지 모를 활약이었다.

지하 세계로부터 들어올 수 있는 폭로만 놓고 이야기하자면, 린드버그는 이미 백방으로 손을 쓰고 있었다. 린드버그는 뉴욕의 범죄 조직이 그를 도울 수 있으리라는 기대를 품었다. 전혀 엉뚱하다고만 볼 수는 없는 생각이지만, 이런 대령의 행동은 경찰 수사를 가로막는 장애물이었다. 무엇보다도 린드버그는 협박 편지를 암흑계에 흘리고 말았다. 물론 이로써 린드버그에게 고용된 정보원들이 맨해튼의 암흑가를 뒤지고 다닐 수는 있었다. 하지만 다른 측면에서 볼 때 그저 하릴없이 스케이트보드나 타는 건달들마저 편지의 비밀 "서명"을 차분하게 앉아 요모조모 뜯어볼 기회를 누린 게 아닌가.

그동안 몇몇 수사관들은 범인이 왜 하필 뉴욕 출신이어야만 하는가 하는 정당한 의문을 제기했다. 뉴욕에 거주하는 사람이 범행을 저질렀다면, 매일같이 뉴욕에서 호프웰까지 오가며 린드버그 가족을 감시해야만 한다. 집 안 하인들 사이에 끄나풀을 심어놓았다 할지라도 몇 번이고 직접 나서서 현장을 돌아보며 범행 계획을 세워야만 하지 않았을까. 그랬다면 벌써 누군가의 눈에 띄었을 확률이 높다. 두 개의 주를 매일처럼 오가는 일이 간단한 것은 아니니 말이다.

어쨌거나 린드버그가 암흑가와 손을 잡을 수 있게 중간에서 다리를 놓은 사람은 대령의 고문 변호사와 같은 법무법인 소속의 한 젊은 변호사였다. 금주령이 시퍼런 서슬을 자랑하는 동안 이 같은 접촉은 흔히 볼 수 있는 것이기는 했다. 알코올의 불법 거래가 성행한 탓에 변호사들이 양조업계라는 새 분야의 인사들과 함께 엮이는 일이 자주 벌어졌기 때문이다.

납치 사건이 일어난 지 이틀 뒤 벌써 미키 로스너라는 암흑계 인사가 린드버그 집의 거실에 버티고 앉아 조사에 착수할 선불금으로 2,500달러를 요구했다. 더불어 경찰의 방해나 감시를 받지 않고 마음껏 활동할 수 있는 특권까지 달라고 했다. 암흑가의 인물에게 자유로이 조사를 벌일 수 있는 허가증을 발부해준다? 게다가 돈까지 주면서? 이전에도 이후에도 볼 수 없는 전대미문의 희한한 일이 벌어진 것이다. 로스너가 보수까지 받으며 수사 허가증을 가지고 무슨 일을 벌이고 다녔을지는 독자의 상상에 맡기겠다.

다음 날 린드버그는 납치범들과 직접 접촉하기를 원한다고 공표했다. "우리 부부는 아이를 데리고 있는 사람들에게 그들이 직접 고른 협상 상대를 내세워주기를 촉구한다." 공개서한에서 대령이 쓴 표현이다. 린드버그는 협상 중개인에게 법적 책임을 묻지 않을 것이며, 조건에 제한을 두지 않고 협상에 임할 것과 완전한 비밀 보장을 약속했다. 이로써 린드버그는 경찰이 책임 있는 수사를 벌일 여지를 끝까지 틀어막고 말았다. 노먼 슈워츠코프는 다시 경찰의 지휘권을 넘겨받기까지 몇 날 며칠을 팔짱만 끼고 있었다. 이는 곧 치밀한 전략을 짤 시간을 잃어버렸다는 것을 뜻한다.

3월 5일에 비탄에 빠진 가족은 두 번째 협박 편지를 받았다. 편지의 내용은 이랬다. "친애하는 신사 양반! 사건을 공개하지 말아달라는 우리의 경고를 무시한 책임을 지셔야겠소. 분명히 말씀 드리지만 세상이 다시 잠잠해지기 전에는 아이를 돌려보내지 않을 것이오. 우리는 선생의 아들을 건강하게 돌려보내고 싶소이다. 아기가 원래 계획보다 더 오래 우리 곁에 머무르는 관계로 돌봐줄 사람을 붙여주어야겠구려. 우리 입장에서는 결국 몸값을 올릴 수밖에 없소. 원래 요구했던 5만 달러를 7만 달러로 올립니다."

린드버그의 대리인이 받은 이 편지는 이내 사진으로 복사되어 맨해튼 일대를 떠돌아다녔다. 덩치 큰 건달들은 사진을 보고 낄낄대며 좋은 것을 배웠노라고 이죽거렸다. 오죽했으면 라디오 방송에 출연한 한 목사는 흥분한 나머지 삿대질을 해가며 린드버그가 깡패들에게 도움을 구하는 어리석음을 저지르고 있다고 비난했을까. 복잡하게 꼬여만 가는 상황 속에서도 체계적인 수사를 고민하는 사람이 없는 것은 아니었다. 그는 바로 뉴욕 시 경찰 국장 에드 멀루니였다. 쓸 만한 단서가 전혀 없는 마당에 멀루니는 사건을 철저하게 관찰하기로 마음먹은 것이다.

납치범들의 두 번째 편지에 브루클린 지역의 우체국 소인이 21시로 선명하게 찍혀 있는 것을 주목한 멀루니는 범인들이 브루클린에 본거지를 틀고 있을 거라는 결론을 내렸다. 그렇다면 다시 또 편지를 보내는 순간을 뉴욕 경찰이 포착할 수 있지 않을까? 우체통마다 특수 열개를 따로 만들어둔 다음, 투입된 편지를 잠복해 있던 사복경찰이 즉각 확인할 수 있게 하자는 것이다. 그래서 편지의 수신인 주소가 린드버그로 되어 있으면 현장에서 발송인을 체포하면 되지 않겠느냐는 게 멀루니가 짜낸 대책이었다.

이런 생각은 납치된 아이를 더욱 심각한 위험에 빠뜨리지 않을 장점을 가지고 있었다. 만약 편지를 든 발신자가 잠복한 사복 경찰을 눈치챘다고 해도 별 문제가 되지 않을 것 같았기 때문이다. 그래 봤자 우체통을 태연히 지나쳐 다른 우체통을 찾을 테니 말이다. 아무튼 편지를 넣는 바로 그 순간, 범인은 덫에 걸리는 셈이다.

린드버그는 이 계획을 반대했다. 정치적인 술수에 능한 뉴저지 경찰 총수 슈워츠코프와 달리 멀루니는 아마추어 수사관 린드버그가 원하는 게 뭐든 개의치 않았다. 마찬가지로 그런 멀루니를 달가워할 린드버그가 아니었다. 대령은 뉴욕 경찰 국장을 상대로 자기 말에 복종하지 않는다면 정계와 재계의 유력 인사 친구들을 동원하겠노라고 을러댔다.

결국 경찰 국장은 린드버그를 상대하기에는 자신의 힘이 부족함을 곱씹어야만 했다. 국가적 영웅과 경찰 사이의 싸움은 이렇게 싱겁게 끝나 버렸다. 그런데 바로 이튿날 세 번째 협박 편지가 날아들었다. 편지에는 멀루니가 감시하려던 지역의 소인이 찍혀 있었다. 땅을 치며 아쉬워했지만 이미 늦은 일이었다. 돌이켜 보면 이제 곧 알 수 있듯, 멀루니의 계획만 실천에 옮겨졌으면 사건은 거의 확실하게 해결되었으리라. 하지만 대령은 경찰을 간단히 찍어 누르고 말았다. 린드버그가 충돌을 무릅쓰면서까지 경찰의 말을 무시한 이유는 무엇일까? 여기에도 무언가 있는 게 아닐까.

—

혐의 선상에 오른 사람들

우여곡절을 겪는 동안에도 수사는 린드버그의 등 뒤, 다시 말해서 뉴저지에서 차츰 진전을 보이기 시작했다. 먼저 집에서 일하는 하인들이 차례로 혐의 선상에 올랐다. 와틀리 노부부를 납치범의 끄나풀로 보기에는 동기가 될 만한 게 나오지 않았다. 결국 부부는 혐의 대상에서 제외됐다. 반면 보모 베티는 어딘가 모르게 수상쩍은 구석이 있었다. 우선, 그녀는 가난을 피해 스코틀랜드에서 이주해온 아가씨였다. 게다가 미혼이다.

실제로 베티는 린드버그가 일정을 변경할 때마다 득달같이 남자 친구 '레드' 존슨에게 전화를 걸곤 했다. 이 존슨이라는 남자 역시 이민자였다. 그는 자신의 출신을 스칸디나비아라고만 뭉뚱그려 말했다. 한사코 정확한 출신 지역을 밝히지 않으려 하는 것 역시 혐의를 사기에 충분했다. 그 밖에도 존슨은 어떤 요트에서 선원으로 일하고 있었는데, 조사해보니 이 요트의 주인은 최근 작고한 앤 린드버그의 아버지와 오래전부터 알고 지내던 사업 파트너였다! 우연이라고만 보기에는 너무 많은 게 존슨과 얽혀 있었다. 존슨의 발은 갈수록 깊은 수렁으로 빠지고 말았다.

확인 결과, 베티 고와 '레드' 존슨은 린드버그 가족이 장인, 장모, 그리고 장인의 사업 친구들과 함께 여름휴가를 즐길 때 사귀게 된 것으로 밝혀졌다. 피서지에서 베티를 꼬드겨 주인의 요트에 숨어들어 그녀의 환심을 사로잡은 것을 보면 존슨은 대단히 능글맞고 뻔뻔한 성격의 소유자임에 틀림없었다. 게다가 존슨은 최근 앵글우드로 이사를 왔다. 그의 말을 그대로 빌리면, "베티와 좀더 가까이 있고 싶어서" 그 먼 길을 마다하지 않았다는 것이다. 경찰은 좀체 이야기를 하지 않는 존슨의 태도를 설명할 더 좋은 이유를 찾기 위해 그를 시야에서 놓치지 않았다.

얼마 지나지 않아 존슨은 경찰에 체포되었다. 보다 철저한 심문이 이루어지기 위해서는 구속이 필요하다고 본 것이다. 당시 미국에서 구속 수사는 법원의 영장이 없이도 가능했다. 게다가 존슨의 승용차에서 빈 우유병 하나가 발견되었다. 꼬마 찰스에게 먹인 우유병이 틀림없다며 수사관들은 쾌재를 불렀다. 이제 존슨은 심각한 위기 상황에 내몰린 것이다.

"제가 우유를 얼마나 좋아하는데요." 경찰의 심문에 존슨은 이렇게 대답했다. "그리고 저는 뒷좌석에 그냥 아무거나 던져두는 습관이 있거든요." 이런 설명을 곧이곧대로 들을 수사관들이 아니었다. 존슨은 계속해서 17일 동안 유치장 신세를 지면서 당시 관례적인 집중 수사를 받았다. 수사관들은 선원이 우유를 즐겨 마신다는 희한한 이야기는 들어본 적이 없다며 코웃음만 쳤다. 존슨을 지켜주는 별은 갈수록 빛을 잃어갔다.

구금된 지 19일째 되던 날 존슨에게는 좋은 소식 하나와 나쁜 소식 하나가 동시에 날아들었다. 존슨은 석방되었지만 베티에게 돌아갈 수 없었다. 존슨과 관련된 서류들을 심사한 결과, 그가 불법 밀입국한 사실이 밝혀진 것이다. 바로 그래서 어디 출신인지 한사코 얼버무려온 모양이었다. 결국 베티 가까이 이사를 온 게 화근이 되어 그는 추방 명령을 받았다. 납치 사건에 얽혀 있다는 결정적 증거가 나오지 않자 더이상 잡아둘 구실을 찾지 못한 검사는 존슨을 곧장 스칸디나비아로 돌려보내기로 결정한 것이다. 존슨으로서는 참으로 서글픈 대서양 횡단이 아닐 수 없었다. 더이상 미국 경찰과 상대하지 않아도 된다는 게 유일한 위안이랄까.

이제 수사의 도마 위에 오른 쪽은 베티였다. 혹시 그녀의 단독 범행은 아닐까? 아기를 집 안 어디엔가 숨겨놓았다가 소동이 벌어지는 사이 몰래 빼돌린 것은 아닐까? 보모가 범인이라면 납치될 때 아기가 울지 않은 이유도 설명될 수 있다. 아기는 자신을 돌봐주는 보모를 좋아했기 때문이다.

그런데 왜 베티는 20분 뒤 다시 아기 방으로 들어갔던 것일까? 또 저녁 10시 정각에 방에 들어갔을 때 불을 켜지 않은 이유는 무엇일까? 어째서 주간 일정이 변경되었다는 이야기를 듣자마자 남자 친구에게 전화를 했을까? 보모는 한사코 아무것도 모른다고 주장했다. 하지만 베티는 정말 결백한 것일까?

경찰의 꼬장꼬장한 심문은 계속되었다. 오죽했으면 앤 린드버그조차 편지에서 경찰의 심문을 두고 들들 볶는다고 했겠는가("아무튼 꼬치 꼬치 캐묻더군요"). 그래도 혐의점을 찾을 수 없자 뉴저지 경찰관 한 명은 이런 견해를 내놓았다. "베티 고는 아주 연약하며 흠잡을 데 없는 도덕관을 가진 처녀다. 그녀가 아기 납치범과 관련이 있다는 혐의는 어디에도 없다." 이로써 베티도 무혐의로 처리되었다. 물론 '레드' 존슨의 사주를 받아 베티가 범행에 동참했을 가능성을 완전히 부인할 수는 없었다. 그러나 베티의 성격이 워낙 깔끔하다는 게 확인된 이상, 증거도 없이 짐작만으로 결론을 낼 수는 없는 노릇이었다.

와틀리 노부부도 다시 한 번 의심을 받아야 했다. 두 노인 역시 최근에야 미국에서 살게 된 이민자였다. 2년 전 영국에서 이주해온 것이다. 확인 결과, 와틀리는 일자리를 얻는 과정에서 자신의 경력을 속인 것으로 밝혀졌다. 원래 그는 집사로 일한 적이 없었으며 그동안 보석상과 기계공 같은 직업만 가져왔고, 심지어 총알을 만드는 공장에서 직공으로 일한 경험도 있었다. 왜 거짓말을 했던 것일까? 경찰은 비교적 우호적인 분위기로 진행된 심문을 통해 보수도 많고 거처할 장소도 보장되는 좋은 일자리를 놓치지 않기 위해 사실과 다른 이야기를 했을 뿐이라는 결론을 내렸다. 약 20명 정도의 다른 하인들도 일일이 경찰의 조사를 받아야만 했다. 그들 가운데 많은 이들이 굴곡이 있는 삶을 살아왔고 약간씩 거짓말을 한 경력도 있었지만, 납치 사건과는 아무런 관련이 없는 것으로 판명 났다.

이제 온갖 점쟁이들의 전화가 쇄도했다(그저 그런 말도 안 되는 예언에 지나지 않았다). 수사가 좀체 진전을 보이지 않자 그럴싸한 말들로 돈이나 뜯어내려는 수작이었다. 린드버그 사건은 결국 미제로 묻혀버리고 마는 것 같았다.

몸값

그런데 이제 또다른 인물이 등장했다. 교육학 박사인 존 콘던이라는 사람이다. 브롱크스 출신인 그는 린드버그 가족이 공개적으로 협상을 요구하자 자신이 중개인 노릇을 맡겠다고 나섰다. 콘던이 무슨 오해를 한 것인지, 아니면 처음부터 모든 것을 알고 나선 것인지 하는 문제는 앞으로도 영원히 밝혀질 수 없으리라. 린드버그가 말하는 중개인이란 어디까지나 범인 쪽 사람을 의미한 것이었기 때문이다. 그런데 옆집 사람처럼 선량하게 생긴, 그것도 박사가 협상 중개자를 자처했다?

아마도 콘던 자신이 하고 있는 이야기가 맞지 싶다. 그는 범인으로부터 중간 역할을 맡아달라는 편지를 받았다고 주장한 것이다. 이 사건의 많은 것들처럼 기묘한 일이었지만, 전혀 불가능한 일로 보기도 어려웠다. 콘던은 종종 브롱크스 지역의 작은 신문 〈브롱크스 홈 뉴스Bronx Home News〉에 칼럼을 써왔기 때문이다. 그러니까 신문을 읽고 범인이 콘던을 중개인으로 지목했을 가능성은 얼마든지 있다.

범인이 보낸 편지들 가운데 하나는 돈을 넘겨줄 방법을 지시했다. 이에 따르면 7만 달러를 구두 상자 모양의 나무 상자에 넣어 준비해두라고 했다. 나중에 더 자세한 지시 사항을 전할 것이라면서 말이다. 콘던이 받은 편지에 문제의 서명과 구멍들이 있다는 이야기를 전화상으로 들은 린드버그는 만나서 모든 것을 이야기해보자며 교육학 박사를 호프웰의 저택으로 오게 했다.

호프웰에서 콘던은 아주 귀중한 것을 목격했다. 그는 아기 방을 자세히 살펴보다가 처음이자 유일하게 창틀에 손자국이 나 있는 것을 발견했다. 아마도 범인이 두 번째로 사다리를 타고 오르면서 남겼을 법한 자국이었다. "거기서 왼손 엄지가 찍힌 분명한 자국을 볼 수 있었다." 콘던이 쓴 글에 나오는 대목이다. "자국은 근육질의 남자가 만든 게 틀림없어 보였다. 이를테면 칠장이나 목수 또는 기계공 같은 남자 말이다."

엄지손가락 자국을 보고 그 주인이 근육질의 남자라고? 추리소설에 나오는 탐정도 엄지손가락 자국으로 그 주인의 직업을 알아맞힐 수는 없다. 이런 문제 제기에 콘던은 아무 말도 하지 못했다. 어쨌거나 그는 지문을 본 유일한 인물이다. 그리고 지문을 목격했다는 사실도 몇 년이 지나서야 공개했다.

린드버그는 콘던이 수사에 함께 참여하는 쪽으로 결정을 내렸다. 그럼에도 여전히 미심쩍기는 했던 모양이다. 대령은 자신의 변호사 브레킨리지와 함께 콘던이 브롱크스로 돌아가도록 했다. 거기서 범인의 계속된 지시를 기다리기로 한 것이다.

3월 12일 실제 그곳으로 범인의 전화가 걸려왔다. 처음 전화는 이탈리아어의, 또 한 번의 전화는 독일어의 악센트가 들어간 영어를 쓰는 사람의 목소리였다. 두 번 모두 상대방은 콘던 박사가 "신문의 그 사람"인지 확인하려 들었다. 물론 콘던은 그렇다고 했다.

저녁 8시 30분 콘던의 집 현관에서 한 택시 기사가 초인종을 눌렀다. 그의 손에는 편지가 한 통 들려 있었다. 기사는 키가 크고 강한 독일어 악센트가 묻어나는 남자가 손짓을 하더니 1달러를 줄 테니까 편지를 배달해달라며 부탁하더라고 말했다.

봉투 안에서 마침내 구체적인 돈 전달 방법이 적혀 있는 편지가 나왔다. 이에 따르면 콘던은 제롬애비뉴에서 전철을 타고 종점까지 가야 했

다. 종점은 마찬가지로 브롱크스 지역에 위치한 밴코틀랜드 공원 근처
였다. 그곳에는 소시지를 파는 한 노점이 자리를 잡고 있었다. 문이 닫
힌 노점 앞 돌멩이 아래서 계속된 행동 지침을 담은 쪽지가 나왔다.

콘던은 감독으로 투입된 브레킨리지를 설득해 그가 집에 남도록 했
다. 그리고 자신은 친구인 앨 라이치와 함께 승용차를 타고 범인이 지시
한 곳으로 갔다. 소시지 노점 앞의 쪽지를 읽은 두 남자는 거리 반대편으
로 향했다. 거기서 우드론 공동묘지의 울타리를 따라 계속 직진하라고
했기 때문이다. 콘던은 제법 추웠음에도 자동차에서 내려 걸어갔다. 요
행도 그런 요행이 없었다. 차를 타고 갔더라면 울타리 뒤에서 갑자기 쭉
뻗어나와 하얀 손수건을 흔드는 손을 보지 못했을 수도 있으니 말이다.

하얀 손수건의 남자는 울타리를 넘어와 한동안 주변을 살피던 끝에
드디어 본론에 들어갔다. 나중에 콘던이 한 증언에 따르면 남자는 자신
이, 그것도 하필이면 스칸디나비아 출신의 요트 선원이라고 했다는 것
이다. 물론 콘던은 남자가 분명한 독일어 악센트를 가지고 있더라는 주
장을 굽히지 않았다. "당신 독일인이오?" 하고 묻는 콘던의 질문에 상
대는 대답을 하지 않았다고 했다. 나중에 확신을 가질 수 없었던 수사관
들은 문제의 남자에게 "세머테리 존Cemetery John"(공동묘지 존)이라는 이
름을 붙여주었다.

이내 "존"은 여러 가지 이야기를 주절주절 주워섬기면서 납치범은
두 명의 여자와 네 명의 남자들로 이루어진 팀이라고 말했다고 한다. 콘
던 역시 자신의 역할에 충실하게 몸값을 원래의 5만 달러로 낮추자고
설득했다. 하지만 납치범은 두목이 받아들이지 않을 거라며 콘던의 제
안을 거부했다. 수사에 아무런 책임을 지지 않아도 되는 교육학 박사가

한밤중의 시간에 추운 거리에 서서 납치범과 한가로이 수다를 떨 수 있다니! 이런 황금 시절도 있었던 것이다.

남자들은 콘던이 돈을 장만하면 〈브롱크스 홈 뉴스〉에 광고를 내기로 합의를 보았다. 합의를 보는 순간까지 경찰은 아무런 영향력을 행사할 수 없었으며, 무슨 협상이 이루어지는지 전혀 통제할 수가 없었다. 한마디로 경찰은 아무것도 몰랐다! 다시 말해서 콘던이 유일무이한 증인이었다. 물론 자동차에서 기다리고 있는 콘던의 친구는 빼고 말이다. 그러나 그 친구인들 무엇을 알 수 있으랴!

린드버그의 고집대로만 수사가 진행되었더라면 여전히 증인은 콘던 한 사람뿐이었으리라. 하지만 그동안 노먼 슈워츠코프가 다시 팔을 걷어붙이고 나서며 몸값으로 지불하는 화폐의 일련번호만큼은 기록으로 남겨야 한다는 주장을 관철시켰다. 대통령 후버가 추천한 은행가 역시 일련번호를 기록해야 한다고 주장했다. 이 세상에서 어떤 납치범이 돈을 건네받을 때 일련번호를 일일이 확인하느냐는 은행가의 말에 린드버그는 예외적으로 침묵을 지키고, 경찰이 밟는 표준 절차 그대로 해도 좋다고 허락했다. 물론 범인들이 지시한 크기의 나무 상자에는 5만 달러밖에 들어가지 않았다. 50달러 지폐 400장은 미국에서 흔히 볼 수 있는 갈색 종이봉투에 넣어 포장했다(지폐는 모두 "금화 증권"이었다).

거의 일주일 뒤인 3월 19일 콘던 박사는 벼룩시장에 서서 그가 소장하고 있던 낡은 바이올린 몇 개를 팔고 있었다. 교회를 짓는 데 필요한 건축 헌금을 내기 위해서 바이올린을 파는 것이라나. 이때 어디서 나타났는지 갑자기 이탈리아 여성 한 명이 콘던 앞에 서더니 이렇게 중얼댔다고 한다. "아무래도 안 되겠어요. 요즘 사건을 두고 너무 시끄러워요.

그리고 여기는 지켜보는 사람들 눈이 너무 많군요. 목요일 오후 5시 정각에 터커호 창고 앞에서 만납시다. 거기서 지침을 알려드리죠." 콘던은 여자를 추적하라고 경찰을 부르지 않았다. 아무래도 린드버그와 콘던은 저 "공동묘지 존"이나 벼룩시장 이탈리아 여자가 행동을 하는 데 있어 아무런 방해를 받게 하고 싶지 않았던 모양이다. 그러나 목요일 창고 앞에는 여자도 존도 나타나지 않았다.

그렇게 2주가 더 흘렀다. 4월 2일 린드버그는 마침내 마지막 편지를 받았다. 미리 사전 통보를 받았던 대령은 돈을 준비해가지고 콘던의 집에서 범인들의 소식을 기다렸다. 뉴저지 경찰은 몇 번이나 정중하게 돈을 건네주는 장면을 잠복해서 지켜봐도 좋겠냐고 물었지만, 대령은 딱잘라 거절했다. 그래서 뉴욕 경찰에게 돈을 넘겨주기로 한 날짜와 시간도 한사코 숨겼다.

린드버그는 콘던과 함께 범인들이 일러준 길을 따라갔다. '세인트 레이몬드' 공동묘지 근처에 한 꽃 가게를 찾아가라는 지령이었다. 꽃 가게 앞에는 벤치가 하나 있었고 그 위에 돌이 놓여 있었다. 돌을 들자 쪽지가 나왔다. 이제 '화이트모어 애비뉴'를 따라 남쪽으로 가라고 했다. 두 사람이 막 출발할 무렵 저 '공동묘지 존'이 "여보쇼, 박사 양반!" 하고 소리쳐 불렀다. 그는 이름에 걸맞게 공동묘지의 한 묘 앞에 마련된 묘석에 걸터앉아 있었다. '공동묘지 존'은 아기를 데리고 있지 않았다. 어찌된 일이냐며 항의하는 린드버그에게 '공동묘지 존'은 비죽 웃으며 대신 두 가지 특별 서비스를 해주겠다고 했다. 우선, 워낙 "불경기인 현실"(콘던의 육성 증언)을 고려해서 몸값으로 5만 달러만 받겠다고 했다. 둘째, '공동묘지 존'은 대령이 원하는 대로 성심을 다해 영수증(?)을 써

주기로 했다.

영수증에는 아기가 "넬리"라는 이름의 보트에 머물고 있다는 글이 적혀 있었다. "아기는 넬리라는 보트에 있다. 8.5미터 길이의 작은 배로, 두 사람이 배에 타고 있을 것이다. 그 두 사람은 사건과 아무런 관련이 없다. 보트는 엘리자베스 섬의 '호스넥 비치'와 '게이 헤드'라는 곳 사이에 정박해 있다."

머리끝을 쭈뼛 서게 하는 우연들이 어쩜 이리도 끊이지 않는 것일까. 아이를 태운 보트가 있다고 하는 장소는 갓 결혼한 린드버그 부부가 신혼여행을 보낸 바로 그곳이다. 물론 보트 "넬리"는 흔적도 찾아볼 수 없었다.

교육학 박사, 진땀을 흘리다

이제 모든 사정은 존 콘던을 지극히 어려운 상황으로 몰아넣었다. 린드버그가 그를 처음부터 미심쩍어 했기 때문만은 아니었다. 글을 써서 먹고사는 교육학자는 결정적인 사건이 벌어질 때마다 빠짐없이 유일한 증인이었다. 처음에 공동묘지에서 벌어졌다는 협상을 들은 사람은 그 말고는 아무도 없었다. 벼룩시장에서 이탈리아 여자를 만났다는 것은 또 어떤가? 왜 결정적인 일이 벌어질 때마다 콘던의 입만 바라보아야 하는가? 그의 집에 걸려왔다는 전화들도 마찬가지였다. 첫 번째 전화가 걸려왔을 때는 콘던이 집에 없어 그의 아내가 받았다(아내는 전화를 건 사람의 말투에서 이탈리아어 억양을 들었다고 했다). 콘던 자신이 직접 받았던 두 번째 전화의 주인공은 독일 말투를 쓰는 남자였다. 좋다, 그렇다 치자. 여기서도 증인은 콘던뿐이다. 다만 택시 기사가 독일 억양을 쓰는 키가 크고 금발을 가진 남자를 보았다고 했다. 혹시 택시 기사가 콘던과 한패는 아닐까?

또 보모의 애인 '레드' 존슨이 스칸디나비아 출신의 요트 선원이라는 것 역시 콘던이 대령의 거실에서 엿들은 것일 수도 있다. 그래서 저 "공동묘지 존"을 뭐라 꾸며대면 좋을지 몰라 스칸디나비아 출신의 선원이라고 둘러댄 게 아닐까? 하지만 아기가 잡혀 있다는 보트가 하필이면 린드버그 부부의 신혼여행지에 머물렀다? 이것은 어떻게 설명해야 하는 우연일까? 콘던이 이런 정보까지 알아낸다는 것은 불가능한 일에 가깝지 않을까?! 혹시 호프웰에서 신혼여행 사진을 보고 하인들에게 그곳이 어디인지 물었던 것일까?

콘던이 사기극을 꾸미고 있을 동기는 충분했다. 물론 처음에는 자신이 무언가 정의로운 일을 하고 싶다는 사명감에 불탔을 수 있다. 그러나 일이 돌아가는 꼴을 보면서 다시없을 좋은 기회가 왔다고 판단한 끝에 중간에서 돈만 가로채려는 간계를 꾸민 것은 아닐까? 진짜 범인과 상대하는 것처럼 연극을 꾸며 돈을 가로채는 데에는 그저 한 명, 많아야 두 명 정도의 동료면 충분했으니 말이다!

물론 중간에 유혹에 빠져든 게 아니라, 처음부터 돈만 노린 것일 수도 있다. 7만 달러라는 몸값을 협상을 통해 깎으려 했던 것도 린드버그의 환심을 사기 위한 간교한 술책일 수 있지 않은가.

어쨌거나 콘던이 사건에 끼어들어 일이 돌아가는 꼴을 보면서 린드버그가 경찰과의 공조를 꺼리고 있다는 것을 알아차리는 것은 어려운 일이 아니었다. 그렇다면 이런 상황에서 가짜 편지를 내놓으며 공범으로 하여금 여러 가지 역할을 담당하게 하는 것은 식은 죽 먹기보다 쉬운 일이다. 위험부담은 전혀 없는 것이나 마찬가지였다. 여차하면 작전을 중단해버리고 더이상 아무런 편지가 오지 않는다고 하면 그만 아닌가. 그러니까 상황을 보아가며 잡아당길 수 있는 비상브레이크는 어디까지나 콘던의 손에 쥐어져 있었다. 그럼에도 콘던은 제동을 건 일이 없다. 여기에는 세 가지 해석이 가능하지 않을까? 콘던은 상상을 초월할 정도로 교활하고 냉혹하든가, 아니면 천진난만할 정도로 경박하든가. 이도 저도 아니라면 정말 결백했을 수도 있다.

어쨌거나 상황이 이 지경까지 이르게 된 것을 두고 경찰을 비난할 수는 없었다. 수사를 결정적인 대목마다 틀어버림으로써 문제 해결을 막아버린 사람은 린드버그 자신이다. 이제 사건이 안고 있는 수수께끼를 풀 것인가 말 것인가 하는 문제는 전적으로 그의 손에 달린 것이었다.

—

금화 증권

5월 12일 화물차 기사 윌리엄 앨런이 꼬마 린디의 썩어버린 시체를 발견했을 때, 전 세계는 깊은 슬픔과 경악에 빠지고 말았다. 앨런은 당시 사람들이 입은 충격을 단 한마디로 요약했다. "이런 짓을 벌인 놈을 꼭 잡기 바랍니다. 순진무구한 어린아이에게 저게 무슨 짓입니까."

마침내 시체가 발견되어 좋은 점도 있었다. 드디어 경찰 총수 노먼 슈워츠코프는 린드버그의 간섭 없이 일할 수 있게 되었기 때문이다. 자신의 말을 듣지 않으면 아이의 생명이 위험하다는 대령의 억지는 이제 통하지 않게 되었다.

린드버그 부부는 호프웰의 집을 비우고 앵글우드로 완전히 돌아갔다. 경찰은 사건 당시 상황을 호프웰에서 그대로 재현해보는 일에 집중

했다. 무엇보다도 문제의 사다리를 현장에서 발견된 것 그대로 다시 만들어보았다. 한 수사관이 사다리를 타고 2층으로 올라가 아이의 몸무게와 같은 14킬로그램의 인형을 배낭에 넣어 다시 내려왔다. 물론 배낭은 아이의 시체가 발견된 현장 근처에서 나온 린넨 배낭과 똑같은 것이었다. 몇 주에 걸쳐 우왕좌왕하기만 했던 경찰은 이제야 비로소 분명하게 깨달았다. 그 같은 무게의 배낭을 지고 사다리를 탄다는 것은 불가능에 가깝다는 것을! 우선, 사다리의 틀이 그런 무게를 감당하지 못하고 휘청거렸다. 둘째, 사다리의 발 디딤판이 도저히 무게를 받쳐주지 못했다. 85킬로그램이 나가는 수사관이 찰스 주니어를 그대로 모조한 인형을 지고 발판을 디디자 한 디딤판은 심지어 맥없이 부러져 나갔다. 십중팔구 아이는 이렇게 해서 죽은 게 아닐까? 바람에 흔들리던 끝에 사다리 나무와 심하게 부딪쳤거나, 디딤판이 부러지면서 범인이 배낭과 함께 곤두박질치면서 말이다. 그런 다음 범인은 이제 그에게 아무 쓸모가 없게 된 아기를 황급히 도망을 가면서 집에서 어느 정도 멀어졌다 싶어 차창 밖으로 배낭과 함께 던져버렸을 수 있다. 시체를 묻거나 적어도 나뭇가지로 덮어놓지 않았다는 것은 그만큼 그가 급했다는 방증이리라.

새롭게 알아낸 사실은 이후 수사에 있어 무척 중요한 것이었다. 인질이 이미 죽어버렸는데도 납치범은 어떻게 돈을 넘겨받는 위험을 무릅쓰려 했을까? 보통 몸값의 지불은 인질을 돌려받는 조건으로 이루어지기 때문이다. 또 협상이 이루어지는 도중에 시체는 언제라도 발견될 수 있다는 것을 염두에 두어야 하지 않는가?

아무리 어리석은 범인일지라도 시체가 발견되고 나면 이제 죄목이 살인죄로 바뀐다는 것쯤은 알고 있었을 텐데 말이다. 당시 미국에서 단순

한 납치 사건과 살인의 차이는 엄청난 것이었다. 린드버그 사건이 남긴 후유증으로 납치는 사형을 선고받을 수 있는 중죄가 되면서 사건의 수사도 'FBI'가 책임지는 새로운 법령(일명 "린드버그 법")이 만들어졌다.

시체가 야외에 아무렇게나 버려져 있어 언제라도 발견될 가능성이 컸음에도 범인이 몸값을 요구하는 대담함을 보인 이유는 무엇일까? 도무지 알 수 없는 일이다. 혹 신문을 보고 죽은 아이가 발견되었다는 기사를 제때 읽을 수 있으리라 기대한 것일까? 하지만 지극히 느긋한 자세로 저 "공동묘지 존"이 한밤중에 그것도 한 시간이나 콘던과 협상을 벌인 것은 어떻게 설명할 수 있을까? 아이를 죽였다는 것, 금방이라도 시체가 발견될 수 있다는 것 등으로 범인은 엄청난 심리적 압박을 받게 마련이다. 그런 압박을 받는 범인이라면 한시라도 빨리 돈을 넘겨받으려 안간힘을 썼으리라. 아님, 콘던에게 돈을 나누어 갖자며 공범으로 끌어들일 설득이라도 한 것일까? 만약의 경우 그에게 죄를 떠넘기려고? 정말 콘던은 결백한 것일까? 그저 납치범의 편지로 인해 이상한 일에 말려든 게 사실일까? 아무리 머리를 굴려보아도 이 사건은 앞과 뒤가 맞아떨어지지 않는 일이 너무나 많았다(이 사건을 다룬 영화도 이 점을 부각시키고 있다).

이렇게 해서 1932년과 1933년이 헛되이 흘러갔다. 수많은 가족이 린드버그 가족에게 전화를 걸어 잃어버린 아들 대신 자기네 아이를 보내면 받아주겠냐고 물었다. 하지만 이미 1932년 8월 두 번째 아들 존이 태어났다. 이로써 린드버그 부부는 무슨 이유인지는 모르지만 자기 자식을 흔쾌히 내어주려는 부모들의 제안을 고맙다며 거절할 수 있었다.

납치 사건이 벌어진 지도 어느덧 2년하고도 6개월이 지났다. 다른 일들도 많았던 터라 점차 사건은 뒷전으로 밀려나는 것만 같았다. 하지만 1934년 9월 16일 빈민이 주로 사는 맨해튼 남동부의 주유소에 한 남자가 차를 몰고 들어서면서 상황은 돌변했다. 남자는 주유소 직원 월터 라일에게 당시 흔히 볼 수 없던 지폐를 내밀었다. 이른바 "금화 증권"이라는 게 그것이다. 이 화폐는 오늘날 미국의 달러 지폐와 아주 흡사한 것으로 1863년부터 금을 은행으로 가져오는 사람에게 교환해주던 것이다(은을 가져올 경우에는 "은화 증권"을 주었다). 이 화폐는 미국 연방 은행이 보증을 서서 화폐의 액면가대로 언제라도 귀금속과 교환할 수 있는 것이었다. 물론 당시 연방 은행은 누구도 그런 요구를 하지 않을 것이라고 자신하고 이 화폐를 발행했다. 시민들이야 금괴나 금화보다는 지폐를 금고나 베개 밑에 두는 게 더욱 편했기 때문이다.

린드버그의 거래 은행이 몸값을 준비하던 1932년 초는 그런 금화 증권이 일반적인 지불 수단이었으며, 그 액면가도 다양하기만 했다. 그러니까 몸값은 거의 모두 금화 증권으로 마련된 것이다.

그러나 곧 은행은 금화 증권으로 인해 궁지에 몰리게 되었다. 린드버그의 아들이 납치되고 나서 이듬해인 1933년 심각한 경제 위기가 찾아온 것이다. 시민은 너도나도 금을 되돌려받으려고 은행 앞에 장사진을 쳤다. 물론 은행이 비축하고 있는 금의 양은 충분하지 않았다. 그래서 미국 정부는 이런 상황이라면 어느 정부나 취할 수밖에 없는 수순을 밟았다. 1933년 5월 1일 은행에게 금화 증권을 금으로 바꾸어주지 말도록 금지 조치를 내린 것이다. 근본적인 문제가 해결된 것은 아니었지만, 일단 급한 불은 끌 수 있었다. 멍청하게 앉아서 당할 시민이 아니었다. 사람들은 어떻게든 금화 증권을 처분하기 위해 이리저리 뛰었다. 암시장이 형성되는 것은 불을 보듯 환한 일이었다.

다음 해 귀금속을 비축한 모든 국책 은행들은 이 비축분을 경제 위기와 싸우는 정부의 재무각료들에게 내놓지 않을 수 없었다. 이로써 불과 2년 만에 금화 증권은 그 가치를 완전히 잃게 되었다. 어떤 은행도 이를 교환해줄 수 없었거니와 또 해주어서도 안 되기 때문이었다.

"쉽게 보기 어려운 돈이네요?" 저 맨해튼 남동부 주유소 직원이 10달러짜리 금화 증권으로 기름 값을 치르려는 고객에게 투덜댔다.

"전 그런 게 아직 100장이나 있는 걸요." 독일어 억양에 잘 차려입은 고객이 대꾸했다. 주유소 직원 라일은 지폐를 받았다. 하지만 은행이 예외적으로 은혜를 베풀어 돈을 바꾸어줄지 자신할 수 없었던 라일은 고객이 탄 차의 번호를 적어놓았다. '4U13-41', 이게 그 번호였다.

라일의 신중함은 이틀 뒤 결실을 맺었다. 금화 증권의 등록 번호가 린드버그가 몸값으로 지급했던 지폐의 일련번호와 일치한 것이다. 차량의 주인은 서른네 살의 목수로 독일에서 이민 온 브루노 리처드 하우프트만Bruno Richard Hauptmann으로, 브롱크스 222번가 1279번지가 그의 주소지였다. 바로 이튿날 차량을 추적해온 경찰에 의해 하우프트만은 곧바로 체포되었다. "무슨 일입니까?" 놀란 하우프트만이 경찰에게 보인 반응이다. "왜 이러시는 거죠?"

바지 호주머니에서 나온 두 번째 금화 증권은 하우프트만을 더욱더 궁지로 몰아넣었다. 경찰은 그의 질문에 답하지는 않고 수갑부터 채웠다. '로어 웨스트 사이드'의 경찰서에서 노먼 슈워츠코프는 뉴저지의 수사 팀과 몇몇 뉴욕 경찰들과 함께 무엇이 문제인지 하우프트만에게 설명했다.

사진9 린드버그가 치른 몸값에 사용된 금화 증권. 오늘날 쓰는 달러와 똑같이 생겼으며 당시 이론상으로는
금과 교환이 가능했다. 하지만 린드버그 사건을 수사하는 동안 일어난 세계 경제 위기로 이 증권은 무용지
물이 되고 말았다. ⓒ 샌프란시스코 연방준비은행Federal Reserve Bank of San Francisco

하우프트만은 거의 180센티미터에 달하는 키로 그 어떤 미국인보다
컸다. 머리는 밝은 갈색이었다. 콘던이 "공동묘지 존"을 두고 설명했던
인상착의와 대충 맞아떨어지는 외모였다. 하지만 하우프트만도 그의
아내도 호프웰이라는 곳은 전혀 가본 적이 없다고 펄쩍 뛰었다. 저녁이
면 집에서 음악을 들을 뿐, 비 오는 뉴저지의 밤을 헤매고 다닐 이유가
없다는 거였다. 목수는 납치 사건에 가담한 일이 없다고 완강히 부인했
다. 돈은 인플레이션에 대비해 저축했던 것이며, 이제는 하루 빨리 처분
하는 게 좋겠다 싶어 쓰고 있는 것일 뿐이라고 진술했다. 필적감정을 하
자는 말에 그는 흔쾌히 동의했다. "기꺼이 하죠. 제가 무죄라는 게 금방
입증될 겁니다."

혐의

심문을 받으면서 웬만큼 자잘한 잘못은 숨기려 드는 사람들의 심리
그대로 하우프트만도 거짓말을 했다. 9월 20일 그의 거실과 작업실을
수색한 결과, 그가 저축해두었다던 200달러 대신 그 46배에 달하는 액

수가 발견된 것이다. 돈은 깔끔하게 나무 틈새, 벽이 갈라진 곳 등에 숨겨져 있었다. 한 장도 예외 없이 린드버그가 지불했던 바로 그 지폐였다. 이로써 하우프트만은 빠져나오기 힘든 궁지에 몰리고 말았다.

오늘날의 관점에서 볼 때 하우프트만이 밝히고 있는 돈의 출처는 상당히 흥미로운 대목이다. 그는 돈이 원래 그의 것이 아니라 친구인 이지도어 피시가 맡겨놓은 거였다고 진술했다. 피시는 1933년 성 니콜라우스 축일에 독일로 가서 이후 다시 돌아오지 않았다고 했다. 어느 날 돈을 넣어놓은 상자가 실수로 물에 젖는 바람에 어쩔 수 없이 열어보았다는 것이다. 어차피 피시는 그에게 빚을 진 게 있었으므로 하우프트만은 돈의 일부를 빼 쓰고 나머지는 숨겨두었다는 주장이다. 1934년 3월 피시는 라이프치히에서 죽었다. 결국 남은 돈을 하우프트만은 피시의 가족에게 돌려보내지 않고 자신이 차지하고 말았다. 어쨌거나 하우프트만은 이제 절도죄까지 감당해야 하는 판국에 이르렀다. 게다가 그는 재판을 받으며 술주정뱅이 아버지에게 매를 맞으며 자랐노라고 훌쩍였다.

하우프트만의 혐의는 발견된 돈 문제에서만 그치는 게 아니었다. 집의 또다른 은닉처에서는 작은 권총도 나왔다. 독일 당국의 회신에 따르면 하우프트만은 무장 강도를 벌인 죄로 감옥에 다녀왔으며, 심지어 카멘츠라는 도시의 시장 사택에 침입한 적도 있다고 했다. 그렇지만 이 모든 전과에도 하우프트만의 변호사 제임스 포세트는 자신의 의뢰인이 납치 사건과 무관하다는 것을 굳게 믿었다. 물론 연방 검찰의 관점은 달랐다. 하우프트만이 정말 유죄라고 믿느냐는 질문에 검사는 이렇게 답했다. "그가 범인이라는 것을 믿지 않는 사람도 있을 수 있나요."

범죄 사건을 해결하는 데 하등 도움이 되지 않는 의견 차이는 무시하더라도, 현실의 단서들은 어쩔 것인가. 비록 나중이기는 하지만 "공동 묘지 존"이 남긴 발자국을 경찰은 측정했다. 또 두 명의 필적감정 전문 가가 일부러 삐뚤삐뚤 쓴 게 분명한 협박 편지의 필적을 하우프트만의 그것과 비교하기도 했다. 두 전문가는 앨버트 오스본과 같은 이름을 쓰 는 그의 아들이었다. 하지만 부자는 좀처럼 결론을 내리지 못했다. 오른 손잡이인 하우프트만더러 왼손으로 써보라고 해도 마찬가지였다. 아버 지 오스본은 조서에 하우프트만이 필적의 주인공인 것 같다고 했으나 아들 오스본은 정반대 의견을 내놓았다. 몇 군데 일치하는 게 없는 것은 아니지만 차이가 너무 확연하다는 거였다.

오늘날까지 누구도 떠올리지 못한 생각은 첫 번째 협박 편지를 독일 사람에게 보여주는 것이다. 독일어를 모국어로 쓰는 사람이 보면, 편 지에 아주 단순한 영어 단어들을 독일어와 비슷하게 써놓은 게 확연히 눈에 띈다. 이를테면 "good"을 "gut"로, "made out"을 "made aus" 로 써놓은 게 그것이다. 비슷한 발음이 나도록 바꿔치운 것도 있었다. "anything"을 "anyding"이라고 해놓은 것이다. 그런데 문제는 영어를 배운 독일 사람이라면 이런 간단한 단어를 틀리는 일은 없다는 데 있다. 오히려 독일에 잠깐 머무른 미국인이 쓸 법한 단어라고 한다면 지나친 이야기일까? 거꾸로 "ransom"(몸값)이라는 단어는 비교적 배울 일이 없는 데다가 틀리기 쉬운 단어임에도 정확하게 써놓았다. 따라서 엄밀 하게 보면 누군가 독일 어투의 분위기를 꾸며내려고 일부러 조작한 것 이라는 인상을 지울 수가 없다. 그저 몇 개밖에 알지 못하는 독일어 단어 를 억지로 꾸며놓은 탓에 외려 안 한 것만도 못한 조작을 해놓은 것이다.

부자 필적감정 전문가들은 법정 앞에서도 의견 일치를 보지 못했다.

어쨌거나 결정은 내려야 했기에 판사는 하우프트만의 필적이 편지의 그것과 일치한다는 의견을 택했다. 이로써 필적 문제는 해결이 난 것으로 선포되었다.

9월 25일 린드버그는 약 70미터 떨어진 공동묘지에서 "여보쇼, 박사 양반!" 하고 부르는 목소리를 정확히 가려낼 수 있겠느냐는 질문을 받았다. 대령은 자신이 없다고 했지만, 테스트는 다음 날 이루어졌다. 하우프트만은 몇 차례나 소리 높여 "여보쇼, 박사 양반!" 하고 외쳤다. 몇 번 시험을 하고 나자 린드버그는 틀림없는 것 같다고 말했다. 결국 10월에 린드버그는 법정에서 "공동묘지 존"의 목소리가 하우프트만의 그것과 일치한다고 증언했다. 독자 여러분도 한번 직접 시험을 해보기 바란다. 이전에 단 한 번도 목소리를 들어본 일이 없는 사람을 약 70보 정도에 떨어진 숲 속에 세워두고 "여보쇼, 안녕하시오!" 하고 크게 외치게 하는 것이다. 그런 다음 3년을 기다렸다가 다섯 명의 후보(물론 그 가운데는 목소리의 진짜 주인공이 있다)를 세워두고 같은 시험을 해보라. 과연 목소리를 알아들을 수 있을까? 콘던은 손사래만 치며 모르겠다고 했다. 그가 한 말을 빌리면, "말 한마디로 피고를 전기의자로 보낼 수 있는 일을 어떻게 하느냐?"는 거였다. 정말 그럴까? 목소리가 맞는지 자신이 없어서 둘러댄 것은 아닐까.

하우프트만의 변호인 역시 목소리 테스트 결과는 증거가 될 수 없음을 조목조목 따졌다. 그러나 증거가 불확실하다고 기뻐하기에는 너무 일렀다. 모든 문제를 단칼에 정리할 결정적인 증거가 이제야 나타난 것이다. 그것은 바로 더이상 존재하지 않는 나무가 남긴 한 조각 파편이었다.

구멍 하나가 사건을 해결하다, 그래도 해명의 여지는 남다

현장에서 나온 몇 안 되는 단서들 가운데 가장 두드러지는 것은 범인이 손수 만든 사다리다. 앞서도 밝혀졌듯 사다리는 단연 최고의 증거였다. 사다리는 아서 퀼러라는 사람이 검사를 맡았다.

퀼러는 매디슨의 국립목재검역소의 직원으로, 나무가 사건의 중심에 서 있다는 소식을 듣자 곧바로 노먼 슈워츠코프에게 도움을 자청하고 나섰다. 하지만 경찰은 시체가 발견되고 나서야 비로소 사다리 조각을 감정해달라고 보내왔다. 왜냐하면 사다리에서 나온 모든 지문들의 감식 결과가 나오기를 기다리고 있었기 때문이다. 경찰은 시신이 나온 다음에야 정상적으로 수사를 할 수 있었다. 그동안 린드버그가 수사를 방해해왔던 것을 생각해보라. 실제로 사다리에서는 수많은 지문들이 나왔다. 그러나 훨씬 뒤에 밝혀졌듯, 그 가운데 브루노 하우프트만의 지문은 없었다.

1933년 2월 퀼러는 몇 개의 조각들을 감정하고 난 다음에야 비로소 전체 사다리를 살펴볼 수 있었다. 나무는 날도 제대로 갈아놓지 않은 형편없는 톱을 사용해 손으로 직접 자른 것이라고 그는 말했다. 또 모서리도 이가 나가 무딘 칼로 다듬었다. 한마디로 사다리는 전문가의 작품이 아니었던 것이다.

흥미를 끄는 것은 사다리에서 떨어져 나온 한 조각의 나무였다. 사다리가 처음 발견되었을 때 같이 나온 것으로 이 조각에는 단서 번호 16번이 붙어 있었다. 이 16번 나뭇조각에는 네 개의 낡은 못이 만든 것으로 보이는 구멍들이 있었다. 못은 다시 뽑아버린 게 틀림없었다.

이 구멍들이 특별한 이유는 그 뚫린 모양이 사각이었다는 점이었다. 그렇다면 네 개의 구멍은 모두 머리가 사각형인 못에 의해 만들어진 것으로 보아야 한다. 1930년대에 그런 못은 거의 없었다. 사각형 못은 수작업으로 만드는 것이었기 때문이다. 오늘날 우리가 익히 알고 있는 못은 공장에서 기계로 만들어지는 것이며 그 단면이 둥글다. 새로운 공정을 통해 만들어지는 이런 못은 1930년대 당시 이미 시장에 나와 있었다. 구식 못의 또다른 특징은 야외에서 비바람을 맞으면 쉽게 녹이 슨다는 점이다. 니켈 처리를 하지 않은 쇠로 만들어 주변 환경의 영향에 그대로 노출되기 때문이다.

그러나 단서 번호 16번의 나뭇조각 구멍에서 녹은 전혀 검출되지 않았다. 이는 곧 문제의 조각이 실내에서 사용되었다는 것을 의미한다.

"혐의자를 찾으시거든 말이죠." 나무 전문가 쾰러는 슈워츠코프에게 이렇게 말했다. "그 사람의 집 실내에 사각이 진 못을 박은 널빤지가 있나 확인해보시기 바랍니다. 그럼 아마도 그 나무는 사다리를 만든 것과 같은 재질을 가졌을 겁니다."

쾰러는 이제 사다리를 완전히 해체한 다음, 그 조각들을 하나하나 확대경으로 살폈다. 여기서 쾰러는 서로 딱 맞는 두 개의 나뭇조각들을 발견했다. 분명 사다리를 만드는 데 쓰기 위해 톱으로 반을 가른 것이었다. 나무는 캘리포니아산 소나무였으며, 일관된 톱질 자국을 보여주고 있었다. 이 톱질 자국은 여섯 개의 수직 날과 여덟 개의 수평 날을 가진 공업용 기계톱이 만든 것이었다. 자국 하나를 토대로 쾰러는 나무가 시속 4킬로미터 정도의 빠르기를 갖는 기계톱에 의해 잘린 것이라고 계산해냈다. 훌륭한 단서이기는 하나 문제가 하나 있었다. 대서양 해안선에만 1,600여 곳의 목재 공장들이 있다는 게 그것이다.

퀼러는 포기하지 않았다. 그는 목재 공장들에 일일이 편지를 써서 그런 기계톱을 사용하고 있는지 물었고, 몇몇 회사에는 나무 견본을 보내달라고 요청까지 했다. 드디어 사우스캐롤라이나에서 문제의 톱을 찾아낼 수 있었다. 이 회사는 바로 브롱크스에 있는 한 목재상에 납품을 하고 있었다. 이로써 수사는 처음으로 성공적인 매듭을 이루어냈다.

두 번째 매듭은 1934년 9월 19일 퀼러가 하우프트만의 집에서 찾아냈다. 다락방의 바닥에 깔려 있는 널빤지들 가운데 한 장이 종적을 감추고 있었던 것이다(사진10, 11). 퀼러는 널빤지의 나뭇결무늬가 눈에 익다는 생각을 했다. 확인 결과, 무늬는 네 개의 못 구멍들이 나 있는 16번 단서의 나무와 똑같았다. 16번 단서를 널빤지가 빠져 있는 다락방 바닥 부분에 넣어본 퀼러는 사다리에서 떨어져 나온 나뭇조각이 하우프트만 다락방 바닥에 있던 널빤지의 일부라는 것을 확신했다. 물론 바닥에 남아 있는 널빤지의 끝과 이음새가 딱 들어맞지 않았고, 옆에 있는 널빤지에 비해서도 좀 작기는 했지만 말이다(사진10, 11). 하지만 그거야 목수가 사다리에 맞추느라 길이와 폭을 잘라내다 보니까 그렇게 된 게 아닐까? 옆자리에 있는 널빤지를 보니 거기에도 톱질을 한 흔적이 남아 있었다. 이 흔적은 잘려진 각이 단서의 그것과 정확하게 맞아떨어졌다. 16번 단서를 사다리의 폭으로 잘라내다가 생긴 게 틀림없었다.

"사다리에서는 정말이지 많은 것들을 확인할 수 있었다." 나중에 퀼러가 한 학술지에 기고한 글에서 나오는 대목이다. "이것들을 보며 나는 딱 꼬집어 이거다 싶은 확증은 아닐지라도 사건을 푸는 데 있어 하나 또는 그 이상의 많은 열쇠들을 제공할 것이라고 확신했다."

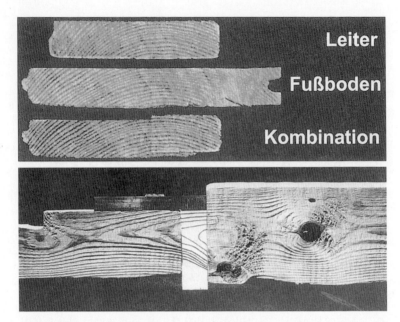

사진10 (위) 린드버그 사건에서 결정적인 증거가 된 사다리 나뭇조각의 모습. 나이테 무늬가 하우프트만의 다락방 바닥에 깔린 나무의 그것과 일치했다. ⓒ미연방 국립목재검역소, 매디슨/위스콘신, 몽타주: 마르크 베네케
사진11 (아래) 나이테 무늬가 정확히 일치한다. 바닥에 깔렸던 나무(왼쪽)와 중간에 손으로 그려 넣은 것 그리고 사다리에서 나온 나뭇조각(오른쪽)을 서로 맞추어본 모습. ⓒ미연방 국립목재검역소, 매디슨/위스콘신

하우프트만을 범인으로 몰아간 세 번째 결정적인 단서는 그의 침실에 있던 옷장 벽에서 나왔다. 그동안 퀼러 부인은 경찰의 지시로 다른 곳에서 기거하고 있었기 때문에 확인할 수 있던 단서였다. 옷장의 한쪽 벽에 저 협상 중개자 존 콘던의 전화번호와 주소가 적혀 있었던 것이다. 연필로 눈에 잘 띄지 않는 곳에 써놓은 것을 들이대자 하우프트만에게 더 이상 변명의 여지는 없었다. 이제 남은 절차는 일사천리로 진행되었다.

하우프트만은 전기의자 신세를 지고 말았다. 1936년 4월 3일 수인번호 17400의 시신이 검은 광택이 나는 기다란 장의차와 함께 트렌턴 국

립교도소를 떠나는 장면을 수많은 군중이 운집해서 지켜보았다. 당시
를 찍은 사진을 보면 구경꾼 한 명이 장의차를 향해 모자를 벗어 흔들고
있으며, 어떤 구경꾼은 더욱 잘 보려고 나뭇가지에 올라가 걸터앉기까
지 했다. 그리고 육중한 교도소 문이 닫혔다.

배심원들이 등한시한 것

미국 국민은 재판 결과에 만족하고 있었다. 하지만 끝내 의문을 품는
사람들도 적지 않았다. 1933년부터 미국의 영부인 노릇을 하고 있던 엘
리너 루스벨트는 "재판은 시종일관 나에게 커다란 의문을 남겼다"고
말했다. 또 당시 미국에서 가장 유명한 변호사 클레런스 대로우는 하우
프트만이 증거 불충분으로 풀려났어야 마땅하다고 강변했다. "여러분
은 살인(하우프트만이 저지른 살인—지은이)을 암시하는 증거를 보셨단
말인가요?" 대로우의 도전적인 말투다. "저는 보지 못했습니다."

심지어 미국 변호사협회도 재판의 진행 과정을 비난하고 나섰다. 검
사뿐만 아니라 변호인마저 사건을 처음부터 지나치게 예단했으며 터무
니없이 부풀리기만 하는 잘못을 저질렀다는 거였다. 변호사협회는 성
명을 통해 준엄한 경고를 남겼다. "재판이 재판으로서의 기능을 다하지
못하고 여론에 편승한 쇼로 전락해버리고 만다면 생명 역시 피치 못하
게 싸구려 상품으로 몰락하고 말 것이다."

실제로 재판에는 많은 모순점이 있었다. 하우프트만은 한결같이 납
치가 벌어지던 날 자신은 머제스틱 주택단지에서 일을 하고 있었노라
고 주장했다. 이를 반박한 유일한 증인은 여든일곱 살의 눈도 잘 보이
지 않는 노인뿐이었다. 노인은 사건 당일 아침 린드버그의 집 근처에서

피고를 보았노라고 진술했다. 그래도 굽히지 않고 하우프트만은 자신의 결백을 강조하면서 심지어 재판 내내 느긋한 태도를 보이기도 했다. 슬그머니 미소를 지으며 의자에 앉아 등을 젖히고 있는 피고를 보며 배심원들은 공분을 느끼기도 했으리라. 하지만 절대 불손해서 그런 게 아니었다. 그는 다만 눈앞에서 벌어지고 있는 일이 믿기지 않았을 뿐이다. 둘째, 하우프트만이 다락방 바닥에서 뜯어냈다는 널빤지는 그것과 짝을 이루어야 하는 원래 널빤지에 비해 두께가 1.5밀리미터 정도 더 두꺼웠다. 이것은 어떻게 설명해야 좋을까? 셋째, 이 나뭇조각이 떨어져 나왔다는 몸통은 아무리 찾아도 나오지 않았다. 이는 다시 말해서 문제의 나뭇조각, 사다리를 만든 나무가 하우프트만 집 다락방 바닥에서 나왔다는 명백한 증거는 될 수 없다는 것을 뜻한다. 결과적으로 모든 관련자들이 하우프트만의 유죄를 확신한 나머지 누군가 콘던의 주소를 옷장 벽에 적어놓았을 수도 있다는 생각을 아무도 하지 않은 것이다. 유력한 혐의자에게 상황을 더욱 불리하게 만들려고 증거를 설계(전문용어로 "플랜팅Planting"이라고 한다)하는 일은 당시 드물지 않았다. 넷째, 하우프트만이 체포되기 전에 쓰고 다닌 금화 증권에서는 항상 곰팡내가 났다. 그러니까 돈뭉치가 젖는 바람에 일부 꺼내 쓰고 나머지는 감추어두었다는 하우프트만의 진술은 처음부터 사실을 이야기하고 있다. 다섯째, 새로 취임한 뉴저지 주지사 해럴드 호프만은 감방에서 하우프트만과 면담을 하고 난 다음, 그가 무죄라는 확신을 가지게 되었다. 이 정치가는 독일 이민자를 위해 지나치게 헌신했다는 이유로 1938년 주지사 선거에서 낙선하고 말았다. 여섯째, 돈의 원래 주인이라는 이지도어 피시가 불법 사채업을 하면서 돈세탁에 연루되었을 가능성은 아주 높았다.

사진12 조지 파커와 그의 어린 동생이 린드버그 사건 재판이 진행되고 있을 때 뉴저지 플레밍턴이라는 곳에서 모형 사다리를 팔고 있다. © 코르비스Corbis

그가 몸값으로 지불된 금화 증권을 시장가보다 낮게 팔고 다닌 사실이 확인되었기 때문이다. 일곱째, 피시는 폴란드 억양을 가지고 있었다. 그 어떤 미국인도 폴란드와 독일 억양을 명확히 구분할 수는 없다. 마지막으로 꼽을 수 있는 것은, 찰스 린드버그가 그의 가족과 함께 돌연 자취를 감추었다는 사실이다.

여행을 막았어야만 했다

주지사 호프만은 주의력이 아주 뛰어난 사람으로 사건에 거의 결정적인 반전을 몰고 올 뻔했다. 1935년 여름, 주지사가 감옥의 하우프트만을 면회했을 때 사형수는 제발 거짓말탐지기 테스트를 받게 해주거나 자백약이라도 먹게 해달라고 매달렸다. 이는 그만큼 자신이 무죄라는 바위 같은 확신을 가지고 있었기에 가능한 행동이 아닐까? 실제로 죄가 있는 범인은 감히 이런 소리를 못하기 때문이다. 하우프트만의 제안은 자신의 무죄를 입증해낼 수 있다고 굳게 믿었기에 이루어진 것이다.

경우에 따라서는 하우프트만이 범인이 아닐 수도 있다는 점을 사람들에게 납득시키기란 무척 힘든 일이었다. 영웅 린드버그가 하우프트만의 목소리를 두고 "공동묘지 존"의 그것이라고 확인까지 하지 않았는가. 하우프트만이 범인임을 의심한다는 것은 곧 영웅 린드버그의 능력을 무시한다는 것을 의미했다. 이는 당시 대다수의 미국 시민들에게 있어 아인슈타인이 천재가 아니라고 말하는 것과 똑같았다. 결코 간단한 문제가 아니었다.

하지만 호프만은 포기하지 않았다. 그는 주요 수사관들을 일일이 만나고 다니며 설득을 한 끝에 문제의 나뭇조각을 직접 두 눈으로 확인하기도 했다. 하우프트만이 자신의 집 다락방 바닥에서 톱으로 잘라냈다는 바로 그 나뭇조각 말이다. 그리고 그게 증거가 될 수 없다는 점을 조목조목 지적했다. 이런 노력이 주효한 것일까? 사람들은 이제 더이상 그 나뭇조각이 증거가 될 수 없다는 생각을 가지기 시작했다. 정치가 호프만으로서는 대단한 용기가 필요한 일이었다. 보통 정치가라면 몸을 사렸을 법한 상황에서도 호프만은 언론을 상대로 하우프트만의 사형이 무기한 연기될 수 있도록 자신이 속한 사면위원회에서 노력을 아끼지 않겠다고 천명했다. 물론 당시 주지사는 사형 집행을 거부할 권한을 독자적으로 행사할 수 없었다. 대법원이 동의를 해주어야만 했기 때문이다. 그러니까 호프만은 정치적으로 상당한 위험부담까지 마다하지 않은 것이다. 그만큼 하우프트만과 그 아내의 호소는 절절했다. 부부는 호프만에게 법원, 특히 배심원들이 오판을 한 것이라며 눈물로 설득했다.

12월 5일 호프만이 하우프트만의 사면을 진지하게 검토하고 있다는 소식이 나가자마자, 린드버그는 아내 앤에게 짐을 싸라고 명령했다. 당장 온 가족이 유럽으로 이주하자는 독단적인 결정을 내린 것이다. 린드버그는 언론의 소란이 지겨워 미국을 떠야겠다는 말을 은근히 흘렸다. 그리고 1935년 12월 22일 마침내 미국을 뜨고 말았다. 〈뉴욕 타임스〉는 이 소식을 독점 취재해 1면 톱으로 다루었다. 특종의 대가로 해당 기자는 그해 최고의 기사에 수여하는 퓰리처상을 받았다.

하지만 오늘날 린드버그의 행동은 다른 관점에서 조명을 받고 있다. "찰스 린드버그는 도주한 것입니다." 형사 사건 전문 변호사 그레고리 알그렌과 수사관 스티븐 모니어가 자신 있게 내놓은 소견이다.

"우연이 아니죠. 주지사 호프만의 노력으로 여론이 재수사를 요구하는 쪽으로 방향을 틀자 린드버그는 위기감을 느꼈던 겁니다. 사형 집행이 이루어지기만 초조하게 기다리고 있다가 돌연 집행이 연기(원래 하우프트만의 처형은 1936년 1월로 계획되어 있었으나 4월로 연기되었다—지은이)되자 압박이 컸던 거예요. 수사가 재개된다면 더이상 국내에 머무르고 싶지 않았을 겁니다. 물론 교묘한 언론 플레이를 하는 데는 성공했죠. 〈뉴욕 타임스〉의 기사는 바로 린드버그가 원하는 그대로였으니까요. 더이상 가족의 안전을 자신할 수 없어 조국을 떠난다고 했으니 말입니다."

하지만 린드버그가 도망간 진짜 이유는 무엇일까? 아마도 어린 찰스를 능욕한 진범이 누구인지 밝혀지는 것이 두려웠던 게 아닐까. 다시 말해서 바로 린드버그 자신 말이다.

물론 아빠가 몸값을 노린 것은 아니었다. 수령인에게 성공적인 돈 지급이 이루어지도록 꾸민 자가 누구인지는 오늘날까지도 불분명하다. 그게 콘던일 수도 있고, 콘던은 중개자로 그저 이용만 당한 것일 수도 있다.

하지만 린드버그 자신이 직접 돈을 챙겼을 가능성도 배제할 수는 없다. 장차 아내가 될 사람의 손을 잡고 장인과 장모의 집을 떠날 당시에도 정확히 5만 달러를 요구하는 협박 편지가 날아들지 않았던가. 어쩜 그렇게 납치 사건에서의 몸값과 정확하게 일치하는 것일까? 그리고 돈을 요구한 이후 잠잠하기만 했던 이유는 무엇일까? 대사 부부, 그러니까 앤의 아버지와 어머니가 돈을 마련할 필요가 없었던 것은 이미 린드버그가 앤의 손을 잡고 미래의 행복을 찾아 기차를 타고 떠났기 때문이 아닐까?

아무튼 돈이 문제의 핵심이 아니라는 점을 확인해주는 정황은 많다. 그럼 도대체 아들의 납치극을 아빠가 꾸민 동기는 무엇일까?

"저희가 알기로 린드버그는 사람들에게 장난 치는 것을 무척 좋아했어요. 그것도 아주 심술궂고 못된 장난 말이죠." 알그렌과 모니어의 설명이다. 두 사람은 린드버그의 전기 작가들에게 들었다며 못된 장난의 예를 몇 가지 이야기했다. "커다란 잔에 등유를 가득 채운 다음, 병상에 누워 있는 친구에게 가져다주는 것쯤은 아무것도 아니었다고 해요. 뱀이라면 기겁을 하기로 유명한 동료의 침대에 독사를 넣어두기도 했으니까요. 그 동료는 하마터면 죽을 뻔했다더군요. 뱀에게 물려서가 아니라 심장마비로 말입니다. (…) 대령은 새로 알게 된 사람들을 초대해 만

찬을 즐기던 자리에서 아무런 이유도 없이 갑자기 물 한 잔을 아내인 앤의 머리에 부어버리기까지 했답니다. 덕분에 앤의 비단옷은 엉망이 되고 말았대요. 참으로 천박하고 끔찍한 장난들이지만, 대령이 못된 장난을 즐기는 심술은 더욱 심한 짓도 서슴지 않았답니다. 아기가 납치되기 몇 달 전 린드버그는 아들을 요람에서 끄집어내 옷장 속에 감추어둔 적도 있었습니다. 아기가 납치된 줄 알고 온 집안이 발칵 뒤집어지는 소동이 벌어졌는데도 대령은 빙긋이 웃기만 하더랍니다. 여자들은 20분이 지나서야 간신히 아기를 찾아낼 수 있었죠."

이런 배경에서 본다면 장인과 장모에게 보낸 협박 편지도 일종의 실패한 장난이 아닐까? 평생 무슨 일이든 꾸미기를 좋아했던 남자 린드버그는 1932년 3월 1일 아내를 깜짝 놀라게 만들 쇼를 보여주고 싶었으리라. 아마도 그보다 6년 전 죽은 마술사 후디니에게 영감을 받았을지도 모르겠다. 당시 최고의 공연 마술사였던 후디니 역시 비행의 선구자였다(그는 최초로 오스트레일리아에서 복엽기를 탔던 인물이다). 대담무쌍한 곡예로 사람들을 깜짝 놀라게 만들던 후디니를 보며 자신도 못할 게 무어냐며 흉내를 내려 했을 수 있다는 말이다. 너무나 감쪽같은 나머지 누구도 눈치채지 못할 사건을 꾸며냄으로써 그 기괴한 장난기를 만족시키고 싶었던 것일까? 이를테면 아기가 사라지고 나서 집안에 온통 난리가 났을 때, 아빠 린드버그는 아기를 안고 휘파람을 불며 현관에 들어서는 것이다. 이게 바로 친구들 사이에서 "대책 없이 거칠기"로 소문 난 린드버그의 진면목이었다.

그래서 린드버그는 손수 사다리를 짰다. 모든 준비가 끝나자 아내에게 전화를 걸어 계획이 바뀌었다고 말하고 호프웰의 새집에 계속 머무르도록 했다. 린드버그는 새집에서만 닫혀 있는 덧문을 열고 아기를 요람에서 빼내올 수 있었기 때문이다. 아기 방은 집의 입구 쪽에서는 보이지 않는 모퉁이에 자리를 잡고 있었다(사진8, 180쪽). 아기를 무사히 데리고 내려온 다음에는 사다리를 철수해 해체하고, 꼬마 찰스와 함께 현관문을 열고 들어서며 나타날 예정이었으리라.

이렇게 본다면 개가 짖지 않고 아이가 조용했던 이유가 한순간에 풀려버린다. 집에 숨어든 사람이 다름 아닌 주인이지 않은가. 창틀에서 갑자기 나타난 협박 편지도 린드버그 자신이 거기에 가져다놓은 것일 뿐이다. 그러니까 누구도 사다리를 두 번씩이나 타고 올라가지 않았다. 소동이 빚어지는 동안 린드버그 자신이 창틀에 편지를 놓아두고 짐짓 호들갑을 떨며 편지를 찾아낸 것일 뿐이다. 그런 상황에서라면 누구라도 편지를 당장 뜯어보았을 텐데도 그렇게 하지 않고 경찰의 현장 감식반이 도착하기를 기다리라고 엄하게 명령을 내린 것도 이 모든 게 린드버그의 계획이자 연출이라는 심증을 굳히게 만든다. 편지는 물론이고 방 안에서도 지문이 나오지 않으리라는 것을 린드버그는 자신하고 있었다. 이미 자신의 손이 닿은 몇 안 되는 곳을 깨끗이 문질러놓았기 때문이다. 콘던이 창틀에서 보았다는 엄지손가락 자국 같은 것은 원래부터 없었다. 우선, 현장을 철저히 감식한 경찰이 그런 것을 전혀 발견하지 못했다. 두 번째, 콘던이 현장을 두고 하는 모든 이야기는 신빙성이 없는 말장난에 지나지 않는다. 그는 한참 뒤에 문제의 방을 보았을 뿐만 아니라, 나름대로 상상을 펼쳐가며 짐작을 한 것을 떠벌린 것에 불과하기 때문이다.

린드버그가 한사코 수사를 지연시켜가며 필요할 때면 방해도 서슴지 않은 이유가 달리 있을까? 그는 수사가 완전히 뒤엉킨 실타래만 끌어안을 때까지 될 수 있는 한 단서들을 왜곡하고 조작하고 싶었던 것이다.

그럼 아기는 어떻게 해서 차가운 시신으로 변하고 만 것일까? 시체를 둘러싼 모든 정황은 린드버그가 살인범이라는 점을 웅변하고 있다. 조잡하게 만든 사다리에서 미끄러지거나 떨어지면서 아이는 죽음을 맞이한 게 틀림없다. 의도하지 않은 돌발 변수 앞에서 린드버그는 한시라도 빨리 시체를 처리해야만 한다는 중압감에 시달렸으리라. 허겁지겁 차를 몰면서 집에서 약 4.5킬로미터 정도 떨어진 곳에 이르자, 아빠는 아기를 덤불 속에 던져버렸다. 묻고 자시고 할 시간이 없었다. 머릿속에는 어서 집으로 돌아가야 알리바이를 확보할 수 있다는 조급함뿐이었을 테니 말이다. 앞서도 묘사했지만, 아기 엄마는 이날 저녁 평소와 달리 늦는 아빠를 초조하게 기다리고 있었지 않은가.

아기 시체가 발견된 장소도 브루노 하우프트만이 범인일 혐의를 덜어준다. 브롱크스는 호프웰의 북쪽에 자리 잡고 있는 지역이다. 하지만 아기는 남쪽으로 몇 킬로미터 떨어진 지점에 버려져 있었다. 납치범이 브롱크스에 살고 있다면 이런 위험한 경로를 무슨 이유로 택했을까? 신고가 들어가는 즉시 경찰의 추적이 시작되면서 도로를 통제하고 검문을 할 것이라는 간단한 사실조차 몰랐을까? 앞서도 확인했듯 린드버그가 신고를 하자마자 경찰은 곧장 워싱턴브리지를 차단하고 검문검색에 들어가지 않았던가.

린드버그가 범인이라는 결정적인 단서를 알그렌과 모니어는 꼬마 찰스가 하고 있던 엄지손가락 덮개가 저택의 진입로 근처에 버려져 있었다는 사실에서 찾고 있다. 그렇다면 납치범은 아기를 데리고 진입로를 이용했다는 말이 된다. 아무리 흉악하고 잔인한 범인일지라도 범행 대상인 집의 대로를 통해 도피할 정도의 대담무쌍함을 보여주지는 못한다. 바꾸어 말해서 의식적이든 무의식적이든 현관에 이르는 대로를 이용할 사람은 그 집주인밖에 없다.

"어떤 납치범도 집의 진입로를 이용하지는 않죠." 사건을 주도면밀하게 검토했던 두 수사관의 말이다. "한 세기에 나올까 말까 한 범죄를 호들갑을 떨며 저지르는 범인이라 할지라도 그런 과감함을 보여줄 수는 없을 겁니다. 게다가 약 1킬로미터 길이의 진입로는 차 한 대밖에 지날 수 없는 1차로에 지나지 않았습니다. 차를 돌릴 수 있는 장소는 바로 현관 앞의 공터뿐이었습니다. 아무리 경솔한 범인일지라도 거기에 주차를 할 엄두나 낼 수 있을까요? 더구나 도망가는 도중에 언제라도 집안 사람들에 의해 목격될 위험이 있는 데도 말이죠? 우연찮게 방문객이라도 오면 어떻게 하죠? 방문객은 범죄 현장을 목격(아이를 차에 싣는 것만으로도 범죄는 성립한다—지은이)할 뿐만 아니라, 범인의 퇴로를 막는 결정적인 방해물이기도 합니다. 과연 어떤 범죄자가 이런 위험을 감수하려 할까요?"

그뿐만이 아니다. 외부인이 범행을 저질렀다면 온종일 집을 관찰하면서 주인인 린드버그가 아직 귀가를 하지 않았다는 것을 분명히 알았으리라. 바로 그 때문에라도 범인은 집 근처에 차를 주차하려 들지 않았을 것이다. 린드버그에게 발견될 가능성이 그만큼 크기 때문이다. 날 죽여주쇼 하는 자살행위나 다름없는 짓을 저지른다? 하지만 분명 손가락덮개는 저택의 진입로 근처에 떨어져 있었다.

그러므로 이를 논리적으로 설명할 가능성은 딱 하나다. 바로 린드버그 자신이 죽은 아기를 차에 싣다가 손가락 덮개를 잃어버린 것이다! 그 시간대에 아무런 변명을 하지 않고 진입로를 이용할 수 있는 사람은 오로지 린드버그뿐이다.

그래도 믿기 어려운가? 그럼 린드버그가 법정에 서서 인생 최악의 날을 설명해보라는 변호사의 물음에 대답한 것을 새겨보라.

> 라일리(변호사): "화요일(납치가 일어나던 날—지은이) 무슨 일을 하셨는지 설명해주실 수 있습니까?"
>
> 린드버그: "화요일에 전 하루 종일 뉴욕에 있었습니다."
>
> 라일리: "어디 계셨죠?"
>
> 린드버그: "글쎄요 정확히 어디에 있었는지 자세한 건 기억하기 어렵군요. 아, 예, 맞아요. '팬암'(항공사) 사무소에 갔었어요. 그리고 '트랜스콘티넨탈' 운송 본부에도 들렀습니다. 그리고 제가 착오를 일으킨 게 아니라면 전 오후에 치과 의사에게 갔습니다."

이게 전부다. 이게 친아들을 잃어버린 충격의 날, 아버지라는 사람이 기억하고 있는 전부다. 더 자세한 것을 우리는 결코 알 수 없으리라.

1941년 린드버그는 미국 대통령에게 공군 조종사로 전쟁에 나가겠다는 제의를 했다. 그러나 루스벨트는 이를 거절했다. 대신 개인적인 자격으로 태평양에서 일본군과 맞서 싸우는 것은 말리지 않겠다는 역逆제의를 했다. 그러는 사이 린드버그가 나치스에 동조하는 성향을 보여왔으며 독일 공군의 최고 사령관 헤르만 괴링으로부터 민간인에게 주는 독일 최고 명예 훈장을 받은 사실도 있다는 게 폭로되었다.

전쟁이 끝나자 미국인들은 독일 사람들과 마찬가지로 시시콜콜 따져봐야 아무 소용이 없는 일들을 잊어버렸다. 린드버그가 1974년 하와이에서 죽었을 때, 그는 다시 '고독한 독수리'일 뿐이었다. '고독한 독수리'란 '럭키 린디'가 대서양 횡단에 성공한 직후 얻었던 명예로운 별명이다. 하지만 장난꾸러기이자 자칭 '수사 반장'은 일흔두 살의 나이로 그야말로 쓸쓸한 독수리로 최후를 맞았다. 꼬마 찰스의 불행한 죽음 이후 린드버그는 앤과의 사이에서 존과 랜드, 앤, 스코트 그리고 리브, 이렇게 다섯 명의 자녀를 더 두었다.

하우프트만의 아내는 1994년 10월에 사망할 때까지 필라델피아의 친척 집에서 살았다. 남편의 변호사는 1940년에 죽었으며, 앞서 언급했듯 주지사 호프만은 1938년에 관직을 잃었다.

잠복해 있던 또 하나의 폭탄이 터진 것은 2003년의 일이다. 린드버그가 죽은 지 29년 만에 그가 숨겨둔 자식들이 폭탄선언을 한 것이다. 그때까지 그 어떤 전기에서도 언급되지 않았던 '독일' 자녀들이었다. 그해 기록적인 무더위를 자랑하던 여름, 아스트리트 보우토일의 입에서 터져나온 폭로였다. 그녀와 남자 형제 디르크와 다비트는 찰스 린드버그가 독일 여성으로 모자 제조업을 하고 있던 브리기테 헤스하이머와의 내연관계에서 낳은 자녀였다. 뭐든 제멋대로인 괴짜 린드버그는 헤스하이머에게 아주 낭만적인 애인이었던 모양이다. 뮌헨 오데온 광장의 전쟁영웅홀에 오르는 계단에 마련된 두 개의 사자 석상 앞에서 젊은 처녀 브리기테를 본 린드버그는 이런 식으로 수작을 걸었다고 한다. "저 사자들이 왜 울부짖지 않는지 아세요?" 여자가 어리둥절한 표정을 짓자 이미 쉰 살을 넘긴 중년이었던 날건달은 빙긋이 웃으며 여자의 가슴에 파문이 일게 만들었다. "어떤 사람에게 들은 이야기인데요, 사랑에 빠진 사람의 귀에만 사자의 울음소리가 들린다더군요. 아무래도 전 당신을 보는 순간 사랑에 빠진 모양입니다."

린드버그는 누구도 이 관계를 알지 못하도록 철저히 입을 다물었다. 이름도 카로이 켄트라는 가명을 썼으며, 브리기테와의 사이에서 낳은 세 아이들에게도 켄트라는 이름을 붙여주었다. 린드버그가 사망하던 1974년에야 비로소 아스트리트는 아빠의 사진들을 찾기 시작했다. 오래된 초콜릿 상자에서 그녀는 필름 원판을 찾아냈다. 아스트리트는 수사관 못지않은 열성으로 암머 호숫가에 자리 잡고 있는 엄마의 집을 샅샅이 뒤졌다. 고이고이 숨겨놓은 편지 묶음을 발견해내는 것은 시간문제였다. 대부분 손으로 직접 쓴 편지들은 붉은 띠로 소중하게 묶여 있었다. 딸이 편지들을 가져간 것을 눈치챈 어머니는 이렇게 말했다고 한다. "편지가 세상에 알려지는 날엔 엄청난 소동이 벌어질 게다. 네가 지금 무슨 일을 벌이고 있는 건지 알기는 하니?" 하지만 딸은 편지를 돌려주지 않았다. 어머니가 사망할 때까지 비밀을 폭로하지도 않았다. 첫 번째 편지는 1957년에 쓴 것이었다.

"아버지가 저희와 함께 계실 때면" 하고 아들 디르크는 회상했다. "저희를 무척이나 잘 대해주셨어요. 다른 아빠들이 술집에 앉아 있는 동안 우리는 소풍을 다녔죠." 린드버그는 자신의 독일 아이들을 퍽이나 아꼈던 모양이다. 바람을 피우다가 어쩔 수 없이 낳았다는 식의 푸념은 한 번도 하지 않았다고 한다. "Give Astrid a hug from me and Dyrk an extra swing!"(아스트리트에게 내 포옹을 전해주고 디르크는 번쩍 안아

한번 흔들어주구려!) 린드버그가 썼다는 편지에 등장하는 애정 어린 표현이다.

린드버그가 마지막으로 암머 호수를 찾은 것은 1972년이다. 그는 아이들이 사립학교에 다니게 했으며(독일에서는 사립학교 등록금이 워낙 비싸, 그런 곳에 다닌다는 것은 극히 드문 일이었다), 심지어 아이들 각자에게 주식을 유산으로 남겼다(이는 더더욱 흔치 않은 일이다). 비행 영웅은 당시만 하더라도 너무 쇠약해진 나머지 펑크 난 자동차 타이어도 혼자서 갈 수 없을 지경이었다고 한다. 마지막으로 보낸 1974년 8월 16일자 편지에는 건강이 너무 나빠져 편지도 쓸 수 없을 지경이라고 털어놓고 있다. "My love to you and the children, all I can send!"(당신과 아이들에게 내가 보낼 수 있는 모든 사랑을 보내오!)

아무래도 린드버그는 수준 차이가 너무 나는 본처보다 독일에 숨겨놓은 비밀 애인에게 더욱 진한 정을 느꼈던 모양이다. 브리기테는 신문을 보고서야 찰스가 죽은 것을 알았다. 딴 집 살림이 있으며, 또다른 가족이 그를 열렬히 사랑한다는 것을 브리기테는 린드버그의 소망대로 죽을 때까지 가슴에 비밀로 묻었다.

히틀러와 유전자 개량

감옥에 수감되어 있던 시절 히틀러는 최소한 한 권 이상의 유전학 책을 가지고 있었다. 전문 지식이 전혀 없으면서도 히틀러는 이 책을 약간씩 위조하고 베껴가며《나의 투쟁Mein Kampf》을 썼다. 이렇게 해서 그는 "훌륭한 인간은 유전자 개량을 통해 키워낼 수 있다"는 생각을 품었다.

나중에 자신은 이른바 "지도자"로 타고났다고 공언하던 사람이 돌연 인간은 환경의 영향을 받아 형성된다고 하는 것을 어린 시절 자신의 체험을 통해 깨우쳤다고 주장하는 대목에 이르면 어처구니가 없어 실소만 나올 뿐이다. "불행의 악순환을 끊어야 한다." 예를 들어 히틀러는 1924년과 1925년에 걸쳐《나의 투쟁》1부에서 이렇게 쓰고 있다. "애초부터 남자는 자신이 원하는 길을 갈 생각이었다. 하지만 아이들을 생각한 아내는 한사코 길을 막았다. 나날이 부부 싸움이 끊이질 않는 것은 정해진 수순이었다. 고성으로 언쟁이 계속되면서 관계는 극도로 나빠졌고, 남자는 술만 벗하기 시작했다.

매주 토요일마다 보는 남자는 만취한 모습이었다. 아이들과 함께 살아남아야겠다는 일념으로 여인은 공장으로 싸구려 술집으로 쫓아다니며 남자에게 단 몇 푼이라도 받아내려고 안간힘을 썼다. 일요일이나 월요일 밤이면 남자는 곤드레만드레 취한 모습으로 집으로 기어들었다. 땡전 한 푼 남지 않은 남자는 거칠기 짝이 없었고, 언제나 같은 장면이 되풀이되었다. 오, 주여 자비를 베푸소서. (…) 난 이런 열악한 환경의 불행한 희생자였다."

그런데 히틀러는《나의 투쟁》에서 〈민족과 인종〉라는 제목이 붙은 가장 방대한 양의 11장에서는 새로 얻은 지식을 마음껏 뽐내며 앞에서와는 다른 이야기를 시작한다. "길거리에 널려 있어서 일상에서는 잘 알아보지 못하는 진리들은 적지 않다. 사람들은 그런 평범한 진리를 장님처럼 스쳐 지나기만 하다가 불현듯 발견해내고는 경악을 금치 못한다. 이런 것을 아직까지 몰랐다니! 콜럼버스의 달걀은 수천수만 개가 널려 있는데 콜럼버스를 만나기란 이리도 어렵단 말인가."

바로 그랬다. 히틀러는 널린 달걀도 보지 못하는 "눈 뜬 장님"이었다. 그런데도 당 지도자 동지께서는, 그도 자인했듯 "부족한 배움"에도 스스로 콜럼버스 행세를 하기 시작했다. 의도적인 짝짓기를 통해 유전형질을 개량할 수 있다는 하나마나 한 소리를 무슨 엄청난 진리인 양 포장한 것이다.

글 솜씨가 뛰어난 히틀러는 자신의 주장을 교묘한 논리로 포장하는 데 발군의 실력을 자랑했다. 심지어 요즘 학생들조차 그 안에 어떤 모순이 숨어 있는지 가려보기 어려울 정도다. 11장을 보면 이런 대목이 나온다. "모든 동물은 짝짓기를 할 때 같은 종에 속하는 동족을 상대로 고른다. 박새는 박새와, 참새는 참새와, 황새는 황새와, 들쥐는 들쥐와, 집쥐는 집쥐와, 늑대는 늑대와 교미를 한다. (…) 이렇게 암수 두 마리 사이에 이루어지는 교접은 그 두 마리의 발달 수준 정도가 완전히 똑같지는 않기 때문에 아비와 어미의 수준을 평균한 새끼를 산물로 내놓기 마련이다.

이는 바꾸어 말하면 다음과 같은 것을 의미한다. 새끼는 인종이라는 관점에서 보면 아비와 어미 가운데 낮은 쪽보다는 높은 수준을 갖는다. 하지만 높은 쪽보다 높을 수는 없다. 이는 결국 나중에 이 높은 쪽과의 싸움에서 지게 되리라는 것을 뜻한다. (…)

만약 이런 과정이 달라진다고 해도 마찬가지다. 다시 말해서 더이상 수준의 발달이 이루어지지 않는다면 아마도 반대의 경우가 생겨날 것이다. 수준이 떨어지는 놈이 최고의 놈에 비해 수적으로 우세하다면, 같은 생활환경과 번식 조건에서 열등한 놈이 우수한 놈에 비해 훨씬 더 빠르게 번식할 것이다. 결국 최고의 놈은 피할 수 없이 궁지에 내몰리게 된다. 어느 쪽이 되었건 더 나은 놈이 계속 나오기 위해서는 인위적인 교정이 반드시 필요하다."

당시 많은 사람들은 히틀러의 말을 아주 그럴싸한 것으로 여기고 고개를 주억거리기도 했다. 하지만 그의 주장은 일고의 가치도 없는 거짓이다. 우선, 자연과학적으로 볼 때 인종이라는 개념은 그 경계를 분명히 해가며 적용할 수 있는 게 아니다. 특히 개인이 아닌 인간 집단을 놓고 어느 쪽이 더 강하고 어느 쪽은 허약하다고 하는 것은 말이 되지 않는 소리다. 아니, 대체 여기서 강하다거나 약하다는 게 정확히 무엇을 뜻하는가?

둘째, 사람의 짝짓기는 동물의 그것과는 전혀 딴판이다. 같은 동물일지라도 그 하위의 무수한 종들 사이에 교접이 이루어진다. 하지만 모든 인간은 근본적으로 하나의 같은 종에 속할 뿐이다. 박새와 늑대로부터 이끌어낸 히틀러의 비유는 말이 되지 않는 헛소리일 뿐이다.

셋째, 유전인자라고 하는 것은 눈으로 볼 수 있는 게 아니다. 바꾸어 말해서 유전형질은 어떤 인간의 외모를 근거로 예측할 수 있게 유전되는 게 아

229

니다.

넷째, 이 점은 2년에 걸친 집필 기간 동안 히틀러 자신도 깜빡한 것이지만 많은 성격은 환경에 의해 결정된다. 인종주의자가 기꺼이 유전된다고 믿었던 특성들이 특히 그렇다. 이를테면 명예, 사랑, 신앙 등은 교배를 한다고 해서 배양할 수 있는 게 아니다. 우수 형질을 자랑하는 인간을 배양한다는 자못 솔깃한 이야기는 이로써 모래 위에 지은 집처럼 와르르 무너져내리는 허튼 생각에 지나지 않는다.

물증

이제 남은 문제는 오직 한 가지다. 린드버그는 정말 유죄일까? 독자 여러분이라면 어떤 판단을 내리겠는가? 당신이 미국의 법정에서 배심원 자리에 앉아 있다면 어느 쪽이든 반드시 판단을 내려야 한다. 피고인이 유죄라고 생각하는가? 판사가 사형을 언도해도 십분 납득할 수 있을 정도의 확고한 판단인가? 게다가 납치 사건의 경우 법정 최고형을 언도한다는 새로운 법, 피고에게 맞춤한 "린드버그 법"이라는 것까지 공표된 마당에는 판단에 더욱 신중을 기해야만 한다.

지금 당신이 법정의 배심원석에 앉아 있다고 상상을 해보자. 사건 심리는 바로 당신의 눈앞에서 이루어지고 있다. 그리고 지금은 결심공판을 하는 날이다. 조금 있으면 당신은 동료 배심원들과 마지막 결정을 위한 회의를 해야 한다. 다시 한 번 메모장을 들추어보는데 목재 전문가가 뭔가 발견했다는 기록이 나온다. 목재 전문가? 무엇이 문제였더라?

사다리는 전부 네 가지 종류의 목재로 이루어져 있었다. '이케아' 가구 전문점에서 흔히 볼 수 있는 소나무와 폰데로사 소나무, 일명 "더글러스"라고 불리는 미국 서부에서 나는 커다란 소나무 그리고 자작나무 등이 그것이다. 꼬마 찰스가 사라지고 나서 1년 뒤인 1933년 3월 국립목재검역소의 목재 전문가 아서 쾰러는 경찰로부터 뉴저지 주 트렌턴으로 와달라는 요청을 받았다. 몇몇 목재 견본뿐만 아니라 사다리 전체를 살펴보기 위해서였다.

나무가 좋은 점은 건조한 공간에 보관되어 있을 경우 썩지 않는다는 데 있다. 트렌턴에 도착한 쾰러는 일단 세 가지 일을 벌였다. 우선, 사다리 전체를 차분하게 구석구석 살폈다. 앞서도 설명했듯 사다리는 전부 세 부분들로 이루어져 있었으며, 전체 무게가 고작 17킬로그램에 지나지 않았다. 눈으로 보기에도 불안정해 보이는 사다리였다. 사다리를 분해할 수 있게 만든 이유로는 여러 가지를 꼽을 수 있다. 그 가운데 하나는 집과 뜰에서 간편하게 사용하기 좋다는 점이다. 수납공간을 줄여줄수 있는 것도 한 가지 이유이리라. 작은 집에서라면 놓아둘 곳이 마땅치 않으니 말이다. 또 차에 간단히 실을 수 있다는 강점도 있었다.

사다리는 전체적으로 그다지 믿음이 가지 않는 꼬락서니를 하고 있었다. 발을 디디고 서는 디딤판은 못질도 해놓지 않았다. 그저 끌 같은 것으로 파낸 조잡한 구멍에 끼워져 있을 뿐이었다. 아무래도 아마추어의 솜씨인 것으로 보였다. 물론 이런 점도 눈여겨볼 대목이다. 사다리를 만든 사람이 누구인지는 모르지만 어쨌거나 목수 일을 잘 모르거나, 시간이 없어 급하게 만든 것이라는 결론을 내릴 수 있기 때문이다. 혹시 한 번 사용하고 버릴 생각으로 이렇게 만들었을 수도 있다. 하지만 전문가라는 사람은 검사에만 몰두할 뿐, 자신이 찾아낸 게 사건에 무슨 의미가 있는 것인지 해석할 필요는 없다. 또 반드시 그래야만 한다! 전문가가 찾아내야 하는 것은 진실일 뿐, 범행을 저지른 동기나 그 처벌의 형평성 같은 문제까지 신경 써야 하는 것은 아니기 때문이다. 현장에서 찾아낸 단서의 감정을 의뢰받은 전문가는 오로지 감식에 집중해서 자신이 찾아낸 자료를 수사관과 법관에게 넘겨주면 그만이다.

쾰러는 사다리의 크기를 20분의 1밀리미터까지 정확하게 측정했다. 사다리는 열일곱 개의 나무 판들과 이를 양옆에서 지지해주는 기다란 두 개의 기둥으로 이루어져 있었다. 특히 눈에 띄는 것은 16번이라는 번호가 붙은 디딤판 파편이다. 이 나무는 얼핏 보기에도 값어치가 별로 나가지 않는 중고 널빤지를 잘라낸 것으로 재질은 소나무였다. 다른 모든 디딤판들이 여느 목재상에서나 구할 수 있는 천장을 받치는 표준규격의 횡목을 잘라낸 것인 반면, 16번 디딤판은 굵기부터 달랐다. 그것은 가로와 세로를 손으로 적당히 잘라낸 것이었다. 바꾸어 말해서 16번 디딤판은 틀림없이 천장에 들어가는 횡목이 아니라 널빤지였던 것을 톱으로 대충 잘라낸 것이었다.

이 디딤판의 세로 면에는 칼로 다듬은 흔적이 역력했다. 칼은 이가 많이 나간 게 분명했다. 거친 칼로 마구 깎아낸 흔적은 불빛을 비스듬히 비추어보면 잘 알아볼 수 있었다.

그리고 16번 나무 판에는 사각의 못 자국 구멍이 나 있었다. 이런 구멍들은 앞서도 이야기했듯 나무가 오랜 시간 실내의 건조한 공간에 있었다는 것을 암시한다. 그렇지 않았더라면 구멍에는 못에서 묻어난 녹이 있어야만 하기 때문이다. 하지만 아무리 살펴보아도 녹은 검출되지

233

않았다. 또 이 나무는 미관상 좋지 않은 옹이구멍을 잘라낸 나뭇결을 가지고 있었다. 그러니까 이 나무는 곡물 창고 바닥과 같이 눈에 잘 보이지 않는 곳에 사용되는 목재였다.

그 밖에도 12번과 13번 디딤판은 하나의 횡목에서 잘라낸 것으로 드러났다. 이 나무들은 하나의 횡목에서 잘라낸 것이다. 경찰이 다시 짜맞추어본 횡목의 한쪽 끝은 묘하게도 다른 쪽 끝에 비해 1.5밀리미터 정도 더 두꺼웠다. 목재소에서 기계톱으로 잘라냈음에도 이런 차이가 생긴 이유는 무엇일까?

그 답은 이렇다. 기계에서 잘라져 나오는 나무 판은 양쪽 끝의 두께가 똑같다. 그러나 나무줄기에서 잘라낸 것은 두께가 다를 수밖에 없다(그러니까 압축 합판이 아닌 경우에 말이다). 나무줄기는 양쪽 끝의 성장 정도가 다르기 때문이다. 살아 있는 나무에서 땅에 가까운 쪽과 하늘을 향한 쪽의 두께가 같을 수는 없다. 게다가 아래쪽일수록 밀도가 높으며 한층 안정된 조직을 자랑하기 마련이다. 위로 갈수록 나무의 강도는 떨어지며, 그 조직의 공동에는 공기와 수분이 포함되어 있다. 그래서 위쪽의 나무는 아래쪽에 비해 건조를 할 때 수축되는 정도가 훨씬 더 크다. 이런 수축 정도의 차이는 나무에 톱질을 하고 완전히 건조하게 되는 첫 주가 지나야 알아볼 수 있다.

퀼러는 계산을 해보았다. 횡목의 단단한 부분은 이미 조직의 밀도가 강하므로 별로 수축하지 않았다. 이쪽 끝의 두께는 94밀리미터이며, 다른 쪽은 92밀리미터였다.

그래도 이상했다. 갓 잘라낸 신선한 나무를 기계톱은 보통 92밀리미터의 두께로 잘라내기 때문이다. 그런 다음에야 나무를 말리기 때문에 두께는 더 얇아지기 마련이다.

하지만 횡목은 건조를 거치고 나서도 신선한 나무와 똑같은 두께를 갖지 않는가? 심지어 한쪽 끝은 더 두껍다? 공업용 기계톱은 언제나 정해진 규격으로만 그리고 잘라내는 강도를 일정하게 유지하면서 작업을 하는 탓에 위의 현상을 설명할 방법은 딱 하나다. 처음부터 95밀리미터로 두께를 자르도록 맞춰놓은 기계톱으로 작업한 것이다.

이는 퀼러와 배심원단에게 첫 번째 중요한 정보다. 미국 동부 해안선에서 12번과 13번 디딤판의 나무를 잘라냈을 기계톱을 가진 목재소는 많아야 몇십 개로 압축할 수 있기 때문이다.

퀼러는 매디슨에 있는 자신의 실험실로 일단 되돌아갔다. 뉴저지 경찰은 그에게 사다리 조각 샘플을 보냈다. 거기서 목재 전문가는 더욱 자세한 것을 알아낼 수 있었다. 샘플에 불빛을 비스듬하게 비추어보니 기계로 다듬은 목재 표면에 많은 작은 흠집들을 확인할 수 있었던 것이다. 이런 흠집은 기계 대팻날에 이가 나가서 생겨난 것이다. 퀼러는 흠집들을 헤아리고 측정을 해가면서 널판을 세로 방향에서 다듬어간 대패 롤러는 여덟 개의 날들을 가지고 있음을 밝혀냈다(가로 방향에서 다듬어간 롤러는 여섯 개의 날을 가졌다). 두 번째로 나온 중요한 정보다.

대패의 각 날은 롤러가 돌아갈 때마다 그 흔적을 남기기 마련이다. 마치 일정 간격을 표시해놓은 것만 같은 자국은 이렇게 해서 생겨난다. 목재를 자르는 기계톱은 일반적으로 초당 50회 회전을 하기 때문에 퀼러는 이제 나무를 얼마나 빠른 속도로 기계에 밀어넣었는지 계산해보았다. 24밀리미터 간격으로 늘 같은 자국이 되풀이되고 있는 것을 확인했기 때문이다. 이는 바꾸어 말하면 톱날을 가진 롤러가 24밀리미터마다

1회전을 끝낸다는 것을 의미한다. 그러니까 여덟 개의 톱날에서 첫 번째 것이 항상 자국을 남기는 셈이다.

톱날의 회전이 0.02초당 1회 이루어지면서 24밀리미터의 진전을 보이는 까닭에 이를 시속으로 환산하면 대략 4킬로미터가 된다. 무척 빠른 속도의 기계톱이다! 흔히 볼 수 있는 기계톱의 속도는 고작 평균 시속 2킬로미터에 지나지 않기 때문이다.

퀼러는 셜록 홈스도 부러워할 만한 최고의 추리 솜씨를 발휘했다. 동부 해안선에 자리 잡고 있는 1,600여 곳의 목재소들에게 다음 특징을 갖는 기계톱을 가지고 있는지 문의한 것이다.

• 가로 방향으로 여섯 개의 톱날을, 세로 방향으로는 여덟 개의 톱날을 갖는 기계톱.
• 두께를 95밀리미터 크기로 잘라내도록 조절 장치를 갖춘 희귀 기계톱.

이런 질문을 담아 퀼러는 1,600여 목재소들에 남김 없이 편지를 보냈다. 납치극이 벌어지기 이전 시점에 그런 기계를 갖춘 공장은 23곳으로 확인되었으며, 그 가운데 시속 4킬로미터의 빠른 속도를 자랑하는 기계는 단 한 곳만이 가동했다! 사우스캐롤라이나 매코믹에 있는 가족 기업 '도른'은 1929년 9월 거듭 기계를 개선하는 노력을 보인 끝에 일반 기계보다 두 배나 빠른 속도를 뽐내는 기계톱을 선보이는 데 성공한 것이다.

더욱 좋은 소식도 있었다. 고객들로부터 톱날 자국을 둘러싼 항의가 끊이질 않자, 같은 해 톱날을 말끔하게 갈았다는 것이다. 이 시점 이후 톱날 자국은 더이상 남지 않았다는 말이 된다. 그러니까 린드버그 사건에서 사다리를 만드는 데 사용한 나무는 1929년 9월과 12월 사이에 '도른' 목재소의 창고를 떠난 것이라야 한다. 목재의 운송 기록부를 확인한 결과 톱날 자국이 남은 목재는 전부 46회에 걸쳐 트럭 배달이 이루어진 것을 알 수 있었다.

이제 범죄 수사 역사상 눈과 귀를 의심하게 만드는 최대의 수색 작업이 펼쳐졌다. 퀼러와 경찰관 루이스 본맨은 린드버그 저택 일대의 목공소들을 일일이 찾아다니며 '도른' 목재소로부터 물건을 받아 쓰는 곳이 어딘지 탐문 수사를 벌였다. 1933년 11월 말, 이제는 떼려야 뗄 수 없는 사이가 되었다는 두 사람은 드디어 문제의 목공소를 찾아냈다. '내셔널 럼버 앤 밀워크 회사'라는 간판이 붙은 목공소에서 '도른'의 기계톱이 잘라낸 목재를 쓰고 남은 것을 발견한 것이다. 이 회사는 더구나 브롱크스에 창고를 두고 있는 게 아닌가! 그뿐만 아니라 린드버그의 아들이 납치되기 석 달 전인 1931년 12월 1일 그곳에 '도른'으로부터의 배달이 이루어졌음도 확인되었다.

브롱크스는 콘던 박사에 의해 저 "공동묘지 존"에게 몸값이 전달된 지역이다. 그러니까 범인들은 이 지역에서 만나 활약을 벌인 게 틀림없다. 하지만 수사는 곧 벽에 부딪치고 말았다. 브롱크스에서 특별히 의심이 가는 용의자가 나오지 않았기 때문이다.

아홉 달이 흐르고 나서야 비로소 목수 브루노 하우프트만이 체포되었다. 그의 아내까지 집에서 몰아내고 두 명의 경찰관은 퀼러의 파트너 본맨과 함께 가택을 철저히 수색했다. 그러나 나머지 몸값은 여전히 행방이 묘연했다. 혹시 방바닥 같은 것을 떼어내고 그 안에 숨긴 것은 아닐까?

바닥을 살피던 수사관들은 다락방 바닥에 깔려 있던 널빤지 하나가 톱으로 잘라내진 것을 발견했다. 그러나 거기에서 숨겨진 돈이 나오지 않자 수사관들은 그럴 수도 있겠거니 여기고 넘어갔다. 하지만 본맨은 바로 그 구멍에 16번 조각이 맞는 것은 아닐까 하는 의심을 품게 되었다. 확인 결과 거기에 맞기에는 너무 작았다. 그러나 요행인지 불행인지 네 개의 못 구멍들이 16번의 그것과 맞아떨어지는 것으로 드러났다. 특히 못 구멍은 그 아래 받침목의 그것과 정확하게 일치했다. 16번 나뭇조각의 무늬 역시 하우프트만의 바닥 널빤지와 종이 한 장으로 연결해가며 중간에 빠진 부분을 그려보자 반론의 여지가 없이 일치하는 것으로 나타났다. 심지어 두께가 얇은 쪽의 나이테는 정확히 들어맞았다. 게다가 하우프트만 작업장의 대패는 성급히 만든 것으로 보이는 사다리 표면의 대패질한 흔적과 똑같은 결을 보여주었다.

뉴저지 호프웰의 바람이 심하게 불던 저녁에 발견된 16번 조각은 뉴욕 브롱크스의 하우프트만 집 다락방에서 나온 널빤지와 거의 확실하게 일치한다고 확인한 것이다.

이제 물증은 피고를 꼼짝 못하게 만드는 것처럼 보였다. 그래서 변호인은 차라리 쇼를 벌이는 게 낫겠다는 판단을 한 모양이다. 다섯 번째 공판이 열리던 날 쾰러가 문제의 증거는 최소한 피고가 공범임을 확인해주는 것이라고 증언하자, 변호사는 이른바 "전문 감정인"인 쾰러가 얼마나 신뢰할 수 있는 실력을 갖추었는가 하는 문제를 놓고 공격을 벌이기 시작했다.

"지구상에 있는 모든 사람들 가운데" 하며 변호사는 운을 떼었다. "이른바 '목재 전문가'라고 불리는 사람이 있다는 소리를 저는 전혀 들어보지 못했습니다. 아니, 대체 목재 감정이라는 과학이 언제부터 법정의 공식적인 인정을 받았습니까? 그런 게 필적감정이나 지문 감식 또는 탄도학과 같은 차원의 것일 수는 없지 않습니까? (…) 증인(쾰러를 지칭함—지은이)이 풍부한 경험을 가진 목수나 그 비슷한 것으로 나서는 거야 뭐 그럴 수도 있다고 칩시다. 하지만 그를 두고 공인된 '목재 전문가'라고요? 차원이 전혀 달라지는 문제가 아닌가요? (…) 이 남자가 알고 있는 것은 오직 나무를 검사하는 일뿐입니다. 예를 들어 이 나무껍질이 저 나무껍질과 다르다는 식이지요. (…) 그런 정도야 배심원들께서도 얼마든지 판단할 수 있는 게 아닙니까? 저는 배심원들께서도 각자의 안목으로 여기 있는 증인 못지않은 판단을 내릴 수 있으리라고 봅니다, 안 그렇습니까, 여러분?"

변호사가 내용상 말도 안 되는 헛소리를 일삼을수록 그만큼 증인이 중요하다는 방증이 된다. 하우프트만의 변호사는 아예 드러내놓고 배심원들의 환심을 사려고 안간힘을 썼다. 뭐 그러라고 돈을 받는 직업이니 그런 태도를 문제 삼을 수야 없다. 하지만 배심원이 전문가와 똑같이 판단할 능력을 가지고 있다는 주장은 사실을 지나치게 비틀어놓는 꼼수일 뿐이다. 마지막에 가서 생사 여부를 가늠하는 결정적인 판단을 하는 사람은 오로지 배심원뿐이니 말이다. 에드워드 라일리는 법정 밖에서도 틈만 나면 배심원들 들으라고 판사 앞이라면 감히 입 밖에 꺼내지도 못했을 온갖 망언을 일삼았다. 예를 들면 이런 식이다. "저 치 좀 봐! 아니, 숲 속에서 나무꾼을 데려다 앉혀놓고 전문가라고? 어허, 아무래도 판사가 어떻게 된 거 아냐?"

그런 꼼수는 통하지 않는다. 돈이 어디서 난 것(이지도어 피시)인지 자신 있고도 정당하게 설명할 수 있었고, 필적감정 결과가 자신에게 별다른 위협이 될 수 없다는 것을 잘 아는 하우프트만조차 변호사의 설레발에 진땀을 흘렸을 정도였다. '저건 아닌데 … ' 하면서 말이다. 피고는 널빤지가 자신의 다락방에서 나온 것이라는 수사관의 증언에 설득력 있게 반박했을 뿐만 아니라, 도대체 그런 것도 사다리냐고 코웃음을 쳐가며 목수로서의 전문적 실력을 마음껏 뽐냈기 때문이다. "그게 사다리라고요? 제 눈에는 무슨 악기처럼 보이는군요." 법정에서 하우프트만이 한 말이다.

자, 이제 독자 여러분은 왜 브루노 하우프트만이 범죄 수사의 관점이나 법관의 법리적인 판단에 따라 범행을 저질렀을 수 있는 유일한 인간으로 몰릴 수밖에 없었는지 충분히 이해했으리라 믿는다. 수사관이나 법관이 보기에 사다리는 확실한 물증이다. 그럼 하우프트만말고 사다리를 만들 수 있는 사람은 이 사건에서 누가 있는가? 그는 도구도 갖추고 있으며, 더욱이 다락방에서 널빤지를 뜯어냈다는 의심도 받고 있다. 게다가 범행이 벌어지기 석 달 전 하우프트만의 집에서 불과 열 블록도 떨어지지 않은 목재상에 사다리를 만드는 데 쓰인 것과 똑같은 목재가 배달되었다. 누가 이 나무를 가지고 사다리를 만들었을까?

여기서 우리의 고민은 시작된다. 물증은 있다. 하지만 그 물증이 꼭 하우프트만과 관련된 것으로만 해석되어야 할까? 다른 가능성은 없는가? 물론 변호사는 다락방 바닥에서 뜯어냈다는 널빤지가 다른 것에 비해 1.5밀리미터 이상 두껍다는 것을 지적했다. 그러나 이런 변론은 법정의 분위기를 바꾸어놓지 못했다. 나무의 두께가 고르지 않은 것은 아직 완전히 마르지 않은 나무를 실내 바닥재로 썼기 때문이라는 주장이 설득력을 얻었기 때문이다. 하지만 물증을 하우프트만하고만 관련시키기에는 의문의 여지가 많았다. 그런데도 판사와 검사와 변호사 그리고 배심원은 그런 의문을 본격적으로 문제 삼지 않았다.

"이 사건에서 얻은 경험으로 비추어볼 때" 하고 아서 퀼리는 1948년 상관에게 쓴 보고서에서 밝히고 있다. "범죄 수사에 앞으로 과학수사는 더욱 중시되어야 한다는 결론을 내렸습니다."

바로 그랬다. 식물학자도 법정에서 당당한 전문가로 인정을 받고 있다. 오늘날 이들의 증언이 사람들을 깜짝 놀라게 만드는 반전을 몰고 오는 경우가 적지 않다.

하지만 사다리처럼 전문가의 탁월한 식견에 기초한 물증이라 할지라도 우리가 짚어야 할 의문들은 하나둘이 아니다. 조금이라도 미진한 구석이 남는 경우를 철저히 따져야 하는 이유가 달리 있는 게 아니다. 린드버그 사건의 경우, 도대체 개는 왜 짖지 않았던 것일까? 하우프트만이 범인이라면 개는 집 안을 발칵 뒤집어놓을 정도로 짖어댔을 것이다. 혹시 심한 바람 때문에 창문을 너무 꼭 닫아놓아 아무런 냄새도 맡지 못하고 어떤 소리도 못 들었다? 또 여자들은 왜 곧장 협박 편지를 발견하지 못했던 것일까? 물론 여기에도 이해의 여지는 있다. 여자들은 아이를 찾은 것이지, 편지를 찾은 것은 아니니까. 더 나아가 린드버그는 하우프트만이 처형되기 전에 서둘러 미국을 떠나 유럽으로 가버렸다. 표면적인 이유는 여론과 언론의 등쌀을 견딜 수가 없어서라고 했다. 정말? 평소에는 여론과 언론의 관심으로 먹고살던 그가 아니었던가? 그런 관심을 한껏 즐기던 그가 갑자기 그게 싫어졌다? 풀리지 않는 물음은 또 있다. 문제의 화요일 린드버그는 왜 그토록 늦게 귀가를 한 것일까? 물론 이 물음도, 종종 늦을 수도 있지 뭘 그러냐고 한다면 그만일까?

린드버그는 기꺼이 수사에 앞장서려고 했다. 어떤 대가를 치르더라도 아이만큼은 구해야겠다는 일념으로. 하지만 그는 자신을 과대평가했고 경찰을 과소평가했다. 세상에는 뭐든 자신이 가장 잘할 수 있다는 사람들로 넘쳐난다. 축구 중계를 보며 흥분하는 사람들은 자기라면 공을 더 잘 찼을 거라며 거품을 물기도 한다. 그래? 그렇게 불뚝 나온 배를 가지고? 큰소리치는 사람은 정작 맡겨놓으면 쑥대밭을 만들기 일쑤다. 린드버그는 국가적 영웅이라는 이유 하나만으로 평범한 사람은 꿈도 꾸지 못할 기회를 잡았다. 자신이 수사 반장 노릇을 한 것이다. 그런데 왜 그렇게 한사코 수사를 방해하기만 했을까? 콘던의 저 전화번호는 어떻게 된 것일까? 정말 경찰이 장롱의 가려진 측면에 그것을 써넣었을까? 아니다, 그건 아니다. 전화번호는 범인이 거기에 써놓은 것일 뿐이다. 현장에 거리낌 없이 접근할 권한을 가진 범인이!

자, 이제 당신은 이런 모든 이야기를 동료 배심원들에게 해주기 바란다. 이런 사건에서 올바르게 해석된 물증은 1,000여 개가 넘는 법리적 해석보다도 더욱 소중한 것이다. 아니, 올바로 해석된 물증이야말로 판단의 유일한 잣대가 되어야 한다. 하우프트만이 사다리를 만들었다. 그리고 돈을 숨겼다. 우리의 물증은 이것뿐이다. 그렇다고 여기서 끝인가? 과연 그런가? 우리는 물증을, 그리고 그와 관련한 정황을 올바로 해석했는가?

물론 하우프트만이 독일 이민자가 아니고, 린드버그가 세대를 뛰어넘는 인기를 누리는 영웅이 아니었다면 사건은 다른 결말을 보여줄 수도 있었으리라. 하우프트만이 부자이고 유명했다면, 린드버그가 가난한 술주정뱅이에 지나지 않았다면 아마도 목수 대신 조종사가 전기의 자에 앉아야 했으리라.

따라서 다음의 결론은 아무리 강조해도 지나침이 없을 정도로 중요하다. 전문가가 물증을 설득력 있게 해석하기 전에는 어떤 사람이 범인인지 아닌지 절대 판단하지 말라. 사건과 어떻게든 관련이 있는 물증이고 앞뒤 정황이 맞아떨어진다면 세계의 어떤 법정이든, 심지어 여론 재판이든, 이 물증을 꼭 새겨들어야만 한다. 배심원들 역시 마찬가지다. 증거를 요구하고 증거를 올바로 해석하라. 그 밖에 다른 것, 이를테면 추측, 억측, 충고, 피의 사실 사전 유포로 인한 여론 따위는 깨끗이 잊어라. 그런 것은 경솔하고 경박할 뿐만 아니라 잘못된 부정이다. 더욱이 우리의 소중한 시간까지 앗아가는 죄악이다.

정의 vs. 진실

서유럽 사람들은 종종 (미국의) 배심원 제도를 비웃곤 한다. 사람이 조그만 일에도 얼마나 영향을 받기 쉬운 존재인가 하는 것은 잘 알려진 사실이기 때문이다. 내가 보기에도 이런 의혹은 정당한 것으로 여겨진다. 미국에서 많은 범죄 사건들을 다루어보면서 한편으로는 선입견과 분위기에 휩쓸리며, 또다른 한편으로는 변호사와 검사가 각종 음모설 등을 제기하며 벌이는 요란하기 짝이 없는 한바탕 연기를 신물 나도록 경험했기 때문이다. 이런 식으로 정의를 규명하는 일이 진실에는 손톱만큼도 도움이 되지 않는다는 말은 하지 않겠다. 하지만 내가 개인적으로나 직업적으로 관심을 갖는 유일한 것은 오로지 진실뿐이다.

법에 따른 판결과 정의 그리고 진실이라는 게 언제나 같은 것일 수는 없다는 점은 누구나 알고 있는 이야기일 것이다. 정치적인 결단을 내려야 할 경우라면 더더욱 그렇다. 정치적 목적을 좇기 위해서라면, 특히 좋은 의미의 목적일 경우 우리는 종종 진실과 다른 것을 감수하지 않을 수 없다. 하지만 법정에서 꼼수와 책략이 판을 쳐서는 안 된다. 여기서 중요한 것은 오로지 무슨 일이 언제 어떻게 왜 벌어졌는지 그 진실을 밝히는 것이기 때문이다. 기본 물음에 충실하지 않는 판결은 설혹 그게 옳은 것이라 할지라도 철저히 문제 삼아야 한다. 사람의 운명을 우연에 맡겨서는 안 되기 때문이다.

바로 그래서 최근 몇십 년 동안 법정은 물증이라는 것을 더욱 중시해왔다. 새롭게 주목받은 가장 중요한 물증으로는 약 1900년부터 도입된 지문 감식과 1985년에 발명된 유전자 감식이 각각 내놓는 결과물을 꼽을 수 있다. 이 두 수사 기법을 통해 우리는 범인과 현장을 결부 지을 수 있을 뿐만 아니라, 현장과 현장 사이의 연관성을 밝혀내기도 한다. 그러니까 범인이 1년 뒤에야 체포되었다 할지라도 우리는 그의 연쇄 범행을 입증할 수 있는 방법을 가지고 있는 것이다.

증인의 진술에 비해 물증이 갖는 주된 강점은 무엇보다도 시류와 개인의 주관적인 견해로부터 완전히 자유로울 수 있다는 점이다. 물증은 우리가 갖는 객관이라는 이상과 부합한다. 다시 말해서 물증은 어느 쪽으로도 영향을 줄 수 없는 진술이다. 물증이 없는 곳에서는 추측과 억측만이 판을 칠 뿐이다.

하지만 물증이 발견되었다 할지라도 정확한 이해와 해석은 꼭 필요하다. 그래야만 온갖 설왕설래와 불필요한 언쟁을 줄일 수 있다. 범행이 어떤 과정을 거쳐서 일어났는지 물증을 가지고 설명할 수 있는 선택 가능한 방법은 오로지 하나뿐이다. 바꾸어 말해서 물증은 범행이 일어난 과정을 딱 하나로 압축시켜준다. 그렇지 않은 경우는 물증을 잘못 해석했기 때문에 빚어진다.

물론 좌고우면하지 않고 끝까지 사건을 충실하게 추적하는 훌륭한 범죄학자만이 범행 과정을 설명하는 데는 다른 가능성이 있을 수 없다는 확인에 이를 수 있다(여기서 말하는 훌륭한 범죄학자란 일선의 수사관 외에도 법률가, 자연과학자 등을 포괄하는 표현이다). 바로 그래서 아서 코난 도일은 자신이 창조해낸 전설적 탐정 셜록 홈스의 입을 빌려, "다른 모든 가능성들이 부정되고 나서 남는 설명은 옳은 것이다. 도저히 그럴 수 없을 것처럼 보일지라도 그것은 진실이다"라는 명언을 남긴 것이다.

4장

살인 사건, 범죄와 사형?

—

살인자는 어떤 모습일까?

한 인간의 생명을 좌지우지하는 경우에서만 확실한 물증을 토대로 판단을 내려야 하는 것은 아니다. 고소를 당하거나 심문을 위해 수사 당국에 불려오는 경우에도 당사자가 받는 중압감은 이만저만이 아니다.

1980년대 말 독일에서는 아버지가 자식들을 성추행했다고 고발당한 사건들이 줄줄이 이어지면서 사회가 발칵 뒤집힌 적이 있다. 직계가족에서 그런 혐의가 흘러나오는 경우, 비난의 대상이 된 아버지가 선입견에 맞서 자신을 방어하는 일은 거의 불가능에 가깝다. 특히 규모가 작은 사회 집단, 이를테면 시골 마을이나 동호회 또는 직장 등에서 소문은 날개 돋친 듯 퍼져나가기 마련이다. 이럴 때 처음 떠오르는 질문은 언제나 다음과 같은 것이다. 저 남자가 정말 그런 일을 저질렀을까?

하지만 사실 이런 질문은 무의미한 것이다. 중요한 것은 어디까지나 물증일 뿐, 있는 그대로 보지 못하게 만드는 선입견이나 편견은 사건의 실체에 접근하지 못하게 만드는 방해물일 뿐이니 말이다. 앞서 경찰에게 마음대로 지어낸 이야기를 천연덕스럽게 하고서 사건의 전모가 밝혀지고 난 다음에도 거짓말을 한 게 아니라고 주장하던 소녀를 떠올려 보라. 그 조그맣고 사랑스러운 소녀가 그럴 수 있다는 게 지금도 믿기 어렵지 않은가?(152쪽) 미성년자인 의붓딸에게 수년 동안 성폭행을 일삼다가 급기야는 가족 전체를 살해한 가장이 있다면 여러분은 믿을 수 있겠는가?(이 사건은 2000년 내가 직접 수사에 참여했던 것이다). 평소 성실하기로 평판이 자자했던 과학수사연구소 실험실 실장이 진범이 아닌 억울한 피고에게 중형을 선고하도록 유전자 감식 결과를 조작했다면 여러분은 틀림없이 귀를 의심하지 않을까?(402쪽)

어떤 일이든 성급한 판단을 내리는 것은 금물이다. 인간은 누구나 자신 안에 모순된 측면들을 동시에 가지고 있는 존재이기 때문이다. 영혼의 상처는 워낙 깊이 숨겨지는 탓에 바로 옆에서 사는 부모나 배우자도 자식이나 남편의 내면에서 무슨 일이 벌어지고 있는지 모르는 경우가 허다하다. 고작해야 일이 터지고 난 다음에 가까스로 아, 그래서 그랬구나 하고 가슴을 칠 따름이다. 예를 들어 연쇄살인범 제프리 다머Jeffrey Dahmer는 법정에서 선고를 받고 난 뒤 텔레비전 방송에 출연해 자신의 친아버지와 함께 무엇 때문에 자신의 인생이 어긋나버렸는지 하는 문제를 놓고 대화를 나눈 적이 있다. 상당히 진지한 분위기 속에서 진행된 대화였으나, 제프리는 한사코 자신의 진짜 속내를 드러내지 않으려고 안간힘을 썼다. 그저 일찌감치 이혼한 아버지 밑에서 홀로 자랐다는 것, 어려서부터 술을 입에 대기 시작했다는 것, 특히 아이 때 죽은 짐승을 가지고 놀기를 즐겼다는 것 등을 담담한 어조로 이야기했을 뿐이었다.

사진13 아들의 결심공판에 참석한 제프리 다머의 부모(아버지 라이어넬 다머는 화학 박사이며, 어머니 섀리는 친어머니가 아니라 계모다). 이들의 얼굴에 드러난 당혹감은 오늘날까지도 지워지지 않고 있다. 아버지 다머는 당시 느낀 혼란을 직접 책으로 썼으며, 아들에게서 나타나고 있는 모습이 곧 자신의 성격이라고 인정하기도 했다. ⓒ AP/릭 우드Rick Wood/Pool

화학 박사 학위를 가진 아버지 다머는 나중에 아들과의 대화를 회상하면서 상당히 의미 있는 책을 썼다(라이어넬 다머Lionel Dahmer, 《아버지 이야기. 아들에게서 악마를 마주해야만 했던 남자의 고뇌A Father's Story. One Man's Anguish at Confronting the Evil in his Son》). 그는 책에서 무엇보다도 아들이 가진 본질적인 특성이 다름 아닌 자기 자신 안에 숨어 있던 것임을 깨달았다고 술회하고 있다. 이를테면 세상을 자기 손아귀 안에 넣고 주무르려는 욕구가 그토록 강렬한 것인지 미처 몰랐다는 토로다.

제프리 다머의 어린 시절 사진을 본 사람은 아마도 인간을 바라보는 자신의 굳어진 습관을 문득 깨닫고 후회할지 모른다. 남에게 조금도 해를 끼치지 않을 것 같은 천진하고 친근한 인상은 그 어떤 가족 앨범에서도 쉽게 찾아보기 어려운 것이다. 우연히 다머의 사진을 본 내 아내조차 "참 선량해 보이는 사람"이라고 했을 정도다. 사진은 연쇄살인범이 실제로는 아주 뻣뻣하며 천박하기 짝이 없는 말투를 쓰고 인간이 자연스레 갖는 감정과 배려 따위는 전혀 모르는 철면피라는 것을 조금도 보여주지 않는다. 다머는 모든 책임은 자신에게 있는 것이지, 사회나 교육 탓을 하고 싶지는 않다고 기회가 있을 때마다 강조했다. 그는 관용을 원치 않았으며 오히려 엄정한 재판을 희망했다. 판사에게 957년에 달하는 실형을 선고받기 직전 다머는 법정에서 다음과 같은 최후진술을 했다. "저는 (재판을 통해—지은이) 무엇이 저를 그토록 잔혹하고 흉악한 놈으로 만들었는지 알고 싶었습니다."

일명 "뒤셀도르프 뱀파이어"라고 불리는 연쇄살인범 페터 퀴르텐 Peter Kürten(1931년 7월 2일 쾰른의 클링겔퓌츠 교도소에서 처형됨)의 아내도 남편의 어두운 면을 전혀 알지 못했다. 물론 두 사람의 관계가 오래전에 애정이 식어버린 것이기는 했지만, 그래도 부부는 서로 살을 맞대지 않을 수 없는 아주 비좁은 공간에서 여전히 함께 살고 있었음에도 말이다.

1930년 7월 퀴르텐 부인이 경찰에서 한 진술은 오늘날에도 여전히 놀라움을 금치 못하게 만드는 내용을 담고 있다. "전 남편이 체포되기 전날 당신이 체포당할 것이라고 알려주었죠. 한 소녀를 강간했거든요. 그렇더니

처음에는 자기가 한 짓이 아니라고 펄펄 뛰더군요. 그러더니 이내 자기가
한 짓이 맞는다며 퉁명스럽게 쏘아붙이더니 나가버리더군요. 전 티데만
이라는 여자아이에게 저질렀던 일(단순 성추행—지은이)과 또 똑같은 일
을 저지른 모양이구나 하고만 생각했죠. 사람까지 죽였으리라고는 짐작
도 하지 못했어요. 그런 짐작을 할 이유도 없었고요. 전 남편과 몸을 섞었
던 많은 소녀들을 알고 있었거든요. 제가 알고 있는 한, 걔들은 모두 멀쩡
하니 살아 있었고 말이죠. 저는 여기 뒤셀도르프나 옛날에 살던 알텐부르
크에서도 남편이 살인을 저질렀으리라는 아무런 낌새를 채지 못했어요.
심지어 어떤 여자아이를 집에 데리고 왔던 일도 생각나는군요. 내가 그날
저녁 집에 돌아오지 않을 줄 알았던 모양이에요. 그러나 제가 돌아오자 남
편은 한참 꼼지락거리던 끝에 문을 열어주더군요. 대체 무슨 일이냐고 묻
자 불을 켜면 알 수 있을 거라나요. 그래서 불을 켰더니 침대에 여자아이
가 발가벗고 누워 있는 게 아니겠어요. 어찌나 뻔뻔한지 일어날 생각은 전
혀 하지 않더라고요. 거듭 일어나라고 했지만 꼼짝도 않고 느긋하게 누워
만 있었어요. 전 여자아이를 집까지 데려다주었죠. 너같이 어린애가 늙은
남자하고 뭐하는 짓이냐고 다그쳤더니, 뭐라는 줄 아세요? 나 참 기가 막
혀서. 그렇게 나쁘지 않더래요. 얼마 전에도 마흔 살 남자하고 관계를 가
졌다고 하더라고요. 어린 계집애가 얼굴 똑바로 쳐들고 하는 소리라니.
그때서야 전 깨달았죠. 요즘 여자애들이 제 남편 같은 남자를 조금도 어려
워하지 않는다는 걸요."

겉으로 보기에는 멀쩡해도 사람은 누구나 그 속에 악한을 키우고 있
다는 관점에서 보면, 찰스 린드버그가 자신의 친아들을 살해했을 가능

성도 충분히 있다(169쪽). 그렇다면 독일 이민자 브루노 하우프트만은 엉뚱한 오해로 희생당한 불쌍한 인생에 지나지 않는다. 비록 여러 차례 전과가 있는 전력도 거기에 일조하기는 했지만 말이다.

실제로 린드버그는 지나친 악의가 묻어나는 못된 장난들을 즐겨왔다. 또 좀체 말수가 없는 무뚝뚝한 성격의 소유자였던 그는 나치스의 제 3제국이 표방하던 정치 이데올로기를 굳게 믿고 따랐다. 사람을 꺼리는 비사교적인 성격을 가지고 있으면서도 다른 한편으로는 무서울 정도로 과감하고 자기 일만큼은 꼼꼼하고도 철저하게 물고 늘어지는 괴짜였다. 자신의 가족을 사랑했던 그는 미국과 유럽이 좀더 잘 소통을 하는 일에 관심을 가지고 거들기도 했다. 자, 이제 이런 측면들로 미루어 린드버그가 납치를 자행한 진범이라면 믿겠는가? 아니면 진짜 하우프트만이 진범인가? 나는 그렇지 않다고 생각한다. 이런 식의 질문은 애초부터 잘못된 것이기 때문이다. 사람을 그 겉모습으로 판단하지 말라. 그 속에 무엇이 있는지 우리는 절대 알 수 없다. 앞서도 강조했듯 중요한 것은 물증이며, 더욱 결정적인 것은 그 물증의 해석이다. 아쉽게도 린드버그 사건의 경우 사람들은 물증만을 가졌지, 그 해석에는 소홀했다. 그래서 물증은 하우프트만이 범인일 수밖에 없는 것으로 지목하고 말았다.

더욱 어려운 일은 사회적으로 고립된 사람을 평가하는 것이다. 경험이 많은 노련한 수사관이라 할지라도 노숙자나 독거노인 또는 고아 등은 처음부터 불신의 눈으로 바라보기 마련이다. 선입견이라는 것은 그래서 무섭다. 무의식적으로 우리는 영화에서나 볼 수 있는 영웅 아니면 얼간이의 세상에 익숙해져 있다. 하지만 일반화라는 것은 언제나 잘못이다. 세상과 사람을 미리부터 굳어진 시각으로만 바라보는 것 역시 잘못이다. 그 같은 굳어진 시각으로 바라보는 탓에 이른바 과학수사에 종사하는 많은 법의학자들이 사람들 눈에는 별종으로 보이는 모양이다. 실험실의 통제 가능한 조건들 아래서 사건들을 조명하면서 오로지 진실(무엇이 선이고 무엇이 악인지 하는 문제는 조금도 중요하지 않다)에만 매달리는 사람이 선입견으로 가득한 세상에서 홀대를 받는 것은 어찌 보면 당연한 일이 아닐까? 하지만 미국 하버드대학교의 교훈 "베리타스 Veritas"(진리)는 그나마 우리 같은 법의학자에게 위로가 되어주는 말이다. 물론 따분하고 지루한 목표이기는 하지만, 과학자에게 있어 이보다 더 소중한 원칙은 없다.

반대로 변호사, 법관, 사회복지사 등은 순수한 진실에만 매달릴 수 없는 노릇이다. 이들은 언제나 한 개인의 죄가 얼마나 무거운지 재야만 한다. 죄가 있느냐 없느냐 하는 문제를 넘어서서 죄를 저지른 사람이 처한 상황도 함께 고려해야만 한다. 여기서 자연과학이 도움이 될 수 없는 것은 당연한 일이다. 끝없는 고민과 숙고가 시작되는 지점이다.

사실을 바라보는 우리의 감각과 지각이 얼마나 외부의 영향으로 물들여져 있고 미리 굳어져 있는지 잘 보여주는 예는 이른바 "성직자"를 바라보는 우리의 태도다. 우리는 어려서부터 성직자는 원래 신뢰할 만한 사람이라는 가르침을 받고 자랐다. 응당 그래야 하는 일이기는 하다. 그동안의 경험으로 미루어 주님을 섬기는 사람들은 대개 좋은 일을 하기 때문이다. 개인뿐만 아니라 사회를 위해서도 말이다.

성직자도 인간의 영원한 숙명 내지 원죄 즉 증오, 질투, 욕심, 악의 등과 같은 나쁜 감정에 빠질 수 있다는 것을 대다수의 사람들은 인정하려 들지 않는다. 이는 당연히 잘못된 생각이다. 물론 좋은 쪽으로 생각하고 싶어 하는 것이기는 하지만, 이도 엄연히 선입견이다. 성직자도 영혼의 다채로운 속살을 가지고 있는 한 인간으로 보는 게 아니라, 오로지 "좋은 인간"으로만 바라보는 것은 어디까지나 선입견이다. 성직자가 범죄를 저지르면 야단법석을 떠는 요란한 기사가 신문을 장식하지만 사실 그 범죄라는 것은 인간이면 누구나 가지고 있는 약점 때문에 빚어진 것일 뿐이다. 몇 편의 신문 기사를 살펴보면 이를 분명하게 알 수 있다.

1900년과 1902년 사이에 발간된 〈라인 차이퉁Rheinische Zeitung〉("노동자의 편"에 서기로 작정한지라 사회 고위층을 비꼬는 논조가 특징인 신문이다—지은이)을 보면 다음과 같은 기사들을 찾아볼 수 있다.

밀라노 출신의 성직자 다니엘 카르카노는 여러 차례 심각할 정도로 풍기를 문란케 하는 죄(성범죄를 말함—지은이)를 저지른 끝에 루가노(스위스 테신 칸톤)로 도주했다. 밀라노 법정은 결석재판을 열어 신부에게 11년의 징역형을 선고했다. 하지만 그는 루가노에서 수개월 동안 아무런 간섭을 받지 않고 편안하게 지냈다. 자신이 밀라노 봉기의 희생자라고 둘러댄 것이다. 이탈리아 정부가 스위스 연방 내각에 성직자 범인 인도를 요구하자, 신부는 격렬하게 저항했다. 자신이 고발당한 것은 1898년에 벌어졌던 밀라노 봉기에서의 행동을 문제 삼은 정치적 적대자의 음모 때문이라는 거였다. 그러나 스위스 연방 법원은 그의 주장에 아무런 근거가 없음을 확인하고 범인 인도를 전원 일치로 가결했다.

오는 화요일 그라나다 형무소 안마당에서 친부 살해범인 성직자 훌리안 안구이타와 그의 숙부 칸디도 가르시아가 처형될 예정이다. 하엔*의 주교는 스캔들이 더 확산되는 것을 막기 위해 이미 훌리안의 성직을 박탈했다.

슈트라스부르크의 배심 법정은 세간의 주목을 끄는 재판에 돌입했다. 오터스탈의 가톨릭 신부 루이스 부어는 방화 미수의 혐의를 받고 법정에 섰다. 부어는 엘리제 호르터라는 유부녀와 부적절한 관계를 맺고 있었으나, 그녀가 마을 사람들에게 신부와의 관계를 떠벌리고 다니는 바람에 격심한 갈등을 빚었다. 분을 참지 못했던 신부는 복수를 하려고 1900년 8월 18일 밤 신부의 사택 근처에 있는 오이겐과 엘리제 호르터 부부 소유의 창고에 석유를 끼얹고 불을 질렀다. 방화 혐의를 엘리제에게 뒤집어씌우려고 일을 저지른 것이다. 신부의 사악한 계획은 성공한 것처럼 보였다.

(하지만) 화재는 이렇다 할 피해를 남기지 않고 곧바로 진화되었다. 그리고 엘리제는 방화 혐의를 받지 않았다. 문제의 밤, 그녀는 오터스탈이 아니라 슈트라스부르크의 신경정신과 병원에 입원해 있었기 때문이다.

방화 혐의는 오히려 부어 신부에게 쏠렸다. 불에 타다 만 창고에서 신부의 석유 병이 발견되었기 때문이다. 부어는 처음에는 완강히 혐의를 부인했으나 이내 범행을 자백하고 말았다.

자백은 슈트라스부르크 주교구가 예심판사에게 보낸 서한 때문에 이루어졌다. 서한은 부어에게 지금까지 신부의 행실을 두고 떠도는 풍문만으로도 사제직을 박탈하기에 충분하다며, 자리를 내어놓고 자진해서 수도

---

* 스페인의 소도시.

원으로 들어가버린다면 주교구가 관장하는 종교법정에는 세우지 않겠노라고 통보하는 내용이었다. 예심판사가 편지를 읽어주자 신부는 절망한 나머지 그 자리에서 무너지며 불을 지른 것은 자신이라고 자백했다.

하지만 나중에 부어는 자백을 부분적으로나마 번복했다. 오히려 제3의 인물을 끌어들이며 그가 불을 지른 진범이라고 주장했다. 배심 법정에서 심리가 이루어지는 동안 부어는 재차 혐의를 완강하게 부인하면서 자백 당시에는 제정신이 아니었다고 거품을 물었다. 예심판사가 어찌나 집요하게 몰아붙이는지 더이상 참을 수가 없어 자백을 하고 말았다고 둘러댄 것이다. 부어의 정신감정을 의뢰받은 카이저빌헬름대학교의 심리학 교수는 비록 부어의 어머니가 미치광이기는 하지만, 그 아들은 어디까지나 멀쩡한 정신을 가지고 있다면서 그저 미친 척하는 것일 뿐이라는 소견을 법정에 제출했다.

배심원들은 부어에게 방화 미수에 관해서는 무죄를 선고했다. 그러나 동시에 재물 손괴의 책임은 져야 한다고 판시했다. 창고가 불에 타기 시작하는 것을 보고 삼촌과 숙모를 불러 불을 끄게 했기 때문에 창고를 완전히 불태울 의도는 아니었을 것으로 정상참작하되, 일단 생겨난 손해에 관해서만큼은 책임을 져야 한다는 것이었다. 그 결과, 1년의 실형이 선고되었다.

오늘날에도 언론은 성직자가 끼어든 범죄 사건만 봤다 하면 신이 나서 보도 경쟁을 벌이곤 한다. 여기에 섹스와 곤충까지 곁들여지면 그야말로 완벽한 야단법석이 벌어진다. 다음 사례는 그런 소동을 확인하기에 조금도 부족함이 없는 것이다.

지극히 평범한 사람

열일곱 번이나 살인을 저지른 제프리 다머는 사람을 대하는 데 있어서의 적절한 처신과 지극히 평범한 외모로 오랫동안 발각되지 않고 암약할 수 있었다. 게다가 어찌나 교활한지 최고의 경력을 자랑하는 노련한 두 수사관을 마음대로 가지고 놀 정도였다.

1991년 5월 말 다머의 희생자 가운데 한 명은 범인의 마수로부터 잠깐 동안이나마 도피하는 데 성공한 적이 있었다. 사건의 전말은 이랬다. 당시 다머는 미시간 호수에 면한 항구도시인 밀워키 서부의 빈민가에 허름한 셋방을 얻어 살고 있었다. 다머는 이웃집 아들인 열네 살 소년 코네라크 신타솜폰이 축구를 하려고 집을 나서는 순간, 늘 써먹던 수법으로 소년을 꼬드겼다. 돈을 줄 테니 벗은 몸을 사진 찍게 해달라는 거였다. 달리 쓸 목적이 있어서가 아니라 사진 찍는 게 취미라 그러니 모델이 되어달라는 데 거절할 개구쟁이는 없지 않을까. 정말이지 비열한 수작이었다. 꼬마는 멋도 모르고 옷을 벗었다가 정작 일을 당하고 나서야 자신이 무슨 위험에 처한 것인지 깨달을 것이기 때문이다.

꼬마 코네라크의 경우, 다머는 정말이지 못 말리는 철면피였다. 코네라크의 형을 이미 성추행한 탓에 처벌을 받았던 전력까지 있었기 때문이다.

법정에서 다머는 사진 두 장을 찍은 다음 꼬마와 함께 텔레비전을 보며 시시덕거렸을 뿐이라고 진술했다. 하지만 다머는 이미 수면제를 탄 음료수를 꼬마에게 먹인 뒤였다. 비디오를 보던 코네라크의 눈꺼풀이 서서히 감겼다.

이제 다머는 잠에 빠진 소년을 마음껏 요리하기 시작했다. 입을 벌리게 하고 자신의 성기를 집어넣는가 하면 온몸을 주물럭거리다가 문득 맥주가 떨어진 게 떠올랐다. 알코올중독자였던 다머는 행위를 할 때면 특히 퍼마시는 버릇이 있었다. 잠에 빠진 꼬마를 상대로 한참 더 즐길 생각이었던 치한은 먼저 맥주부터 사와야겠다는 생각을 하고 집을 나섰다. 수면제에 취해서 그대로 버려두어도 괜찮겠지 하고 방심한 것이다.

맥주를 사 가지고 돌아오는 길에 그를 막아선 것은 경찰이었다. 헐벗은 아이가 피를 흘리며 웅얼거리면서 거리를 헤매고 있는 모습을 본 두 명의 여성이 911(미국의 응급 전화번호)에 신고를 한 것이다. 아이는 다름 아닌 코네라크였다. 다머가 집을 비운 사이 깨어나 도와달라고 거리를 헤매고 있는 것이었다. 다머는 정신이 번쩍 들었다. 그는 경찰에게 코네라크가 자신의 동성애자 친구이며 성인이라고 둘러댔다. 그리고 술만 취했다 하면 저러는 버릇이 있다고도 했다. 종종 있는 일이니 자신이 돌보겠다고 순간적인 기지를 발휘한 것이다.

경찰은 그러냐며 몇 마디 훈계와 함께 다머와 코네라크를 집까지 동행했다. 다머는 얼른 사진을 가지고 와서는 경찰에게 보여주며 우리가 이런 사이라며 키득거렸다. 경찰이 돌아가고 나자 다머는 소년의 목을 졸랐다. 그러고는 축 늘어진 아이를 상대로 다시 한 번 오럴 섹스를 시도했다. 숨이 완전히 끊어진 것을 확인한 다머는 다시 몇 장의 사진을 찍고서 시체를 토막냈다. 일부는 아예 커다란 냄비에 담아 푹 삶아버렸다. 두개골은 버릇대로 소장하기로 했다. 그러나 다른 두개골들과 달리 래커 칠은 하지 않았다.

지금까지 그래왔듯 다머는 희생자의 신체 일부를 구워 먹었다. 이를테면 간, 심장, 콩팥 등을 말이다.

열한 구씩이나 되는 시신을 쌓아둔 탓에 다머의 집에서 새어나오는 냄새가 지독했을 텐데도 주변에서 아무 소리도 하지 않았다니 참 기이한 일이었다. 다머는 나중에 단 한 명의 희생자도 자신에게서 떠나보내고 싶지 않았노라고 흰소리를 서슴지 않았다. 1991년에 딱 한 번 치안경찰이 주민의 연락을 받고 냄새를 추적하기 위해 집을 돌아본 적이 있었다. 하지만 엉뚱한 방에 가서 노크를 하는 바람에 당연히 수상한 점은 조금도 찾아내지 못하고 말았다.

다머는 언젠가 집에 '아이리시 세터'*라는 품종의 개를 집에 끌고 온 적이 있었다. 잡아서 껍질을 벗겨버릴 속셈으로 말이다. 하지만 커다란 눈망울로 다머의 얼굴을 빤하게 올려다보는 통에 차마 죽일 수 없더라나! 어린 시절에 키우던 개 '프리스키'가 생각나 눈물을 쏟고 말았다는 것이다. 나중에 다머의 아버지는 이 이야기를 듣고 "프리스키는 아들이 애틋할 정도로 아꼈던 일생 최대의 사랑이었다!"고 확인했다.

"하느님 맙소사!" 다머 공판이 열리던 해, 기자 로버트 드보르차크와 리사 홀레와의 입에서 터져나온 비명이다. "제 아무리 대담한 공포 영화 전문

---

* 아일랜드가 원산지인 사냥개의 일종. 600여 년 전 유럽 대륙에 있던 '레드 스패니얼'이 아일랜드로 옮겨가 테리어, 잉글리시 포인터 등과 교배해 생겨났다. '세터'란 사냥감을 발견하면 세트(엎드림)해서 주인에게 장소를 알리는 동작을 하기 때문에 붙여진 이름이다.

감독일지라도 이처럼 참혹한 광경을 연출해낼 수는 없을 거다!" 맞는 말이다. 만약 다머의 범행이 소설 속에서 묘사된 것이었다면, 너무 과장한 것만 같아 이내 지루해지고 말았으리라. 현실에서 그런 범행은 순전히 가능성만으로도 떠올리기 힘든 것이다. 만일 말쑥하게 정장을 차려입고 머리에 단정하게 가르마를 탄 사람을 보면서 혹시 연쇄살인범은 아닐까 매번 두려움에 떨어야만 한다면 대체 이 세상을 어찌 살아가야 한다는 말인가.

다머는 공판을 받으면서 자기 자신을 두고 이런 말을 했다. "저 바깥세상에서 평생 어떤 의미 있는 일을 본 기억이 없습니다. 여기 법정에서도 틀림없이 찾아낼 수 없겠지요. 모든 게 그저 허송해버린 인생의 공허하기 짝이 없는 결말일 뿐입니다. 그리고 그 마지막 결과는 우울하기 그지없군요. (…) 그저 병들고 비참하며 보잘것없고 가련한 인생이었을 뿐, 정말 아무것도 아니었습니다. 그래도 이 모든 게 언젠가는 누구에겐가 도움이 될 거라고요? 어떻게 그럴 수 있을지 전 잘 모르겠습니다."

가이어 목사 사건의 정황증거

"법정에 이렇게 빕니다. 제발 이 말도 안 되는 소동에 종지부를 찍어 주십시오." 1998년 4월 16일 피고인 클라우스 가이어Klaus Geyer가 법정에서 최후진술로 한 말이다. 재판정을 가득 메운 140여 명의 방청객들 가운데 많은 이들은 꼭 설교 투로 말하는 피고의 진술이 못마땅했던지 말끝마다 "아멘!" 하며 음산하게 바람 빠지는 소리로 비웃곤 했다.

브라운슈바이크 지방법원이 살인 사건을 심리하게 된 것은 2월 초부터였다. 사실 무슨 대단할 것도 없는 그저 그런 사건에 지나지 않았다. 하지만 언론은 일주일 내내 사건 보도로 호들갑을 떨었으며 심지어 공영방송의 저녁 뉴스 시간에도 본격적으로 다룰 정도로 사건은 묘한 관심을 끌었다.

법원은 8년의 실형을 선고했다. 물론 구경꾼들도 저마다 판정을 내렸다. 이에 따르면 가이어는 구제 불능의 부도덕한 미치광이일 뿐이었다. 판사가 선고 이유를 낭독하자 목사는 지극히 사적인 문제까지 건드리는 발언에 얼굴이 벌게지고 말았다. "뻔뻔한 것들! 내가 이런 소리까지 들어야만 한단 말인가!" 목사는 부들부들 떨며 분을 삼키는 목소리로 중얼댔다.

—

아내를 기다리다

불행의 서막이 열린 것은 1997년 7월 25일 금요일이다. 이날 오전 한 통의 편지가 날아들면서 가이어 가족의 목사관은 발칵 뒤집어졌다. 목사의 아내이면서 소도시 바이엔로데의 시장이기도 한 가이어이반트◆ 부인은 편지를 뜯어보고 그 자리에서 쓰러지고 말았다. 남편이 불륜 관계를 가져왔다는 내용이었기 때문이다. 편지 내용은 꽤 자세했다. 발송인은 바로 목사의 정부였다.

문제의 금요일 오전 내내 부부는 사뭇 진지한 대화를 나누었다. 정확히 무슨 말이 오갔는지는 오늘날까지도 분명하지 않다. 가이어 목사의 설명에 따르면 서재에 앉아 하염없이 눈물을 흘리고 있는 그에게 아내가 찾아와 먼저 말을 꺼냈다고 했다. 틀림없이 저 폭로 편지가 문제였을 것이다. 부인이 건네준 편지를 읽고 난 목사는 아내에게 다른 여자와 사랑에 빠졌노라고 고백했다. 아내는 괴로워하는 남편을 안아주며 위로를 해주었다고 한다.

무슨 멜로드라마처럼 들리지만, 전부 틀린 이야기가 아닌 것만큼은

◆ 독일에서는 결혼하면 이전의 성姓을 남편 성으로 바꿔야 한다. 하지만 여성운동이 거세지면서 성을 그대로 유지하는 아내들이 계속 늘어났다. 그러니까 '이반트'는 목사 부인의 결혼 전 성이다. 한국에서 '김이' 하는 식으로 두 개의 성을 합쳐 쓰는 셈이다.

확실하다. 사실은 아내도 바람을 피우고 있었기 때문이다. 여자도 고백을 했던 것이다. 하지만 증인들의 증언에 따르면 시간이 흐르면서 상황은 갈수록 심각해졌다고 한다.

예를 들어 가사 도우미는 이후 몇 달 동안 집 안에서는 큰소리가 끊이질 않았다고 진술했다. "결혼 생활 처음 몇 년 동안 부부는 애정이 깊었고 아무런 탈 없이 잘 지냈어요. 하지만 최근 들어 가이어이반트 부인은 소리를 질러 대는 일이 잦아졌죠." 목사관의 유일한 건전한 영혼이 증언한 내용이다. 목사도 증언 내용을 사실로 인정했다. "아내는 언제나 다른 사람들을 아주 따뜻하게 대하는 성격의 소유자였죠. 그러나 동시에 사람의 면전에 대고 아주 쌀쌀맞게 하고 싶은 말은 해야만 하는 냉혹함도 가지고 있었습니다."

목사는 아내의 쌀쌀맞음을 재차 강조했다. 아내는 많은 경우 지나치게 공격적이어서 별것도 아닌 것을 대책 없이 "부풀리는" 경향이 있었다는 것이다. 도대체 무엇 때문에 그런 공격성과 고성을 일삼았는지 우리는 알 길이 없다. 어쨌거나 부부의 양녀는 아버지가 벌이는 정사 현장을 두 눈으로 목격했다. 어머니가 행방불명되고 난 다음, 부모의 침실에 다른 여자가 잠들어 있는 것을 발견한 딸은 경악하지 않을 수 없었다.

가이어이반트 여사의 동료 교사(목사 부인은 교사로도 일했다)는 그녀가 남편의 혼외정사 사실을 알고 무척 괴로워할 정도로 큰 상처를 받았다고 증언했다. "그녀는 저에게 남편과의 관계를 얼마나 소중히 여기는지 누누이 강조하며 서로 아주 많은 공통된 추억을 가지고 있다고 말했어요." 남편이 언제나 "운동화를 신고 바지만 입는 여자"라고 말한 가이어이반트 부인은 수학여행을 갔던 어느 날 저녁 위의 동료 교사에게

이렇게 물었다고 한다. "남자들은 어떻게 해주어야 좋아해?" 그러면서
아무래도 화장을 하는 게 남자의 마음을 사로잡는 데 도움이 되느냐고
슬쩍 묻더라는 것이다. "그녀는 남자들이 여성스러운 여자만 좋아하고
매력을 느낀다는 사실에 몹시 분노하고 절망했어요."

거꾸로 목사의 친구는 정반대의 증언을 했다. 가이어 부부의 결혼
생활은 늘 크고 작은 다툼이 있기는 했지만, 바로 그래서 깨지지 않
고 오랫동안 관계를 유지할 수 있었다는 것이다. "부부는 양쪽 모두
바람을 피우기는 했지만, 오히려 그 덕에 부부 생활이 안정된 측면이
있습니다." 공판 초기에 그 친구가 베를린의 일간지 〈타게스차이퉁
Tageszeitung〉 기자에게 털어놓은 말이다. 그러니까 바람을 피운 것에만
초점을 맞추면 사건 전체를 곡해하는 위험에 빠질 수 있다는 충고였다.
게다가 증인은 판사가 판결문을 낭독할 때 목사가 화를 내리라는 것까
지 정확히 예언했다. "클라우스 가이어가 자신을 본격적으로 변호하기
위해서는 그동안의 부부 생활이 정확히 어떻게 이루어져 왔는지 그 실
상을 밝혀야만 할 거예요. 그건 죽기보다도 괴로운 일일 겁니다. 더구
나 소시민들로 가득한 방청객 앞에서는 말이죠." 하지만 브라운슈바이
크에 그런 소시민은 차고 넘쳤다. 게다가 가이어 부부는 골수 '68세대'•
였던 탓에 여기서 서로 다른 가치관을 갖는 세계들이 정면충돌을 일으
킨 것이다.

물론 서로에게 보다 많은 자유를 허락해주고 살아가는 부부 관계라

• 1968년에 일어난 반전운동을 주도한 대학생 세대를 가리킨다. 기득권 세력에 저항해 새로운 사
회의 건설을 기치로 내걸었다.

는 게 불가능한 것만은 아니리라. 그런 관계가 정신적으로도 건강한 것이냐 하는 물음은 차원이 다른 문제다. 아무튼 그런 관계는 어디까지나 두 사람 사이의 문제일 뿐, 제3자가 왈가왈부할 수 없는 것이다. 더욱이 법정과 같은 공개 석상에서 많은 방청객이 지켜보는 가운데 부부 관계의 속내를 까발린다는 것은 아무래도 지나친 처사였음에 틀림없다. 가이어 목사는 솔직히 인정했다. "부부 생활을 하는 동안 저뿐만 아니라 제 아내도 다른 사람들과 관계를 가졌습니다. 제가 훨씬 더 자주 다른 여자들과 사랑에 빠졌지요. 서로 솔직하게 알리기도 했고, 아예 말하지 않은 경우도 많았습니다. 물론 관계가 너무 깊어진다거나 심지어 사랑에 빠지게 되면 서로 솔직하게 털어놓고 이야기했습니다. 서로 제동을 걸어주었다고나 할까요. 관계가 길어질 경우에는 미리 정해둔 조건을 상기시키곤 했습니다." 그런 "열린" 부부 관계가 주민들이 서로 잘 아는 마을이라는 환경에서, 그것도 네 명의 자녀를 둔 목사 가정에서 아무런 사고 없이 유지될 수 있다면, 그게 더 이상한 일이 아닐까? 더구나 목사 사택 바로 옆에는 양로원까지 붙어 있었다.

어쨌거나 문제의 금요일 가이어 부부는 오전의 흥분이 가라앉은 다음 오후에 시내에서 만나기로 약속을 했다. 베로니카 가이어이반트는 정오쯤 쾨니히스루터에 갔다가 다시 브라운슈바이크의 여행사 사무실에 들렀다. 거기서 부부가 함께 가기로 한 미국 여행 항공권을 수령하기로 했던 것이다. 솔트레이크시티의 친구를 방문하는 것으로 시작하는 여행은 길지 않은 여정으로 미국의 이곳저곳을 돌아보는 것으로 끝맺도록 계획이 잡혀 있었다.

가이어이반트 부인은 자신들을 초대해준 미국의 친구에게 줄 몇 가지 선물을 장만하려고 옷 가게와 생활 용품 가게 등을 돌아다녔다. 그런데 오후 2시 이후 그녀의 모습을 본 사람은 아무도 없었다.

클라우스 가이어는 아내와 정확히 오후 3시 30분에 만나기로 약속했다고 주장했다. 하지만 2시에서 3시 30분 사이에 남편과 아내 모두 행적이 묘연하기만 했다. 해당 시간대에 같이든 따로든 두 사람을 보았다는 사람은 아무도 없었다. 도대체 가이어이반트 부인은 이 시간에 어디에 있었을까? 또 목사는 어디에 있었는가?

아내는 약속 장소에 나타나지 않았다고 목사는 힘주어 강조했다. 결혼 생활 30년 만에 처음 있는 일이라고도 했다. 결국 목사는 약속 장소인 레스토랑에 홀로 앉아 4시 30분까지 아내를 기다렸다고 한다. 무척 초조하고 긴 시간이었다며 목사는 긴 한숨을 쉬었다. 하지만 레스토랑에서 목사를 보았다는 사람도 없었다. 그런데 여기서 목사는 불쑥 이상한 소리를 했다. "아내라면 절 결코 그렇게 오래 기다리지 않았을 겁니다!" 사람들은 이게 무슨 소리인가 싶어 깜짝 놀랐다.

오후의 전화

클라우스 가이어는 초조한 나머지 더이상 기다릴 수 없게 되자 시내의 약속 장소에서 집으로 전화를 걸었다고 진술했다. 하지만 그의 아내가 어디에 있는지 아는 사람은 아무도 없었다. "오후 6시까지 전 브라운슈바이크 여기저기를 헤매고 다녔습니다. 딱히 이렇다 할 목적지도 없이 흥분을 가누지 못하며 두려운 마음으로 무작정 걸어 다닌 것이죠. 마치 위조지폐처럼 이리저리 흘러 다녔다고나 할까요. 아세요? 제 아내에게 이런 일은 있을 수 없는 것이었거든요. 화가 나면 따발총처럼 쏘아붙이기는 해도 약속에 늦거나 아예 안 나오는 것은 생각도 할 수 없는 일이었죠. 돌아다니다 보니 너무 피곤했어요. 에라, 모르겠다, 잠이나 자자! 뭐, 다시 오겠지 하고 생각했습니다."

이런 짤막한 설명 속에도 이미 최소한 하나 이상의 분명한 거짓말이 섞여 있었다. 가이어는 브라운슈바이크에서 집에 전화를 건 게 결코 아니다. 그가 전화를 한 곳은 브라운슈바이크와 바이엔로데 사이의 어느 지점엔가 있는 공중전화박스였다. 그러니까 나중에 시체가 발견된 곳에서 아주 가까운 장소다. '텔레콤'의 통화 기록이 이를 확인했다.

금요일 밤에 가이어는 아내의 행방을 수소문하기 위해 처남과 그 지역에 평소 알고 지내던 검사 그리고 두 명의 지인들에게 각각 전화를 걸었다. 그 밖에도 먼저 헬름슈테트 경찰에, 그다음 브라운슈바이크 경찰에 차례로 실종 신고를 했다. 비록 아내의 빨간색 폴크스바겐 파사트 차량이 헬름슈테트 시에 등록되어 있기는 했지만, 그곳 경찰은 사라진 목사 아내를 찾기 위해 뭘 어떻게 해야 좋을지 몰라 황당한 기색을 숨기지 않았다(나중에 목사도 자신이 왜 거기에 신고했는지 모르겠다며 겸연쩍어 했다). 가이어의 흥분에는 어딘가 모르게 이상한 구석이 있었다. 그는 계속해서 범행이라는 말을 입에 올렸던 것이다. 그러다가도 아니 그럴 리 없다며, 그저 기분을 풀려고 여기저기 쏘다니는 모양이라며 애써 자위하기도 했다. 좀 전만 하더라도 납치당한 것 같다고 하지 않았느냐고 사람들이 물어보면, 아니라고, 그렇게 생각하지 않는다고 되레 화를 냈다. 어쨌거나 그는 벌써 실종자를 찾는다는 전단을 만들기 시작했고, 〈브라운슈바이크 차이퉁Braunschweig Zeitung〉에 전화를 걸어 실종 광고를 내도록 했다.

새벽 2시쯤 되자 평소 가깝게 지내던 여자 목사가 가이어의 사택을 찾아왔다. 시사 주간지 〈슈피겔Spiegel〉의 보도를 그대로 빌리자면, 두 사람은 "부부 침대로 기어들었다." 법정에 증인으로 불려나온 이 여자 목사는 검정색 옷에 보기에도 아슬아슬한 미니 차림이었다. 가이어는 문제의 금요일 저녁 10시쯤 여자 목사에게 전화를 걸어 "베로니카가 행방불명이다"라고 했다는 것이다. 방청객은 두 목사들의 혼외정사에 관한 자세한 이야기를 들을 수가 없었다. 여자 목사의 증언만큼은 예외적으로 비공개 진행하기로 했기 때문이다. 여자 목사의 진술은 두 시간 넘게 걸렸다. 당시 수사 기록을 보면 신선한 정액 자국이 발견되었다고 한다.

얼마 뒤 목사의 사택에서는 다시 한 번 혼외정사가 이루어졌다. 이번에는 또다른 여자였다. "난 누군가 가까이 있어주기만 바란 것일 뿐입니다. 계속해서 위로가 필요하더라고요." 재판에서 가이어 목사가 한 진술이다. "옆에 있어줄 사람이 필요했어요. 당시 제가 확실히 믿고 매달릴 수 있는 사람은 두 사람이었습니다. 미칠 것만 같았어요. 이대로 무너져 내리는 것은 아닐까 두렵기까지 했습니다. 모든 게 끝장이 나버린 것 같아 견딜 수가 없었으니까요. 모든 게 파국인 마당에 인습 따위가 중요하겠습니까? 그날 밤만큼은 모든 인습을 깨끗이 무시해버리자고 다짐했죠. 제 아내도 그건 이해할 겁니다."

일요 신문 〈빌트 암 존탁Bild am Sonntag〉*이 1997년 8월 3일, 그러니까 가이어이반트가 실종되고 아흐레 만에 목사가 예전에도 어떤 여인과 내연의 관계를 맺어왔으며 그로 인해 부부 생활이 위기를 맞았다는 사

---

* 독일에서 가장 많은 판매 부수를 자랑하는 대중지 〈빌트Bild〉가 펴내는 일요판 신문.

실을 폭로하자, 드디어 가이어의 머리 위로 시커먼 먹구름이 몰려오기 시작했다. 위로를 구하는 일이 목사에게는 늘 있는 평범한 일일지 모르지만, 일반 대중이 보기에는 여간 수상쩍은 게 아니었다. 7월 30일 볼펜뷔텔의 고등법원은 목사의 구속영장을 발부했지만, 아직도 여전히 많은 사람들은 무슨 오해이겠거니 하는 생각을 떨치지 못했었다. 하지만 상습적인 불륜 사실이 알려지면서 사람들의 생각은 바뀌기 시작했다. 가이어 목사가 죄 많은 신도들의 영혼을 어루만져온 것, 양로원을 위해 헌신적으로 봉사해온 것 그리고 "속죄 운동"이라는 청소년 단체를 돌본 것 등을 사람들은 이제 더이상 기억하기조차 싫다고 언성을 높였다. 신문 독자들은 도덕의 화신이어야 할 목사라는 인간이 그들의 소중한 가치관을 짓밟는 삶을 살아왔다는 사실에 불쾌해하며 분노하기 시작했다. 드디어 목사를 살인의 본격적인 혐의자로 바라보게 된 것이다. 하지만 세상 일이 어디 그리 간단하던가? 불륜을 저질렀다는 게 살인을 했다는 충분한 증거일 수야 없는 노릇이다.

망가진 얼굴

아내가 실종된 다음 날, 그러니까 토요일에 가이어는 미국행 항공권을 취소했다. "여행사의 영업시간이 끝나기 전에 여행을 갈 수 없게 되었다는 사실을 알려주고 싶었던 것뿐이에요." 가이어의 주장이다. "왜 그런 걸 가지고 절 비난하는지 정말 알 수가 없군요." 그 밖에도 목사는 전날 저녁 초안을 잡아놓은 전단지를 인쇄하게 했다. 아내의 실종 사실을 알리고 행방을 찾는 데 도움을 달라는 내용이었다. "사람이 실종되었습니다. 범죄에 희생된 것은 아닌지 걱정하고 있습니다. 도와주십시오!" 전단지에 찍힌 문구였다.

항공권 예약을 취소한 것뿐만 아니라 서둘러 만든 전단지 역시 걱정을 해서 그런 것이라기보다는 목사 자신이 일을 저질러놓고 꾸미는 꼼수인 것으로 해석되었다. 바이엔로데 시민들과 경찰 그리고 많은 기자들은, 아내가 무슨 일을 당했으며 어디에 있는지 전혀 모르는 사람이 그처럼 기다렸다는 듯 계획적으로 행동할 수는 없는 법이라고 입을 모았다. 대체 아내가 돌아오지 않으리라는 것을 어떻게 그리도 확신한단 말인가? 아내가 돌아올 것이라고 기대를 했다면, 항공권을 취소한 것은 어떻게 설명할까? 정말 가이어이반트 부인이 시간 약속을 절대 어기지 않는 사람이라면 오히려 무슨 사고가 난 것으로 보는 게 더 적절한 반응이 아닐까?

아무튼 대단히 수상하다며 일부 기자들은 써 갈겼다. "이건 언론에 의한 처형이다." 가이어의 격한 반응이다. "마른하늘에서 벼락이라도 친 것처럼 난 아내를 잃었다. 그런데 저 천박한 언론은 마치 암세포처럼 나를 갉아먹으며 불안에 떨게 만들고 있다. 어째서 이런 일이 벌어질 수 있단 말인가…. 심지어 나를 도덕적으로 심판하고 있다. 내가 해줄 수 있는 말은 이것뿐이다. 심판받지 않으려거든 남을 심판하지 말지라."

의미 있는 단서가 처음으로 발견된 것은 일요일이다. 가이어이반트 부인의 차는 브라운슈바이크 역 앞에 주차되어 있었다. 쇼핑백도 그대로 있었다. 남편에게 속은 게 괘씸한 나머지 혼자서 어디 멀리 여행이라도 떠난 것일까? 하지만 여행을 떠났다고 보기는 어려웠다. 은행 카드와 신용카드가 차 안에 그대로 있었기 때문이다. 경찰은 알 수가 없어 머리만 긁적였다.

가이어이반트 부인이 금요일에 유명 제과점 체인의 한 지점에서 쇼핑을 했다는 사실이 밝혀지자 수사관들은 무릎을 쳤다. 이전에 클라우스 가이어가 무심결에 아내의 쇼핑백에는 특정 상표의 초콜릿이 있을 거라고 했던 말이 떠올랐던 것이다. 아니나 다를까, 차 안의 쇼핑백에는 바로 그 상표의 초콜릿 상자가 들어 있었다. 대체 목사는 어떻게 그런 생각을 한 것일까? 아내는 어디까지나 혼자서 즉흥적으로 쇼핑을 하고 다녔는데도 말이다. 혹시 그가 쇼핑을 끝내고 나온 아내와 만났던 것은 아닐까?

월요일에 마침내 부인의 행방이 밝혀졌다. 그녀는 둔기로 여러 차례 머리를 얻어맞은 채 브라운슈바이크 남쪽의 숲 속에 버려져 있었다. 시체를 발견한 아마추어 사냥꾼은 죽은 사람의 얼굴이 심하게 망가져 있어 깜짝 놀랐다고 진술했다. 수사관들은 그야말로 처참하게 뭉개진 얼굴을 보고 당장 과잉 살상 행위임을 알아보았다. 과잉 살상 행위란 건잡을 수 없는 증오로 상대방의 외모를 철저히 짓이기는 행위를 말한다. 물론 이는 현장을 본 수사관들의 첫 번째 짐작이었을 뿐이다. 강도나 강간이 벌어졌음을 암시하는 단서는 나오지 않았다.

보다 흥미로운 것은 시체의 발견 장소에서 약 700여 미터 떨어진 곳에 선명히 남아 있는 핏자국이었다. 이는 곧 부인의 시체가 여기에서 발견 장소로 옮겨졌다는 것을 의미했다. 그리고 핏자국이 있는 장소는 이른바 "목사 야영지"라고 불리는 곳으로 주로 교회에서 야영을 나오는 곳이었다. 이게 우연일까?

검사는 범인이 부인을 야영지 곁의 들길에서 노루발장도리로 가격해 의식을 잃게 한 다음, 그녀를 시체가 발견된 장소로 옮겨와서야 비로소 확인 살해했을 거라는 결론을 내렸다. 시신의 머리는 워낙 짓이겨진 탓에 법의학자마저도 결정적인 타격이 발길질에 의한 것인지 아니면 노루발장도리에 의한 것인지 확실한 판단을 내릴 수 없을 정도였다. 다만 머리 부위에 최소한 일곱 번 이상의 폭행당한 흔적을 확인할 수 있을 뿐이었다. 노루발장도리는 가이어이반트 부인의 차에서 발견되었다. 하지만 발견 당시 노루발장도리는 핏자국이나 혈흔 하나 없이 깨끗했다(차 안의 다른 어떤 곳에서도 혈흔은 나오지 않았다). 이야기를 전해 들은 목사도 어안이 벙벙할 뿐이었다. 노루발장도리는 한 번도 본 적이 없을 뿐만 아니라, 아내가 그것을 가지고 무엇을 하려고 했는지도 전혀 모른다는 거였다.

목사가 범인이라고 한다면 무엇 때문에 부부는 "목사 야영지"로 갔을까? 법정에서 검사 헤네케는 내심 격앙되어 있던 두 사람이 만나자마자(만남이 정해진 시간에 이루어졌다고 한다면) 주변의 눈치를 보지 않고 이야기를 나눌 한적한 장소를 찾아갔을 거라는 주장을 펼쳤다. 하지만 아내는 남편이 주장하는 것처럼 위로의 말을 해준 게 아니라, 이제는 더이상 참을 수 없으니 갈라서자고 위협했을 거라는 게 검사의 추론이었다.

이반트 가문과 그 재산을 보고 결혼했던 목사에게 이혼 위협은 세상이 무너져내리는 것과 다름없는 소리였을 거라는 추측이다. "이혼으로 목사가 잃게 되는 게 뭘까요?" 법정을 향해 검사가 던진 질문이다. "분명 그의 명예와 목사 자리일 겁니다! 그동안 누려온 많은 명예직들을 잃게 됨은 물론이고 저 유명한 신학자 한스 요아힘 이반트*의 사위라는

---

* 1899~1960, 인간의 자유의지를 강조한 신학으로 전후 독일 기독교에 지대한 영향을 주었다.

자랑스러움도 물거품이 되고 마는 것이죠."

어찌 보면 인신공격에 가까운 검사의 범행 동기 추정은 재판이 이루어지는 동안 몇 차례나 목사를 괴롭혔다. 기회만 있었다 하면 자신이 이룩한 성공을 자랑하기에 바빴던 목사로서는 치명적인 모욕이 아닐 수 없었다. "그럼 지금부터 제가 살아온 인생 역정을 말씀드리죠." 목사가 첫 공판에서 한 말이다. "제 아버지와 어머니는 수학자이셨습니다. 초등학교 시절 저는 한 학년을 월반했습니다. 김나지움에서는 몸이 아파 1년을 쉬었지만요. 아비투어에는 1959년에 합격을 했습니다. 장차 어떤 직업을 택하는 게 좋을지 많이 망설였습니다. 저는 수학과 음악에 모두 뛰어난 재능을 자랑했거든요. 제 형은 수학을 전공하고 있었습니다. 저는 음악을 공부하고 피아니스트가 되는 게 좋을지, 아니면 수학자가 되는 게 나을지 무척 고민스러웠습니다."

계속해서 자신이 거둔 성공, 여러 차례에 걸친 수상 경력, 각종 단체에서의 봉사 활동 등을 둘러싼 자랑은 끊이질 않았다. 대학생 가이어는 엘리트를 지원하기 위해 설립된 "독일 민족 장학재단"의 장학금을 받으면서 처음에는 수학을, 나중에는 신학을 전공했다. 그는 오케스트라를 조직했고, 고대 언어들을 배웠으며 학창 시절에 이미 베로니카 이반트와 결혼했다. 벌써 두 아이를 낳았던 가이어 부부는 장인 이반트의 성채와도 같은 웅장한 시골 저택으로 이사를 했다. 그곳의 공원과 같은 정원에서 앞서 말한 "속죄 운동"이라는 기독교 청소년 단체의 모임도 이루어졌다.

성직자 가이어는 평소 바이엔로데(주민이 채 600여 명에 못 미친다) 외에 세 곳의 작은 마을들 즉 옥센도르프, 우흐리, 클라인슈타임케 등지의 교구를 돌보는 일을 해왔다. "모든 게 한눈에 들어오도록 잘 조직했죠. 전 거기서 전 세계 교회의 화해를 추진하는 운동을 펼쳐왔습니다." 시골 목사 가이어의 자부심 어린 주장이다.

이런 그의 마음이 미결수 감옥에서 편안할 리 없었다. 다른 세 명의 죄수와 비좁은 공간을 함께 쓰면서 목사는 그에게 정신적 지주가 되는 것들을 쌓아놓는 데 열을 올렸다. "제 감방에는 그동안 여러분이 보내준 안부 편지와 위로의 글들로 채워진 파일이 네 권이나 될 정도입니다." 목사가 자신의 교구 신도들에게 1997년 성탄절을 맞아 보낸 편지에 나오는 대목이다. 심지어 얀 필립 레엠츠마*는 자신의 납치 피해 경험담을 담은 책《지하실에서Im Keller》를 목사에게 선물하기도 했다. 이책에서 레엠츠마는 고작 11제곱미터(3평) 남짓한 눅눅한 지하실에 33일 동안 납치범들에 의해 갇혀 지내던 기억을 술회하고 있다. 발목을 쇠사슬에 묶인 채 이 억만금 상속자는 1996년 3월에서 4월까지 치밀하게 계획된 납치극의 포로가 되어 죽음의 불안과 공포에 맞서 싸워야만 했던 것이다. 감옥에 갇힌 목사에게 동병상련의 정이라도 느꼈던 것일까.

유명한 여성 신학자 도로테 죌레 역시 자신의 친구이자 "속죄 운동" 동지에게 격려의 말을 아끼지 않았다. "사람을 죽음으로 몰아넣는 치명적인 명예훼손이라는 말이 무슨 뜻인지 이제야 알 것 같아." 그녀가 감방의 가이어에게 쓴 편지다. "강건함을 잃지 마. 이 세상에서 겪는 '환

● 1952년생. 독일의 문헌 학자이자 문학평론가이며, 많은 예술가들을 후원한 인물이다. 담배 회사를 운영한 부친으로부터 막대한 유산을 물려받았다. 1996년 그의 재산을 노린 범인들에 의해 납치되었다가 극적으로 풀려났다. 본문에서 언급하고 있는 책은 33일 동안 납치를 당해 갇혀 있던 경험담을 담은 것이다.

란'에는 다 주님의 숨은 뜻이 있는 거야. 널 위해 기도할게. 네 친구 도로 테가."

하지만 그의 동료들 대다수는 이미 그에게 등을 돌린 다음이었다. "친근한 웃음을 띠고 '형제' 운운하며 다가오는 번지르르한 말들을 조심하시기 바랍니다. 알고 보면 진정한 '형제애'와 연대감이라는 것과는 거리가 먼 허튼수작일 뿐입니다." 목사가 쓰라린 심정으로 교구 신도들에게 쓴 편지의 내용이다.

———

수많은 단서들과 개미 한 마리

순한 양들에게 모범이 되어주는 목자와는 사뭇 다른 목사이기는 했지만, 또 공중전화에 관해 거짓말을 하기도 했지만, 목사의 진술과 모순된 행동이 아내의 살해를 충분히 입증할 정황증거의 연쇄 고리를 이루기에는 부족했다.

하지만 다른 혐의자가 없었을 뿐만 아니라, 경찰과 판사의 눈에 가이어 목사는 그다지 신뢰할 만한 인격의 소유자가 아니었던 탓에 수사를 위한 구류 기간은 계속 늘어만 갔다.

취조를 받을 때나 법정에서나 피고에게 상황은 갈수록 불리해져갔다. 예를 들어 한 증인은 목사 부인이 실종되기 2주 전에 "목사 야영지" 근처에서 산책하는 것을 보았다고 증언했다. 가이어는 전혀 모르는 일이었다. 그는 다만 아내가 다른 남자와 그곳을 거닐었을 거라고만 추측했다. 단언하건대 그 동반자가 자신일 수는 없다며 몇 번이고 목사는 강조했다. 그곳에 가보지 않은 지도 벌써 몇 년이 흘렀다는 것이다.

사건 관계자들이 처음에 대수롭지 않게 여겼던 이 진술은 시간이 가면서 더 큰 거짓말을 했다는 비난을 몰고 왔다. 감식반원이 차량에서 발견한 노란 장화를 철저히 조사한 결과, 시체 발견 현장의 흙이 묻어 있었을 뿐만 아니라 흙도 비교적 신선한 것이었다. 그 밖에도 장화에서는 개미 한 마리가 발견되었다. 이 개미는 시체가 발견된 곳에서 살던 게 틀림없었다("증거를 둘러싼 공방전" 284쪽).

도대체 왜 자꾸 거짓말을 하는 것일까? 수사관들은 자문하지 않을 수 없었다. 아무튼 무언가 숨기는 게 있으니까 그런 게 아닐까? 피고는 강경하기만 했다. "그건 내 장화가 아니오!" 아내가 장화를 가져다 놓았기에 집의 정원에서 딱 한 번만 신었다는 거였다. 그럼 왜 가이어이반트 부인은 남의 장화를 집 안에 가져다 놓은 것일까? 아내나 아이들이 그 장화를 신었다고 보기에는 6 또는 7로 보이는 사이즈가 너무 컸다. 여하튼 묘한 노릇이 아닐 수 없었다.

결국 법정은 장화를 둘러싸고 다음과 같은 결론을 내렸다. 목사 부인이 탔던 자동차 안에서 발견된 고무장화를 누군가 시체 발견 장소에서 신었다는 것은 부정하기 힘든 사실이다. 장화에 묻어 있는 흙은 7월 24일, 그러니까 사건이 일어나기 하루 전보다 더 오래된 것일 수 없다는 게 검사 결과 밝혀졌다. 그러므로 장화는 가이어 부부 가운데 한 사람이 현장에서 신었다는 것을 입증된 사실로 보아야만 한다. 하지만 가이어이반트 부인이 살해될 당시 장화를 신은 사람은 가이어 목사일 수밖에 없다. 발견된 시체의 발에는 다른 신발이 신겨져 있었기 때문이다.

토질 검사 결과와 여러 정황들을 함께 묶어본 결과, 수사관들은 범행의 전 과정을 하나의 그림으로 더욱 잘 그려낼 수 있다고 믿었다. 그럼에도 가이어는 끝까지 승복하지 않았다. 심지어 장화를 설명할 수 있는 유일한 방법은 아내가 그 고무장화를 가지고 현장에 있었다가 그것을 차 안에 가져다 놓았다고 보는 것뿐이라며 고집을 꺾지 않았다.

다리가 여섯 개 달린 단서

가이어 사건에서 언론이 특히 관심을 보인 것은 체절동물의 연구다. 나는 이 사건의 감정을 의뢰받았던 터라 그 연구 결과를 누설해서는 안 되는 책임을 지고 있다. 하지만 시체 발견 현장에서 나온 곤충들을 살펴본 동료 베른트 자이페르트가 어떤 식으로 작업을 했는지 정도는 설명할 수 있다. 우리 두 사람의 작업이 본질적으로 다른 점은 간단하다. 나는 파리의 유충을 가지고 시체가 얼마나 오랫동안 그곳에 방치되어 있었는지 연구를 했으며, 동료는 성충 개미를 이용해 노란 고무장화가 현장에서 정말 사용되었는지 밝혀야 했다.

개미를 과학수사의 대상으로 삼은 이유는 간단하다. 예를 들어 범인을 추적하는 방법 가운데 실밥 단서라는 게 있다. 현장의 시체에서 발견된 실밥이 범인이 입고 있던 스웨터에서 나온 것인지 확인하는 방법이다. 그러니까 실밥을 가지고 언젠가 스웨터와 시체가 접촉했으리라고 보고 출발하는 것이다.

장화에서 발견된 개미를 가지고도 같은 이야기를 할 수 있다. 우선, 장화를 목사가 신었으며 둘째, 개미가 시체 발견 현장에서 장화 안으로 들어간 것이라면 장화는 목사와 함께 현장에 있었던 게 아닐 수 없다. 이로써 개미는 가능한 정황들을 연결해줌으로써 사건의 전모를 그리는 데 있어 법정에서 적용할 수 있는 정보가 되는 것이다.

"20여 일이 넘게 걸린 정황 재판의 막바지에 이르러서야 고무장화에 묻은 흙이 결정적인 문제로 떠올랐다." 자이페르트의 회고담이다.
그 이전에 지질 전문가는 이미 장화 밑창의 흙이 목사의 주거지에서 나
온 게 아니라는 것을 확인한 터였다. 이를 위해 지질학자는 확대경을 이
용해 흙 속에 들어 있는 미네랄이나 썩은 나뭇잎 또는 꽃가루 등을 철저
히 분석했다. 물론 목사의 노련한 변호사는 집요하게 캐물었다. "장화
가 아주 높은 확률을 가지고 시체 발견 현장에 있었다는 점을 두고 말씀
드리자면 이미 1998년 4월 8일 정말 개미가 같은 것(출처)인지 보충 증
거를 제출해달라는 본인의 신청만으로도 충분한 이의 제기가 이루어졌
다고 생각합니다." 괴를리츠의 국립자연과학박물관에서 종사하고 있
으며 독일 최고의 개미 전문가인 자이페르트가 이제 불려올 차례였다.
"법정은 저에게 다음 문제의 해답을 주기를 기대하고 있습니다. 사망자
의 블라우스에 기어 다니던 개미와 장화에 묻은 흙에서 발견된 개미가
같은 종에 속하는 것인가? 만약 같은 종이라면 독일 동부의 니더작센에
서 이런 종은 얼마나 자주 볼 수 있는 것인가?"

자이페르트는 자신의 실험실에서 우선 장화에서 나온 개미와 시체
발견 현장에서 채취한 개미가 각각 어떤 종류의 것인지 검사했다. "시
체를 발견한 곳에서 약 5미터와 9미터 떨어진 지점에 각각 속이 텅 빈
서양 소사나무가 한 그루씩 있었으며, 그 발치에 '라시우스 폴리기노수
스Lasius fuliginosus'(광택이 나는 검은 주름냄새개미—지은이) 굴의 출입구가
있었습니다. 이 개미는 섭씨 8도 정도의 낮은 온도에서도 활발하게 돌
아다닙니다." 자이페르트는 개미 군락의 규모와 그놈들이 쌓아놓은 분
비물로 미루어 이 무리는 나무의 공동에 약 2년 넘게 살고 있는 것으로
밝혀냈다. 시체의 가슴팍에 놓여 있던 썩은 나뭇가지도 바로 개미굴 입

구 옆에서 나온 것이다. 다시 말해서 개미들은 이 나무와 함께 딸려온 것이다.

죽은 사람의 블라우스와 고무장화에서 나온 개미들은 같은 종류의 것이었다. "종을 확실하게 가려냈다는 점은 100퍼센트 자신 있게 말씀 드릴 수 있습니다. 지금 우리에게 문제가 되고 있는 개미는 '라시우스 풀리기노수스'의 하위 종인 '덴드로라시우스Dendrolasius'와 같은 종류 에 속하는 것으로는 유럽 중부에서 유일하게 볼 수 있는 놈입니다. 또 워낙 특이해서 다른 놈과 혼동할 수 없죠. 두 표본 모두에서 개미의 보 존 상태는 상당히 좋습니다. 지금 연구 대상이 된 개미들은 모두 비행 능력은 갖추지 못한 일개미입니다. 이들의 행동반경은 소굴에서 최장 25미터를 벗어나지 못합니다. 바람에 날린다거나 해서 수동적으로 이 동했을 가능성은 현실적으로 제로에 가깝습니다."

이로써 앞서 암시했던 핵심적인 의문은 해결되었다. 장화 밑창의 흙 에서 나온 개미가 소굴을 중심으로 비교적 작은 반경 안에서만 행동한 다면 개미굴은 시체 가까이에 있었으므로, 장화는 틀림없이 시체 근처 를 누비고 다녔다는 게 된다.

상당히 설득력이 있는 연구 결과였지만, 여전히 해결되지 않은 난제 가 남아 있었다. 조금도 의혹의 여지를 남겨두지 않으려는 공정한 재판 이라면 다음과 같은 물음을 진지하게 다루어야 하기 때문이다. 즉, 해당 개미 종은 다른 곳에서는 나타날 수 없는가? 또다른 곳에서도 볼 수 있 다면 그 출몰 빈도는 얼마나 되는가? 우연히 같은 장화를 신고, 그러나 시체와는 멀리 떨어진 곳을 다니다가 광택이 나는 검은 주름냄새개미 를 밑창에 묻혀가지고 데리고 왔을 가능성은 얼마든지 있지 않은가?

그래서 자이페르트는 지난 20년 동안 연구하고 수집해둔 통계자료를 활용하기로 했다. 우선 100여 곳이 넘는 장소를 임의로 선정한 다음, 수차례나 되풀이해가면서 일대를 뒤지며 개미굴들을 일일이 찾아냈다. 그리고 그 안에 어떤 종류의 개미가 사는지 조사했다. 이 생물학자께서는 "스쳐 지나가는 가운데서도" 단박에 눈에 띄는 '라시우스 폴리기노수스'를 매우 자주 마주칠 수 있었다. 이 종의 개미를 잘 알고 있었던 자이페르트는 해당 개미가 독일 전역에 분포되어 있기는 하지만 다른 개미종과 견주어 비교적 굴을 적게 짓는다는 점에 주목했다. 100제곱미터의 공간에서 자이페르트는 전부 138.5개의 개미굴들을 발견했지만, 그 가운데 '라시우스'의 것은 계산상으로 0.036퍼센트에 지나지 않았다. "그저 마음 내키는 대로 정처 없이 걸어 다니면서 니더작센의 공원이나 들판에서 '라시우스 폴리기노수스'를 만나 이놈이 장화에 붙어 올 확률은 지극히 적은 것으로 봐야만 합니다." 자이페르트가 내린 결론이다. "범인이 시체가 발견된 장소에 있는 개미굴 바로 앞에서 머물렀다면, 아주 많은 식구를 자랑하는 개미굴에서 한여름에는 수천 마리의 일개미들이 바삐 왔다 갔다 하므로 개미가 장화에 묻어올 확률은 엄청나게 높아집니다. 여기에서 '라시우스 폴리기노수스'를 만날 확률은 우연히 여기저기 돌아다니는 것에 비해 102 내지 104배 정도 높아진다고 봐야 하겠지요."

간단하게 말하자. 우선, 장화와 시체 그리고 시체 발견 장소에서 같은 종류인 게 틀림없는 개미가 나왔다. 둘째, 야외를 내키는 대로 산책하는 100명의 사람들 가운데 광택이 나는 검은 주름냄새개미를 신발 밑창에 동승시켜 데리고 올 사람은 한 명꼴이다. 셋째, 장화는 목사의 승용차에서 발견되었다. 넷째, 장화는 목사 아내에게 너무 큰 것이다. 다섯째, 부부는 장화를 누군가에게 빌린 게 아니다. 여섯째, 장화에 묻은 흙은 비교적 최근의 것이다.

어떤 이는 이 정도면 충분한 정황증거들이, 그것도 연결 고리가 분명한 증거들이 확보되었다고 볼지도 모르겠다. 하지만 그렇게 보지 않는 사람도 있다. 특히 한 인간을 감옥으로 보낼 수 있는 문제에서 우리는 더욱 신중해야 하지 않을까. 바로 그래서 법정은 피고에게 유리한 증거와 불리한 것을 두루, 그것도 아주 꼼꼼하게 살펴야만 한다. 언론은 곤충학자의 연구 결과를 아주 상세하게 다루었다. 하지만 법관의 눈에 그것은 다른 정황증거들에 비해 더 중요한 것도 덜 중요한 것도 아닌, 똑같은 비중을 갖는 단서일 뿐이다. 이를테면 피고가 걸었다는 전화, 그의 진술에서 나타난 여러 가지 모순점, 피고를 시체 발견 현장 근처에서 보았다는 증인의 목격담, 시내에서 아내를 기다리기는 했지만 아무도 목사를 보지 못했다는 점 등을 곤충학자의 소견과 종합해서 최종 판단을 내려야만 하는 것이다. 그런데 여기에 목사는 한 가지 실수를 더 저질렀다. 그가 돌보던 교구에서 오랫동안 활동해온 신도를 설득해 목사는 자신에게 유리한 쪽으로 위증을 하도록 교사한 것이다. 이런 사실은 당연히 피고에게 불리하게 작용한다. 1998년 4월 말 목사는 살인죄로 8년형을 선고받았다.

증거를 둘러싼 공방전

어떤 피의자의 생활 방식이 납득할 만한 것인지, 또는 피의자가 지금까지 선행을 주로 했는지, 악행을 일삼았는지 하는 따위의 문제를 단서의 감정을 의뢰받은 전문가가 신경 쓸 필요는 없으며 또 그래서도 안 된다. 전문가라는 사람은 오로지 전문 지식을 이용한 실험을 통해 단서의 정체를 밝힐 뿐, 그게 사건에 있어 무엇을 의미하는지 해석하지 않는다. 연구 결과가 사회적으로나 법적으로 몰고 올 파장이 무엇인지 하는 문제는 다른 사람들의 몫일 뿐이다.

어쩔 수 없이 강제된 좁은 시야로 인해 원고나 피고뿐만 아니라 법정과 언론도 감정 결과에 만족하지 못하는 경우가 자주 발생한다. 이런 상황은 대개 통계자료가 문제시될 때 일어난다.

하지만 법정에 선 감정인은 소송 당사자나 여론의 요구와 기대에 눈을 질끈 감아야만 한다. 감정인이라는 직업을 가진 사람은 사실과 수학적으로 계산할 수 있는 확률의 세계에서만 살아야 하기 때문이다.

가이어 사건의 경우에도 관계자들이 좀더 명확하게 정리된 진술을 요구하는 상황들이 많았다. 예를 들어 노란 장화에 묻어 있던 흙이 시체가 발견된 현장의 그것과 일치하는지 여부도 확률로만 이야기할 수 있다. 전문가는 우선 장화에 묻은 흙이 대저택의 성원에서 나온 게 아닐 확률이 크다고이야기했다. 흙의 구성 성분이 다르기 때문이다. 이는 곧 정원에서만 장화를 신었다는 목사의 진술을 뒤집는 게 된다. 하지만 법관이나 검사 또는 변호사는 확률이 뭐냐며, 그렇다는 건지 아니라는 건지, 둘 중 하나로 똑 부러지게 이야기하라고 요구한다. 하지만 과학은 도 아니면 모라는 식의 이야기를 할 수 없으며 해서도 안 된다. 전문가는 그저 의연하게 확률로만 이야기해주면 그만이다.

두 번째, 장화에 묻은 흙이 시체 발견 현장에서 나온 게 아닐 확률은 거의 없었다. 이런 이중부정을 들으며 사람들은 무슨 이야기를 그렇게 비비 꼬나 하고 불쾌해할지 모르겠다. 하지만 이게 바로 코난 도일의 황금률인 것을 어쩌랴. 범죄 수사에 있어서는 올바른 가정을 증명하는 것 못지않게 틀린 전제를 반박하는 것 역시 중요한 일이다. 이 사건을 놓고 이야기하자면 장화에 묻은 흙이 어딘가 다른 곳에서 나왔을 가능성도 열어놓아야 한다는 것을 뜻한다. 같은 토양을 갖는 곳이 여러 곳에 있을 수 있는 가능성은 얼마든지 생각할 수 있기 때문이다. 물론 지금까지 우리가 아는 한, 그럴 확률은 거의 제로에 가깝지만 말이다.

절대적으로 확실한 진술, 그러니까 100퍼센트 틀림없는 진술을 자연과학자는 가능한 경우의 수를 줄여가면서 접근할 수 있을 뿐이다. 토질 검사를 예로 들어보면 특정 암석의 성분을 확인할 수 없기 때문에 현장에서 "나오지 않았다"고 접근해 들어가는 식이다. 엄지손가락 지문은 특정 무늬의 골이 없기 때문에 피의자에서 "나온 게 아니다"라고 확인한다. 그러니까 열대지방에서만 사는 개미는 100퍼센트 확실성을 가지고 독일의 겨울 숲에서 볼 수 없다.

부정의 방법(일명 배제) 대신에 경우의 수들을 배열해놓고 서로 짝짓기를 해가며 어떤 게 무엇과 맞는지 확인하는 방법도 있다. 이럴 때는 다른 계산 방식을 써야 한다. 이처럼 경우의 수를 조합시킬 때에는 그 수학적 특성상 100퍼센트 확실한 것은 없다. 오로지 '0'과 '100' 사이의 어느 지점을 가리키는 개연성만 있을 뿐이다. 뭐, 복잡한 공식 같은 것을 생각할 필요는 없다. 다음의 예를 살펴보면 이게 무슨 말인지 이해할 수 있을 것이다.

친구에게 커튼을 치게 한 다음, 커튼 뒤에 두 개의 칵테일 셰이커를 세워두도록 하자. 그 하나에는 카니발에서 쓰는 황금빛 반짝이 가루를 약간 넣어두게 한다. 그런 다음 두 개의 셰이커에 모래를 채우라고 말해준다. 그리고 친구에게 두 개 모두 힘차게 흔들어 하고 외친다. 물론 당신은 어느 게어느 것인지 볼 수 없다. 이제 한쪽 셰이커에는 모래와 반짝이가 뒤섞여 있을 것이며, 다른 하나에는 그저 모래만 들어 있다.

자, 이제 친구에게 반짝이가 들어 있지 않은 셰이커의 모래를 반쯤 탁자위에 쏟으라고 해라. 지금부터 당신이 맡을 역할은 법정으로부터 감정을 의뢰받은 전문가다. 법관은 당신에게 탁자 위의 모래가 어느 셰이커에서나온 것인지 판별을 해보라고 한다.

아마도 당신은 그거 아주 간단하네 하고 말할 것이다. 탁자 위의 모래에는 반짝이가 섞여 있지 않으므로 반짝이를 넣어놓지 않은 셰이커에서 나왔다고 말이다.

이제 변호사가 묻는다. "당신 말에 책임질 수 있으십니까? 정말 그렇게확신하시나요? 탁자 위에 있는 것과 같은 모래를 담은 셰이커가 이 지구상다른 곳에 없으리라는 것을 어떻게 보장할 수 있나요? 탁자 위의 저 모래가 모래판에서 나온 건 아닌가요? 애들 놀이터에서 퍼온 것일 수도 있잖습니까?"

정직한 전문가인 당신은 다음과 같이 답할 것이다. "맞습니다. 모래가 셰이커에서 나온 것인지, 아니면 아이들 놀이터에서 퍼온 것인지, 제가 절대적인 확신을 가지고 말씀드릴 수는 없습니다. 하지만 모래가 셰이커에서 나온 것일 확률은 아주 높습니다. 반경 100미터 이내에 놀이터는 없으니까요. 제 친구가 어디 다른 곳에 가서 모래를 가지고 왔다고 보기에는 그럴 만한 시간적인 여유가 없습니다.

만약 당신이 저에게 탁자 위의 모래가 반짝이를 섞지 않은 셰이커의 모래와 같은 것일 확률을 물으신다면, 이렇게 말씀드리죠. 탁자 위의 모래는 절대 확실함에 근접하는 확률을 가지고 반짝이가 들어 있지 않은 셰이커의 그것과 같습니다. 탁자 위의 모래에서 반짝이가 보이지 않기 때문입니다. 물론 100퍼센트 맞는다고 말씀드릴 수는 없습니다. 당신의 모래판 이론을 저의 자연과학적인 방법으로는 '완전히' 배제할 수 없기 때문입니다.

그래도 100퍼센트의 진술을 원하신다면 이렇게 말씀드리죠. 탁자 위의 모래에는 반짝이가 섞여 있지 않습니다. 따라서 그 어떤 경우에도 모래는 반짝이가 섞여 있는 셰이커에서 나온 게 아닙니다."

왜 그럼 진즉 그렇게 이야기하지 않았냐고? 앞서 한 말과 뒤의 것이 다른 게 무엇이냐고? 물론 둘은 같은 것일 수 있다. 하지만 법정에서 전문가는 그가 정확히 알고 있는 것만 말해야 한다. 법정이 전문가에게 요구하는 것은 인간의 건전한 상식도, 일반적인 통념도 아니다. 그래야만 전문가는 판사 노릇을 할 위험을 피할 수 있다. 법정에서 사건의 전모를 그려보고, 사실 배면에 숨어 있는 세계가 어떤 모습을 하고 있는지 판단하는 것은 오로지 판사에게 주어진 임무이자 권한이다. 전문가로서 당신은 정확히 알고 있는 사실만을 이야기할 수 있으며, 또 반드시 그래야만 한다.

예를 들어 가이어 사건에서 검사는 목사 부인이 금요일 아침 남편에게 이혼할 것을 요구하지 않았느냐며 피고를 몰아붙일 수 있다. 또 의당 그래 야만 한다. 검사라는 직업은 그런 일을 해야만 하기 때문이다. 하지만 그 말 이 맞는지는 아무도 모른다(목사를 제외하고). 정부가 보낸 편지가 등장했 다는 것은 이혼 요구를 그럴 듯한 가능성의 영역으로 끌어올린다. 그런데 반대로 목사는 자신이든 아내든 혼외 관계를 자주 맺어왔다는 주장을 하고 있다. 이 경우 이혼 요구의 가능성을 수치상의 확률로 나타낼 수는 없기 때 문에 전문가 감정을 의뢰받은 자연과학자는 이 문제를 놓고 어떤 이야기도 해서는 안 된다. 더 정확히 말하자면 전문가는 그 어떤 이야기도 할 수 없으 며, 해서도 안 된다. 이건 제 소견이지만 어쩌고 하는 것도 절대 허용될 수 없다. 말 그대로 그것은 의견일 뿐, 확실한 지식이 아니기 때문이다.

또다른 예를 들어보자. 제 아무리 논란의 여지가 없이 확실하게 나온 친 부 확인 테스트 결과일지라도 수학적인 계산으로 따지면 "오직" 99.9999 퍼센트의 확률일 뿐이다. 이는 다시 말해서 검사를 받은 아버지와 똑같은 유전자를 갖는 제2의 인물이 지구상의 수백 만 가운데 있을 수 없다는 것을 뜻한다. 하지만 인류 역사를 통틀어서도? 몇 억, 심지어 몇 조의 인구들 가 운데도? 우리는 이런 물음에 아무런 답을 할 수 없다. 바로 그래서 0.0001 퍼센트의 가능성이라도 남겨놓는 것이다(이에 관한 자세한 내용은 마르크 베네케의《모든 범죄는 흔적을 남긴다》를 참조할 것). 아버지와 아들의 유전 자가 일치한다는 것은 아이가 아버지의 씨에서 나온 것임을 의미한다(아이 는 유전자의 절반을 어머니에게서, 나머지 절반을 아버지에게서 물려받는다). 물론 이런 검사 결과가 진행 중인 법적 다툼에 어떤 영향을 주는지, 이를테 면 아버지가 감당해야 할 대가는 얼마인지, 아이의 친권은 누가 가지며, 어느 쪽과 살아야 하는가 하는 문제를 결정할 수 있는 사람은 결코 유전자 감식 전문가가 아니라 법관일 뿐이다.

확률적 수치와 개연성이라는 종종 혼란스러운 논쟁에 애초부터 말려들지 않기 위해서 가이어 사건의 지질 전문가는 장화에 묻어 있는 흙이 시체 발견 현장에서 나온 게 아니라고 말해서는 안 된다고 법정에서 진술한 것이다. 이런 경우를 두고 전문용어로 "가능성의 배제"라고 부른다. 말하자면 이중부정인 셈이다. 단순긍정은 재판에서 공격을 당할 소지가 많지만, 이중부정은 허점을 보이지 않는다.

참수 직후 과연 무슨 일이 벌어지는가

법정에서 내려지는 판결의 내용은 판사마다 다를 뿐만 아니라, 시대에 따라 또 국가에 따라 천차만별의 양상을 보여준다. 사건마다 판결이 어떻게 내려질지는 법의 테두리 안에서조차 예측하기가 무척 힘들다. 또 이런 게 전혀 놀라운 일은 아니다. 절대적인 정의라는 것은 존재하지 않기 때문이다.

그렇지만 몇백 년에 걸쳐 여전히 격앙된 반응을 불러일으키는 형벌이 있다. 바로 사형이다. 사형은 인간으로 살아가는 일의 핵심, 즉 살아남고 싶다는 간절함을 뭉개버리는 비인간적인 형벌이다. 아직도 여전히 사형 제도의 옹호자들이 있다는 것은 참으로 묘한 일이 아닐 수 없다. 사형은 그 결과를 되돌릴 수도 없을 뿐만 아니라, 인간에게 결코 허락되어서는 안 되는 지위를 부여하는 일이기도 하다. 어찌 한 인간이 다른 인간의 생명을 좌지우지하는 권력을 행사할 수 있다는 말인가!

하지만 오늘날까지 독일어권에서조차 정말 쓰레기 같은 범죄자, 이를테면 아동 살해범은 처형하는 게 마땅하지 않은가 하는 문제 제기가 끊이질 않고 있다. 미국과 중국 등의 나라들이 사형 제도를 고수하고 있는 데에는 이런 의문이 결정적인 역할을 하고 있다. 물론 나라마다 사형 제도를 유지하는 데 내세우는 이유와 근거는 제각각이지만 말이다.

기독교 국가인 미국이 대단히 비기독교적인 사형을 고집하는 데에는 아주 실용적인 관점이 그 바탕에 깔려 있다. "흉악범이 단 한 명이라도 줄어든다는 것은 곧 그만큼 흉악한 범죄가 사라진다는 것을 뜻한다!" 물론 그 이면에는 예나 지금이나 좀처럼 극복하기 힘든 복수욕이 자리 잡고 있다. 사형이 주는 충격 효과도 언제나 기꺼이 거론되는 이유 가운데 하나다. 그 충격 효과라는 게 정말 있는지 입증해주는 것은 아무것도 없지만 말이다.

중국에서 국가 권력에 의한 살인은 말 그대로 권력의 표현이다. 또 사형은 못 말리는 인간들을 다스릴 최고의 교화 수단으로 여겨지고 있다(여기서도 노리는 것은 충격 효과다). 다만 그 기준이 너무 자의적이고 모호하다. 그 좋은 예가 2001년 위조지폐 사범들을 교수형에 처한 것이다. 다시는 같은 일이 벌어지지 않도록 따끔한 본보기를 보여주려 한 모양이나 그게 정말 목숨까지 빼앗아야 할 극악무도한 일일까?

법조인이면서 쾰른 행정 국장을 역임한 쿠르트 로사는 1966년 흥미로운 관점에서 사형 제도를 다룬 글을 썼다. "어떤 국가가 법으로 죽어 마땅하다고 정해놓은 범죄의 목록을 보고 있노라면 그 국가의 정신적 성숙도와 문화 수준을 알 수 있다. '목록'이라는 말이 조금도 과장이 아닌 것은 오늘날 미국에서 사형으로 처형될 위험이 있는 범죄의 가짓수가 20여 개를 훌쩍 넘는다는 데서 잘 드러난다. 그 하나하나를 살펴보면 다음과 같다.

살인, 폭력 치사, 린치, 낙태로 인한 사산, 기결수가 감방 안에서 저지르는 살인이나 심각한 상해, 위증으로 인해 사형 선고가 내려져 실행된 경우, 성폭행, 몸값을 갈취할 목적으로 미성년자를 납치하는 경우, 열차 강도와 열차 탈선 유도, 폭탄 테러로 수많은 사상자가 발생한 경우, 특수 강도와 무장 강도, 국가 반역, 폭동을 핑계로 한 살인, 미국 대통령과 주지사 또는 그 대리인을 겨눈 공격 등등.

이런 골동품 창고를 향해 손가락질을 하는 것은 쉬운 일이다. 그 대부분은 개척 시대가 남긴 유산이며, 나머지는 테러에 대항해 국가를 지키는 데 필요한 자구책인 것으로 보인다. 금주령이 시퍼런 서슬을 자랑하던 시절, 갱단들이 준동하던 것을 생각하면 이해 못할 바도 아니다. 다만 지적하고 싶은 것은 그 같은 구시대의 잔재를 아직도 끌어안고 있는 이유가 무엇일까 하는 점이다. 자잘한 잡동사니를 과감하게 청소하지 못하고 무슨 보물인 양 보듬고 있는 행위는 비난받아야 마땅하지 않을까.

오늘날 목록을 훑어보며 우리는 많은 것에 고개만 절레절레 흔들 뿐이다. 예를 들어 성폭행을 사형으로 처벌하는 나라는 러시아와 아프리카의 몇 나라들밖에 없다. 즉 짐바브웨 북부, 남아프리카, 중앙아프리카 공화국, 다호메이(베냉의 옛 이름―지은이), 코트디부아르 등이다. 그 밖에 일본과 타이완 그리고 필리핀은 강간 치사의 경우에만 사형을 선고한다. 이렇게 볼 때 미국의 열여덟 개 주에서 성폭행을 여전히 죽어 마땅한 범죄로 여기고 있다는 점은 이해하기 어려운 일이다."

도대체 문제는 어디에 있는 것일까? 한 사회가 용인할 수 없는 범죄를 사형으로 다스리는 게 무엇이 그리도 잘못된 것일까? 예를 들어 천진난만한 아동을 죽인 흉악범은 당장 목을 따야 정의가 바로 서지 않을까? 하지만 사형을 반대해야만 하는 이유는 의외로 간단하다.

기독교 사회가 사형을 해서는 안 된다고 보는 것은 신약성경이 가르치는 무조건적인 용서에 바탕을 둔 생각이다. 범죄를 남김없이 용서해야 할 의무는 없다고 느낄지라도 최소한 범인을 죽이지는 말자는 합의는 이끌어내야 하는 게 아닐까. 사형을 반대하는 두 번째 이유 역시 단순하다. 현대 국가는 근본적으로 사람을 죽이는 일을 저지르지 말아야 한다. 사람을 죽이는 것을 막고자 하면서 어찌 죽임이라는 수단에 의존한단 말인가? 무릇 국가가 맡아야 할 일은 죄인을 올바른 길로 이끌고 보다 나은 삶을 살도록 유도하는 것이어야 한다. 공공의 힘을 빌려 목을 따고 밧줄에 매다는 야만이 될 법이나 한 소리인가.

이미 1867년 빅토르 위고는 늦어도 20세기에는 "단두대를 세우는 일이 유럽이라는 국가에게 치욕으로 여겨지는 날이 반드시 오리라"고 예언한 바 있다. 아마 이 프랑스 작가의 말은 21세기에 유럽 이외의 나라들에서도 곧 실현될 것으로 보인다(심지어 베트남의 소수 종교는 빅토르 위고를 성인으로 떠받들고 있다). 그때까지 우리는 아무런 사회적 고민 없이 자행되고 있는 사형을 반성하고 숙고하는 노력을 아끼지 말아야 한다. 어제까지만 해도 더불어 살던 이웃을 오늘 못마땅하다고 해서 사형이라는 방법을 통해 고통 없이 제거한다는 사형 찬성론자들의 궤변이 적어도 생물학적 측면에서는 말이 되지 않는다는 것을 우리는 밝힐 의무가 있다.

잘린 머리가 눈을 껌뻑이다

처형이 빠르고 고통 없는 죽음을 약속해준다? 단두대의 도입 이후 특히 이 물음은 언제나 뜨거운 논란의 중심에 서 있었다. 공중에서 무시무시하게 떨어져 내리는 커다란 칼날이 가장 인도적인 처형 기계로 여겨지다니 놀라운 일이 아닐 수 없다. 떨어져나간 머리가 여전히 무언가 느끼고 심지어 눈을 껌뻑이며 눈물을 흘린다는 확인되지 않은 소문과 풍문은 입에서 입으로 떠돌며 사람들의 잠자리를 뒤숭숭하게 만들어왔다. 정말 그럴까?

본의 신경외과 전문의 데틀레프 린케는 확신에 찬 어조로 다음과 같은 이야기를 들려준다. "잘려나간 머리는 30초 동안은 여전히 의식을 유지합니다. 심지어 머리가 없더라도 몸은 몇 발자국을 걸을 수 있습니다. 저 유명한 전설 속의 인물 슈퇴르테베커Klaus Störtebeker•가 목이 잘린 뒤에도 걸었다는 것은 전혀 황당무계한 이야기가 아닙니다. 1875년 리옹에서는 처형되고 나서 관 속에 누인 죄수의 몸이 벌떡 일어나는 바람에 지켜보던 군중이 혼비백산했다고 합니다. 그러더니 돌아누웠던 시체가 다시 일어나 관에서 나오려고 하더라는 겁니다. 이 일이 있고 나서 군중을 모아놓고 공개적으로 처형하는 제도는 폐지되었습니다. 공개적으로 충격을 줌으로써 도덕적 교훈을 주려고 했던 의도가 자율신경이

• ?~1360, 1401년에 죽었다는 설도 있다. 함부르크 출신의 유명한 해적으로 약탈한 물건을 가난한 사람들에게 나누어주었다고 한다. 부하들과 함께 잡힌 그는 자신의 목이 잘린 다음 걸어간 발자국 수만큼 부하들을 살려달라고 간청했다고 한다. 머리가 떨어지고 실제로 열한 걸음을 걸었다는 게 그를 둘러싼 전설이다.

일으키는 발작으로 인한 충격에 묻혀버리고 만 것이지요."

쿠르트 로사는 두려움과 미신 그리고 무미건조한 단편적 의학 지식으로 범벅된 복합적인 심리를 한 가지 예화를 들어가며 그림처럼 선명하게 보여주고 있다.

"세계사에 담겨져 있는 가십거리들을 살펴보면 프랑스 혁명 당시 지롱드파에 속한 샤를로트 코르데가 처형당한 이야기가 나온다. 코르데는 '9월 학살'의 책임을 물어 자코뱅당의 당수 장폴 마라의 가슴을 찌른 죄로 1793년 7월 17일 파리에서 참수형을 당했다. 망나니가 굴러떨어진 머리의 머리카락을 움켜잡은 뒤 높이 들어 '아우성을 쳐대는 천민들'에게 보여주자, 망나니의 조수들 가운데 한 명이 죽은 머리의 뺨을 힘껏 때렸다. '냉정함을 잃지 않은' 관리 한 명은 당시 일어난 일을 두고 다음과 같은 기록을 남겼다. '몸통에서 떼어진 지 이미 오래인 샤를로트 코르데의 머리는 조금도 오해할 여지없이 분노한 표정을 하고 있었다. (…) 양쪽 뺨이 붉게 달아오른 것이다. (…) 뺨을 때려서 붉어졌다고 주장할 수는 없었다. 아니, 죽은 사람의 뺨을 때렸다고 해서 붉어지는 것을 보았는가? 때렸다고 해서 죽은 뺨이 붉어지는 일은 결코 없다. 더구나 분명 한쪽 뺨만 때렸음에도 반대쪽 뺨도 붉게 달아오른 것이다.'"

이게 전설일까? 참수형을 참관한 두 명의 의사는 다음과 같은 말을 하고 있다. "이 문제를 두고 감히 저희 의견을 표현해도 좋다면 정말이지 겁나는 드라마가 아닐 수 없군요. 잘려버린 동맥에서 심장박동 그대로 콸콸 솟구치던 피는 이미 굳어져가고 있었습니다. 그럼에도 근육은 마치 경련이라도 일으킨 듯 꿈틀거리는 통에 우리는 경악을 금치 못했지요. 내장도 뒤틀리는지 남은 몸뚱이가 주기적으로 격심하게 떨더군요. 불규칙적이기는 하지만 심장도 격동을 일으키는지 그때마다 전율을 일으키는 모습을 보는 것은 참으로 묘한 느낌을 갖게 만들었습니다. 순간 입술이 일그러지면서 얼굴 전체가 이를 악물고 분노를 참듯 찡그려지더군요. 물론 몸통에서 떨어져나간 머리의 눈은 동공을 치켜뜨고 꼼짝도 하지 않았습니다. 초점을 잃은 시선이 다행이라고나 할까요. 아직 시신의 단백광현상(시체의 안구가 혼탁해지는 현상—지은이)이 나타나지는 않았지만 눈동자는 꼼짝도 하지 않았습니다. 투명한 게 살아 있는 것 같았지만 굳어진 시선은 죽은 자의 그것이었죠. 이 모든 건 몇 분 동안 지속됩니다. 아주 건강한 사람이었다면 심지어 몇 시간 동안 이어지기도 합니다. 그러니까 한마디로 말씀드려서 죽음은 당장 시작되는 게 아닙니다. 신체의 살아 있던 모든 부분들이 참수를 함께 경험하는 것이지요. 결국 의사에게 참수형은 끔찍하고도 잔혹한 동물 생체 실험을 보는 것이나 다름없습니다. 너무나 소름끼치는 나머지 실험이 끝나면 뒤도 돌아보지 않고 시체를 묻어버리지요."

참고로 이 보고서는 프랑스 혁명 당시가 아닌 1956년에 작성된 것이다. 프랑스 의사 피델리브르와 푸르니에가 쓴 보고서는 의학아카데미의 위촉을 받아 참수형 직후의 시신을 관찰한 기록이다.

보고서대로라면 참으로 놀라운 일이 아닐 수 없다. 우리를 더욱 놀라게 만드는 전설들도 많기만 하다. 심지어 칼에 목이 달아난 남자가 뛰었다는 이야기까지 있다. 칼을 받기 전에 죽고 나서 뛸 테니 친구의 목숨만큼은 살려달라거나, 심지어 머리 없는 몸통이 뛴 거리만큼의 땅을 가족에게 달라고 했다는 것이다. 죽어서까지 억울해 자신의 무죄를 입증하려고 뛴 몸통도 있다. 어떤 옛 연대기를 보면 다음과 같은 이야기가 전해진다. 1337년 내란죄로 네 명의 시종과 함께 사형을 선고받은 기사 디에츠 폰 샤움베르크는 형장에서 재판관에게 간곡한 부탁을 했다고 한다. 말인즉 네 명의 시종은 아무런 죄가 없으며 오로지 자신의 꾐에 빠진 것일 뿐이니 그들의 목숨만큼은 살려달라고 했다는 것이다. 징 원하신다면 기적이라도 보여주겠다며 기사가 제안한 것은, 목이 떨어지자마자 자신의 몸이 땅에서 일어나 네 시종을 차례로 지나가겠다는 거였다. "목이 땅에 떨어지자마자 벌떡 일어난 몸은 네 명의 시종을 차례로 지나더니 다시 생기를 잃고 쓰러졌다."

사형집행인들 가운데는 머리가 떨어져나간 사형수의 몸이 잠깐 동안이나마 계속 살아 있는 것을 이용해 이득을 취했다는 이야기가 떠돌기도 한다. 로베르트 아이젤은 자신의 책《포이그트란트의 전설집 Sagenbuch des Voigtlandes》(1871)에서 어떤 사형집행인이 목이 떨어져나간 사형수의 손을 이끌고 걸어간 끝에 9에이커에 달하는 땅을 차지했다는 이야기를 들려주고 있다. 아이제 앙스트만은 "폰 드라이시히아커von Dreißigacker"(30에이커)라는 별명이 붙은 사형집행인의 사례를 소개하고 있다. 1647년 드레스덴에서 선제후 요한 게오르크 1세는 막 목이 떨어져나가 피가 콸콸 솟구치는 시신을 한 움큼 풀을 뜯어 지혈을 해준 다음, 그 손을 잡아끌고 "30에이커" 이상을 끌고 다닌 사형집행인의 놀라운 솜씨에 감복한 나머지 그에게 바로 그 땅을 하사했다고 한다.

벌써 입관을 끝낸 몸뚱이의 근육이 한 시간 내내 경련을 일으켰다(말이 되지 않는 소리다—지은이)는 이야기가 소름끼치는 정도라면, 양동이에 담겨진 머리통이 여전히 의식을 가지고 감정에 북받쳐 울더라는 전설은 아예 놀라 자빠지게 만들 정도다.

1803년 브레슬라우에서는 벤트라는 이름의 의사가 몇 명의 동료들과 함께 냉혹함의 끝이 어디까지 가는지 과시한 일이 있다. 갓 베어진 머리를 들고 "짧은 순간 동안이나마 이어지는 자율적인 생명력"을 확인하는 실험을 감행한 것이다. 이들이 실험 대상으로 삼은 것은 트로어라는 이름을 가진 사형수의 머리였다. 벤트 박사는 이 실험을 다음과 같이 보고하고 있다. "구급 처치를 전문으로 하는 의사 일링 박사와 하니슈 박사가 너무나 친절한 나머지 서로 번갈아가며 머리통을 들고 도와준 덕에 실험은 아주 순조롭게 이루어졌다. 나는 사형수의 얼굴을 붙들고 똑바로 쏘아보았으나 조금도 움찔하는 것을 발견할 수 없었다. 얼굴은 평안해 보였고 뜨고 있는 눈은 밝게 빛났으며 입은 굳게 닫혀 있었다. 얼굴만 놓고 본다면 조금 전에 불행하게도 몸통과 분리되었다는 인상을 조금도 받을 수 없었다. 나는 손가락 끝으로 재빨리 그의 눈을 찌르는 척했다. 순간 움찔하면서 눈을 깜빡이는 게 아닌가! 눈을 위협하는 돌연한 공격을 막으려고 눈꺼풀이 닫히며 파르르 떨기까지 했다. 일링 박사는 머리를 높이 들어 마침 우리를 향해 비추고 있는 해를 향하게 했다. 바로 그 순간 머리는 눈이 부신지 얼른 눈을 감았다. 시각기관이 계속 작동하고 있는 것처럼 청각기관도 기능이 살아 있는지 시험하기 위해 나는 커다란 목소리로 비운의 머리에 달린 귀를 향해 두 번 '트로어!' 하고 외쳤다. 그러자 정말이지 놀라운 일이 벌어졌다. 혹시 관찰자의 느낌과 상상으로 착각을 일으킨 것은 아닐까 하는 의심마저 들 지경이었다. 그만큼 이 실험은 놀라운 결과를 보여주었다. 이름을 외쳐 부를 때마다 머리는 감은 눈을 뜨면서 살며시 눈길을 돌려 소리가 나는 쪽을 향했다. 그때 몇 번이고 입술이 달싹거렸다. 옆에서 실험을 지켜보던

사람들은 머리통이 정말 말을 하려고 애를 쓰는 것 같다며 감탄을 자아
냈다. 이 실험 결과는 칼에 맞아 잘린 머리라 할지라도 인공 허파를 달아
주면 말을 할 수 있을 거라는 죄머링*의 주장에 무게를 실어주는 것이
었다.

내가 청력을 시험하고 있을 때, 옆에 서서 손에 시계를 들고 실험 시
간을 측정하고 있던 카우프만 오토 씨는 머리가 잘린 지 벌써 1분하고
도 30초가 지났다고 알려주었다. (…) 이번에는 투관침(손잡이가 달린 바
늘—지은이)을 가지고 척수가 잘려나간 부분의 위쪽을 찌르며 자극했
다. 그러자 얼굴은 아파 죽겠다(?)는 듯 괴로움을 호소하는 표정을 지었
다. 구경꾼들의 입에서 탄성이 터져나왔다. '이게 바로 생명이로구나!'
확신에 가득 찬 나도 이렇게 화답했다. '이게 생명이자 느낌이 아니라
면, 무엇을 두고 생명이자 느낌이라 하겠소?' 척수를 자극했을 때 일어
난 반응을 더 정확히 설명하면 이랬다. 눈이 경련을 일으킨 것처럼 파르
르 떨었으며 이를 악물었고 어찌나 찡그렸는지 뺨 근육이 눈꺼풀 바로
아래로 올라가 붙을 정도였다."

처형당한 사람의 머리를 가지고 하는 그런 실험은 당시만 하더라도
드문 일이 아니었던 모양이다. 1804년 3월 3일 프로이센 당국이 형법과
관련해 공표한 칙령을 보면, "목이 달아난 사람의 몸과 그 장기들을 가
지고 갈바니 전기 자극이나 그 밖에 기계적 자극 따위를 이용한 실험을
하는 것을 금지한다"고 되어 있다. 죽은 사람이 되살아난다니 오싹했던

• 1755~1830, 독일의 해부학자, 인류학자이자 발명가. 사람 눈의 망막에 있는 황반을 처음 발견한
사람이다. 인간의 뇌와 신경조직에 관해 많은 중요한 연구 결과를 남겼다.

모양이다. 하지만 "의학과 위생학 최고 총국"은 감정 및 평가를 통해 그들의 주군인 프로이센의 왕 프리드리히 빌헬름 3세에게 다음의 사실을 납득시키는 데 성공했다. "갈바니 전기나 기계적인 자극을 통해 뇌가 깨어나면서 그 활동, 이를테면 자각과 의식이 적어도 얼마 동안이라도 되살아날 수 있습니다. 그러니까 참수를 당하면서 죄수가 잃어버린 의식이 다시 일깨워지는 겁니다. 하지만 어디까지나 잠깐 동안일 뿐입니다."

이로써 왕은 서둘러 수상에게 칙령까지 발표하게 만든 시름에서 벗어날 수 있었다. 새롭게 정리된 입장은 이랬다. "현재 이루어지고 있는 실험들의 결과는 (…) 의식이 지속적으로 되살아난다는 확실한 결론을 내릴 수 있는 그 어떤 내용도 포함하고 있지 않다. (…) 만약 의식이 지속적으로 되살아난다면 칼로 참수를 하는 형벌에 관한 법을 고쳐야만 하리라."

당시 과학자들이 그 같은 실험에서 보여준 활발한 관심은 영혼이라는 게 어디에 자리를 잡고 있느냐 하는 문제를 둘러싼 논쟁에 뿌리를 두고 있었다. 그 논쟁을 주도했던 인물들 가운데 한 사람이 저 유명한 해부학자 자무엘 토마스 죄머링이다. 혈액순환에 장애가 빚어지더라도 두뇌의 지각 능력은 유지되기 때문에, 잘린 머리라 할지라도 한동안 생명력을 자랑한다는 관점에서 출발한 죄머링은 단두대의 사용을 단호하게 반대했다. 프랑스 학자들이 벌떼처럼 일어나 죄머링에게 격렬한 반론을 펼쳤다. 분명한 것은 당시 실험들로부터 이끌어낸 결론이 오늘날의 관점에서 보면 별 가치를 가지고 있지 않다는 점이다. 물론 실험에서 관찰한 사실들이 어떻게 해서 일어나는지 하는 문제를 두고 현대 과학도 지금까지 만족할 만한 설명을 내놓지 못하고 있다.

정신과 전문의 알프레트 에리히 호케는 1932년 6월 4일 바덴에서 열린 "신경정신의학 학술 대회"에서 다음과 같은 발언을 했다. "참수형은 전혀 고통스럽지 않습니다. 굳이 비교를 한다면 단두대보다 치과 의사가 더 고통을 불러일으킬 겁니다. 목이 잘리는 참수는 그 어떤 병보다도 편안한 죽음을 약속해줍니다. 그 어떤 다른 처형 방법보다도 인간적인 것이 단두대입니다. (…) 단두대에 의한 참수는 비록 몸소 경험해보고 증언한 사람이 아무도 없기는 하지만 아무런 고통을 주지 않습니다. 두 눈으로 직접 보기만 하면 아마추어일지라도 쉽게 내릴 수 있는 결론입니다. 의식이라고 하는 것은 특정 혈압이 뇌의 혈관에 존재할 때에만 유지될 수 있습니다. 이 혈압이 아주 조금만, 생명을 위협하지는 않을 정도로만 떨어져도 우리가 익히 알고 있는 졸도(의식을 잃는 것)라는 현상이 일어납니다. 단두대의 칼날이 목의 대동맥을 끊어놓는 순간, 사형수의 의식은 사라집니다. 칼날을 맞는다는 느낌도 있을 수 없습니다. 느낌이 신경을 통해 전달되기 위해서는 실험을 통해 확인한 결과, 몇 초라는 짧기는 하지만 분명한 시간을 필요로 하기 때문입니다. 그러니까 몸이 잘려나갔다는 신호가 중추신경을 통해 뇌에 전달되기 전에 의식은 사라지는 것입니다."

오늘날 의학자들에게 물어보면 거의 비슷한 대답을 들을 수 있다. 하지만 직접 실험을 해보면 학교에서 배운 지식만으로는 설명할 수 없는 곤란한 현상들과 맞닥뜨리게 마련이다.

보리우 박사 역시 "두 눈으로 직접 보기만 하면 아마추어일지라도 쉽게 내릴 수 있는 결론"을 몰랐을 리가 없다. 혈압이 비정상적으로 떨어지면 의식불명 상태가 초래된다는 사실 말이다. 하지만 앞서 살펴본 벤트 박사보다 100년 뒤인 1905년 6월 18일 보리우 박사는 단두대에 의해 갓 처형된 랑귀유라는 이름의 남자 머리를 관찰한 경험을《범죄인류학 기록Archives d'Anthropologie criminelle》이라는 책에서 다음과 같이 보고하고 있다.

"잘려나간 목에서 머리가 떨어졌다. 그래서 신문들이 앞다투어 보도한 그대로 일부러 내 손으로 떼어내지 않아도 좋아 정말 다행이었다. 머리를 바로 세우려고 하지도 않았다. 원하는 관찰을 하는 데 있어 운이 좋았던 셈이다.

이제 참수 직후 일어난 일들을 이야기해보겠다. 단두대 처형을 당한 남자의 눈꺼풀과 입술은 약 5초 또는 6초 동안 불규칙하면서도 리드미컬하게 경련을 일으켰다. 이런 현상은 목이 잘린 것을 나와 같은 조건에서 관찰하는 사람이라면 누구나 볼 수 있는 것이다. (…) 경련이 그치기까지 몇 초를 더 기다렸다. 얼굴에 긴장이 풀리기 시작하면서 눈꺼풀이 안구를 반쯤 덮었다. 이제 보이는 것은 눈의 흰자위일 뿐이다. 의사라는 직업을 가지고 매일같이 보던 광경이다. 죽어가는 환자나 의식이 몽롱한 환자가 꼭 저런 모습을 한다. 난 크고 날카로운 목소리로 "랑귀유!" 하고 그의 이름을 불렀다. 그러자 죽은 자의 눈꺼풀이 천천히 올라가는 게 보였다. 경련성 수축은 더이상 볼 수 없었다. 난 이 점을 의도적으로 강조하고 있다. 침착하면서도 아주 분명한 움직임이었다. 평소 잠에서 깨어나거나 무슨 생각에 골몰해 있다가 부르는 소리에 반응하는 모습 그대로였다. 그런 다음 랑귀유의 시선은 내 눈에 고정되었다. 동공은 수축되어 있었다. 죽어가는 사람에게서 보이는 흐릿하고 아무런 감정이 없는 그런 눈빛이 아니었다. 나를 바라보고 있는 것은 조금도 의심할 바 없이 살아 있는 사람의 눈이었다.

몇 초 뒤 눈꺼풀이 다시 천천히 아무런 경련이 없이 감겼다. 얼굴은 호명을 받기 전과 같은 표정으로 돌아왔다.

다시 한 번 이름을 부르자 눈꺼풀이 전혀 떨림이 없이 천천히 열렸다. 틀림없이 살아 있는 사람의 것인 두 눈이 나를 뚫어쳐라 바라보았다. 처음보다도 더 절박한 눈길이었다. 그리고 다시 눈이 감겼지만, 이번에는 완전히 감기지 않았다. 난 세 번째 시도를 했다. 아무런 반응이 없었다. 눈에는 생기가 완전히 사라졌다. 죽은 사람에게서 볼 수 있는 유리알 같은 눈이었다. (…) 여기까지 걸린 시간은 25에서 30초 정도였다."

반사작용일까?

보리우는 자신이 관찰한 것을 가지고 참수당한 이후에도 두뇌의 모든 기능은 얼마간 지속된다는 결론을 내렸다. 이는 물론 정통 의학과 정면충돌하는 것이다. "재미 삼아 공상적인 이야기를 지어낼 생각은 전혀 없다." 보리우 박사의 의견 정리다. "특히 정신의학을 다루는 마당에 허튼소리를 할 수는 없지 않은가. 시신경이 제대로 작동하고 있다는 것을 인정한다면 대뇌피질 역시 계속 기능하는 것으로 봐야만 하지 않을까. 기능의 지속을 부정할 합리적인 근거는 어디에도 없다. 의식의 지각 활동이라는 것은 물론 그런 의식을 갖는 개인 자신에 의해서만 밝혀질 수 있다. 이렇게 본다면 문제의 과학적인 해결은 요원한 셈이다. 그렇지만 참수 이후에도 일정 정도 의식 활동이 지속된다는 가정을 원천적으로 부정할 수 없다면, 이 문제는 계속 논의되어야 마땅하다."

그레이븐은 이런 논의와 관련한 벤담의 실험 결과를 언급하고 있다.

벤담은 실험을 통해 정온동물은 머리가 떨어져나갔다 할지라도 척수나 뇌에 지각 능력이 계속된다는 것을 밝혀냈다.

"현대의 생리학자들은 대개 문제를 이론적으로만 접근하려는 태도를 보여주고 있다." 커쇼의 지적이다. "그러다 보니 태도가 유보적일 수밖에 없다. 떨어져나간 머리가 끔찍한 모양을 하고 있는 자기 몸을 바라본다는 엽기적이고도 겁나는 상상을 차마 할 수 없는 모양이다. 그러면서도 죽은 머리가 계속 살아 있을 가능성을 간단하게 부정하지도 못한다. 가능성은 분명 있다. 그리고 이 가능성은 악마의 심술궂은 표정을 하고 우리를 노려보고 있다."

악마의 낯짝이 무서운 만큼 현대 의학에 있어 그런 가능성은 끔찍한 악몽일 따름이다. 미세 혈관이 반사적으로 확장되기는 하지만 몸통에서 떨어져나간 머리의 혈압은 피의 부족으로 인해 상당히 떨어질 수밖에 없다. 이런 마당에 죽은 얼굴이 따귀를 맞았다고 붉어지는 것은 상상하기 힘든 일이다.

더구나 눈을 흡뜬다든지 부르는 소리에 반응한다든지 하는 것은 피의 유무와 상관없이 거의 생각하기 힘들다. 사람은 머리를 세게 얻어맞는다거나 올가미에 걸리기만 해도 의식을 잃고 무기력해지고 만다. 더욱 중요한 사실은 그저 평범한 올가미를 목에 걸고 잡아당기기만 해도 당장 의식불명 상태에 빠진다는 것이다. 올가미로 인해 뇌와 연결된 핏줄들이 막히기 때문이다. 물론 참수를 할 때와 달리 올가미를 잡아당겼을 때에는 머리에 피가 남아 있기는 하다. 하지만 어느 경우든 적혈구는 필요로 하는 산소를 얻지 못한다.

단두대 처형은 즉각적인 기절을 일으키는 모든 현상을 유발한다. 피가 막히고, 산소 공급이 이루어지지 않으며, 육중한 칼날로 격심한 타격과 예리한 절단이 이루어진다. 로사가 인용하고 있는 트로어 머리 사건만 하더라도 원문(정확한 확인을 위해 애써 원문을 찾아내 비교해보았다)에는 좀더 주의해서 보아야 할 대목이 나온다. 원문을 보니 실험을 하는 의사는 목이 잘린 뒤쪽 근육 끝에 은판을, 앞쪽의 절단면에는 아연판을 대고 있었다는 기록이 나온다. 그럼 그렇지! 이때 생겨나는 미세한 전류가 근육 경련이 일어나게 만든 것이다. 머리가 없는 시체일지라도 전기 충격을 가해주면 근육은 수축하기 마련이다. 예를 들어 머리가 잘린 시체의 상박 근육은 죽은 지 몇 시간이 지났어도 전기를 흘려주면 움츠러든다. 아마도 잘린 머리에서 관찰했다는 운동은 그런 자극에 의해 생겨났으리라.

그러나 머리를 잘라내도 여전히 생명력이 남아 있는 것을 증명하는 것처럼 보이는 동물실험의 예는 많다. 쥐의 머리를 잘라냈음에도 눈동자는 한동안 움직였으며, 미리 마취를 시켜놓은 양의 목 대동맥을 끊었음에도 대뇌는 약 14초 동안 활동하는 것을 측정할 수 있었다. 개들도 비슷한 결과를 보여주었다. 즉각 심장을 마비시킬 정도의 전기 충격을 주었음에도 약 12초 동안 개의 뇌에서는 뇌파를 감지할 수 있었다. 이 뇌파는 깨어 있거나 살포시 잠이 든 개에서 볼 수 있는 것과는 전혀 다른 형태를 보여주는 것이었다.

그럼에도 아주 빠른 속도로 순식간에 잘려진 머리가 여전히 자신을 의식하는 지각 활동을 할까 하는 의문은 계속 풀리지 않는 숙제로 남는다. 어쨌거나 무의식 상태에서도 근육은 계속 움직인다(그 전형적인 예는 머리가 잘린 닭이다). 분명한 것은 참수당한 인간이 절단 도구로 인해 생겨나는 통증을 느끼거나, 심지어 몇 초 동안 감지한다는 것을 불가능한 일로 치부할 수는 없다는 사실이다.

의학은 여전히 머리가 떨어짐과 동시에 근육 마비와 함께 즉각 완전한 죽음 상태가 시작된다고 본다. 그럼에도 참수나 전기 충격을 당한 사람의 안구가 움직이며 뇌파가 나온다는 관측은 부정하기 힘든 사실로 받아들여지고 있다. 이런 모순은 오로지 단 하나의 설명에 의해서만 풀릴 수 있을 것으로 보인다. 순전히 계산상으로만 따져보면 뇌는 아직 남아 있는 잔류 산소나 안면과 목 근육의 에너지로 약 7초 동안 정상 기능을 유지할 수 있다. 물론 혈관이 터져 상당 부분 피를 잃어버린 조직의 에너지가 어떻게 목적지, 즉 뇌에 도달할 수 있을까 하는 문제는 앞으로도 계속 의문으로 남으리라. 머리가 잘려본 경험이 있는 사람이 이야기를 해줄 수 있으면 좋으련만, 입술만 달싹이고 아무 말도 못해주니 안타까울 뿐이다. 어쨌거나 이런 마당에 아직도 사형을 주장할 강심장이 있을까?

베르나르도와 호몰카,
믿을 수 없는 연쇄 성폭행과 엉터리 수사

"언론은 조금도 흐트러짐이 없는 자세로 사건을 끝까지 물고 늘어졌지." 캐나다 동료인 앨런 월리스가 2001년 말에 칼라 호몰카Karla Homolka와 폴 베르나르도Paul Bernardo 사건을 회상하며 한 말이다. "여론의 관심은 시종일관 전혀 식을 줄 몰랐어. 납치에서부터 시작해 시체의 발견을 거쳐 범인들이 체포될 때까지 말이야. 게다가 '악마와의 거래' 사실까지 밝혀지면서 대중의 분노는 그야말로 지글지글 끓어올랐지. 이런 판국이니 재판인들 차분하게 이루어질 수 있었겠어? 여전히 우리 모두의 가슴을 짓누르고 있는 것은 조금만 신속하게 대처했다면 아이들이 단 한 명도 죽지 않을 수 있었다는 점이야. 하지만 수사관들은 편협하기 짝이 없는 질투심으로 수사를 혼란에 빠뜨리고 말았어. 아차, 싶어 정신을 차리고 보니 이미 때가 너무 늦은 거였지. 난 그저 이런 종류의 파렴치하고 끔찍한 사건이 다시는 되풀이되지 않기만 바랄 뿐이야."

대체 무슨 일이 벌어졌기에 온 나라가 발칵 뒤집혔는지는 이제 곧 자세히 설명할 것이다. 위에서 인용한 말만 보더라도 캐나다 국민이 느낀 충격의 정도를 짐작할 수 있으리라 믿는다. 범인들을 상대로 첫 공판이 열린 지도 벌써 9년이나 흘렀는데도 친구의 말에서는 분노가 뚝뚝 묻어났다(칼라 호몰카는 1993년에, 그녀의 전 남편은 1995년에 유죄판결을 받았다). 캐나다인들은 뒤트루 사건에서 벨기에 국민들이 그랬던 것처럼 범인들의 어처구니없을 정도의 잔혹함에 경악했을 뿐만 아니라, 무능하고 무기력한 정부에 깊은 배신감과 환멸을 느꼈던 것이다.

오죽했으면 현지의 한 웹마스터는 칼라 호몰카가 앞으로 얼마나 더 오래 살 수 있는지 두고 보자며, 그녀가 죽을 날짜를 놓고 내기를 벌이는 사이트까지 개설했겠는가? 적의와 분노를 그대로 드러낸 치기 어린 내기였지만, 사실 전혀 터무니없는 것만은 아니었다. 아동 살해범은 감옥에서 맞아 죽거나, 석방이 되었다 하더라도 길거리에서 죽임을 당하는 일이 드물지 않게 벌어졌기 때문이다.

칼라 호몰카는 실제로 그런 위협을 받을 정도로 원성을 산 희대의 악녀였다. 감옥에서는 비교적 차분하게 지냈던 다머나 가라비토[Luis Alfredo Garavito Cubillos●]와는 달리, 호몰카는 제 손으로 화를 벌어들였다. 물론 의도적으로 그런 것은 아니라 할지라도 말이다. 사람들이 그녀에게 특히 분노한 이유는 호몰카가 악랄한 죄질에도 1993년 고작 12년이라는 실형을 선고받았다는 점에 있었다. 이를 두고 캐나다 국민들은 도저히

● 1957년생, 콜롬비아에서 거의 200여 명에 가까운 소년들을 살해한 연쇄살인범이다. 주로 여덟 살에서 열세 살 사이의 소년들을 상대로 범행을 저질렀다.

이해할 수 없는 일이라며 고개를 절레절레 저었다. 한 술 더 떠 호몰카는 2000년 여름에 이미 2001년 7월 형 집행정지로 풀려나는 것을 목표로 작업을 벌이는 뻔뻔함을 과시했다. 표면상 내세워진 이유는 모범적인 수형 생활이었다. "저는 모든 규정을 준수했습니다." 얼굴을 꼿꼿이 세운 악녀가 했다는 이 말은 진실과는 다소 거리가 있는 것이다.

호몰카가 꿈에도 생각지 못했던 것은 누군가 몰래 그녀의 감옥 생활을 사진으로 찍어두었다는 사실이었다. 같이 감방 생활을 하던 여죄수 가운데 한 명이 1998년 감옥에서 한바탕 흐드러지게 벌어진 파티 장면을 고스란히 촬영해둔 것이다(감옥에서의 사진 촬영은 합법이다). 그로부터 2년 뒤 자칭 친구인 이 여죄수는 사진을 〈몬트리올 가제트Montreal Gazette〉라는 대중지에 돈을 받고 팔아넘겼다(사진 거래는 불법이다). 사진은 규모는 작지만 한바탕 난리법석을 피우는 자유분방한 파티 현장을 가감 없이 보여주었으며, 물론 그 한가운데 호몰카가 여왕 행세를 하고 있었다. 모든 규정을 준수했다? 흐드러진 놀이판은 신문의 1면을 장식하기에 충분했으며, 독자들의 분노는 하늘을 찌를 것만 같았다. 여기에 파파라치 여죄수의 촌평이 곁들여지면서 익을 대로 익은 분노의 술통은 폭발하고 말았다. 친절하게도 파티 현장을 기록으로 남긴 여죄수는 "졸리엣Jolliette 도시의 여자 감옥은 수감자들을 '버르장머리 없게' 만드는 일종의 성인용 애들 놀이터나 다름없다"고 직격탄을 날린 것이다. 이제 사건은 캐나다의 사법 체계를 송두리째 흔드는 국가적 스캔들로 비화하고 말았다.

캐나다 국민들은 이 여죄수의 말이 맞든 틀리든 상관하지 않았다. 호몰카같이 극악무도한 죄를 저지른 죄수가 감옥에서 푹 썩어야지, 파티라니 말이나 되는 소리냐며 핏대를 올렸다. 이제 조기 석방은 완전히 물 건너가고 말았다. 더구나 호몰카의 전남편 베르나르도의 감방에서는 걸칠 것을 될 수 있는 한 아낀 여자 사진들이 눈을 어지럽히는〈맥심 Maxim〉지가 발견되었다. 포르노 잡지가 넘쳐나는 판국에 그 정도는 아무것도 아니었지만, 감방에 앉아 벗은 여자 사진들을 보며 시시덕거렸을 흉악범을 떠올린 캐나다 국민들의 흥분은 세상을 곧 뒤엎을 것만 같았다. 결국 베르나르도가 수감되어 있던 감옥의 소장이 옷을 벗어야 했으며, 베르나르도가 언제 죽는지 내기를 벌이는 사이트가 기승을 부렸다.

"마치 누군가 불에다가 기름을 끼얹은 형국이었죠."교도관 한 명이〈토론토 포스트Toronto Post〉라는 일간지 기자를 상대로〈맥심〉지가 감옥으로 밀반입된 것을 두고 한 촌평이다. "누가 그런 밀반입을 주선했는지는 몰라도, 무엇이 좋고 나쁜지 구별할 능력을 완전히 상실한 모양이에요."

도대체 호몰카와 베르나르도는 무슨 죄를 지었기에 그토록 지탄을 받은 것일까? 오늘날까지도 캐나다 국민이 파티와 오락 잡지를 놓고 분을 삭이지 못할 정도로 화를 내는 이유는 무엇일까? 세상에서 둘째가라면 서러워할 정도로 개방적인 나라 캐나다가 어쩌다가 이 지경까지 이른 것일까? 결혼사진 또는 수영장에서 즐거운 한때를 보내고 있는 사진만 봐도 건강함이 만져질 것만 같은 이 젊고 활달한 부부에게 대체 무슨 일이 있었던 것일까?

사진14 폴 베르나르도와 칼라 호몰카는 겉으로만 보면 아주 활달하고 유쾌해 보이는 한 쌍의 선남선녀다. 아마도 바로 그래서 희생자에게 손쉽게 다가가 성추행의 제물로 삼을 수 있었던 모양이다. 그 밖에도 폴은 장모에게 더할 나위 없는 사위였다. ⓒ 〈토론토 선〉

311

제프리 다머의 죽음

다머의 경우, 심지어 교도관들마저 일부러 기결수 다머를 교도소 내의 가장 난폭하고 거친 죄수들과 함께 일하도록 상황을 몰아갔다. 마치 사자에게 먹잇감을 던져준 것이랄까. 결국 다머는 싸늘한 시신으로 발견되었다.

사건의 발단은 다머 자신이 스스로 초래한 것이나 다름없었다. 창문도 없는, 고작 8제곱미터 크기의 감방을 답답해하기 시작한 게 화근이었다. 이 비좁은 공간에서 다머는 그레고리우스 성가와 바흐의 음악을 듣고, 혼자서 또는 로이 라트클리프 목사와 함께 성경 공부를 하기는 했다. 교도소에 딸려 있는 수영장에서 세례까지 받았을 정도였다. 하지만 그 밖에는 할 일이 없었다. 다머는 무료하고 따분한 나머지 이발을 하는 게 일대 사건일 정도였다고 자신의 변호사에게 하소연하곤 했다.

교도소 당국은 상황을 바꾸어줄 것을 전혀 고려하지 않았다. 다머를 다른 수감자들과 함께 생활하게 한다는 것은 죽으라는 소리와 마찬가지였기 때문이다. 어느 나라를 막론하고 아동 살해범은 감옥에서 생명에 심각한 위협을 받기 마련이다. 교도소 안에 마련된 작은 예배당도 다머에게는 안전한 장소일 수 없었다. 1994년 7월 한 명의 수감자가 예배당에서 목이 잘리는 것을 간신히 모면한 사례도 있었다. 그래도 다머는 외로움에 지친 나머지 사람들과 함께 있기를 원했다(200여 명에 가까운 아동들을 살해한 콜롬비아의 루이스 가라비토는 1999년부터 교도소 본부 건물 내에서 고위층과 나란히 방을 쓰고 있을 정도다. 그래야 숨을 쉬고 살 수 있기 때문이다. 내가 이 연쇄살인범과 만났던 2002년 7월까지 그는 아직 살아 있었다. 이에 관해 자세한 것은 다음 자료를 볼 것. 마르크 베네케/미구엘 로드리게스Miguel Rodrigues, "루이스 알프레도 가라비토 쿠빌로스, 200여 명이 넘는 희생자를 낳은 연쇄살인이 갖는 범죄수사학적 측면과 법률적 측면Luis Alfredo Garavito Cubillos. Kriminialistische und juristische Aspekte einer Tötungsserie mit Üuber 200 Opfern", 출전: 《범죄학 기록Archiv füur Kriminologie》, 제210호, 83~94쪽―지은이).

넉 달 뒤 교도소 당국은 마침내 다머에게 청소를 담당하는 조에 참여해도 좋다고 허락했다. 다머는 청소 일을 통해 약간의 자유뿐만 아니라, 시급 24센트를 누릴 수 있었다. 하지만 이 소박한 행복은 오래 가지 못했다. 1994년 11월 28일, 청소에 참여한 지 불과 몇 주 만에 다머는 체련장 화장실 문을 닦다가 함께 청소하던 수감자 크리스토퍼 스카버가 휘두른 쇠 파이프에 맞아 즉사했다. 결국 다머는 미결수 구류 기간까지 포함해 감옥에서 3년을 넘기지 못하고 만 것이다.

영혼 살해

지금부터 살펴볼 끔찍한 비극의 주인공은 칼라 호몰카와 그녀의 전 남편 폴 베르나르도다. 베르나르도의 어린 시절은 그야말로 최악이었 다. 철부지 폴 베르나르도는 아예 드러내놓고 엄마에게 죽으라고 소리 를 질러댔으며 특히 이를 갈며 양아버지를 미워했다. 그가 베르나르도 의 누나 데비Debbie를 겁탈했기 때문이다. 어느 날 견디다 못한 소녀가 엄마에게 고통을 호소했음에도, 엄마라는 여자는 딸의 말을 단 한 마 디도 믿지 않았다. "넌 도대체 그런 추악한 얘기를 어떻게 지어낼 수 있 니?" 엄마는 딸을 윽박질렀을 뿐이다.

며칠 뒤 부모는 머리를 맞대고 문제를 의논했다고는 하지만 이미 때 는 늦었다. 데비가 가출하고 만 것이다.

베르나르도의 양아버지는 그때부터 말수가 줄어들기 시작했다. 그 럴수록 엄마는 짜증과 욕설을 일삼으며 집안일을 돌보지 않고 모든 것 을 포기한 것만 같은 무절제한 생활을 이어갔다. 스스로 자신을 학대하 며 비탄에 젖는 엄마 앞에서 소년 폴은 할 말을 잃었다. 기껏해야 다 나 가 뒈져라 하는 욕설만 뇌까릴 뿐이었다. 베르나르도가 집을 나가지 않 은 것은 달리 갈 데가 없었기 때문이다. 그래도 그는 나름 부지런한 학 생이었다. 수업을 빼먹는 일이 없었으며, 수학과 자연과학 과목의 성적 은 나쁘지 않았다. 돈을 벌기 위해 신문 배달을 했으며, 때때로 식당 종 업원과 청소용품 다단계 판매업체의 판매원 노릇을 하기도 했다. 여름 에는 YMCA 청소년 캠프에서 그룹 리더로 활동을 벌였다. 캠프는 베르 나르도에게 무척 매력적인 곳이었다. 마음 내키는 대로 여자애들과 놀면서 섹스 맛을 볼 수 있었기 때문이다. 이미 당시 베르나르도의 성격은 괴팍스럽고 제멋대로였다. 예를 들어 처음으로 장기적인 관계를 갖기 시작한 여자 친구 리사에게 베르나르도는 티셔츠를 한 장 선물했다. 티셔츠의 가슴에는 "당장 손 치워!", 뒤에는 "폴의 사유재산임!"이라는 문구가 각각 새겨져 있었다.

드디어 불길한 먹구름이 드리워지기 시작한 것은 폴 베르나르도가 스티브, 벤, 알렉스 형제와 어울리면서부터다. 레스토랑을 운영하는 스미르니스의 아들들인 이 형제는 베르나르도와 같은 거리에 살고 있었다. 아버지가 레스토랑을 하는 탓에 네 악동들은 쉽게 알코올을 접할 수 있었다. 아이들이 마시는 술의 양이 늘어갈수록 행동은 거칠고 난폭해졌다. 온갖 어른 흉내를 내며 걸핏하면 다른 아이들과 주먹다짐을 벌였다. 그 밖에도 이 작은 패거리는 집에서 갖은 잡동사니를 슬쩍해서 자신들이 원하는 것과 맞바꾸는 일에 재미가 들렸다. 이를테면 레스토랑의 주방에 들어가 피자를 훔쳐내서는 휘발유와 교환하는 식이었다(당시 캐나다에서 휘발유는 값이 무척 쌌다). 한번은 아버지의 차를 몰래 끌고 나가 시내를 한바탕 누빈 끝에 역시 레스토랑에서 훔친 신용카드로 음식 값을 계산하기도 했다. 하지만 이내 아이들은 덜미가 잡혔다.

이때부터 모든 것을 자기 뜻대로 해야만 직성이 풀리는 베르나르도의 지배욕과 동성애를 선호하는 성향은 갈수록 두드러지기 시작했다. 그는 친구들에게 계집애들과 항문 섹스를 해야만 직성이 풀린다며 자랑스레 으스대곤 했다. 이런 성적 기호를 그는 나이를 먹어서도 계속 고집했다.

베르나르도는 갈수록 유별나게 굴었지만, 그가 하는 말을 진지하게 받아주는 사람은 아무도 없었다. 1980년, 마침 고등학교 졸업반이었던 그는 경찰에서 파견 나온 강력계 형사의 강의를 들을 기회가 있었다. 청소년들을 상대로 범죄 행위에 경각심을 일깨워주기 위해 마련한 수업이었다. 이때 이미 아주 기묘한 장면이 연출된다. 당시 수사관이 베르나르도의 말과 행동을 진지하게 받아주고 조금만 더 주의해서 보았더라면, 그때 벌써 경종을 울렸어야만 했다.

수사관은 학생들에게 토막 난 시체의 슬라이드를 보여주었다. 시체 부위들은 녹색 비닐봉지에 담겨져 있었으며, 비교적 보관 상태가 양호했다. 아직 남아 있는 살과 뼈를 가지고 법의학자는 동남아시아 출신의 여성이 시체의 주인임을 확인했다. 게다가 최소한 한 번은 출산 경험이 있는 여자였다. 더욱 중요한 것은 시신의 한쪽 다리가 아마포로 만든 원두커피 자루에 담겨져 있었다는 점이다. 이 자루에서 채취한 흙의 감식을 의뢰한 결과, 케냐와 몬트리올의 흙이 뒤섞여 있는 것으로 밝혀졌다. 케냐와 몬트리올? 참으로 기이한 조합이 아닐 수 없었다. 실제로 수사관들은 몬트리올에서 케냐산 원두커피를 들여오는 수입상을 찾아내는 데 성공했다. 상인은 빈 원두커피 자루를 모아 목재상에 넘긴다고 증언했다. 그것을 받아 목재상에서는 나무를 포장하는 데 쓴다는 거였다.

이 목재상의 직원들을 면밀히 조사한 결과, 경찰은 두 명의 혐의자를 색출할 수 있었다. 그들은 토막 난 여자를 실제로 죽인 살인범들이었다. 케냐와 몬트리올을 아우르는 국제적인 흙이 묻은 낡은 원두커피 자루가 범인을 검거하는 데 있어 혁혁한 공을 세운 것이다.

수사관은 강의를 끝내고 질문을 받았다. 폴 베르나르도는 생물학적 단서니 흙이니 하는 따위에 조금도 관심이 없었다. 그가 알고 싶어 하는 것은 전혀 엉뚱한 것이었다. 손을 번쩍 든 베르나르도가 물었다. "자기 방에서 두 사람이 항문 섹스를 한다면 말이죠." 놀란 나머지 눈을 크게 뜨고 입을 쩍 벌린 수사관에게 베르나르도는 쐐기를 박았다. "경찰은 그런 걸 어떻게 알아내죠? 몰래 방에 숨어들어가 엿보고 있다가 체포하나요?"

성인이 된 베르나르도

같은 해 폴 베르나르도는 고등학교를 졸업했다. 부모는 마침내 이혼을 했으며 이제 어엿한 청년은 제니퍼라는 이름의 새 여자 친구를 사귀었다. 베르나르도는 처음부터 제니퍼를 거칠게 다루었다. 여자가 춥다고 하면 머리에 찬물을 부었다. 고등학교 졸업 파티가 끝나고 여자를 집으로 데리고 간 그는 목에 밧줄을 걸어놓고 섹스를 하는 바람에 하마터면 숨통을 끊어놓을 뻔했다. 어느 날인가는 발가벗겨놓고 온갖 굴욕적인 자세로 사진을 찍은 다음, 만약 자기를 버리고 딴 남자에게 갔다가는 사진들을 교회에 걸어놓을 거라고 윽박지르기도 했다. 새파랗게 질린 제니퍼는 끙끙 속병만 앓을 뿐이었다.

어느 날 제니퍼는 베르나르도의 침대 밑에서 그가 젊은 필리핀 여자와 섹스를 하고 있는 사진을 우연히 발견한 적도 있었다. 심지어 그 필리핀 여자가 나타나 질투로 벌겋게 달아오른 얼굴로 한바탕 난리법석을 피웠을 때에도 제니퍼는 꼼짝도 못하고 분루憤淚만 삼켜야 했다. 돌연 세상에서 가장 상냥한 남자로 변신한 베르나르도가 연방 키스를 퍼부어대며 너만 사랑한다고 을러대는데 딱히 할 말이 없었던 것이다. 제니퍼는 남자 친구의 고약한 성격을 잘 아는 터라 무섭고 끔찍하기만 했던 것이다. 베르나르도는 입꼬리를 비트는 잔인한 미소를 지으며 지금까지 그래왔던 것처럼 계속 필리핀 여자와 섹스를 즐기며 그 장면을 비디오로 찍었다.

베르나르도가 다니는 토론토 대학교 경영학과는 스카보로 캠퍼스에 위치하고 있었다. 그는 캠퍼스 바로 옆에 있는 회사에서 아르바이트도 했다. 대개 인근 고객을 관리하는 일이었지만, 경우에 따라서는 그리 멀지 않은 나이아가라 폭포 지역에 사는 고객을 방문하는 일도 맡았다. 베르나르도는 1986년 9월 학사 학위를 취득했으며 아르바이트를 했던 회사에서 정식 일자리도 얻었다.

몇 푼 안 되는 박봉이었지만 폴 베르나르도는 옷차림에 많은 신경을 썼다. 비싸고 좋은 옷만 입는 통에 귀티가 날 정도였다. 이런 괴벽 때문에만 회사에서 유명한 게 아니었다. 직원들은 회사 내의 몇몇 괴짜들과 더불어 베르나르도에게 "MCP 회원"이라는 별명을 붙여주기도 했다. 여기서 "MCP"는 "Male Chauvinist Pigs"(쇼비니즘에 빠진 수컷 돼지들)의 약자다.

베르나르도가 술 때문에 거칠고 허영에 빠진 태도를 자랑하는 것은 아니었다. 마시는 술이라야 고작 "실버 클라우드 칵테일"이라는, 여자들이나 찾는 달콤한 맛의 약한 것에 지나지 않았다. 그것도 그저 가끔 입에 댈 뿐이었다.

운명적인 만남

1986년 10월 17일, 베르나르도는 한 레스토랑에서 칼라 호몰카를 알게 되었다. 당시 그의 나이는 스물세 살이었으며, '프라이스 워터하우스'라는 회사에 근무했고, 경영 수련을 위한 고급 연수 과정을 막 끝낸 뒤였다. 그동안 워낙 많은 여자들을 농락한 탓에 모두 이를 갈며 그의 곁을 떠나가 버렸다. 안 그래도 아쉬웠던 차에 만난 호몰카는 열일곱 살로 일찍이 겪지 못한 묘한 분위기를 자랑하는 아가씨였다. 그녀 역시 베르나르도에게 홀딱 빠진 나머지 바로 다음 주말에 그를 자신의 집으로 초대했다. 세인트캐서린스라는 자그마한 도시에 있는 부모의 집에서 호몰카는 파티를 벌일 생각이었다.

호몰카와 베르나르도는 약속한 대로 만나기는 했지만 파티 대신 영화를 보러갔다. 존 카펜터 감독의 〈프린스 오브 다크니스〉라는 공포물이 그들의 입맛을 더욱 당긴 것이다. 두 사람이 영화를 보고 집으로 돌아왔을 때, 주최자인 호몰카가 없이도 파티는 한창 분위기가 달아올라 있었다.

갓 사랑에 빠진 두 남녀는 둘만의 시간을 즐기기 위해 호몰카의 방으로 올라갔다. 호몰카는 야릇한 미소와 함께 서랍에서 수갑을 꺼내들었다. 이는 곧 베르나르도에게 영혼의 비밀을 함께 나누는 관계의 시작을 알리는 신호탄이었다. 그도 섹스를 할 때마다 수갑을 쓰곤 했던 것이다. 잠시 뒤 호몰카의 손목에 수갑을 채운 베르나르도는 눈빛을 빛내며 "내가 강간범 행세를 하면 어떨까?" 하고 도전적인 투로 물었다. "와, 쿨하다!" 호몰카의 대답이었다. 베르나르도는 감격에 몸을 떨었다.

———

세인트캐서린스를 오가다

당장 베르나르도는 매주 목요일 저녁이면 세인트캐서린스로 달려가기 시작했다. 자동차로 족히 두 시간이 걸리는 거리였다. 호몰카의 부모는 딸의 잘생긴 남자 친구가 기름 값과 시간을 아낄 수 있도록 토요일과 일요일에 집에서 묵는 것을 허락해주었다. 물론 동침은 안 되고, 호몰카의 방문 앞에 있는 소파에서 자야 한다며 호몰카의 아빠는 눈을 찡긋거리며 의미심장한 미소를 지었다.

칼라 호몰카는 한동안 열을 올리며 베르나르도에게 연애편지와 쪽지를 쓰는 재미에 푹 빠졌다(이런 기록들은 나중에 두 사람의 관계가 박살이 난 다음에도 증거자료로 아주 중요한 역할을 했다). 달콤한 사랑에 빠진 소녀는 11월에는 심지어 서툰 운율을 맞추어가며 연애시를 쓰는 일에 몰두하기도 했다. 정확히 말해서 북미 대륙에서 사람들이 익히 알고 있는 시들을 표절해가며 유치찬란한 말장난을 일삼는 것에 지나지 않았지만 말이다.

장미는 붉어
제비꽃은 푸르러
모든 게 다 그게 그거라네
너 같은 변태보다 더 재밌는 건 없네.

그동안 베르나르도의 관심은 섹스 파트너로만 희롱하던 제니퍼에게서 급격히 멀어져갔다. 11월 경영자 수련 과정의 수료식을 겸한 파티 석상에서 베르나르도는 사람들이 지켜보는 가운데 제니퍼에게 창녀 같은 게 어쩌고 하며 소리를 질러댔다. 집으로 돌아오는 길에 베르나르도는 운전을 하면서 제니퍼의 목에 칼을 들이대기도 했다. "넌 내가 대학을 졸업할 때도 저 빌어먹을 스웨터밖에 선물한 게 없어. 대체 네까짓

게 나한테 해준 게 뭐야?" 베르나르도가 제니퍼에게 퍼부은 욕설이다. 흥분한 나머지 베르나르도가 칼을 떨어뜨리는 바람에 제니퍼는 다행스럽게도 무사히 도망갈 수 있었다.

동시에 호몰카와 베르나르도의 사랑은 깊어져만 갔음에도, 베르나르도의 정신 상태는 이제 통제 불가능한 상태로 빠져들고 있었다. 1986년 12월 16일 밤 10시 30분쯤 베르나르도는 스카보로 거리에서 어떤 젊은 여자를 덮쳤다. 리비 케첨이라는 희생자의 입을 틀어막은 베르나르도는 그녀의 목에 전깃줄을 감았다. "대가리가 나쁘지 않다면 조용히 해!" 베르나르도가 여자의 귀에 대고 으르렁거렸다. "찍 소리도 내지 마! 해치지 않아, 난 그저 잠깐 즐기려는 것뿐이야. 살아서 크리스마스를 맞고 싶다면, 입 닥치고 조용히 하는 거야, 알았지? 이름이 뭐냐?"

그런 다음 베르나르도는 여자를 한적한 골목으로 끌고 가 강간했다. 아주 잔인하고 추악한 방식으로 여자를 희롱했다. 한 시간이 넘도록 욕정을 채우고 나서야 그는 먼지만 남기고 도주했다. 즉각 경찰에 신고한 리비는 범인이 추행을 하는 동안 여러 차례에 걸쳐 앙탈을 부리지 않으니 너도 좋고 나도 좋지 않으냐, 온순하게 굴어서 목숨은 살려준다 하는 식으로 수작을 부렸다고 증언했다. 강간을 저지른 잔혹한 수법에 비하면 참 묘한 태도가 아닐 수 없다며 경찰은 고개를 갸웃했다.

별 소용이 없는 인상착의

스카보로 경찰 강력반의 스티브 어윈 경사 역시 리비가 당한 강간 사건에 아주 묘한 구석이 있다고 직감했다. 우선 5월에서 7월 사이에만 같은 관내에서 버스를 내리던 여자가 세 명이나 한 남자에게 끌려가 겁간을 당하는 사건이 일어났기 때문이다(범인은 여자들을 아주 거칠게 다루었으며 행위의 중간중간 헛소리를 일삼았다). 또 8월에 '워든 우드 파크'에서 조깅을 하던 여인이 스카보로 근처에서 숲 속으로 끌려가 추행을 당한 다음 살해된 사건도 있었다.

다행스럽게 목숨을 건진 세 명의 여자들은 입을 모아 범인이 말끔한 외모에 가지런한 이빨을 자랑했으며 "불쾌한 냄새"는 전혀 풍기지 않았다고 진술했다. 범인은 행위 내내 희생자와 이야기를 나누고 싶어 했으며 이름이 뭔지, 남자 친구는 있는지 따위를 시시콜콜 물었다는 것이다. 대답도 그냥 넘어가지 않았다고 했다. 이를테면 신분증을 빼앗아 정말 이름을 정확히 말했는지 확인을 하더라는 것이다.

어원은 범행 당시의 정황이 비슷하다는 점에서 성추행과 살인 사건 사이에 연결 고리가 있을 것이라는 판단을 내렸다. 하지만 일선 수사관들은 동일범의 연속된 범행으로 보기에는 무리가 있다는 의견이었다. 성추행은 모두 시내에서 일어난 반면, 살인은 교외와 가까운 한적한 공원에서 빚어졌기 때문이다. 만약 동일범의 소행이라면 일정한 특징을 갖는 동선을 보여야 하는 데, 여기서는 그런 확인을 할 수 없다는 주장이었다.

이레 뒤인 12월 23일 메리 보스라는 여인이 거리에서 습격을 받아 강간당하는 사건이 다시 벌어졌다. 앞서 공격을 받은 여인들은 길고 검은 머리에 가냘픈 외모를 가졌던 반면, 메리 보스는 금발에 70킬로그램이나 나가는 육중한 몸매의 소유자였다. 연쇄범의 소행이 아님을 말해주는 또다른 정황일까?

반면 이번 강간 역시 지금까지의 사건들과 같은 도식을 보여주었다.

폭행과 겁탈을 저지르면서도 범인은 대화를 시도하며 상대에게 인정을 받으려고 들었다. 메리 보스에게는 이렇게 말하도록 강요했다고 한다. "전 창녀예요. 하지만 당신이 좋아요. 지금껏 남자들에게서 느껴보지 못한 것을 당신은 저한테 주었어요. 메리 크리스마스, 전 당신에게 보내진 성탄 선물이에요."

범인은 여자를 놓아주기 전에 다시 한 번 협박했다. "네 신분증은 내가 가지고 있을게. 만약 신문에서 단 한 줄이라도 우리에 관한 기사를 읽는 날이면 당장 너를 찾아가 죽여버릴 거야. 알았지?" 이제 남자가 원하는 게 무엇인지 분명해지는 것 같았다. 그는 다른 연쇄 강간범들과 마찬가지로 여자를 제압하고 지배하는 데서 맛볼 수 있는 욕구 충족, 즉 권력욕의 만족을 바랐던 것이다. 이런 남자들에게 있어 섹스란 단지 목적을 이루기 위한 수단에 지나지 않는다. 그러니까 성적 욕구보다는 상대 위에 군림하며 힘을 행사하는 데서 쾌감을 구하는 것이다.

모든 것을 자기 뜻대로 통제해야 직성이 풀리는 폴 베르나르도는 그러나 한 가지 결정적인 실수를 저질렀다. 메리 보스가 가로등의 희미한 불빛 아래서나마 그의 얼굴을 눈여겨본 것이다. 물론 범인을 단박에 알아볼 수 있을 정도는 아니었지만, 그녀가 주목해둔 인상착의는 인구가 많지 않은 소도시에서 강간 사건의 연쇄 발생에 종지부를 찍는 데 충분한 위력을 발휘했다.

메리 보스에 따르면 범인은 약간 휜 콧날 아래 점을 하나 가지고 있었다. 흉터 하나 없는 매끈한 피부였고, 문신은 하지 않았다. 머리 색깔은 피부색만큼이나 밝았다. 깔끔하게 면도를 했으며, 180 정도의 큰 키에 평범한 미국 남자처럼 날씬하고 군살 없는 몸매를 자랑했다. 그 밖에 몸에서 향수 냄새가 났으며, 한쪽 손에 세 알의 다이아몬드가 박힌 금반지를, 다른 손에는 붉은색 보석으로 장식한 고교 졸업 반지를 각각 끼고 있었다. 범행에 쓴 칼은 사냥용 단검으로 검은색 가죽 칼집에 꽂혀 있었다. 그 밖에 범인은 하얀색 카프리 승용차를 탔다.

———

행복한 크리스마스

메리 보스가 희생된 강간 사건이 일어난 다음 날은 성탄절 전야였다. 호몰카와 베르나르도는 선물을 주고받으며 성탄을 축하했다. 베르나르도는 여자 친구에게 보석과 옷 그리고 값비싼 테디 곰 인형을 선물했다. 호몰카도 몇 날 며칠을 두고 궁리해둔 선물을 내놓았다. 그것은 정성들여 손으로 쓴 상품권이었다. "본 상품권을 제시하는 폴 베르나르도에게 나 칼라 호몰카는 아무리 엽기적이고 변태적인 성행위일지라도 허락해줄 것을 약속한다. 체위의 종류는 상품권 수령자가 정한다. 본 상품권은 1988년 1월 2일자로 효력을 잃는다. 사랑을 가득 담아, 칼라."

하지만 두 사람의 행복은 뿌리에서부터 흔들리고 있었다. 우선, 메리 보스의 인상착의 설명은 아주 정확하고 상세했다. 둘째, 우연한 기회에 상품권의 존재를 알게 된 제니퍼가 한바탕 소동을 피웠다. 상심한 나머지 '맥도널드'에 퍼질러 앉아 울며불며 난리법석을 부리는 통에 경찰까지 출동했다. 도무지 울음을 그칠 줄 모르자 경찰관 케빈 맥니프는 그녀를 하는 수 없이 경찰서로 끌고 갔다.

경찰서에서 제니퍼가 울먹이며 털어놓는 이야기를 들은 경찰관은 깜짝 놀랐다. 성탄절에 흔히 있는 사랑싸움이겠거니 여겼던 게 상당히 충격적인 내용을 담고 있었기 때문이다. 심지어 귀를 의심하게 만들 정도로 추악한 이야기였다. 폴은 상품권을 들이밀며 따지는 제니퍼를 무차별 구타하고 나서 다시금 강간했다. 그녀는 이번에도 구사일생으로 간신히 그의 손아귀를 벗어나는 데 성공한 것이다. 제니퍼는 길도 제대로 나 있지 않은 들판을 정신없이 달린 끝에 탈출할 수 있었다. 만신창이가 되어 집에 도착한 그녀는 거의 제정신이 아닌 모습을 하고 있었다고 한다(제니퍼는 성모 마리아가 나타나 손을 잡아주는 바람에 쓰러지지 않고 달릴 수 있었다고 진술했다). 그럼에도 제니퍼의 부모는 경찰을 부르지 않았다. 상상조차 힘든 추행을 당한 제니퍼는 탈진한 채 그 자리에서 쓰러졌으며, 부모는 어찌하면 좋을지 몰라 발만 동동 구를 뿐이었다. 며칠 뒤 아무렇지도 않은 얼굴로 나타난 베르나르도가 제니퍼 집의 초인종을 누르자, 그녀의 아버지는 다시는 딸을 찾지 말라며 엄포를 놓는 것으로 자신의 책무를 다했다고 여길 뿐이었다. 폴 베르나르도는 제니퍼와 약혼을 하겠다며 준비해온 다이아몬드 반지를 내보이는 뻔뻔함을 과시했다.

여자의 진술을 들은 맥니프 경관은 당장 조서를 꾸미자고 했다. 하지만 제니퍼는 싫다고 손을 내저으며 도리질만 쳤다. 자기는 베르나르도에게 빌려준 돈만 돌려받으면 그만이라는 거였다. 맥니프가 무슨 생각을 했는지는 모르지만 여자가 원하는 대로 더이상 캐묻지 않았다. 다만 그녀의 진술을 요약한 메모만 남겨두었다. 이 메모를 경관은 연쇄 강간의 수사를 맡고 있는 동료들에게 넘겨주었다. 이로써 수사관들은 여러 차례에 걸쳐 과중할 정도로 젊은 여자를 추행한 남자의 이름과 주소 그리고 여러 가지 정황증거들을 손안에 넣은 셈이다. 더욱이 강간 사건에서 살아남은 피해자들이 밝힌 범인의 인상착의와 맞아떨어지는 혐의자까지 확보했다.

맥니프의 동료들은 그가 작성한 메모를 보며 적잖이 놀랐다. 하지만 제니퍼라는 여자가 두 차례나 폴 베르나르도를 상대로 공식적인 고소를 했던 것으로 밝혀지자 수사관들은 그럼 그렇지 하는 표정만 지었다. 원한이 심해 일부러 일종의 음해를 했다고 본 것이다. 분명한 단서들이 있음에도 맥니프 경관만 사태의 심각성을 알아차리는 어처구니없는 일이 벌어진 것이다. 게다가 베르나르도는 저 크리스마스이브의 강간범처럼 흰색 카프리를 탔는데 말이다. 베르나르도로 이르게 만드는 결정적인 고리를 수사관들은 깨끗이 무시하고 말았다. 다 잡힌 고기를 놓아주고 만 것이랄까.

1988년 1월 5일 맥니프는 사건들 사이의 연관을 정확하게 주목한 다섯 장에 이르는 보고서를 썼다. 하지만 엉뚱하게도 그는 보고서 작성 일자를 (1988년 대신) 1987년 1월 5일이라고 오기하는 실수를 저질렀다. 아마 귀신도 부리기 어려운 조화란 이런 것을 두고 하는 말이 아닐까. 맥니프의 보고서는 낡은 서류를 정리하는 철에 묻혀 창고 안으로 사라지고 말았다. 상부의 반응을 초조하게 기다리던 맥니프는 제풀에 지쳐 관심을 깨끗이 접고 말았다.

사건은 계속되다

다음 강간 사건의 희생자도 범인의 외모와 옷차림을 비교적 정확하게 기억했다. 1980년대 말에는 훌륭한 몽타주를 만드는 기술이 상당 수준에 올라 있었던 터라, 스카보로 경찰은 범인의 얼굴을 종이 위에 성공적으로 담아낼 수 있었다. 결과는 놀라웠다. 몽타주의 얼굴은 폴 베르나르도의 생생한 면모를 유감없이 과시했기 때문이다. 그럼에도 베르나르도가 한 번도 혐의를 받지 않았다는 것, 적어도 사건 담당 부서의 이목을 끌지 못했다는 것은 정말이지 너무나 어처구니없는 일이었다.

하지만 경찰의 어리석음은 여기서 그치지 않았다. 오히려 자신들의 실수를 덮고 싶었던 것일까? 조사 끝에 경찰은 한 택배 기사가 몽타주의 인물과 비슷하다며 거듭 악수를 두었다. 택배 기사가 혐의를 벗는 데는 오랜 시간이 걸리지 않았다.

가장 최근의 강간 사건에서 범인은 여느 때와 마찬가지로 이상한 수작을 걸며 거드름을 피웠다. 겁에 질린 희생자로 하여금 듣기 좋은 소리를 하게 만드는 것 역시 똑같았다. 하지만 이번 사건은 도시에서 한참 떨어진 세인트캐서린스로 가는 길의 중간 지점쯤 되는 곳이었다. 장소가 다른 것으로 미루어 범인도 다른 사람일 것이라고 수사관들은 지레 결론을 내렸다. 폴 베르나르도는 아무런 의심을 받지 않았으며 강간 시리즈는 계속되었다.

1989년 8월 15일로 넘어가기 직전, 그러니까 14일 자정이 가까워 스카보로 버스 정류장에서 캐시 톰슨이라는 여자가 급습을 받고 끌려가 강간을 당했다. 범인의 수법은 기존의 사건들 그대로였다. 다만, 연쇄범들이 대개 그러하듯 범행은 더욱 잔혹해지고 과감해진 면모를 자랑했다. 욕정을 채운 뒤 그녀를 놓아준 범인은 여자의 뒤통수에 대고 놀라운 이야기를 했다. 여자가 전날 저녁에 무엇을 했으며, 침대에 들 때 어떤 것을 걸쳤는지, 심지어 읽은 책의 제목까지 정확히 지껄여댄 것이다. 여자는 겁에 질린 나머지 그 자리에서 주저앉을 정도였다. 범인은 미리 범행 대상을 골라 주도면밀하게 관찰까지 한 것이다.

이번에도 폴 베르나르도를 현장에서 목격한 사람이 있었다. '프라이스 워터하우스'의 여성 직장 동료 한 명이 자정쯤 차를 몰고 문제의 버스 정류장을 지나가다가 흰색 카프리에 앉아 어느 한쪽만 바라보고 있는 베르나르도를 발견한 것이다. 반가운 마음에 여자는 손을 흔들며 아는 척을 했으나, 버스 정류장 쪽만 뚫어져라 바라보던 베르나르도는 그녀의 손짓을 전혀 보지 못했다.

다음 날 아침 문제의 정류장에서 강간 사건이 벌어졌다는 뉴스를 들은 여자 직원은 폴을 보자마자 말을 붙였다. "어젯밤에 정류장에 계시는 걸 봤어요." 여자는 폴의 면전에 대고 킥킥거렸다. "당신이 범인이죠?" 베르나르도는 얼굴빛 한 번 변하지 않고 능청을 떨었다. "정말 끔찍한 일이야. 그런 사건이라면 누구라도 의심을 해야 마땅하지." 남자는 빙긋이 웃었다. 이로써 문제는 다시금 덮이고 말았다.

—

나이아가라 폭포에서의 청혼

1989년 칼라 호몰카는 학교를 자퇴했다. 공부에 흥미를 붙이지 못했을 뿐만 아니라, 대학에 진학할 생각도 없었던 탓에 동물 병원의 도우미로 밥벌이나 하기로 한 것이다. 같은 해 10월 그녀는 한 여자 친구에게 강아지 꼬리를 담은 상자를 소포로 보냈다. 동봉한 쪽지에는 이렇게 적혀 있었다. "이제 막 손톱 다듬는 가위로 잘라낸 거야. 어때, 예쁘지 않니?"

1989년은 유전자 감식이라는 기법이 수사의 보조 수단으로 채택된 해이기도 하다. 물론 캐나다에서 유전자 감식을 행할 수 있는 실험실이 마련되기까지는 아직 몇 년이 더 걸려야 했다. 그래서 범행 현장에서 채취한 생체 단서를 조사하기 위해 캐나다 경찰은 미국의 도움에 의존하고 있었다. 1989년 11월 21일 또 다시 스카보로에서 일어난 강간 사건을 담당하던 어원 형사는 피해자의 옷가지와 함께 현장에서 발견된 부러진 손톱 그리고 범인의 성기와 닿았을 부분에서 채취한 시료 등을 담당 검시관의 실험실로 보냈다. 이로써 어원 형사는 향후 수사를 하는 데 있어 중요한 기반을 마련한 셈이다. 여러 곳의 범행 현장들에서 발견한 생체 단서를 'DNA 유형'에 맞춰 비교하면서 일치하는 게 어떤 것이 있는지 가려낼 수 있었기 때문이다. 이런 방식으로 경찰은 혐의자 없이도 범행들이 동일범에 의해 저질러졌는지 판단할 수 있다. 유전자를 검출할 수만 있다면 혐의자가 나타났을 때 범행과의 관련 여부는 당장 확인할 수 있다. 하지만 어원이 보낸 자료를 가지고 담당 검시관은 아무런 결론을 내리지 못했다. 앞서도 이야기했듯 캐나다에는 아직 적당한 실험실이 마련되어 있지 않았기 때문이다.

새로 작성한 몽타주 역시 아무런 성과를 이끌어내지 못했다. 기존의 몽타주와 별다를 게 없었던 탓이다. 그동안 열두 번이나 같은 유형의 범죄들이 저질러지면서 마침내 스카보로 강간은 한 명의 동일범에 의한 연쇄 범행인 게 분명해졌다.

1989년 말쯤에 이르러 호몰카도 베르나르도도 그때까지 다니던 직장을 그만두었다. 호몰카는 이제 수술까지 할 수 있는 더 큰 동물 병원으로 자리를 옮겨 수술을 보조하는 역할까지 맡았다. "자립"을 한 베르나르도는 담배를 밀수하는 일에 손을 대기 시작했다. 상당히 큰 규모의 밀수였다. 자신의 차를 몰고 미국으로 건너가 담배를 대량으로 사들인 다음 다시 캐나다로 넘어오는 식이었다. 이를 통해 베르나르도는 엄청난 수익을 올릴 수 있었다. 캐나다에서는 담배에 부과되는 세금이 무척 높았기 때문이다.

첫 밀수 행각이 성공적으로 끝나자 폴 베르나르도는 칼라 호몰카에게 청혼했다. 낭만적인 분위기를 연출하기 위해 베르나르도는 호몰카를 나이아가라 폭포 근처의 '빅토리아 빌리지'로 이끌고 갔다. "그곳은 사랑의 낙원이었어." 호몰카가 1989년 12월 9일의 일기장에 써놓은 말이다. "붉고 푸른빛의 조명이 폭포수를 비추었고, 달빛 한가운데 함박눈이 살포시 떨어져 내렸어. (…) 폴은 오르골을 꺼내들었고, 그 안에는 수정을 깎아 만든 일각수가 반짝였어. 일각수의 뿔에는 커다란 다이아몬드가 달린 반지가 걸려 있었어. (…) 폴은 나를 꼭 끌어안고 내 몸을 따뜻하게 해주며 사랑의 말을 속삭였지. 마침내 우리만 남아 진한 키스를 나누었고, 밖에서는 요정들의 합창 소리가 들려오는 것만 같았어." 그 다이아몬드 반지가 원래 제니퍼와의 약혼을 위해 준비했던 것이라는 사실을 호몰카는 꿈에도 생각하지 못했으리라.

그로부터 2주가 채 지나지 않은 12월 22일 새벽 데닌 셰니어라는 이름의 여인이 다시금 "스카보로 강간범"에게 희생당했다. 피해자의 진술을 들은 경찰은 귀를 의심하지 않을 수 없었다. 범인이 강제 추행을 하면서 예의 그 장광설을 늘어놓은 것까지는 예전과 같았다. 하지만 이번에는 데닌의 뒤에서 또 한 사람이 비디오카메라를 들고 서서 처음부터 끝까지 강간 현장을 찍었다는 것이다. 그러나 범행에 직접 끼어드는 일은 없었다고 했다.

데닌이 받은 충격과 슬픔이 너무나 컸던 데다가 구타를 당해 온몸에 시퍼런 멍이 들어 있었기 때문에 경찰은 그녀의 말에 온전한 무게를 싣지 않았다. 극심한 충격 탓에 헛것을 보았거니 하고 만 것이다. 그때까지 공범이 있다는 진술은 단 한 번도 없었던 것도 경찰이 상황 판단을 그르친 이유였다. 그러나 두 번째 인물은 실제로 존재했다. 바로 칼라 호몰카가 공범이었다.

커다란 중압감에 시달리는 사람이 올바른 판단을 내리기란 얼마나 어려운가 하는 점은 다음 날 저녁 다시금 현실로 나타났다. 일렬로 늘어선 남자들을 살피던 데닌은 엉뚱하게도 아무런 죄가 없는 실베스터라는 이름의 남자를 범인으로 지목했다. 물론 폴 베르나르도는 수사관이 혐의를 둔 사람들 사이에 끼어 있지 않았다. 또 그럴 수밖에 없었다. 그를 수상쩍게 바라보는 사람은 아무도 없었기 때문이다.

유전자 감식

생체 단서에서 추출해낸 유전형질은 비록 그 주인의 이름이 무엇인지 모른다 할지라도 범인을 검거하는 데 있어 더할 나위 없이 좋은 물증이다. 모든 유전자는 저마다의 독특한 특징을 가지고 있기 때문이다. 1993년부터는 극히 미량의 아주 오래된 흔적에서도 충분한 DNA를 얻어낼 정도로 높아진 기술 수준을 자랑하고 있다.

하지만 'DNA 감식'도 풀지 못하는 문제는 여전히 존재한다. 우선, 성공적인 감식이 이루어지기 위해서는 컴퓨터에 현재 진행 중에 있는 수사에 중요한 역할을 하는 유전자 정보들이 모두 저장되어 있어야만 한다. 둘째, 범인에게서 직접 채취한 비교 시료 역시 꼭 필요하다. 그러나 잡히지도 않은 범인의 유전자를 어찌 알겠는가? 현장에서 나온 단서를 가지고 유전자를 뽑아냈다고 할지라도 그게 누구의 것인지 비교할 수 없는 한, 수사는 겉돌 수밖에 없다.

범행 현장에서 얻어낸 익명의 유전자 정보들을 데이터베이스에 넣어두는 것은 성공적인 수사를 위해 꼭 필요한 일이다. 그래야 데이터베이스를 가지고 현장 대 현장의 비교·분석도 이루어질 수 있다. 미국처럼 광활한 영토를 가지고 있는 나라에서 이런 일은 특히 중요하다. 범인이 경찰의 추적을 피해 각 주들을 떠돌아다니는 일이 빈번하게 벌어지기 때문이다. 이렇게 해서 범인은 현지 경찰을 따돌린다. 또 혹 있을지 모르는 목격자로 하여금 수년이 지난 다음 돌아옴으로써 다시 알아보지 못하게 만드는 효과를 노리기도 한다.

현장에 단서를 남겨놓은 사람이 누구인지 알아내 데이터베이스를 구축하기까지는 무척 오랜 시간이 걸리기 마련이다. 그러나 일단 데이터베이스가 마련이 되고 나면 해당 사건뿐만 아니라 이전에 저지른 모든 범죄들까지 해결하는 성과를 올릴 수 있다.

언론과 몇몇 증인은 알고 있었다

1990년 1월 연쇄 강간범 폴 베르나르도는 여전히 멀쩡하게 거리를 활보했다. 돈을 물 쓰듯 했으며, 높은 연봉을 제시하는 회계 회사에서의 일자리도 진득하게 눌러 있지 못하고 계속 바꾸어 댔다. 사실 호화롭게 치르려는 결혼식 비용을 대려면 1년치 연봉을 쏟아부어도 부족할 지경이었다. 짭짤한 이득을 올릴 수 있는 담배 밀수에 맛을 들인 탓에 한 직장에 오래 붙어 있을 수가 없었던 것이다.

베르나르도는 5월에 다시 강간을 저질렀다. 희생자를 처참하게 짓밟은 다음, 여자 친구의 생일 파티에서 돌아오는 길이라고 자랑도 했다(칼라 호몰카의 스무 번째 생일이었다). 이번에 베르나르도는 범행 현장에 피해자를 묶어놓고 사라졌다가 얼마 뒤 다시 돌아와 또 일을 저지르는 과감함을 선보이기까지 했다. 두 가지 모두 이전에는 볼 수 없던 새로운 행동 방식이었다. 심지어 묶여 있는 여자의 젖가슴을 깨물기도 했다. "널 기억할 수 있는 게 필요할 것 같아서 말이야." 이미 신분증과 지갑을 빼앗아갔으면서도 더욱 은밀한 기념품이 갖고 싶다고 허튼수작을 부린 것이다. 폴 베르나르도는 여자의 음모를 한 움큼 뽑아 그녀의 화장품 세트와 함께 가지고 가버렸다.

스카보로 경찰은 궁지에 내몰린 나머지 서서히 조바심을 내기 시작했다. 드디어 공개수사로의 전환을 결정했지만, 전부 열다섯 건의 사건들 가운데 여섯 건만 언론에 알리기로 했다. 여론의 빗발치는 비난을 피하려고 될 수 있는 대로 사건 규모를 축소하려는 거짓말을 서슴지 않은 것이다. 수사관들은 범인이 언제나 희생자 뒤에 서 있었다고 둘러댔다. 다만 가장 최근의 사건에서만 신중하지 못하고 얼굴을 드러내는 실수를 저질렀다는 것이다. 그러니까 최근 사건을 토대로 만든 단 한 장의 몽타주만이 있다는 주장이었다. 기존의 것을 숨겨두어야 무능하다는 비판을 피할 게 아닌가. 이제야 사건들이 동일범에 의한 연쇄 범행이라는 것을 알게 되었다는 말도 슬쩍 흘렸다.

폴 베르나르도가 흰색 카프리를 타고 주기적으로 국경을 넘나들었다는 점, 이미 여러 차례에 걸쳐 폭행과 성추행 등으로 고발을 당했다는 점 등은 물론 언급조차 되지 않았다. 그의 기록을 담은 사건 파일은 여전히 문서함의 서랍 안에서 먼지만 뒤집어쓰고 있을 뿐이었다.

범인을 그린 첫 몽타주라고 경찰이 주장하는 게 발표되자마자 '프라이스 워터하우스'의 옛 직장 동료들은 그게 바로 폴 베르나르도라는 것을 한눈에 알아보았다. 하지만 누구도 직접 나서서 경찰에 신고하지 않았다. 단지 베르나르도가 거래하는 은행의 직원 한 명이 경찰에 전화를 걸어왔을 뿐이었다. 벌써 오래전에 일어났어야만 할 일이 이제야 비로소 이루어진 것이다. 은행원은 스카보로 경찰의 당직 근무자에게 전화를 걸어 '써 레이몬드 드라이브 21번지'라는 주소지를 가지고 있으며, 1964년 8월 27일생인 고객이 수배 전단의 남자라고 알렸다.

하지만 어찌된 일인지 이 신고는 상부에 보고되지 않았다. 마침내 지옥의 문이 열리는 순간이었다.

—

동생을 연기한 칼라

폴 베르나르도는 그동안 장래의 장인과 장모에게 주말에나 찾아오는 손님이 아닌, 그야말로 사위로 손색이 없는 사랑을 받기에 이르렀다.

항상 유쾌하고 밝은 인상의 청년이 친아들 못지않게 사근사근 구는 통에 부모의 마음이 활짝 열린 것이다. 하긴 어느 장모가 그런 사윗감을 싫어할까. 베르나르도는 아이돌 그룹의 스타에 버금갈 외모를 자랑하기도 했다. 특히 베르나르도는 호몰카의 막내 여동생 태미 리와 무척 가까워졌다. 때때로 베르나르도는 태미의 손을 잡고 어느 틈엔가 사라져 오랜 산책을 즐기고 돌아오곤 했다.

"네가 날 정말 사랑한다면 말이야." 어느 날 베르나르도는 돌연 호몰카에게 정색을 하고 말했다. "네 여동생하고 한 번 하게 해줘." 베르나르도가 저지른 일련의 강간을 알고 있기는 했지만(또는 바로 그런 사실을 알았기 때문에), 호몰카는 여동생까지 건드리려는 베르나르도가 못마땅하기만 했다. 무엇보다도 질투가 끓어올랐다. 그렇지 않아도 태미는 온 가족의 귀여움을 독차지해왔기 때문이다. 베르나르도마저 태미에게 빼앗기는 것만큼은 막고 싶은 게 호몰카의 진심이었다. 하지만 또다른 한편으로 베르나르도의 요구를 거절할 수 없는 호몰카였다. 베르나르도의 잔인함을 잘 알고 있는 호몰카는 어떻게든 그의 비위를 맞춰야 했다.

그만큼 칼라 호몰카는 절박했다. 이미 자존심에 결정적인 상처를 여러 차례 받은 탓에 고민은 깊기만 했다. 호몰카가 당시 자신의 다짐을 표현한 다음 글을 읽어보면 그녀의 정신세계를 엿볼 수 있을 것이다.

누가 보더라도 우리의 관계는 완벽하다는 걸 분명히 할 것.

폴이 옆에 있을 때면 언제나 미소를 지을 것.

나는 폴의 완벽한 여자 친구이자 애인이어야 한다.

내가 멍청하다는 걸 잊지 말자.

내가 못생겼다는 걸 인정하자.

뚱뚱하다는 걸 잊어서는 안 된다.

베르나르도를 계속 자신에게 붙잡아두고자 호몰카는 모종의 계획을 짰다. 위험하기는 하지만, 그래도 자신이 붙어 있는 한 최악의 순간만큼은 막을 수 있으리라 생각한 것이다. 그것은 바로 폴 베르나르도의 태미 사냥을 지원하는 시늉을 내기로 한 거였다. 그럴 이유가 조금도 없었음에도 자신을 미운 오리라고 자학해온 칼라 호몰카의 병든 자아가 내린 결론이다. 어쨌거나 그렇게 하면 자신이 주도권을 장악하고 있다가 지나치다 싶으면 제동을 걸 수 있으리라 믿은 모양이다.

어느 날 저녁 드디어 상황은 걷잡을 수 없을 정도로 치닫고 말았다. 원래 호몰카는 베르나르도의 성화를 못 이겨 태미 방의 창 앞에서 동생이 옷을 벗는 장면만 촬영하게 할 생각이었다. 다음 날 두 사람은 태미가 외출한 사이 그녀 방에 몰래 숨어들어가 침대 위에서 섹스를 했다. 물론 호몰카는 동생을 연기했다.

유감스럽게도 상황은 호몰카가 원한 대로 돌아가지 않았다. 베르나르도는 거듭 진짜 태미와 자고 싶다며 호몰카를 난처하게 만들었다. 하는 수 없이 호몰카는 어느 날 저녁 동생이 먹을 스파게티에 강력한 마취제 가루를 뿌렸다. 이 약은 호몰카가 자신이 키우는 고양이 '섀도우'가 방광에 이상이 생겨 너무 고통스러워하는 통에 아픔이나마 덜어주려고 동물 병원에서 빼내온 것이었다. 태미가 잠들어버리자 베르나르도는 그녀의 침대로 기어들어가 자위행위를 했으며, 베갯잇에 대고 사정을 했다. 더 참기 어려웠는지 베르나르도는 태미를 겁간하려 들었다. 그러나 누가 손을 대는 것을 느꼈는지, 태미가 꿈틀했다. 결국 베르나르도와 호몰카는 이 정도로 만족하기로 하고 방을 빠져나왔다.

─── 생체 단서

어윈 형사는 쾌재를 불렀다. 1990년 9월 25일 그가 1년 전 실험실의 생물학자들에게 스카보로의 강간 현장에서 채취해 보낸 단서들의 검사 결과가 나온 것이다. 아주 미량이기는 하지만 분명 정액이었다. 일단 혈액형 테스트를 통해 모든 남자들의 13퍼센트 정도가 같은 혈액형을 갖는다는 결론에 도달했다. 범인의 외모와 대략적인 나이(서른 살 전후)를 알고 있었고, 범행이 언제나 스카보로나 그 일대에서 벌어졌기 때문에 13퍼센트라는 확인만 해도 대단한 성과였다. 이제 이 연령층의 남자들을 대상으로 피검사에 응해줄 것을 요청했다. 흰색 카프리와 이미 여러 차례 등장한 폴 베르나르도라는 이름 그리고 그의 생년월일과 주소에만 주목을 했더라면 혐의자를 단 한 사람으로 압축할 수 있었으리라. 하지만 여전히 결정적인 제보는 서류철 안에서 잠만 자고 있었고, 컴퓨터 네트워크가 아직 없던 시절이라 그런 정보가 있는지조차 몰랐다.

그래도 유전자 감식 결과를 가지고 혐의자를 추적하는 일은 계속되었다. 어윈 형사는 다시금 모든 사건 파일들을 훑었다. 마침내 몽타주를 보고 전화를 해온 은행원의 제보를 담은 기록이 어윈 형사의 눈을 사로잡았다. 그 밖에도 티나 스미르니스라는 이름의 여자가 해온 제보도 있었다. 그녀는 베르나르도의 어린 시절 친구인 알렉스 스미르니스의 누나였다. 그동안 스미르니스 가족은 다른 도시로 이사를 간 탓에 베르나르도와는 연락이 끊어진 상태였다.

어윈 형사는 티나를 경찰서로 소환했다. 묘하게도 그녀는 동생 알렉스의 손을 이끌고 나타났다. 확인 결과, 정작 할 말이 있는 사람은 알렉스였다. 무슨 이유에서인지는 모르나 경찰에 직접 전화를 걸기가 꺼려졌던 탓에 누나를 내세운 것일 뿐이었다. 알렉스는 호주머니에서 주섬주섬 사진들을 내놓았다. 폴 베르나르도를 찍은 사진들이었다. 왜 갑자기 베르나르도가 세인트캐서린스로 이사를 가려고 했는지 아주 이상했다고 알렉스는 말했다. 무엇 때문에 스카보로를 떠나려 한 것일까? 그동안 곰곰이 생각을 해보았다는 거였다.

알렉스는 폴 베르나르도에게 불리한 사실들을 계속해서 털어놓았다. 함께 여행을 갔다가 우연히 만난 여자를 방으로 끌어들여서는 술을 먹이고 나서 성추행을 시도한 일도 있다고 했다. 게다가 자동차 안에 늘 칼을 두고 다녔다고도 증언했다. 베르나르도가 "스카보로 강간범"이 틀림없다는 주장이었다.

경찰은 알렉스의 말을 믿기 어렵다는 표정만 지었다. 늘 흘끔거리며 주변의 눈치를 보는 알렉스의 태도가 수상쩍기만 했기 때문이다. 하지만 알렉스의 출현이 전혀 의미 없는 것은 아니었다. 수사관들이 폴 베르나르도에 관한 모든 기록을 다시 훑기 시작했기 때문이다. 몽타주와 아주 흡사한 외모를 가졌음에도 그동안 베르나르도의 이름은 혐의자 명단에조차 올라 있지 않았다. 기록을 뒤적이던 경찰은 아차 하는 심정이었다. 오랫동안 그런 게 있는지도 몰랐던 파일이 떡하니 나온 것이다. 그것은 바로 메리 보스 사건을 조사하던 경사 맥니프가 작성한 보고서였다. 날짜를 잘못 적어넣는 바람에 엉뚱한 서류철 사이로 사라졌던 바로 그 문건 말이다. 기록에서 폴 베르나르도의 옛 여자 친구 제니퍼가 증언하고 있는 폭행을 확인한 경찰관들의 표정은 제각각이었다. 서장은 도대체 왜 이런 게 이제야 나타나느냐고 호통부터 쳤다. 책임 소재를 놓고 지루한 갑론을박이 벌어졌다.

마침내 두 달 뒤 꾸려진 수사 팀이 베르나르도의 집으로 급파(?)되었다. 그의 부모하고만 마주친 경찰관들은 연락처를 남겨놓으며 아들에게 경찰로 출두해줄 것을 전해달라고 부탁했다. 실제로 폴 베르나르도는 얼마 뒤 전화를 걸어와 조사에 응하겠다고 말했다. 심문을 맡은 경찰관을 상대로 폴 베르나르도는 호몰카와의 새로운 사랑을 자랑스럽게 떠벌리면서, 몽타주가 정말 자신과 비슷하다며 너스레를 떨었다. 자신도 신기할 정도로 닮았다며 어떻게 이런 일이 있을 수 있냐고 활짝 웃는 베르나르도 앞에서 경찰은 할 말을 잃었다. 늘 주변에 여자가 차고 넘치는 판에 자신이 왜 강간이라는 번거로운 짓을 하느냐고 능청을 떠는 베르나르도에게 경찰은 상대가 되지 않았다. 특히 조깅하던 여자가 살해된 날에는 플로리다에 있었다며 완벽한 알리바이를 내놓기도 했다.

모든 것을 손아귀에 틀어쥐고 있는 쪽은 어디까지나 폴 베르나르도였다. 주변 상황을 자신이 원하는 대로 통제하고 조절하는 것이야말로 그가 평생 즐겨온 게임이지 않은가. 경찰관의 눈에 베르나르도는 예의 바르고 똑똑한 호남이었을 뿐이다. 모자라는 것처럼 보이는 알렉스 스미르니스와는 차원이 다르다며 경찰은 그럼 그렇지 하는 표정만 지었다. 사실 경찰들의 나이라야 베르나르도보다 몇 살 정도 더 많을 뿐이었던 탓에 서로 기질과 배짱이 맞은 면도 있었다. 결국 경찰은 베르나르도를 무혐의 처리했다. 다만 풀어주면서 만약을 위한 것이니 혈액 채취에 협조해달라고 했다. 베르나르도로서는 응하지 않을 재간이 없었다. 이렇게 채취한 혈액 표본은 강간 피해자에게서 나온 정액의 유전자 감식 결과와 비교하기 위해 실험실로 보내졌다. 하지만 검사 결과가 나오기 까지는 다시 오랜 시간이 걸려야 했다.

베르나르도는 경찰서를 나오자마자 폭발 일보 직전에 이르렀다. 서둘러 칼라 호몰카의 집으로 달려간 그는 부모의 눈에 띄지 않으려고 집 뒤편에 나 있는 지하실 창문을 열고 숨어들어갔다. 베르나르도는 호몰카에게 경찰에서 조사를 받았다며 징징거렸다. 가장 최근의 강간은 전혀 몰랐던 호몰카는 그를 안심시키려고만 했다. 그러나 베르나르도는 완전히 자제심을 잃은 상태였다. 조깅하던 여자를 살해한 것과 마지막 강간 사이의 시간 간격이 얼마 되지 않았던 탓에 드디어 덜미가 잡히는 모양이다 싶어 겁에 질려버린 것이다. 호몰카 역시 혼란스럽기는 마찬가지였다. 아무튼 베르나르도는 호몰카를 이용해 알리바이를 만들어둘 생각이었다. 마지막 강간을 벌이기 전날, 그는 실제로 호몰카의 생일 파티 현장에 있었기 때문이다.

일단 베르나르도와 호몰카는 그동안 자신들의 행적을 정리해둘 필요를 느꼈다. 함께 도서관으로 간 남녀는 작년 신문들을 샅샅이 뒤져가며, 강간과 관련한 기사들을 철저히 훑었다. 결혼식을 위해 장만할 물품들을 기록해놓은 공책에 "스카보로 강간범"이 벌인 모든 사건의 자료를 기입했다. 시간과 장소 그리고 범인의 인상착의 등 기사가 다루고 있는 정보를 낱낱이 살피면서 특히 사건 발생 일자에 주목했다. 이렇게 조사를 벌이며 이 엽기적인 한 쌍은 경찰이 아무것도 모르고 어둠 속을 더듬기만 하고 있다는 것을 알아차렸다. 적어도 폴 베르나르도에게 짙은 혐의를 두고 있다는 흔적은 전혀 찾아볼 수 없었다. 몽타주 외에 기사들이 언급하고 있는 단서는 베르나르도가 볼 때 우스꽝스러운 것일 따름이었다.

—

호몰카, 실험을 감행하다

1990년 11월 20일 호몰카는 동생에게 써먹을 더 강한 새 마취제를 준비했다. 무엇보다도 대부분의 약들처럼 쓴맛이 나지 않아야 했으며, 그다음으로 잠든 상태에서 아무것도 느끼거나 보지 못해야 했다. 호몰카는 동물 병원에서 의약품 색인을 슬쩍 빼돌려 집으로 가져왔다. 매년 구입 가능한 의약품들을 모아 펴내는 이 색인은 비록 구판이기는 했지만 원하는 약을 찾아내는 데는 손색이 없었다. 목록 가운데 비교적 부작용이 적은 것으로는 '핼시온Halcion'이라는 상표의 수면제가 있었다. 부작용이 적은 만큼 구하기 쉬운 게 강점이었다. 수의사 보조원인 그녀는 동물 병원이 필요로 하는 약품들을 매일 구입했기 때문에 인근 약국에서 원하는 대로 장만할 수 있었다.

좀 더 확실하게 하려고 호몰카는 '할로탄Halothane'이라는 마취제를 함께 쓸 생각이었다. 이 약품은 수의사가 평소 흔하게 쓰는 것이었기에 수면제보다도 더 구하기가 쉬웠다. 물론 '핼시온'과 달리 '할로탄'은 투입량을 잘못 조절할 경우, 마취로 인한 혼수상태를 불러일으킬 수 있으며 심지어 환자를 죽음으로 몰아넣을 정도로 위험한 약이다.

호몰카는 동물 병원에서 두 병의 '할로탄'을 빼돌렸다. 만약의 경우를 생각해서 호몰카는 '할로탄 혼합기'가 고장이 난 모양인지 필요로 하는 양의 마취 가스를 만들어내려면 평소보다 더 많은 약을 투입해야만 한다고 둘러댔다. 그래야 두 병이 없어진 이유를 꾸며댈 수 있으니 말이다.

두 사람은 12월 23일 일요일에 일을 벌이기로 했다. 그런데 어처구니 없게도 태미는 친구네 집에서 밤을 새기로 약속했다는 게 아닌가. 하지만 운명은 얄궂은 장난을 벌였다. 초저녁에 돌풍을 동반한 폭우가 쏟아지자 태미는 집에 남기로 결정했다. 호몰카와 베르나르도는 그동안 성탄절 쇼핑을 다녔다. 쇼핑 중간에 잠깐 쉬는 동안 두 사람은 호몰카가 준비해둔 '헬시온'을 꺼내 곱게 가루로 빻았다. 크리스마스 선물을 한아름 안고 돌아온 것은 저녁 7시쯤이다. 이제는 성탄절을 즐길 일만 남았다.

비디오카메라를 꺼내든 베르나르도는 크리스마스트리와 한창 요리에 바쁜 장모 그리고 반바지만 걸치고 텔레비전을 보고 있는 장인을 찍어 댔다. 그런 다음 칵테일을 만들었다. 물론 칵테일에는 약간씩 농도를 달리해가며 수면제 가루를 섞었다. 자신과 호몰카의 것만 빼고 말이다. 특히 태미의 것에는 많은 양이 들어갔다. 몇 모금 홀짝거리던 태미는 곧바로 취해버리고 말았다. 어찌나 취했던지 베르나르도를 보고 왜 카메라를 두 개씩이나 들고 있냐고 물어볼 정도였다. 비틀거리며 방으로 들어간 태미는 한동안 모습을 보이지 않았다.

칼라 호몰카는 잔뜩 화가 난 표정이었다. 호몰카 자매는 어려서부터 매년 성탄절에는 크리스마스트리 앞에 모여 함께 사진을 찍는 전통이 있었기 때문이다. "올해는 다 틀렸네." 칼라가 툴툴거렸다. 너무 강한 칵테일을 만든 베르나르도에게 모든 잘못이 있다며 흘깃거리기도 했다. 대체 칼라 호몰카의 심리 상태가 정확히 어떤 것인지 우리는 아쉽게도 알 길이 없다. 일을 꾸민 것은 분명 자신이지 않은가. 그래도 불안한 나머지 냉소적인 태도를 보인 것일까? 아니면 될 대로 되라는 식의 자포자기일까? 아무튼 묘한 정신 상태가 아닐 수 없다.

칵테일을 마시며 웃고 떠들던 호몰카 가족은 얼마 못 가 호몰카와 베르나르도만 빼고 모두 2층의 침실로 올라갔다. 오늘따라 왜 이렇게 졸린지 알 수가 없다며 호몰카의 아버지는 고개를 갸웃거렸다. 이때 갑자기 태미가 방에서 걸어 나오더니 비틀거리며 계단을 내려와 소파 위에 벌렁 눕더니 깊은 잠에 빠져버리고 말았다.

베르나르도는 지체 없이 카메라를 꺼내들었다. 호몰카는 준비해둔 '할로탄'을 가지고 왔다. '할로탄' 용액을 수건에 흠씬 적신 호몰카는 그것으로 태미의 코를 틀어막았다. 이런 식으로 '할로탄'의 양을 조절한다는 것은 거의 불가능에 가까웠다. 카메라가 돌아가는 가운데 베르나르도가 태미를 겁탈하기 시작했지만, 태미는 시체처럼 꼼짝도 하지 않았다. "서둘러!" 호몰카가 속삭였다. "지금 누가 계단을 내려오기라도 하면 어떻게 하려고 그래?" 호몰카는 베르나르도에게 콘돔을 쓰라고 성화를 부렸다. 혹시라도 태미가 임신을 할까 봐 걱정이 되었던 것이다. 호몰카는 동생의 임신만큼은 피하고 싶었다. 내키지 않았지만 베르나르도가 변심할까 봐 시작한 일이 아닌가. 행여 베르나르도가 자신의 아이를 가진 태미와 결혼하겠다고 나선다면 호몰카에게는 모든 게 끝장일 뿐이다.

"입 닥쳐!" 베르나르도가 카메라를 보며 으르렁거렸다. "내가 절대 콘돔을 쓰지 않는 건 네가 더 잘 알잖아. 태미가 깨어나지 않나 조심하기나 해!" 순간 베르나르도의 몸이 격렬하게 떨렸다. "Best orgasme ever!"(최고의 오르가슴이야!—폴의 육성을 그대로 옮긴 것임). 그런 다음 베르나르도는 호몰카에게 손가락으로 여동생의 그곳을 문지르라고 명령했다. 태미가 마침 생리 중인 터라 호몰카는 얼굴을 찡그리면서도 베르나르도가 시키는 대로 했다. 남은 한 손은 여전히 '할로탄'을 적신 수건으로 태미의 얼굴을 막고 있었다.

몇 번의 추행이 더 이어지고 난 다음, 꼼짝도 않던 태미가 갑자기 구토를 하기 시작했다. 호몰카와 베르나르도는 공포로 새파랗게 질려버리고 말았다. 물론 태미의 무사함보다는 자신들의 안전을 더 걱정했기 때문이다. 토한 것을 다시 들이키고만 태미는 질식 증세를 보이고 있었다. 아래에서 벌어지는 소동에 놀라 누군가 깨어버리는 날이면 모든 게 끝장이었다. 벌거벗은 몸으로 비디오카메라를 들고 반쯤 죽은 태미 앞에서 난리법석을 피우고 있는 이유를 뭐라 설명할 것인가? 호몰카와 베르나르도는 서둘러 거품을 물고 있는 십대 소녀를 그녀의 방으로 끌고 들어갔다. 황급히 태미에게 옷을 입힌 다음, 구급차를 불렀다.

의사의 뒤를 이어 경찰도 나타났다. 처음부터 경찰관들은 마약 때문에 빚어진 소동이겠거니 하고만 여겼다. 하지만 호몰카와 베르나르도는 입을 모아 코카인이나 크랙* 같은 것은 조금도 흡입하지 않았다고 주장했다. 맞는 말이기는 했다. 경찰이 더욱 이상하게 여긴 것은 태미의 얼굴에 커다란 불꽃처럼 붉게 생겨난 얼룩이었다.

12월 24일 새벽 1시 병원으로 실려 간 태미가 사망했다는 전화가 걸려왔다. 연락을 받은 경찰관이 가족에게 슬픈 소식을 전해주려 돌아왔을 때, 호몰카는 어디론가 사라지고 없었다. 호몰카는 부엌에 있는 세탁

---

* 싼 값에 살 수 있는 농축 코카인.

기에 태미가 토한 이불을 구겨 넣느라 열중하고 있었다.

경관은 이제 갓 7주밖에 되지 않은 신참이었음에도 무언가 이상하다고 생각하고 즉각 반응했다. 세탁기의 작동을 멈추게 하고 내용물을 끄집어낸 것이다. 그러나 이미 오물은 깨끗이 씻겨버린 뒤였다. 벌써 세탁이 상당히 진행되었던 터라 이불은 물로 흠씬 젖어 있었다.

상황은 갈수록 걷잡을 수 없게 흘러갔다. 호몰카는 또다른 여동생을 끌어안고 목 놓아 울기만 했다. 베르나르도는 무슨 소리인지 알아들을 수 없는 기괴한 비명을 계속 질러대며 사방 벽을 머리로 받고 다녔다. 잠시라도 제정신이 들어 자신이 저지른 일의 엄청남을 깨닫고 참회를 한 것일까? 아니면 극도의 공포에 빠진 나머지 발작이라도 일으킨 것일까?

잠시 뒤 좀더 노련한 경관이 호몰카의 집에 도착했다. 호몰카와 베르나르도는 태미가 술에 취해 소파에 누워 텔레비전을 보다가 갑자기 숨을 멈추었다고 앞다투어 떠벌렸다. 깜빡 졸다가 태미의 상태가 안 좋은 것을 보고 서둘러 구강 대 구강의 인공호흡을 시도했다고도 했다(실제로 그랬다). 그래도 상태가 좋아지지 않자 방으로 끌고 가 침대에 눕혔다는 것이다. 얼굴에 생겨난 붉은 얼룩은 머리가 양탄자에 끌리면서 생겨났다고 했다. 12월 27일에 있었던 장례식에서도 얼굴에 난 불꽃 모양의 붉은 얼룩은 선명하게 볼 수 있었다. 나중에 호몰카는 한 이웃 여자에게 얼굴이 붉게 물든 것은 짜릿한 맛을 보았기 때문이라고 주절댔다고 한다. 실제로 그 얼룩이 마취제에 의해 생겨난 것이라는 사실을 비슷하게나마 짐작할 수 있는 사람은 아무도 없었다.

하지만 이번만큼은 베르나르도와 호몰카도 간단히 넘어갈 수 없었다. 사건 당일 밤, 검시관은 태미의 얼굴에 생긴 얼룩이 찰과상일 수는 없다는 소견서를 내놓았다. 무언가 이상하다는 생각은 경찰도 마찬가지였다. 젊은 한 쌍의 너무나 깔끔하게 맞아떨어지는 진술도 수상쩍기만 했다. 세탁기는 왜 그렇게 서둘러 돌린 것일까? 그러나 또다른 한편 성탄절이 바로 코앞에 다가와 있었다. 하필 사건이 이런 때 벌어진 탓에 경찰관들의 짜증은 이만저만이 아니었다.

12월 24일 새벽 6시가 되자 누구라 할 것 없이 모두 지쳐 떨어지고 말았다. 곧 닥쳐올 크리스마스를 어떻게 준비해야 하나 싶은 걱정에 더이상 사건을 캐묻고 들어가는 사람은 없었다. 경찰이 가고 나자 베르나르도와 호몰카는 가슴이 철렁 내려앉는 것 같았다. 비디오카메라가 어디로 갔는지 보이지 않았기 때문이다. 그동안 까맣게 잊고 있었기에 놀라움은 더욱 컸다. 그래도 운명은 두 사람의 편이었던 것일까? 카메라는 호몰카의 방에 얌전하게 놓여 있었다. 누군지는 모르지만 방에 가져다 놓은 것이다. 카메라만 경찰의 눈에 띄었더라도 사건은 쉽게 해결될 수 있었으리라. 두 개의 비디오테이프 가운데 하나는 카메라 옆에 있었고, 태미가 강간당하는 순간과 사망 과정을 담은 것은 여전히 카메라 안에 들어 있었다.

비극의 약물 할로탄

독일의 연쇄살인범 위르겐 바르취Jürgen Bartsch*의 경우에도 '할로탄'은 비극의 주역이었다. 아니, 더 정확하게 이야기하자면 비극적인 사건에 종지부를 찍게 한 것은 바로 마취제 '할로탄'이다.

범죄 수사라는 관점에서 보면 "바르취 사건"은 특별히 흥미를 끄는 것은 아니다. 체포 당시 열아홉 살의 범인은 자신의 모든 범행을 순순히 자백했기 때문이다. 게다가 1960년대에 일어난 이 사건들에서 남은 것은 앙상한 유골뿐이었던 탓에 오늘날 사람들의 관심을 끌기에는 아무래도 진부한 구석이 있다. 첫 범행 당시 갓 열여섯 살의 소년 바르취는 매일 정해진 시간에 또박또박 귀가해 부모와 저녁을 먹고, 부모 침실의 침대에 걸터앉아 텔레

---

* 바르취는 십대 미혼모가 낳은 아들이다. 그의 어머니는 출산을 하고 나서 얼마 안 돼 죽었다. 결국 바르취는 같은 병원에 입원해 있던 어떤 부유한 여성의 눈에 띄어 입양되었다. 문제의 발단은 이 양부모에게 있다. 친자식이 아니라는 것을 숨기기 위해 바르취를 지하실에 가둬놓고 철저하게 외부와 고립시켜 키웠다는 것이다. 결벽증에 시달리던 양어머니는 매질까지 해가며 아이를 난폭하게 다루었다고 한다. 이런 과정에서 바르취는 여성을 혐오하며 남성에게 끌리는 성적 취향과 함께 남을 제압하면서 느끼는 쾌감을 즐기게 된 것이다.

비전을 보는 지극히 평범한 청소년처럼 보였다. 하지만 바르취가 이 시간대를 전후해 일대를 배회하며 어린 소년들에게 눈독을 들이고 있다는 사실을 아는 사람은 아무도 없었다.

바르취가 1962년에서 1964년 사이 낡은 방공호로 끌어들여 살해한 소년은 모두 네 명이다. 방공호 안에서 바르취는 소년들을 성추행한 다음 구타를 해서 죽였다. 시체를 가지고도 한동안 희롱을 하고 나서 토막을 냈다. 사건이 알려지자 사람들은 바르취를 무슨 외계인 바라보듯 했다. 소년 바르취는 매일같이 신문지상을 장식하는 일약 '슈퍼스타'로 떠오른 것이다. 물론 부정적인 의미에서 말이다.

당시 독일의 여론은 바르취를 사형에 처해야 마땅하다는 쪽으로 모아졌다("그놈을 벽에 세워놓고 쳐 죽이자!" 사람들은 삿대질과 함께 이렇게 외쳤다).

충분히 정상적인 판단력을 갖추고 있는 사람, 즉 "미치지 않은 사람"이면 당연히 자신의 행위에 책임을 져야 한다는 논리를 바르취는 피해갈 수 없을 것처럼 보였다. 수백 명이 넘는 아이들에게 말을 건 다음, 조금이라도 반항하는 기색이 있으면 즉각 포기하는 이성적인 태도를 보여주었기 때문이다. 또 서류 가방을 들고 다니며 방공호 근처에 갈아입을 옷을 숨겨두는 치밀함도 자랑했다. 사람들에게는 보석상을 하는 아버지를 위해 다이아몬드를 안전하게 넣어 다니려고 한다면서 말이다. 또 아버지 가게의 현금함에서 돈도 슬쩍 빼돌리곤 했다. 범행 대상을 꾀기 위해 택시를 타고 카페에서 사과 주스 등을 사주는 데 쓴 것이다.

심지어 바르취는 한동안 아이 한 명이 들어갈 수 있을 정도의 커다란 가방을 들고 다니기도 했다. "적당한" 소년(매끈한 피부에 너무 나이가 많거나 힘이 세지 않으며 호감이 가는 소년)을 그 안에 넣어 옮기기 위해서였다. 길

사진15 "어린애 관"을 든 위르겐 바르취.
희생자 소년을 물색해 꼬실 때면 바르취는
언제나 이런 차림이었다.

거리에서 어떤 보행자가 "거, 무슨 가방이 '어린애 관' 같다"고 하자 바로 가방을 처분해버리는 기민함도 과시했다. 바르취를 정신병원에 입원해야 할 미치광이로 보는 사람은 아무도 없었다. 부모의 가게를 찾는 고객도 그를 보면 참 요즘 보기 드문 친절하고 싹싹한 청소년이라고 칭찬할 정도였다.

그러나 사람들이 알지 못하는 또다른 바르취는 엄연히 존재했다. 그는 틈만 났다 하면 호시탐탐 범행 대상을 물색하는 일에 골몰했다. 온전히 건강한 정신을 가지고 있는 범인이라고 보기 힘든 구석이 아닐까. 1971년 4월에 끝난 두 번째 재판에서 바르취는 1967년 12월처럼 종신형을 선고받은 게 아니라, 고작 10년에 해당하는 소년원 형을 받았으며 형기가 끝나도 계속 정신병원 신세를 져야만 한다는 판결을 받았다. 이 재심 판결은 엄청난 반응을 불러일으켰다. 우선, 역사상 처음으로 정신병을 다루어 온 전통을 깨는 판결이었기 때문이다. 재판에 성性의학자와 정신과 의사들이 본격적인 감정에 참여한 것도 이것이 처음이다. 1960년대만 하더라도 이런 사례는 상상조차 할 수 없었던 것이다.

정신병원에서의 생활은 바르춰에게 깊은 좌절감을 안겼다. 계속해서 살의를 느끼는 자신이 두렵다며 정신과 치료가 필요한 것은 인정했지만, 정신병원에 갇혀서 사는 것만큼은 견딜 수가 없다고 했다. 한마디로 자유가 너무나 그립다는 거였다. 장벽 뒤의 생활을 견딜 수 없게 만든 가장 큰 문제는 대화 상대를 찾을 수 없다는 점이었다. 정신병자들과 이야기를 나누기에는 바르춰가 너무 똑똑했다. 원장은 병원 밖에서 "당신 같은 사람을 치료할 인력이 없다"는 점을 분명히 강조했다. 게다가 동료 환자들이 바르춰를 너무 좋아했다. 바르춰의 어머니가 면회를 올 때마다 가져다주는 도구로 마술 쇼를 하는 바르춰에게 환자들은 넋을 잃을 정도였다. 심지어 인기투표를 벌여 바르춰를 최고의 환자로 치켜세우기도 했다. 하지만 이제 스물아홉 살이 된 청년이 이런 식으로 계속 살아갈 수는 없었다.

당시 바르춰가 부모 외에 접촉했던 유일한 정상인으로는 두 명을 꼽을 수 있다. 한 사람은 미국인 기자 폴 무어와 바르춰 사건 수사를 책임졌던 수사 반장 아르민 메츨러였다. 두 사람에게 보낸 수많은 편지와 카드를 보면 바르춰가 자유를 얻기 위해 얼마나 안간힘을 썼는지 잘 드러나 있다. 동성애 성향을 갖는 연쇄살인범이 1974년 1월 심지어 기젤라라는 이름의 여자와 결혼을 결심한 배경도 여기에 있다. 반신불수의 장애인인 기젤라는 바르춰와 편지를 주고받으며 서로 위로를 나누던 사이였다. 그러니까 바르춰는 그녀와 결혼하면 정신병원에서 풀려날 수 있지 않을까 기대를 한 것이다. 비록 여자와는 키스만으로 만족해야 했고, 계속해서 소년만 보면 충동을 느끼는 자신이 두려웠지만 말이다.

1970년대에는 본인이 원해서 신청을 하면 거세를 받는 게 가능했다. 하지만 의사들과 동료 환자들은 바르쉬를 한사코 만류했다. 우선, 거세를 하고 난 뒤 어떤 효과가 있는지 불분명했으며, 심지어 극단적인 경우까지 내몰릴 수 있었다. 둘째, 수술 자체가 안전하다고 볼 수 없었다. 셋째, 거세를 받게 되면 신체상에 변화가 일어날 수 있었다. 그래서 바르쉬는 처음 거세 이야기를 들었을 때는 완강하게 거부하는 태도를 보였다. 하지만 이제 병원에서 풀려날 수 있다는 기대로 마음을 바꿔먹은 것이다.

1975년 가을 바르쉬는 제발 거세 수술을 해달라고 의사에게 간절히 매달렸다. "무엇보다도 공상이 줄어들었죠. 폭력이 등장하는 꿈은 이제 거의 꾸지 않게 되었습니다. 병적일 정도의 성적 호기심도 사라졌습니다. 그저 정상적인 수준의 성적 충동만 느끼는 정도가 되었죠." 남성 호르몬의 분비를 줄어들게 만드는 약물치료를 받으면서 바르쉬가 털어놓은 말이다. 약물치료는 그만큼 성공적이었다. 계속해서 그의 말을 들어보자.

"'정상적'이 되고자 하는 성범죄자에게 약물치료는 '축복'입니다. 신체상의 변화는 거의 없으며 비정상적인 충동은 사라졌습니다. 자신을 100퍼센트 다스릴 수 있는 남자가 된 것입니다. 자신을 다스릴 수 있는 남자는 더이상 성범죄를 저지르지 않습니다. 그럼에도 제가 여전히 나쁜 마음을 먹고 '성욕'은 유지하려고 하는 게 아니냐며 비난을 하는 분들이 있더군요, 정말 터무니없는 비난입니다. 자신들의 주장을 관철시키기 위해 그런 저급한 논리까지 들먹여서야 되겠습니까? 전 그저 제 아내를 지켜주고 싶을 뿐입니다. 모든 걸 포기하고 사는 데에만 익숙해져 있는 아내에게 최소한의 성적 만족을 주고 싶을 뿐입니다. 그리고 제 몸을 스스로 고물로 만들고 싶지는 않았습니다. 그게 거세 수술을 거부했던 이유일 뿐, 다른 의도는 전혀 없었습니다. 하지만 두 분 선생님들(의사들―지은이)이 쓰시는 말을 보니,

사진16, 17 이 방공호 안에서 바르취가 죽인 세 명의 소년들 시체가 나오자 당시 독일 국민은 경악했다. 방공호 안의 모습과 헤에거슈트라세 쪽으로 나 있는 입구의 모습.

사진18, 19 오늘날까지도 방공호의 좁은 입구를 막아놓지 않았다. 그저 그 앞에 커다란 철책을 세워놓았을 뿐이다.

사진20 방공호 맞은편에 있는 집. 여기서 바르취의 마지막 희생자를 구해낼 수 있었다. ⓒ 마르크 베네케

얼마나 케케묵은 정신의 소유자인지 분명히 알겠군요. '성욕'이라고요! 두 사람이 충분한 휴식을 가지면서 행복해질 수 있는 것이라면, 그게 문제일 뿐이라면 받아들이겠습니다. 그렇게 할 수만 있다면, 거세 수술은 인간적인 일이겠지요!"

1976년 3월 마침내 바르취의 수술 신청이 받아들여졌다. 이미 한 번 거부를 한 바 있던 '베스트팔렌리페'의 의사 협회가 바르취의 간절한 호소에 결정을 번복한 것이다. 바르취가 행복 운운해가면서 수술까지 받으려는 진짜 속내, 즉 자유로운 삶에의 갈망이 얼마나 간절한 것인지는 그의 몇 안 되는 친구들만 아는 비밀이었다. 실제로 거세 수술은 그가 그토록 갈망해온 정상적인 삶에 이르는 유일한 길이었다.

수술은 그로부터 6주가 지난 다음인 4월 28일 '아이켈보른' 주립 병원에서 이루어졌다. 이 병원은 바르취가 1972년 말부터 입원해 있던 곳이다. 오전 10시 30분 바르취는 사망한 것으로 공식 발표되었다. 사인은 심장마비였다. 누구나 결국 심장이 멎어서 또는 숨이 끊어져서 죽기는 하지만, 바르취의 경우 심장마비는 뜻밖이었다. 혹시 마취를 시키는 데 있어 실수가 있었던 것은 아닐까?

하지만 법의학자 슈티히노트도 마취 전문의 슈토프레겐 교수도 "수술이나 마취를 하는 데 있어 실수가 있었다고 보기는 어렵다"는 소견을 제시했다. 그러나 확인 결과, 젊은 남자 간호조무사가 마취를 했던 것으로 밝혀졌다. "주립 병원 '아이켈보른'은 별도로 마취 전문의를 두고 있지 않았다."

5월 6일 시사 주간지 〈슈테른Stern〉은 마침내 바르취의 죽음을 둘러싼 진실을 밝혀냈다. 바르취의 심장은 마취제를 지나치게 많이 쓴 탓에 멎어버리고 만 것이다. 바르취가 수술을 하기 엿새 전에도 같은 수술실에서 여자 환자 한 명이 죽어나간 사실이 드러났다. 두 경우 모두 '할로탄'을 마취제로 쓰는 기계를 잘못 다뤄 과다한 양이 투입되었던 것이다.

젊은 간병인에게 책임을 묻기는 어려웠다. 교육을 제대로 받지 않았던 탓에 사고의 위험성을 충분히 의식하지 못했기 때문이다. 오히려 바르취의 죽음을 책임져야 할 사람은 아이켈보른 주립 병원의 외과 과장 요제프 홀렌베크였다. 홀렌베크 의사가 과실로 인해 부상이나 사망에 이르게 한 경우는 벌써 일곱 건이나 되었다. 모두 고소와 고발로 이어졌지만 공소시효를 넘긴 탓에 처벌을 받지는 않았다. 그 밖에도 의사는 여러 차례에 걸쳐 손해배상 소송에서 패소한 일도 있었다. 의사는 실수로 수술실에서 환자에게 화상을 입히거나, 심지어 지혈용 솜을 절개 부위에 그대로 넣어두고 봉합을 한 적도 있었다.

바르취가 받을 예정이었던 거세 수술은 비교적 간단한 것으로 수술 시간도 8분밖에 걸리지 않는다. 심지어 수술은 아침 8시 30분에 성공적으로 끝났다. 남자 간호조무사 슈테판 가르트너는 수술실에서 환자 침대를 끌고 나오면서 바르취의 맥박이 뛰지 않는다는 것을 발견했다. 그때서야 비로소 그를 살려내려는 싸움이 시작된 것이다. 예순 살의 홀렌베크는 심장 근육에 전기 자극을 주기 위해 흉곽을 절개하기까지 했다. 하지만 그 어떤 응급조치도 도움이 되지 않았다. 바르취는 '할로탄' 과잉 투여로 죽고 만 것이다.

나중에 확인한 바에 따르면 홀렌베크는 마취를 상당히 가볍게 여겼던 모양이었다. 미국인 기자 폴 무어는 당시를 이렇게 회상하고 있다. "원래 아이켈보른의 수술실에는 각각 다른 종류의 마취제를 쓰는 두 가지 마취 기계가 준비되어 있었습니다. 더구나 기계에는 약 5×7센티미터 크기의 노란색 경고판에 3개 국어로 주의 사항이 자세히 적혀 있었죠. 하지만 홀렌베크 박사는 어떤 기계에 무슨 마취약을 쓰든 상관없다고 간호사와 간병인에게 말했다고 합니다. 결국 홀렌베크는 9개월의 실형을 선고받고 집행유예로 풀려났습니다."

위르겐 바르취의 시신은 5월 4일 아이켈보른 정신병원 근처에 묻혔다. 장례식에는 단지 일곱 사람만 참관이 허용되었음에도 거의 150여 명에 가까운 구경꾼들이 몰려들어 한 장면이라도 놓치지 않으려고 북새통을 벌였다. 결국 경찰들이 나서서 상황을 통제해야만 했다. 놀랍게도 장례식이 있기 며칠 전부터 바르취의 시신을 훼손해버리겠다는 협박이 끊이질 않았을 뿐만 아니라, 거꾸로 그의 죽음을 책임져야 할 "의사들"을 그냥 두지 않겠다는 위협도 만만치 않았기 때문이다.

포르노를 찍다

살인을 즐기는 커플은 성탄절 사건으로 불안에 떨기보다는 더욱 뻔뻔해지고 과감해지는 경향을 보였다. 심지어 칼라는 태미의 장례식이 있던 날 새 수면제들을 사들였다.

1월 12일 시름에 빠져 있던 부모는 기분 전환을 위해 토론토에서 열리는 불꽃놀이 축제를 보러갔다. 그리고 칼라의 또다른 여동생은 할아버지와 할머니의 집에서 며칠 묵기로 했다. 계속 추악한 짓을 벌일 수 있는 호기를 놓칠 호몰카와 베르나르도가 아니었다. 베르나르도는 한동안 여기저기 기웃거리고 다닌 끝에 한 명의 소녀를 낚아 집으로 데리고 왔다. 다시금 난폭한 강간이 이루어졌으며, 호몰카는 비디오카메라로 현장을 낱낱이 찍었다. 소녀를 마음껏 희롱한 커플은 무슨 마음을 먹었는지 소녀를 그대로 풀어주었다. 나중에 베르나르도와 호몰카는 그 소녀를 기억조차 하지 못했다. 그저 소녀를 "1월 소녀"라고 불렀을 따름이다.

베르나르도는 갈수록 포악해졌다. 호몰카에게 자신이 가장 아끼던 장난감 "태미"를 죽였다고 화를 내기도 했다. 갖은 욕설로 화풀이를 하는 베르나르도였지만, 그 자신도 호몰카가 여동생을 정말 좋아했다는 것과 크리스마스 일은 사고였다는 것을 모르지는 않았다.

기분을 돌리기 위해 호몰카가 제안한 것은 포르노를 찍자는 것이었다. 자신이 죽은 여동생 역할을 맡겠다면서 말이다. 물론 무슨 각본이나 대본이 있는 것은 아니었으며 오로지 두 사람의 거친 섹스 장면만을 담았다. 이때 두 사람이 나눈 즉흥적인 대화는 얼핏 듣기에는 철부지 남녀의 헛소리에 지나지 않았지만, 잘 새겨들으면 정말 정신적으로 이상이 있는 사람들이라는 것을 확연히 알아볼 수 있다.

> 베르나르도: "가족의 사랑이라는 걸 믿니?"
> 호몰카: (폴의 성기에 푹 빠져)"아, 정말 끝내주었어."
> 베르나르도: "우리가 이 모든 일들로부터 뭘 배웠지?"
> 호몰카: "우리 입맛에는 소녀가 맞는다는 것."

그런 다음 두 사람은 앞으로 소녀들을 끌어다가 무슨 짓을 벌일까 하는 문제를 놓고 장황하게 수다를 떨었다. 어느 순간엔가, 비디오카메라가 여전히 돌아가고 있는 가운데 호몰카는 태미의 속옷을 가지고 와서 그것으로 베르나르도의 성기를 문질러 댔다.

미래를 설계하다

다음 달 호몰카는 동물 병원의 동료들에게 돈이 한 푼도 없다고 떠벌리고 다녔다. 동료들은 어쩌다 그렇게 되었냐며 혀를 차면서도 돈을 모아주었고, 호몰카는 고맙다며 그것을 챙겼다. 그리고 기회가 있을 때마다 호몰카는 수면제를 빼돌려 집으로 가지고 오곤 했다.

그동안 베르나르도는 담배를 밀수하는 일에 더욱 매달렸다. 한 달에만 1만 5000달러를 벌어들일 정도였다. 베르나르도에게 담배를 대량으로 받아 시장에 푸는 역할을 맡은 사람은 스미르니스 형제 가운데 한 명이었다. 국경을 넘을 때마다 세관은 행선지를 물었으나, 그의 대답은 한결같았다. "그저 어디 한 술 뜰 게 없나 살펴보려고요."

베르나르도가 국경을 넘나든 기록의 대부분은 컴퓨터에 그대로 저장되어 있었다. 국경 경찰이 혹시 있을지 모를 범인의 색출을 위해 통행자들의 인적 사항과 자동차 번호를 일일이 기록으로 남겼기 때문이다. 나중에 이미 모든 게 너무 늦어버리고 난 다음, 이 자료를 가지고 추적해보니 베르나르도의 행적을 고스란히 파악할 수 있었다(어쨌거나 그에 관한 기록은 열일곱 차례나 되었다). 관청이 보다 효과적으로 협조만 했던들 폴 베르나르도는 그 수없는 월경을 통해서도 일찌감치 그 정체를 드러냈으리라. 하지만 해당 자료를 경찰의 상급 기관 컴퓨터에 연결한 사람은 아무도 없었다. 경찰이 두 눈을 부릅뜨고 지켜보는 가운데서도 강간범이 활보를 하는 어처구니없는 상황은 이렇게 이루어졌다. 기록도 고스란히 남아 있었지만, 누구도 이에 주목하지 않았다.

그 밖에 베르나르도는 규칙적으로 선탠 숍을 찾았으며, 황금색 닛산 승용차를 새로 구입했다. 그리고 랩 음악 사업에 뛰어들 궁리를 했다. 자신이 아주 훌륭한 래퍼라고 으스댔으며, '바닐라 아이스'라는 그룹을 우상으로 떠받들었다. 베르나르도는 체포당할 때까지 작곡도 부지런히 해댔다. 그가 만든 것으로 나중에 발견된 '호러 비디오'를 보면 '바닐라 아이스'의 노래를 들을 수 있다. 폴의 엽기적 취향이 잘 드러나는 공포물에서 '바닐라 아이스'가 배경음악으로 부르는 노래는 더할 나위 없이 오싹한 분위기를 자아낸다.

돈이 넘쳐나자 베르나르도와 호몰카는 '포트 돌하우지Port Dalhousie'라는 이름의 그림처럼 아름다운 마을로 이사를 했다(사진21). 하얀색 목조 가옥이 늘어선 거리는 북아메리카의 전형적인 고급 주택가 정경 그대로였다. 호몰카는 새집이 유령들로 가득한 것 같다며 밤마다 잠을

사진21 평화로운 주택가에 자리 잡은 폴 베르나르도와 칼라 호몰카의 집. 오랫동안 기가 막힐 정도의 행운(?)이 따라준 덕에 이들은 소녀를 세 명이나 추행하고 죽일 수 있었다. 이들의 범행은 오늘날까지도 캐나다 국민이 경찰을 불신하는 결과를 낳았다. ⓒ 앨런 윌리스/마르크 베네케

이루지 못했으며, 베르나르도는 방마다 나는 역겨운 냄새를 견디기 힘들어했다. 참다못한 베르나르도는 어느 날 집 안에 있는 모든 배수구를 막아버렸다. 그러자 묘한 냄새는 한결 약해졌으며, 유령도 그리 자주 출몰하지 않았다.

줄어들지 않은 것은 호몰카의 성욕이었다. 그녀는 계속해서 비디오를 찍고 싶어 안달을 했다. 게다가 그녀는 거듭 강간을 저지르고 다니는 베르나르도에게 불안과 함께 맹렬한 질투심을 느끼기 시작했다. 1991년 4월 6일 오전 5시 30분, 베르나르도는 요트 클럽으로 가던 젊은 여자를 성폭행했다. 아침부터 한 건했다며 콧노래를 흥얼거리고 집으로 돌아온 베르나르도를 맞은 호몰카는 아무래도 대책을 세워야겠다며 종주먹을 쥐었다. 마침 결혼식도 가까워 오니 베르나르도에게 선물을 하나

하기로 마음을 먹었다. 그를 영원히 자기 것으로 묶어놓을 선물 말이다.

선물의 이름은 제인이었다. 3년 전 당시 열두 살이었던 소녀는 동물 병원의 진열장 앞에서 눈을 커다랗게 뜨고 강아지 구경에 푹 빠졌던 아이였다. 가게 안으로 소녀를 불러들인 호몰카는 강아지들 돌보는 일을 거들어도 좋다고 꼬드겼다. 점차 시간이 가면서 호몰카와 제인은 아주 친한 사이가 되었다.

호몰카가 오랜 시간 동안 공을 들여온 먹이를 요리하기로 마음먹었을 때, 제인은 열다섯 살이었다. 칼라는 제인에게 전화를 걸어 집에 놀러오라고 초대했다. 제인은 신이 나서 어쩔 줄 몰라 하며 초대를 받아들였다. 제인과 한참 수다를 떨며 호몰카는 맛있는 칵테일을 만들어주었다. 그게 제인이 다음 날 기억할 수 있는 전부였다. 다음 날 아침 깨어난 제인은 다리조차 가누지 못할 정도로 심각한 상태였다. 놀란 부모는 제인을 사흘 동안이나 침대에 붙들어놓았다. 딸이 독감 바이러스에 걸린 모양이라고 믿었던 것이다.

물론 진실은 전혀 다른 모습을 하고 있었다. 그날 밤 찍어놓은 비디오는 난잡함 그대로였다. 호몰카의 죽은 여동생 태미의 속옷을 입은 제인은 수면제에 정신을 잃은 채 베르나르도와 호몰카의 음탕한 손길에 만신창이가 된 것이다.

그나마 제인은 운이 좋은 편이었다. 추악한 탐욕에 사로잡힌 연인의 다음 희생자는 그 고문 같은 추행을 견디지 못하고 목숨을 잃었기 때문이다. 베르나르도와 호몰카는 점차 더이상 약물에 취한 몸이 아닌 깨어 있는 육체를 가지고 놀고 싶어 했다. 이후 몇 달 동안 찍어놓은 비디오를 보면 심지어 말똥말똥한 눈으로 설마 죽이기까지야 할까 하는 일말의 기대를 저버리지 않은 표정의 희생자들을 확인할 수 있다. 심지어 어떤 소녀는 "집에서 나갈 때" 칼라가 키우는 강아지를 구경해도 좋냐고 묻고 있다. 호몰카는 "네가 하는 걸 봐서!" 하며 이죽거렸다. 또다른 애는 배가 고프다고 칭얼대는 통에 베르나르도가 나가서 먹을 것을 사다 주기도 했다. 강제로 끌려온 아이들은 대개 이 남녀와 나란히 앉아 비디오를 보고 음악을 들었다. 곯아떨어져서 베르나르도의 침대에 짐승과 나란히 누운 아이도 있었다.

하지만 희생자들은 모두 상황이 지극히 위험하다는 것, 자칫하면 목숨을 잃을 수도 있으며 두 범인들이 자신을 놓아주는 일은 불가능하다는 사실을 잘 알고 있었음에 틀림없다. 그래서일까? 어떻게든 "비위"를 맞추려 하면서 부드러운 분위기를 만들어내려 안간힘을 쓰고 있다. 강간과 변장 놀이 그리고 구타를 일삼는 가운데에서도 지극히 정상적으로 구는 행동을 보여주는 통에 소녀들은 갈피를 잡지 못하는 표정이었다. 바로 그래서 목숨은 건질 수 있으리라는 희망을 품었으리라. 하지만 모든 게 헛된 바람이었다.

1993년까지 젊은 부부의 집에서 죽어나간 소녀들은 최소한 세 명이 넘는다. 호몰카와 베르나르도는 이제 제 아무리 극악무도한 범인일지라도 넘지 않을 선까지 넘어가버린 것이다. 하지만 바로 그런 뻔뻔함과 대담함이 발각될 위험을 줄여주는 어처구니없는 상황이 계속되었다.

밟힐 듯 밟히지 않는 꼬리

폴 베르나르도가 매번 발각당할 위험을 미꾸라지처럼 빠져나갔다는 게 밝혀진 훗날, 캐나다의 온 국민은 머리를 쥐어뜯었다. 예를 들어

1991년 7월, 한 여성 운전자는 섬세한 주의력으로 베르나르도를 거의 벼랑 끝으로 몰아붙였다. 이 젊은 처녀는 계속해서 자신의 꽁무니를 쫓는 황금색 닛산을 몹시 수상쩍게 여겼다. 곧장 차량 번호를 적어둔 여자는 경계의 눈초리를 한시도 거두지 않았다.

잠시 뒤 집에 도착한 여자는 집 앞의 수풀 뒤에 몸을 숨기고 동정을 엿보는 남자를 목격하고 간담이 서늘해지는 충격을 받았다. 그 닛산 주인이 분명했다! 당장 남자 친구를 부른 여자는 그와 함께 집을 빠져나와 동네 일대를 차를 타고 돌면서 문제의 요란한 차량을 발견했다. 실제로 닛산이 동네 술집 근처에 세워져 있었던 것이다. 번호도 일치했다. 여자는 곧장 경찰에 신고했으며, 경찰은 정중한 태도로 사건을 접수했다.

며칠 뒤인 7월 22일, 경찰은 폴 베르나르도의 집 현관 앞에 서서 초인종을 눌렀다. 문제는 수상하다고 신고된 닛산 자동차 때문에 찾아온 게 아니라는 데 있었다. 이 젊은 신혼부부가 도난을 당했다고 직접 경찰을 불렀던 것이다. 그사이 결혼식을 올린 부부가 신혼여행을 마치고 돌아와 보니 시계, 카메라, 컴퓨터, 보석, 현금 그리고 베르나르도가 곡을 쓰는 데 활용하는 전자악기 등 전부 3만 달러에 달하는 귀중품이 없어졌다는 거였다.

경찰은 뻔뻔한 보험 사기극이 연출되고 있음을 한눈에 알아보았다. 경찰을 보는 즉시 도난당한 물건들의 목록을 들이미는 모습이 경찰에게는 가소롭기만 했다. 하지만 경찰에게는 이런 사건에 매달릴 여유가 없기도 했다. 이웃 도시에서 연쇄 강간범이 난리를 치고, 계속 죽은 소녀 시체들이 발견되는 마당에 도난 사고가 절박할 리 없었기 때문이다. 보험 사기극이라면 보험회사가 충분히 처리할 수 있으리라 보았다. 며

칠 전 젊은 여자의 꽁무니를 졸졸 따라다녔다는 황금색 닛산이 현관 앞
에 떡 하니 주차가 되어 있었지만 차에 신경을 쓰는 경찰은 아무도 없었
다. 누구도 최근 사건을 상부에 보고하지 않았기 때문이다.

—
황금색 자동차

해를 넘겨 이미 1992년이 상당히 흘렀음에도 강간과 살인 사건들은
여전히 해결되지 않은 상태였다. 그런데 이제 또다른 젊은 여성 한 명이
묘한 사실 하나를 신고해왔다. 여러모로 흥미로운 제보였다. 5월 30일
저녁 늦게 포트 돌하우지 근처에 있는 도넛을 주로 파는 레스토랑에 여
자 친구와 함께 앉아 한가로운 때를 보내던 그녀는 창밖으로 주차장을
보고 깜짝 놀랐다는 거였다. 갑자기 어디서 나타났는지 모를 황금색 스
포츠카 한 대가 주차장을 왔다 갔다 하고 있더라는 것이다. 여자들은 스
포츠카 운전자가 자신들을 노려보고 있는 것만 같아 소름이 돋았다고
했다.

고개를 갸웃거리던 여자들이 다시 창밖을 내다보았을 때 자동차는
사라지고 없었다. 그 대신 열린 창문의 아래쪽 창틀에서 반짝이고 있는
비디오카메라 렌즈를 발견했다. 하지만 렌즈는 처녀들의 눈길이 쏠리
자마자 사라졌다. 이미 바깥은 어두웠던 터라 더 자세한 것은 알아볼 수
없었다. 두 처녀가 가게를 나선 시각은 새벽 2시 45분쯤이었다. 주차장
가까운 곳에 멈춰 서 있는 문제의 자동차를 발견한 두 사람은 소스라치
게 놀랐다.

여자들 가운데 나이가 많은 쪽이 자신의 차를 몰아 친구를 집으로 데
려다주었다. 친구가 차에서 내리자 황금색 스포츠카가 라이트도 켜지 않

은 채 천천히 스쳐 지나갔다. 마침내 나이가 많은 쪽은 분통이 터지고 말았다. 번호판을 미처 보아두지 못한 자신의 어리석음을 탓하며 여자는 한 번만 더 걸렸다가는 그냥 두나 보라며 허공을 향해 삿대질을 해댔다. 집에 도착하자 화는 어느덧 두려움으로 바뀌었다. 그 수상한 스포츠카가 그녀의 집에서 얼마 떨어지지 않은 곳에 서 있는 것을 보았기 때문이다. 그녀는 당장 경찰에 전화를 걸어 그동안 있었던 일을 낱낱이 고했다.

여자는 창밖을 보며 희미하게 보이는 번호판을 읽으려 안간힘을 썼다. 전화기에 대고 그녀는 자동차 번호가 "660NFM" 또는 "660MFN"인 것 같다고 말했다. 하지만 폴 베르나르도의 자동차 번호는 정확히 "660HFH"였다. 그 밖에도 여자는 자동차 브랜드가 "마즈다Mazda"이며 'GXL 모델'로 보인다고 진술했다. 이것도 사실과 다른 정보였다.

다음 날 다행스럽게도 여자는 문제의 승용차를 다시 보았다. 곧바로 경찰에 연락을 취한 그녀는 이번에는 정확한 차량 번호와 차종을 알렸다. "황금색 닛산 240SX", 드디어 베르나르도가 걸려든 것일까? 하지만 그를 지켜주는 악마의 주술은 아직도 효력이 끝나지 않은 모양이었다. 신고를 받은 상냥한 여자 경관은 아무렇게나 흘려 적은 메모를 어디다 두었는지 끝내 찾아내지 못하고 말았다.

———

생체 단서와 한바탕 난리를 치른 차량 추적

폴 베르나르도의 마를 것 같지 않던 행운의 샘도 서서히 바닥을 보이기 시작했다. 1992년 4월, 그러니까 베르나르도가 스카보로의 친절한 경찰관과 마주 앉아 아무짝에도 쓸모없는 정담을 나눈 지 1년을 넘긴 시점에 어윈 형사는 확보한 생체 단서들의 감식 결과와 씨름하고 있었다. 유전자 검사를 위한 채혈에 참여한 성인 남자들은 230명에 달했다. 물론 '스카보로 강간범'에게 희생된 한 소녀의 속옷에서 채취한 정액의 유전자는 폴 베르나르도의 그것과 일치했다. 하지만 당시 수준의 검사에 따르면 같은 유형의 유전자를 갖는 남자가 네 명 더 있었다.

경찰은 무슨 일이든 벌여야만 했다. 이를테면 베르나르도를 다시 소환하든가, 그의 집을 한 번 더 수색했어야 마땅했다. 물론 용의자가 더이상 스카보로에 살고 있지 않기는 했지만, 부모를 통해 얼마든지 연락할 수 있었다. 게다가 인상착의도 거의 일치했으므로 다섯 명으로 피의자의 범위가 압축된 마당에 폴 베르나르도가 빠져나갈 수 있는 기회는 없었다. 그럼에도 어찌된 일인지 경찰은 아무런 조치를 취하지 않았다.

수사가 지지부진한 사이 또 한 명의 여자가 신고를 해왔다. 얼마 전에 차를 타고 가다가 한 쌍의 남녀가 몸싸움을 벌이는 것을 보았다는 것이다. 한 명의 건장한 남자가 어린 여자를 서 있는 자동차 안으로 끌어들이려고 실랑이를 하며 다투더라는 거였다. 처음에는 연인이 사랑싸움을 벌이는 것쯤으로 짐작했으나, 나중에 바로 그 장소에서 한 명의 소녀가 실종되었다는 소식을 듣고 여자는 바로 경찰을 찾아온 것이다.

경찰은 다짜고짜 차가 어떤 종류였는지부터 알려고 들었다. 여자는 손사래부터 치며 자동차는 평소 관심이 없어 아무것도 알지 못한다며 다만 밝은색 도장을 한 차량이라고만 말했다. 하지만 경찰은 집요하게 물고 늘어졌다. 하긴 그토록 갈망해온 확실한 단서가 아닌가. 경찰은 여자 앞에 자동차 사진들로 가득한 책과 잡지들을 산처럼 쌓아놓고 비슷한 것을 찾아내라고 닦달을 했으며, 여자를 끌고 자동차 대리점들을 찾아다녔다. 성과가 있을 리 만무했다. 오랫동안 갈팡질팡한 끝에 여자는 차량 브랜드가 아마도 '캐머로'인 것 같다며 이제는 그만 빠졌으면 하는 눈치였다. 이게 범죄 수사 역사상 유례를 찾아볼 수 없는 난리법석의 서막일 줄이야 ….

먼저 경찰은 차량들이 등록되어 있는 데이터뱅크부터 뒤지기 시작했다. 교통부에 의뢰해 1992년 이전에 '캐머로'를 취득 신고한 모든 자동차 소유주들의 정보를 넘겨받았다. 동시에 도로의 임시 검문을 통해 같은 모델의 크림색이나 상아색 차량을 일일이 조사했다. 당연히 헛수고였다. 베르나르도 부부가 소녀를 강제로 끌고 간 차량은 어디까지나 황금색 닛산이지 않은가. 그저 우연히 거리를 지나가던 목격자가 순식간에 본 것을 정확히 기억하기를 바라는 것도 무리가 아닐 수 없었다.

교통부에 조회한 목록이 마침내 도착하자 수사관들은 할 말을 잃고 눈만 끔뻑거렸다. 온타리오 주에 등록한 '캐머로'는 자그마치 12만 5000대나 되었던 것이다. 범행이 일어난 지역에만 국한해도 약 5,000대가량이었다. 경찰은 별 수 없이 소매를 걷어붙이고 달려들었다. 5,000여 대의 '캐머로'를 일일이 조사한다는 것은 말이 그렇지 간단한 일이 아니었다. 하는 수없이 경찰은 공개수사를 통해 일반의 제보를 받아야 했다.

미쳐 돌아가는 도시

이제 모든 '캐머로' 운전자들은 차를 차고에 세워두고 걸어 다니는 편이 나았다. 거듭되는 소녀들의 실종 사고로 혼자 집 밖을 외출하는 딸은 부모에게 성화를 들어야 할 각오를 해야만 했다. 남자들은 저마다 이를 갈며 범인을 반드시 자기 손으로 잡겠다며 별렀다. 거리에 10미터 간격으로 나붙은 포스터는 가로등의 밝은 불빛을 받으며 수배 중인 차량을 경찰에게 신고해줄 것을 호소했다.

폴 베르나르도의 자동차를 이미 두 번이나 경찰에 신고했던 여자는 마침 같은 때인 4월 18일 다시 한 번 황금색 닛산을 목격했다. 세상이 온통 크림색 '캐머로'를 찾느라 난리법석인 것을 알고 있었지만, 여자는 어디까지나 자신에게 문제가 되는 차량은 황금색 닛산이라며 종주먹을 쥐었다. 그때까지 경찰로부터 아무 반응이 없었던 탓에 여자는 직접 그 수상한 자동차를 추적하기로 결심했다. 적당한 간격을 두고 닛산을 뒤좇는 여자의 표정은 비장하기만 했다.

얼마나 뒤를 따라갔을까? 포트 돌하우지에 이른 차량은 '베이뷰 드라이브' 거리로 접어들자마자 눈 깜짝할 사이에 자취를 감추었다.

이 여자 아마추어 탐정은 경찰보다도 뛰어난 추리력을 자랑했다. 우선, 닛산 운전자는 근처 차고로 들어간 게 분명했다. 그렇다면 차량 소유주는 분명 '베이뷰 드라이브'에 살고 있는 게 틀림없다.

이제 목격자는 세 번째로 경찰에 전화를 걸었다. 최근에 본 것을 낱낱이 설명하면서, 앞서도 두 번 같은 내용의 신고를 한 일이 있다는 사실을 명확하게 상기시켰다. 전화 신고 접수를 담당하는 여경은 알겠다며 이번만큼은 꼭 조사가 이루어지도록 보고하겠다고 다짐했다. 또 여경은 자신의 의무를 소홀히 하지 않았다. 그러나 이번에도 신고 내용은 서류 더미 저 아래에 깔려버리고 말았다. 더욱 시급하고 중요한 일을 하느라 눈이 벌게진 경찰로서 보면 당연한 일이었다. '캐머로'만 봤다 하면 꽁무니를 따라다니기에 숨 돌릴 겨를조차 없지 않은가. 그야말로 '캐머로 사냥 대회'라도 열린 것만 같았다. 돌연 사람들은 저마다 나서서 머칠 전 벌어진 납치 사건의 현장에서 밝은색 도장을 한 '캐머로'를 틀림없이 보았다고 거들었다. 심지어 어떤 어머니는 자신의 아들이 '캐머로'를 타고 다닌다며 제보를 해왔다. 몸소 나서서 아들을 고발하다니 아무래도 도시 전체가 서서히 미쳐가고 있는 것만 같았다.

경찰은 이를 악물고 쏟아져 들어오는 제보들을 하나도 빠뜨리지 않고 다루느라 얼이 나갈 지경이었다. 다만, 황금색 닛산이 어쩌고 하는 제보만큼은 차례를 하염없이 기다려야 했다. 그거야말로 하릴없는 미치광이가 심심풀이 삼아 도시를 휘젓고 다니는 헛짓거리니 무시해도 좋다고 생각한 걸까.

죽마고우

마냥 헤매기만 하던 경찰을 올바른 방향으로 이끈 결정적인 제보가 나타났다. 파일 번호 241번으로 분류된 기묘한 제보가 경찰의 시선을 사로잡은 것이다. 5월 1일 자신의 이름을 밝히지 말아달라며 한 남자(그는 스미르니스 형제 가운데 한 명이다)는 우연히 마주친 경관에게 이런 이야기를 했다는 것이다. 우선, 자신의 오랜 친구인 폴 베르나르도가 "스카보로 강간범"이라는 혐의를 받고 경찰에 출두했던 사실을 기억하냐고 물었다. 둘째, 그 친구는 여자만 봤다 하면 굉장히 난폭해진다는 거였다. 셋째, 베르나르도는 자신이 지켜보는 앞에서 이미 한 여자를 강간했다. 넷째, 그치는 어리고 약한 여자, 특히 열다섯 살의 소녀만 보면 군침을 흘리는 유치한 자식이라나. 다섯째, 스카보로에서 강간 사건만 일어났다 하면 그는 자취를 감췄다. 여섯째, 베르나르도 그 자식은 수염도 제대로 나지 않는 이상한 놈이라는 거였다. 이 말은 특히 경찰관들을 혼란에 빠뜨렸다(그게 도무지 무슨 말인지 알 수가 없었기 때문이다. 그러나 나중에 보니 이 제보는 아주 중요한 것이었다. 물론 스미르니스는 이 말로 베르나르도가 겁쟁이라는 비웃음을 흘린 것일 뿐이었지만, 수염이 없다는 제보는 결정적인 것이었다. 목숨을 건진 희생자들이 한결같이 범인은 깔끔하게 면도를 했다고 증언했기 때문이다).

이제 경찰은 본격적으로 폴 베르나르도에게 관심을 갖기 시작했다. 먼저 그의 전과 기록을 조회했다. 하지만 특별히 중범으로 처벌을 받은 사실은 없었다. 스미르니스의 말마따나 어딘지 모르게 역겨운 냄새를 풍기는 '꼴통'이기는 했지만, 그렇다고 처벌을 할 수야 없는 노릇 아닌가. 그래도 만전을 기하기 위해 두 명의 수사관이 '베이뷰 드라이브'의 폴 베르나르도 집으로 찾아갔다.

베르나르도는 방문객을 거실로 이끌었다. 거실에는 베르나르도와 호몰카의 커다란 결혼식 사진이 걸려 있었으며, 베르나르도가 그동안 가입한 '프리메이슨'* 단원증도 액자에 담겨 자태를 뽐냈다. 베르나르도는 경찰이 말하는 가장 최근의 강간 사건이 일어난 날, 자신은 집에서 자작곡의 가사를 쓰고 있었다고 주장했다. 유명한 래퍼가 되기 위해 열심히 노력하고 있는 사람에게 강간이라니 무슨 소리를 하는 거냐며 따지기도 했다. '캐머로'라고요? 그가 했다는 반문이다. 자신은 어디까지나 황금색 닛산을 탄다며 현관 앞에 세워져 있는 자동차를 가리키기도 했다.

---

* 세계 동포주의, 인도주의, 자유주의 등의 이념을 바탕으로 상호 친선, 사회사업, 박애사업 따위를 벌이는 세계적인 규모의 민간단체. 1717년 런던에서 결성되었다.

15분 뒤 다시 경찰이 가버리고 나자 베르나르도는 안도의 한숨을 쉬었다. 경찰이 조금도 낌새를 채지 못하고 있다는 확신을 가질 수 있었기 때문이다. 소굴의 한복판에 기어들어와 눈동자만 굴리는 꼴이라니 하며 비웃기도 했다. 하지만 호몰카는 웃지 않았다. 만약 경찰이 수색영장이라도 가지고 되돌아오면 어쩔 것이냐고 물었다. 한시라도 빨리 저 비디오테이프들을 처리해야 한다고 성화를 부렸다. 베르나르도 역시 그녀의 주장에 동의했다. 차고 지붕에서 비가 새는 것을 막기 위해 덧대놓은 격리 층 안쪽을 보니 비디오테이프들을 숨겨놓을 공간이 충분했다. 이로써 일단 급한 불은 끈 셈이었다.

폴 베르나르도라는 이름은 혐의가 충분치 않다는 이유로 다시 피의자 명단에서 삭제되었다. 현지 경찰이 그와 관련한 결정적인 생체 단서가 있다는 사실만 알았더라도 이런 일은 벌어지지 않았으리라. 하지만 두 도시의 경찰들은 서로 정보를 전혀 교환하지 않았으며 사건 해결을 위해 회의 한 번 가진 일이 없었다. 또 그래야 할 이유가 없기도 했다. 스카보로에서 일어난 것은 강간 사건이었지만, 이 불량 커플의 새 주거지에서는 소녀들의 실종만 신고되었기 때문이다. 두 사건 사이의 연관을 알아보기가 어려웠던 것이다.

폭행과 그 결말

다시 겨울이 왔고 수사관들은 여전히 크림색 '캐머로'를 찾아 헤매고 있을 뿐이었다. 그동안 호몰카와 베르나르도는 새 장난감에 푹 빠져 있었다. 새로운 노리갯감의 이름은 노마로 열일곱 살이었다. 그리고 기가 막히게도 노마는 태미 리의 친구였다. 호몰카와 베르나르도는 식사 초대를 하고, 같이 놀러 다니며 새 옷을 사주는 등의 방법으로 노마의 환심을 샀다. 베르나르도는 노마에게 공중제비를 가르쳐준답시고 몸을 만지작거리며 속살이 드러나는 묘한 순간마다 비디오카메라를 들이댔다. 노마는 왜 이러냐며 제법 앙칼지게 반응을 했다. 그래도 베르나르도가 자꾸 이상한 짓을 하려고 하자 문을 박차고 나간 노마는 다시 돌아오지 않았다.

베르나르도는 끓어오르는 화를 참지 못하고 길길이 날뛰었다. 노마가 사라진 게 호몰카의 잘못이라며 주먹을 휘둘렀다. 뭐, 늘 벌어지던 일이라 특이할 것도 없었다. 하지만 이번만큼은 지나쳤다. 베르나르도는 아내의 양쪽 눈두덩에 시퍼런 멍이 들게 하고 말았다.

호몰카 부모의 전화벨이 울린 것은 그로부터 며칠 뒤이다. 이름을 밝히지 않은 남자는 호몰카의 부모에게 딸의 얼굴을 한 번 자세히 들여다보는 게 좋을 거라고 말하고 전화를 끊었다. 호몰카 부인은 이게 무슨 소리인지 감도 잡을 수 없었지만, 일단 딸이 일하는 동물 병원으로 가보았다. 엄마를 보자 딸은 눈물부터 글썽이며 만신창이가 된 얼굴로 베르나르도와 같이 살지 않겠다고 울먹였다. 하지만 말뿐이었고 며칠 뒤 다시 딸을 찾아온 부모는 할 말을 잃고 말았다. 더 심한 구타를 당해 온몸에 성한 곳이 한 군데도 없었기 때문이다. 부모는 당장 딸을 끌고 의사에게 갔고, 눈이 휘둥그레진 의사는 곧바로 베르나르도에게 경찰을 보냈다. 그리고 드디어 베르나르도는 경찰에게 체포되었다. 직업 밀수꾼이자 삼류 래퍼이며 "스카보로 강간범"이면서 소녀 살해범의 꼬리가 마침내 밝혀지는 순간이었다. 이 희대의 살인마는 이제 거의 회복이 불가능할 지경으로 정신 분열 증세에 빠져 있었다.

하지만 몇 시간 뒤 경찰의 조사를 받고 풀려난 폴 베르나르도는 다시 집으로 돌아왔다. 경찰은 아내의 구타만 문제 삼았을 뿐, 다른 사건과의 관련을 아직 눈치채지 못했기 때문이다. 홀로 집 안에 퍼질러 앉은 베르나르도는 자신이 참 불쌍한 놈이라는 연민에 빠져 눈물을 흘렸다. 곧 전자피아노 앞에 앉은 그는 잃어버린 아내 호몰카를 애타게 그리는 슬픈 사랑의 노래를 악을 써가며 불러댔다. 워낙 큰 소리로 노래를 부르는 통에 개도 따라 짖으며 꺼이꺼이 보조를 맞출 정도였다. 이 소름 끼치는 이중창을 담은 녹음테이프는 나중에 경찰이 증거자료로 압수했다.

예상치 못한 통보

그동안 호몰카는 삼촌네 집으로 거처를 옮겼으며, 거기서 베르나르도가 자신을 어떻게 학대해왔는지 그 실상을 낱낱이 기록했다. 이런 기록을 남긴 속셈은 물론 간단했다. 오로지 희생자의 편에 섬으로써 소녀들을 강간치사에 이르게 한 추악한 사건에서 자신은 완전히 발을 빼려는 것이었다. 또 이런 의도는 거의 성공할 뻔했다. "폴이 내 주위에 있을 때면 언제나 무서워." 열 명이 넘는 여자 친구들에게 한 마디도 틀리지 않고 똑같이 써 보낸 편지의 내용이다. "11월에는 칼로 나를 찔렀으며, 12월에는 목을 조르기까지 했어. 매일 나를 두들겨 팬 건 두말할 것도 없고 말이야."

그런데 이제, 첫 사건이 벌어지고 나서 벌써 5년이 흐른 시점에서 스카보로의 어윈 형사는 한 통의 전화를 받았다. 그야말로 결정적인 제보였다. 전화를 건 사람은 유전자 감식을 담당하는 여성 범죄 생물학자였다. 우선, 그녀는 이제야 혐의자 다섯 명의 유전자 감식 결과를 알려주게 되어 미안하다고 사과를 했다. 동료 가운데 한 명은 그동안 연수를 받았으며, 또다른 한 명은 출산휴가 중이어서 어쩔 수 없었노라고 변명도 했다. 그 밖에 수도 없이 많은 살인 사건들을 처리하느라 스카보로 강간 사건은 이제야 차례가 되었다는 거였다. 하지만 이제는 마침내 매듭을 지을 수 있어 한시름 던 기분이라면서 다섯 혐의자들의 유전자 감식 결과를 통보해왔다.

이 여성 생물학자는 형사에게 폴 베르나르도가 스카보로에서 일어난 세 번의 강간 사건들의 범인이 틀림없다고 말했다. 희생자들의 옷에서 나온 생체 단서를 분석한 결과, 모두 그의 유전자가 나왔다는 거였다. 바꾸어 말해서 베르나르도는 한 점 의심의 여지가 없이 "스카보로 강간범"이었다.

일단 경찰은 폴 베르나르도를 계속 감시하기로 했다. 감식 결과가 정식으로 도착할 때까지 기다리는 동안 더욱 결정적인 증거를 포착하고 만약에 있을지 모를 범행에 대비하기 위해서였다. 경찰은 그의 동태만이 아니라 전화까지 일일이 도청했다. 사건을 맡은 수사관들은 이제야 경찰 컴퓨터에 최근 베르나르도가 아내를 심하게 폭행한 사실이 기록되어 있는 것을 발견했다.

그동안 호몰카는 삼촌의 집에 머물면서 경찰의 조사를 받았다. 경찰은 호몰카가 강간과 관련되어 있으리라고는 꿈에도 생각하지 못했다. 시퍼렇게 멍이 든 얼굴을 보면 공범이라는 것을 짐작도 할 수 없는 게 사실이었다. 그래서 경찰은 호몰카의 부모에게 딸은 걱정할 게 조금도 없다며 안심을 시키기도 했다. 지금 수사를 벌이고 있는 "중대한 사건과는 전혀 관련이 없겠지요." 경찰관이 호몰카의 부모에게 한 말이다.

물론 칼라 호몰카 자신은 속으로 무척 두려웠다. 될 수 있는 한 빨리 이 궁지에서 벗어나야만 한다며 이를 악물었다. 그래서 남편에게 얻어 맞는 불쌍한 아내로 자신의 이미지를 굳히기 위해 생각할 수 있는 모든 방법을 동원했다. 지금까지 당한 잔혹상을 묘사하는 편지를 주변 사람들에게 써대면서 틈만 났다 하면 경찰관에게 전화를 걸어 울먹였다.

첫 조사를 받고 나서 몇 주 뒤 수사관들이 다시 호몰카를 찾아왔을 때, 경찰에게 신문을 받아본 경험이 없는 호몰카는 묻지도 않은 일까지 들먹여가며 오히려 스스로 무덤을 파고 말았다. 경찰은 이제 그녀에게 처음으로 정확히 뭐가 문제인지 알렸다. 당신 남편이 많은 어린 소녀들을 상대로 성폭행을 한 게 틀림없다고 말한 것이다. 호몰카는 이 말을 듣고 적잖이 안심했다. 살인이라는 말은 단 한 번도 등장하지 않았기 때문이다. 분명 폴 베르나르도는 "스카보로 강간범"으로만 의심을 받고 있구나! 호몰카는 속으로 회심의 미소를 지었다. 경찰은 이미 모든 것을 짐작하고 있었다는 듯 조금도 놀라지 않는 호몰카를 의아한 눈초리로 보기 시작했다. 심지어 호몰카는 경찰이 자신을 조만간 다시 찾아오리라는 것을 알고 있었다는 말까지 흘리고 말았다.

수사관들은 귀를 의심하지 않을 수 없었다. 도대체 어째서 경찰이 매 맞는 여자를 다시 찾아오리라고 확신했다는 것일까? 대체 이 불쌍한 여자는 남편이 연쇄 성폭행범이라는 사실을 알고도 왜 전혀 놀라지 않는 것일까?

오히려 경찰을 놀라게 만든 것은 또 있었다. 스카보로의 강간 사건이 아니라 포트 돌하우지의 살인 사건을 둘러싼 질문을 던지자 호몰카의 안색이 돌변한 것이다. 별안간 성범죄로 치러야 하는 형량이 얼마나 되는지 호몰카는 손을 떨면서 경찰에게 물었다. 이로써 호몰카는 결정적인 선을 넘어버리고 말았다. 경찰은 그녀에게 지문 채취에 응해줄 것을 요구했다.

이제 호몰카의 입에서는 두서없는 말들이 쉴 새 없이 쏟아져나오기 시작했다. 이제껏 남편을 견디기가 너무 힘들었다. 절대 결혼하지 않으려 했는데 의무감에서 어쩔 수 없이 결혼했다. 그에게서 벗어나고 보니 해방감이라는 게 뭔지 알겠다. 지금까지의 인생은 고통의 연속이었을 뿐이다. 주절주절 무슨 뜻인지조차 잘 알 수 없는 말들을 주워섬기며 눈물을 쏟는 호몰카를 보는 경찰의 의심은 더욱 커질 뿐이었다. 참으로 유치하고 단순하기 짝이 없는 방어 전략은 외려 짙은 의혹만 살 뿐이었다. 이제 최근 심한 폭행을 당했다는 사실조차 호몰카에게는 별 도움이 되지 않았다. 그렇지만 경찰은 여전히 그녀가 공범일 수도 있다는 데까지 나아가지는 못했다. 폭행당하는 아내가 남편의 성범죄를 도왔으리라는 것은 너무나 상상하기 힘든 일이었기 때문이다.

경찰이 떠나기 무섭게 호몰카는 전화통을 붙들고 매달렸다. 평소 조금 안면이 있던 변호사에게 상담 일정을 잡기 위해서였다. 잠시 뒤 호몰카는 경찰에게도 전화를 걸어 뻔뻔하게도 1993년 2월 13일 자신을 변호사에게 태워다 달라고 부탁했다. 정말이지 순진한 것일까, 멍청한 것일까? 수사관들은 칼라가 경찰을 택시 서비스쯤으로 생각할 정도로 순진하다고 믿지는 않았지만 좀더 많은 것을 흘릴지 모른다는 기대감에서 그녀의 청을 들어주기로 했다.

하지만 경찰의 속셈은 맞아떨어지지 않았다. 호몰카를 다시 그녀의 집 앞에 내려주었지만 새롭게 얻어낸 것은 전혀 없었다. 호몰카가 수다를 떨면서 빚어낸 최악의 실수조차 수사관들은 나중에 이른바 "악마와의 거래"가 본격적으로 진행되고 나서야 눈치챘을 뿐이다. 경찰차를 타고 오가는 동안 호몰카는 자신의 결혼식이 얼마나 아름답고 낭만적이었는지 모른다고 떠벌렸던 것이다. 이는 의무감에서 어쩔 수 없이 결혼을 했으며 매일 남편에게 구타를 당했다는 앞서의 진술과 정면으로 충돌하는 것이었다. 그럼에도 둔감한 경찰관은 무언가 이상하다는 낌새를 채지 못했다. 사악한 범인과 무기력한 희생자가 동일 인물일 수는 없으리라는 생각의 틀에서 조금도 벗어나지 않았기 때문이다.

호몰카의 변호사 조지 워커는 반쯤 얼이 나간 상태였다. 호몰카와 상담을 마치고 난 다음, 변호사의 안색은 죽은 사람처럼 하얗게 질려 있기까지 했다. 심지어 할 말을 잃고 한동안 입 한 번 뻥긋하지 않았다고 한다. 하긴 충격이 얼마나 대단했을까. 칼라 호몰카는 그동안 있었던 일을 변호사에게 솔직하게 털어놓았던 것이다. 동생 태미 리를 살해하는 데 참여했던 것부터 썩은 채로 발견된 세 명의 소녀들을 죽인 일까지 말이다. 그 밖에도 호몰카는 강간 현장을 찍은 비디오테이프들이 있다는 이야기도 했다. 하지만 그게 지금 어디에 있는지는 그녀도 모른다고 했다. 베르나르도의 집을 나오면서 원래 숨겨두었던 장소인 차고 지붕 안을 살펴보았으나 감쪽같이 사라지고 없더라는 거였다.

—

돌연 급물살을 탄 수사

칼라 호몰카는 계속해서 학대받는 아내 역할에 푹 빠져들었다. 학대받는 여성이라는 주제의 책들까지 읽고 경찰관에게 오랫동안 남편의 폭력에 시달린 여성이 어떤 병을 앓게 되는지 수다를 떨기도 했다.

게다가 호몰카에게는 운까지 따라주었다. 그녀가 조지 워커와 상담을 하고 난 뒤 변호사는 한밤중에 형사들의 방문을 받았다. 사건을 맡고 있는 형사들이었다. 이들은 변호사에게 칼라 호몰카와 거래를 할 생각이 있다고 말했다. 베르나르도에 관해 모든 것을 완벽하게 털어놓는 조건으로 형량을 낮추어줄 수 있다는 제안을 한 것이다(독일어권 국가들에서 이런 협상은 찾아볼 수 없다. 하지만 캐나다에서 자백을 전제로 형량을 거래하는 일은 법정에서 적법한 것으로 받아들여진다).

이게 바로 "악마와의 거래"라 부르는 것이다. 변호사는 칼라 호몰카가 살해 현장에 있었고 심지어 시체 처리를 하는 일을 도왔기 때문에 사법 처리를 피해갈 수 없다는 사실을 잘 알고 있었다. 더구나 비디오테이프라는 결정적인 물증까지 있다지 않는가. 변호사는 거래를 받아들이기로 하고 한 가지 조건을 내세웠다. 칼라 호몰카에게 살인의 책임은 묻지 말아달라는 게 그 조건이었다. 당시 변호사로 하여금 양심을 저버리게 만들도록 한 게 무엇인지 우리는 알지 못한다. 아마도 워커는 저 성도착자 베르나르도가 범죄를 저지르는 동안 호몰카는 그저 옆에서 지켜보기만 했을 거라고 실제로 믿었던 모양이다. 그날 밤 수사관들은 워커에게 폴 베르나르도가 "스카보로 강간범"이라는 혐의를 받고 있다는 사실도 이야기해주었기 때문이다. 변호사는 그저 어깨만 으쓱했다. 호몰카에게서는 듣지 못한 이야기였던 것이다. 또 정액이 호몰카에게서 나온 것일 수야 없지 않은가. 아무려나 변호사는 더이상 신경 쓰고 싶지 않았다. 경찰의 제안은 모두가 만족할 수 있는 것이었기 때문이다. 경찰은 호몰카와의 거래에 양쪽이 서명을 하는 즉시 베르나르도를 체포하기로 했다.

2월 17일 마침내 거래는 이루어졌다. 조지 워커는 호몰카에게 어떤 경우든 감옥에 가는 것은 피할 수 없는 일이라고 설명했다. 문제는 그게 얼마 동안이냐 하는 것일 뿐이라는 사실도! 호몰카는 비밀 거래를 승인했다. 하지만 그녀는 아직 서명을 하지 않았다. 언론의 반응이 심상치 않았기 때문이다. 어디선가 이야기가 새어나간 게 틀림없었다. 다급해진 경찰은 저녁 뉴스 시간 전에 폴 베르나르도를 체포했다. 아직 준비가 끝난 상태는 아니었지만 뉴스가 그의 귀에 들어가기 전에 행동하는 게 낫겠다는 판단을 한 것이다.

오후 4시 두 명의 경찰관들이 폴 베르나르도 집의 초인종을 눌렀다. 검은 티셔츠를 입고 있고 평소처럼 쿨한 모습을 하고 있던 그의 손에 수갑이 채워졌다. 베르나르도가 소녀들을 살해했다는 증거는 호몰카의 진술밖에 없었지만, 경찰은 그를 압송하는 동안 스카보로 강간뿐만 아니라 살인죄로도 체포한다고 말했다. 그러나 당시 유일한 확증은 강간 사건에서 확보한 유전자 감식 결과였을 뿐이다.

경찰의 조사실에는 깜짝 놀랄 만한 것이 베르나르도를 기다리고 있었다. 그에게 심리적인 충격을 주기 위해 수사관들은 조사실을 마치 무슨 영화 세트장처럼 꾸며놓았던 것이다. 벽에는 호몰카와 베르나르도 양쪽 가문의 가계도가 떡 하니 붙어 있었으며, 그 옆에는 스카보로의 커다란 지도가 걸려 있었다. 몇 개의 상자들도 있었는데, 거기에는 누군가 커다란 글씨로 "법의학 증거물"이라고 써놓았다. 상자 안에는 모든 희생자들의 이름을 담은 명단과 함께 유전자 감식 결과가 담겨져 있었다. 어처구니가 없어 절로 웃음이 터져나오게 만드는 것은 베르나르도의 자동차를 찍은 몇 장의 사진들이었다. 사진들 위에는 역시 커다란 글씨로 "베르나르도 승용차—1989년형 닛산 660HFH"라고 쓴 종이가 붙어 있었다. 아무튼 대단한 호들갑이었다.

"저를 기억하시나요?" 옛날 폴 베르나르도를 찾아간 일이 있던 어원 형사가 포문을 열었다.

"아뇨." 베르나르도가 말했다.

'바지에 묻은 먼지를 털어내고 있다.' 심문에 동참한 형사가 조서에 써넣은 글이다.

이후 조서에서 폴 베르나르도는 "노 코멘트no comment"라는 말만 끈덕지게 되풀이하고 있다.

5년 반에 걸친 연쇄 범죄는 이런 상징적인 장면으로 마무리가 되었다. 잔인함과 사악함으로 타의 추종을 불허할 전대미문의 범죄가 드디어 전모를 드러낸 것이다. 폴 베르나르도와 칼라 호몰카라는 이름은 처음에는 도시 전체를, 곧이어 캐나다 전국을 발칵 뒤집어놓았다. 특히 이 사건으로 캐나다 국민은 경찰을 철저하게 불신하기에 이르고 말았다. 경찰의 뒤죽박죽 얽힌 수사를 두고 사람들은 분통을 터뜨렸다. 분노한 사람들은 앞서도 언급했듯 앞다투어 칼라 호몰카가 얼마나 오래 살 것인지 내기를 거는 인터넷 사이트에 몰려들어 저주를 쏟아냈다.

국민의 증오는 오늘날(2002년 여름)까지 조금도 줄어들지 않고 있다. "악마와의 거래"로 인해 칼라 호몰카는 1993년 7월 종신형이 아니라 단지 12년이라는, 더구나 형기가 끝난 다음 아무런 보호감찰을 받지 않는 상당히 가벼운 처벌만 받았기 때문이다.

더욱 어처구니가 없는 쪽은 폴 베르나르도의 변호사 켄 머리였다.

2000년 4월 머리는 검찰에게 철저한 심문을 받아야만 했다. 종적을 알 수 없던 여섯 개의 비디오테이프들이 어디에 숨겨져 있는지 머리는 처음부터 알고 있었던 것으로 밝혀졌기 때문이다. 테이프는 살해를 당한 소녀들(그 가운데는 열네 살의 레슬리 머허피와 열다섯 살의 크리스텐 프렌치 등의 신원이 확인되었다)이 어떤 수모를 겪었는지 낱낱이 담고 있는 결정적인 증거물이었다. 머리가 자신의 의뢰인에게 유리한 쪽으로 테이프들을 숨겨둘 게 아니라 수사관들에게 넘겼다면, 칼라 호몰카와의 거래는 있을 수 없는 것이었기에 사람들은 더욱 치를 떨었다. 비디오는 호몰카가 남편에게 두들겨 맞고 어쩔 수 없이 범행 현장에서 팔짱만 끼고 구경을 한 불쌍한 아내가 아니라, 신이 나서 적극적으로 추행을 주도하고 있는 것을 여실히 확인시켜준다.

폴 베르나르도가 가르쳐준 새 은닉 장소에서 변호사는 1993년 5월에 이미 비디오테이프들을 빼돌렸던 것으로 밝혀졌다. 형사 사건들을 주로 변호하느라 험한 꼴을 숱하게 보아온 머리는 나중에 베르나르도가 비디오테이프에 나오는 두 명의 소녀들을 "손끝 한 번 댄 적이 없다"고 주장하는 것을 보며 환멸을 느낀 나머지 변호를 포기했다고 둘러대기는 했다. 그렇다고 해도 변호사가 결정적인 증거물을 숨긴 것은 변명의 여지가 없는 죄악이다. 비디오테이프가 나타나지 않는 한, 베르나르도는 끝까지 발뺌을 하리라는 것을 변호사는 잘 알고 있었기 때문이다. 오히려 머리는 의뢰인을 보호하려고 증거물을 후임자인 존 로젠 변호사에게 넘기지도 않았다. 16개월 동안이나 비디오테이프들을 감추어두고 그에 관해서는 입 한 번 뻥긋하지 않은 것이다.

1994년 7월 24일 마침내 경찰이 호몰카의 집에서 발견한 생체 단서의 유전자 감식 결과를 공개하자, 폴 베르나르도는 더이상 빠져나갈 수 없게 되었다. 한사코 거짓말로만 일관하던 그는 흔들리기 시작했다. 생체 단서는 침대 옆 작은 탁자를 덮은 테이블보를 물들인 얼룩에서 나온 것이었다. 베르나르도가 크리스텐 프렌치와 레슬리 머허피에게 오럴섹스를 강요한 탓에 두 소녀가 구토를 일으키며 토해낸 흔적이 그대로 남았던 것이다. 경찰이 이 얼룩에서 검출한 두 소녀의 유전자를 들이밀자, 머리는 자신의 의뢰인에게 더이상 빠져나갈 길이 없다고 말했다. 비디오테이프가 없어도 베르나르도가 두 소녀들을 추행한 것은 이제 움직일 수 없는 사실로 드러났기 때문이다.

하지만 폴 베르나르도는 상황의 심각성을 조금도 깨닫지 못했다. 오히려 자신의 집에서 자기 정액이 발견되는 것이야 뭐가 이상한 일이냐며 뻗댔다. 호몰카가 워낙 밝히는 통에 집 안 곳곳에서 섹스를 벌였노라고 떠벌리기도 했다. 그런 주장이 소녀들의 토사물에서 그의 정액이 나온 것을 전혀 설명하지 못한다는 점을 베르나르도는 조금도 깨닫지 못했다. 손 한 번 댄 적이 없다는 소녀들이 어째서 그의 침대 옆에 그런 얼룩을 만들 수 있다는 말인가? 마침내 분통이 터진 머리는 후임자인 로젠에게 비디오테이프의 존재를 알렸다.

1994년 8월 8일 머리는 법원으로부터 비디오테이프를 넘기라는 강제 명령을 받았다. 같은 해 9월 로젠은 마침내 비디오테이프를 법정에 제출했다. 하지만 이미 너무 늦은 다음이었다. "악마와의 거래"가 되돌릴 수 없이 효력을 발휘했기 때문이다. 이미 망신살이 뻗친 캐나다 정부는 확정판결을 받은 칼라 호몰카를 다시 재판정에 세우길 꺼려했다. 또다시 비웃음을 사느니 사건을 쉬쉬 하며 덮으려고만 한 것이다. 여론은 분노로 그야말로 부글부글 끓어올랐다.

1995년 비디오테이프들이 배심원단에게 공개되었다. 폴 베르나르도의 운명을 결정짓기 위해서였다. 그는 머허피와 프렌치의 살인범으로 인정되어 유죄판결을 받았다. 원래 43건의 강간 사건들로 기소된 폴에게 배심원단은 이제 이중 살해의 책임까지 물어 종신형을 선고했다.

이로써 폴 베르나르도는 창문 하나 없는 작은 독방에서 평생을 썩게 되었다(오늘날에도 그는 독방에서 유일한 낙인 텔레비전 수상기만 끌어안고 지낸다). 반대로 그의 전처(둘은 그동안 이혼했다)는 좀더 그럴싸한 감방에서 전남편보다 더 많은 산책도 즐기는, 비교적 여유로운 수형 생활을 한다. 심지어 형기의 3분의 1만 채우면 조기 석방을 신청할 권리까지 누렸다. 앞서도 설명했지만 이 신청은 2000년 9월 하마터면 받아들여질 뻔했다. 언론이 벌떼처럼 들고 일어나지만 않았더라면, 칼라 호몰카는 벌써 자유의 몸이 되었으리라.

남겨진 부모

살해당한 아이들의 가족은 악몽의 나날을 보내야만 했다. 머허피와 프렌치 가족이 치르지 못한 변호사 비용만 1998년까지 대략 환산해서 35만 유로*에 달했다. 하지만 무엇보다도 가족을 괴롭힌 것은 비디오테이프였다. 법원이 보관하고 있는 비디오테이프들은 언제라도 외부에 유출될 위험이 컸다. 레슬리의 엄마는 비디오테이프를 두고 "독극물 쓰레기"라고 불렀으며, 프렌치 부인은 그런 테이프가 계속 존재한다는 것

---

* 약 4억 5000만 원에 해당하는 금액.

사진22 공원의 이 벤치에 베르나르도와 호몰카 사건의 희생자 크리스텐 프렌치가 앉았었다. 시 당국은 이 벤치 앞에 기념비를 세워놓았다. ⓒ 앨런 윌리스/마르크 베네케

자체가 "죽은 아이들을 계속 욕보이는 폭력"이라고 치를 떨었다.

베르나르도가 어떤 경우든 감옥에서 벗어날 수 없다는 것, 그리고 그의 전처 역시 12년이라는 형기를 반드시 채워야 한다는 게 2000년 가을에 법적으로 확정되고 난 다음, 베르나르도와 호몰카 사건에서 처음으로 긍정적인 일이 일어난 것은 해를 넘긴 2001년 12월 20일이다. 검찰 청장 데이비드 영의 지시로 비디오테이프 원본과 복사본이 하나도 남김없이 나이아가라 폭포 근처의 알려지지 않은 장소에서 소각 처리된 것이다. "살해된 아이들의 가족은 그동안 더할 수 없는 고통으로 시달렸습니다." 데이비드 영의 말이다. "문제의 테이프들을 소각 명령할 수 있어 저에게는 영광입니다." 오늘날 관청은 비디오에서 확인한 범행 과정을 문서로만 기록해 보관하고 있다.

"믿기 어려울 정도로 감정이 북받치는 순간이었죠." 남편 그리고 레슬리 머허피의 부모와 함께 소각 장면을 지켜본 크리스텐 엄마의 말이다. "크리스텐을 떠올리면서 마음속으로 이렇게 말해주었어요. 이제는 걱정할 필요 없이 편안히 잠들거라. 이제 네가 당한 끔찍한 장면을 볼 수 있는 사람은 아무도 없어."

"많은 걸 생각하게 하는 날이네요." 레슬리의 엄마가 속삭였다.

암울하기 짝이 없는 뒷이야기들

이 참담했던 사건은 사실 그 자체로 많은 이야깃거리를 품고 있다. 앞서 우리는 사형을 받아 마땅한 사람이 누구인가 하는 의문을 던졌었다. 이 장章도 같은 물음으로 마무리를 해야겠다. 다시 묻자. 정말 사형은 이 세상에서 필요 없는 제도일까? 폴 베르나르도나 칼라 호몰카와 같은 인간은 죽어 마땅하지 않을까? 하지만 이런 의문을 풀어줄 만족할 만한 대답은 없다.

오늘날 어떤 사람이 범죄자가 되고 마는 데에는 불운했던 어린 시절이 결정적인 역할을 한다는 것은 누구나 잘 알고 있는 이야기다. 추악하기 짝이 없는 폭력범들이 어려서부터 그늘로 내몰려 성장한 사례는 얼마든지 찾아볼 수 있다. 앞서 살펴본 제프리 다머만 하더라도 이미 오래 전부터 외부와 단절된 삶을 살아오지 않았던가. 마찬가지로 과묵하며 내성적인 경향이 짙은 화학자인 그의 아버지는 오늘날 아들은 자기 자신의 추악한 단면이 돌출한 것일 뿐이라고 굳게 믿고 있다. 세상을 자기 멋대로 주무르려는 제프리 다머의 욕망을 그의 아버지는 실험용 플라스크와 시험관으로 풀어왔다는 고백이다.

카를 뎅케Karl Denke(451쪽) 역시 어려서부터 세상과 격리된 삶을 살았다. 사람들이 멍청하고 둔한 놈이라고 따돌린 탓에 뎅케는 갈수록 외톨이로 내몰리며 자랐다. 하지만 그를 연쇄살인범으로 만든 게 과연 그같은 환경 탓일까, 아니면 원래 그렇게 타고난 것일까? 우리는 아마도 결코 그 답을 알 수 없으리라. 처음부터 워낙 기이하게 굴어 사람들로부터 따돌림을 당한 것일까, 아니면 따돌림을 당하다 못해 기괴한 성격의 괴짜가 된 것일까? 혹시 그저 처음부터 정신이 이상했던 것은 아닐까?

확실하게 대답할 수 있는 것은 단 한 가지다. 이 책에서 소개한 범인들 못지않게 세상에 등을 돌리고 엽기적으로 살아가는 괴짜, 얼간이, 기인, 완벽주의자 등은 차고 넘쳐난다. 그래도 이들은 평생 범죄라는 것을 저지르지 않고 살다가 간다. 과연 선과 악의 경계는 어디서부터 시작할까? 똑같은 환경에서 자랐으면서도 누구는 선량한 시민으로, 또 누구는 악의 소굴로 빠져드는 이유는 무엇일까? 같은 유전자를 가졌음에도 아버지는 화학 박사이고, 아들은 희대의 살인마로 갈리는 지점은 어디일까?

사실 선과 악의 경계는 너무나 희미해서 우리가 알아보지 못하는 것일 수도 있다. 컴퓨터 전문가가 마음 한번 삐딱하게 먹으면 해커로 돌변하는 거야 시간문제 아닌가. 또 실험실에서 연구에 몰두하던 과학자가 알고 보니 자기 집 지하실에서 사제 폭탄을 만드는 테러범일 수도 있다. 툭하면 난동을 부리며 욕설을 일삼는 운동선수에서 걸핏하면 주먹을 휘두르는 남편, 질투에 눈이 먼 나머지 충동적으로 살인을 저지르는 애인에 이르기까지 여차하면 악의 구렁텅이로 빠져드는 인간의 약한 모습을 우리는 너무나 익히 알고 있다. 평소 남자들의 관심을 전혀 받지 못하는 못난 여자가 얼마나 많은 상상 살인을 저지르며, 낭만적인 장소만 봤다 하면 방화 충동을 억누르느라 얼마나 진땀을 흘리는지는 잘 알려진 사실이다. 또 어째서 사람들은 그토록 범죄소설과 드라마에 열광하는 것일까?

참으로 알 수 없는 일이다. 어쨌거나 폴 베르나르도와 같은 흉악범을 보며 우리는 저런 인간은 죽어 마땅하다고 열을 올린다. 과연 그럴까? 그가 사형당했으면 하는 우리의 충동적인 바람은 사실 무의미한 것이다. 아무리 못 말릴 흉악범일지라도 그를 가둬두는 것만으로 처벌은 충분하기 때문이다.

사람을 가둬두는 게 어떤 것인지 잘 보여주는 인물 가운데 한 사람으로는 아우슈비츠 강제수용소 소장(1940~1943)을 지낸 적이 있는 루돌프 회스*를 꼽을 수 있다. 그는 감정이라고는 모르는 아주 괴팍한 성격의 소유자였지만 평소 아무도 그런 눈치를 채지 못했다고 한다. 회스는 농부가 되는 게 꿈이었으며 친위대에 입대하기 전이나 전후 전범으로 재판을 받기 전까지 열심히 농사를 짓기도 했다.

회스는 자신의 아내에게조차 좀체 속내를 드러내는 일이 없었다고 한다. 수용소의 위생 상태가 열악할 때면 불같이 화를 냈으며, 혹 군인들이 포로를 학대하거나 하면 직접 가해자를 처벌하기도 했다. 심지어 수용소를 좀더 효율적으로 관리하고 운용하기 위해 상부에 몇 차례나

---

* 1900~1947, 독일 나치스 친위대의 장교. 1947년 전범 재판을 받고 교수형에 처해졌다.

인원 보충을 탄원할 정도로 포로들의 생활환경 개선에 힘을 쏟았다고 한다. 물론 그의 요청은 받아들여지지 않았지만 말이다.

또 거꾸로 포로가 탈출을 한다거나 수용소 철망을 더욱 튼튼하게 만들 재료가 부족하다든지 수색견 교관이 게으름을 피우면 세상을 뒤집어놓을 정도로 화를 내곤 했다. 그러면서도 수용소의 "집시"들과 그렇게 잘 어울릴 수가 없었다. 집시들과 함께 있을 때면 어린애처럼 웃고 떠들었다고 한다. 그만큼 거리낌 없이 즐길 줄 아는 집시들이 좋더라는 거였다. 그러나 이런 친분에도 회스는 눈 한 번 깜박이지 않고 집시들을 가스실로 보냈다. 독가스로 고통받으며 죽어가는 모습을 직접 지켜보기도 했다. 자신은 명령받은 대로 했을 뿐이라는 재판 진술에 사람들은 아연실색하지 않을 수 없었다.

도대체 이런 이중적인 모습을 우리는 어떻게 이해해야만 할까? 조금 전만 해도 같이 웃고 떠들던 사람을 아무렇지도 않게 가스실로 보낸다? 이게 앞뒤가 맞는 이야기일까? 솔직해지자. 세상에는 우리가 이해할 수 없는 일들이 숱하게 벌어지고 있다.

1947년에 처형당한 회스가 법정에서 진술한 말들을 들어보면, 세상 구석구석을 조금만 주의 깊게 살펴도 우리가 이해할 수 없는 기괴한 일들이 얼마나 많이 벌어지는지 알 수 있다. 또 그의 말은 회스와 같은 살인범을 처형하는 게 아무 짝에도 쓸모없는 헛일이라는 것을 확인해주기도 한다. 추악한 괴물을 하나 없앴다고 해서 마음은 조금 위로가 될지 모르나, 문제는 여전히 문제로 남아 있기 때문이다.

"저는 (어렸을 때—지은이) 같이 놀 친구가 전혀 없었습니다." 회스가 자신의 삶을 돌아보면서 한 말이다. "그래서인지 집 근처에 있는 커다란 가문비 나무숲에 무척이나 끌렸습니다. (…) 나를 특히 잡아끄는 것은 시의 식수원 노릇을 하는 큰 저수지였습니다. 몇 시간이나 댐에 귀를 대고 물살이 찰랑이는 소리를 듣는 게 유일한 낙이었죠. 벽에서 물소리가 난다는 게 무척 신기했거든요. 어른들이 설명을 해주어도 저는 돌 벽에서 어떻게 그런 소리가 나는지 알 수가 없었으니까요. (…)

말도 무척 좋아했습니다. 쓰다듬고 먹이를 주며 이런저런 이야기를 하면 커다란 눈만 껌뻑이며 들어주는 말이 그렇게 좋을 수 없더군요. (…) 저는 늘 혼자였고, 사람들의 눈길을 피해 혼자 노는 게 좋았습니다. 누군가 지켜보면 불편하기만 했거든요. 또 물만 보면 너무나 좋아 거부할 수 없을 정도였죠. 옷도 벗지 않고 뛰어들기에 바빴으니까요.

일곱 살 때 만하임 근처로 이사를 했습니다. 다시금 도시 변두리에 살게 되었죠. 하지만 서글프게도 마구간도 말도 없었습니다. (…) 일곱 번째 생일에 한스를 선물로 받았습니다. 숯덩이처럼 검은 털에 반짝이는 눈과 탐스러운 갈기털을 가진 망아지였습니다. (…) 한스는 얼마나 저를 잘 따르는지, 마치 강아지 같았습니다. 부모님이 안 계실 때면 심지어 망아지를 내 방으로 끌어들이기도 했죠. 우리 집 하인들과는 언제나 친하게 지냈기 때문에 망아지를 끌어들여도 눈을 감아주고 절대 부모님에게 이르지 않았죠."

이게 바로 나중에 인간 파괴 시설의 책임자가 된 사람의 성장 과정이다. 회스는 처음부터 조직에 충실한 봉사자였다. 그는 수용소라는 학살 도구의 심각성을 전쟁이 끝날 때쯤에야 깨달았다고 한다. 또 그는 우리가 아는 한에서 절대 독자적인 결정을 내린 일이 없다. 그저 명령 체계에 충실한 군인이었던 탓에 위에서 보면 충직하고 훌륭한 장교였을 뿐이다. 그리고 이 충직한 장교는 종종 상관을 위해 요구받은 것보다 더 많은 일을 자발적으로 했다. 나중에 친위대 대장을 살해했더라면 강제 수용소의 참상을 조금이라도 더 일찍 끝낼 수 있었지 않았겠냐는 질문을 받은 회스는 벌컥 화를 내며 굳게 다문 입을 열지 않았다. 그러니까 친위대 장교에게 그런 일은 상상조차 할 수 없는 일이었던 것이다.

아우슈비츠 수용소 정문에 걸려 있는 "노동이 자유롭게 하리라Arbeit macht frei"라는 구호는 회스가 좋은 뜻에서 써놓은 것이다. 군에 입대하기 전에 감방에 갇혀본 경험이 있던 회스는 무엇이든 규칙적으로 일을 해야 사람은 자신을 망가뜨리지 않고 살아갈 수 있다고 생각한 것이다. 아무것도 하지 않고 빈둥대는 생활이야말로 망가지는 첩경이라고 본 것이다. 다분히 냉소적으로 들리기는 하지만, 원래 의도는 그리 나쁘지 않았던 셈이다. "수용소에 수감된 포로들, 특히 다카우 수용소의 수감자들과 노동문제를 놓고 많은 대화를 나누었다." 회스가 1947년에 쓴 글이다. "쇠창살 뒤, 철망 안쪽의 삶이 노동을 하지 않는다면 결국 도저히 참을 수 없는 지경에 이르고 만다는 점을 모두들 공감했다. 아무 일도 하지 않게 가두어만 두는 것, 그건 최악의 처벌이다."

5장

증인, 요란법석과 침묵

——

기억 밖의 사건들

20세기에 일어난 몇몇 범죄 사건들이 오늘날 마치 불과 얼마 전에 일어난 일처럼 생생하기만 하다면 믿겠는가? 하노버에서 프리츠 하르만 Fritz Haarmann이 벌인 살인 사건들이 그 좋은 예다. 범인 하르만이 정신과 의사와 나눈 대화는 심지어 1995년 영화로 만들어지기까지 했다. 경제적으로 곤궁하기만 했던 1920년대 하르만은 동성애자 친구와 함께 작고 허름한 셋집에서 살았다. 평소 물러터지기만 한 약골 하르만은 기차역 주변에서 낡은 떠돌이 가출 소년들을 자신의 집에 끌어들여 능욕한 다음 무참하게 살해했다. 범행을 벌이고 나서 아이들의 옷가지뿐만 아니라, 심지어 그 인육까지 이웃에게 팔아넘기는 짓을 서슴지 않았다. 오늘날에도 많은 독일인들은 하르만이 즐겨 불렀다는 〈도살 도끼Hackbeil-chen〉이라는 노래를 똑똑히 기억하고 있다.

사건 발생 당시 하르만의 사건 못지않은 흥분과 파장을 불러왔던 다른 범죄들은 그동안 대개 잊혀졌다. 그 대표적인 것으로는 "뒤셀도르프 뱀파이어" 페터 퀴르텐 사건을 꼽을 수 있다. 이 사건을 두고 많은 책들까지 출간되었음에도 오늘날 퀴르텐을 기억하는 사람은 거의 찾아볼 수 없다. 한때 바이에른 일대를 발칵 뒤집어놓았던 강도 크나이슬Kneißl 사건도 마찬가지다.

오늘날의 관점에서 볼 때 어떤 사건이 몇 세대에 걸쳐 사람들의 입에 오르내리기 위해서는 몇 가지 필수 조건들이 따라붙어야만 하는 모양이다. 그것은 바로 복잡하게 얽힌 관계, 드라마에서나 볼 수 있는 미묘한 감정과 갈등 그리고 섹스라는 감초 등이다. 이렇게 볼 때 가이어 목사 사건은 모든 조건을 완비한 작품인 셈이다. 여기에 다시 시대정신, 도덕, 인륜 등과 충돌이 빚어지면 그야말로 완벽한 작품이 탄생한다. 언론이 앞다투어 보도하는 재판 과정도 한몫 단단히 거든다. 재판이 벌어지는 동안에만 대중은 사건과 관련한 기록들을 어느 정도나마 들여다볼 수 있기 때문이다. 거꾸로 뎅케 사건(451쪽)은 정반대의 사례라 할 수 있다. 독일의 범죄 역사상 가장 잔혹한 것에 속하는 이 사건을 기억하는 사람은 거의 없다. 이 사건에는 섹스도, 재판 과정도 빠져 있기 때문이다. 아마도 바로 그래서 사람들은 인육을 먹어치우는 이 연쇄살인범에 관해 전혀 들어보지 못했으리라.

5장에서는 몇몇 아주 유명한 사건들과 더불어 잘 알려지지 않았거나 거의 잊힌 사건을 함께 다루어볼 생각이다. 아마 독자 여러분은 어떤 사건이 흥미를 끌기 위해 꼭 섹스가 끼어들어야만 하는 것은 아니로구나 하는 내 의견에 공감할 수 있을 것이다.

완벽한 현대판 동화
O.J. 심슨 사건

20세기 말에 벌어진 가장 유명한 살인 사건은 미식 축구 스타 O.J. 심슨Orenthal James Simpson이 전처인 니콜 브라운Nicole Brown과 그녀의 애인 론 골드만Ron Goldman을 살해한 것이리라. 흔히 볼 수 있는 치정에 얽힌 사건이었음에도 대중의 관심은 가히 폭발적이었다. 운동으로 다진 건장한 체구를 자랑하는, 지독히 이기적인 남자가 질투에 불타 한때 자신과 가장 가까웠던 여인을 그 애인과 함께 여자의 집 앞에서 무참하게 살해했다. 이때 범인은 자신의 피를 현장에 남겼을 뿐만 아니라 피해자들의 그것까지 자기 침실로 끌어들였다. 누가 봐도 그저 그렇고 그런 "사랑싸움의 참혹한 결말"을 떠올리리라.

하지만 미국은 달랐다. 방송국 중계 차량들이 앞다투어 몰려들었고, 미국인들은 저마다 다른 기대를 가지고 사건을 주시했으며, 법정에서는 온갖 꼼수들이 난무했다. 여검사는 허점투성이의 전략으로 처음부터 휘청거렸으며, 돈 냄새를 귀신같이 맡는 온갖 재간꾼들이 배후에 숨어 일을 더욱 크게 부풀렸다. O.J. 심슨 사건은 미국 사회가 낳은 한 편의 그야말로 완벽한 현대판 동화였다.

모든 게 뒤죽박죽으로 엉킨 첫 번째 공판, 즉 형사재판에서 심슨은 대다수 사건 관련자들의 확신을 보란 듯 비웃으며 무죄판결을 받았다. 두 번째 공판, 즉 민사소송의 결과는 다르게 나왔다. 심슨은 엄청난 액수의 벌금형을 감당해야만 했다(벌금은 전부 3350만 달러에 달했다). 덕분에 오늘날 심슨은 로스앤젤레스에 거주하는 가장 가난한 스타들 가운데 한 명이다.

이 사건은 배심원 제도를 갖는 나라에서만 빚어질 수 있는 지극히 혼란스러운 결말을 보였던 탓에 별로 배울 게 없기는 하다. 하지만 상당히 흥미로운 사건인 것만큼은 사실이다. 특히 자기 일이라면 뭐든 자신 있다고 확신에 차 있는 사람이 어떤 함정에 빠지는지 여실히 보여준다는 점에서 그렇다. 이 사건에서 우스꽝스러운 비극을 연기해야만 했던 사람은 바로 검사다. 그녀는 물증이 너무나 확실하다고 자신한 나머지 배심원단이 무죄를 고려하리라는 생각은 꿈에도 하지 못했다. 심지어 배심원들의 면전에서 피고의 무죄를 생각하는 배심원은 머리가 나쁜 사람임에 틀림없다는 망언까지 일삼았다. 하지만 배심원으로 선발된 남성과 여성은 사실 관계보다도 저마다 가진 선입견을 확인하고 더욱 굳히는 일에 더 큰 관심을 가졌다. 지극히 인간적이기는 하다. 그리고 형사재판의 변호인단은 이런 인간적인 면모를 가지고 노는 데 있어 발군의 실력을 자랑했다.

사실관계

1994년 6월 12일, 심슨과 이혼한 전처 니콜 브라운과 그녀의 애인 론 골드만은 저녁 10시 10분에서 20분 사이에 잔혹하게 살해되었다. 시신들은 니콜 브라운 집 입구에 나란히 누워 있었다. 묘했던 점은 이상할 정도로 피가 넓게 퍼져 있었다는 사실이다. 범행 현장을 보았을 것으로 추정되는 존재는 딱 둘로 압축되었다. 하나는 직접 혐의를 받고 있는 심슨이었으며, 또다른 하나는 사건이 일어난 시각에 니콜 브라운 집의 정원을 돌아다니다가 주인에게 되돌아간 게 틀림없어 보이는 심슨의 개였다. 심슨은 일체의 진술을 거부했으며 개가 짖어대는 것을 알아들을 수 있는 사람은 아무도 없었다.

유전자 감식에 더욱더 큰 힘이 실린 것은 당연한 일이다. 니콜 브라운의 저택 부지에서는 전부 일곱 개의 생체 단서들을 확보할 수 있었다. 특히 중요한 것은 집 앞의 보도블록에 점점이 뿌려져 있는 심슨의 혈흔이었다. 이 혈흔을 가지고 검출한 유전자는 1억 7000만 명 가운데 단 한 사람만 가질 수 있는 것이다. 심슨은 사람을 시켜 전날 호텔 세면대에 부딪혀 깨진 유리 조각에 손을 베었다는 전갈을 보내왔다. 손가락에 입은 상처가 워낙 깊은 탓에 다음 날에도 여전히 핏방울이 뚝뚝 떨어졌다는 거였다. 시신의 발견 현장에 있는 혈흔은 그래서 생겨났다는 것이다. 이런 기괴한 변명을 깰 수 있는 감식 결과를 얻어내기까지는 오랜 시간이 걸렸다. 하지만 수사 기술상으로 보면 조금도 필요가 없는 결과였다. 로스앤젤레스의 다른 구역에 위치한 심슨의 집 안과 주변에서도 혈흔이 발견되었기 때문이다. 많은 단서들로 미루어 심슨은 전처를 찾아가

피를 흘렸을 뿐만 아니라, 죽은 사람들의 피까지 자신의 집으로 묻혀 왔음이 분명했다. 가장 흥미로운 것은 심슨의 침실에서 발견된 양말에 묻어 있는 세 방울의 핏자국이다. 여기서 검출한 유전자는 210억 명 가운데 단 한 사람만 가질 수 있는 것이다. 그러니까 이 지구상에서 문제의 혈흔은 니콜 브라운만 남길 수 있다. 다른 누구도 아닌 심슨의 전처 니콜 브라운 말이다.

심슨 집 담벼락 바로 뒤에 떨어져 있던 오른쪽 가죽 장갑도 피범벅이기는 마찬가지였다(왼쪽 것은 시체 발견 현장에 있었다). 법정에 제출된 유명한 사진들 가운데 한 장은 이 장갑이 자신에게 맞지 않는다는 것을 보여주려고 안간힘을 쓰는 심슨의 모습이다. 피고인이 직접 장갑을 들고 손을 끼우려 했기 때문에 장갑의 사이즈가 작은 것처럼 보이게 만드는 일은 아이들 장난이나 다름없었다. 재판을 지켜본 〈뉴요커New Yorker〉 기자 제프 토빈은 엄지손가락과 새끼손가락을 펼치는데 장갑이 어떻게 들어가느냐며 코웃음을 치고 있다. 하지만 그럴 필요도 없었다. 피에 흠씬 젖은 가죽 장갑은 딱딱하게 굳어져 형편없이 졸아들어 있었기 때문이다. 해당 사진의 심슨 얼굴 표정은 두려움과 희미한 미소, 슬그머니 고개를 드는 희망 그리고 난처함 등이 뒤섞인 절묘한 것이다.

장갑에서 추출한 열한 개의 혈흔 표본들을 분석한 결과, 치졸한 연기의 내막은 환하게 드러났다. 증거물에서 나온 피는 41억 대 1이라는 확률로 론 골드만의 것이었다. 그러니까 다시금 같은 유전자를 갖는 인물이 지구상에는 론 골드만 말고 존재할 수는 없다.

피를 묻혀 절벅거리며 찍고 다닌 발자국은 피를 분석하고 자시고 할 것도 없는 최고의 증거였다. 심슨은 '브루노 말리'라는 이탈리아 브랜드의 구두를 신고 다녔다. 꽤나 비싼 제품인 이 구두의 밑창 무늬는 현장의 그것과 정확하게 일치했다. 게다가 이 구두는 미국에서도 쉽게 볼 수 없는 12사이즈*라는 엄청나게 큰 것이었다. 소문이 파다했던 심슨의 불같은 질투심, 체포되기까지 오랫동안 경찰의 추적 속에 차를 몰아 이리저리 헤매고 다닌 점, 이미 신고가 되어 있었던 전처 폭행 등 심슨이 빠져나갈 수 있는 구멍은 전혀 없었다. 또 민사소송에서 이런 모든 점들이 실제로 반영되기도 했다. 하지만 형사재판은 온갖 쇼의 무대로 전락하고 말았다. 쇼로 점철된 난장판으로 사건의 진실은 좀체 그 전모를 드러내지 못했다. 상황이 이렇게 된 데에는 변호사들뿐만 아니라 경찰, 성급하기 짝이 없는 전문가, 또 사람을 환장하게 만들 정도로 굼뜬 전문가의 책임도 컸다.

전문가들

심슨 재판이 열릴 당시 유전자 감식을 범죄 수사에 적용하는 데에는 아무런 문제가 없었다. 오히려 유전자 감식을 의심하는 발언을 했다가는 정신 나간 사람으로 몰릴 정도였다. 변호인단이 뚫어야 할 가장 큰 난관이 유전자 감식인 것은 당연한 일이었다. 검찰은 될 수 있는 한 사건을 단순하게 몰아가려 했다. 유전자 감식 결과라는 결정적인 증거가 확보된 마당에 그저 몇 가지 보충 증거들만 있으면 유죄를 확증하는 데 있어 전혀 문제가 없으리라고 본 것이다.

1980년대 말 혈흔 감식 결과를 지나치게 중시하는 것에 반대하는 의

---

* 295밀리미터에 해당함.

견을 내놓음으로써 DNA 분석의 확률 계산을 둘러싼 논쟁을 불러일으킨 케임브리지 출신의 에릭 랜더조차 FBI DNA 분석실 실장 브루스 부도울과 입을 모아 다음과 같이 이야기할 정도였다. "유전자 감식을 둘러싼 전쟁은 끝났다."

물론 그동안의 논쟁으로 많은 점들이 개선되는 긍정적인 효과도 있었다. 이후 미국은 주기적으로 실험실을 감시하고 있으며, 분석이 이루어지는 단계들을 일일이 컴퓨터에 기록하도록 했다. 이로써 혹 빚어질지 모를 오류를 차단하고 솎아낼 수 있게 한 것이다.

하지만 유감스럽게도 1993년 11월 프레드 제인이라는 유전자 감식 전문가를 둘러싼 스캔들이 터졌다. 웨스트버지니아와 텍사스에서 과학수사 실험실을 책임졌던 제인이 그동안 실험 결과를 조작해왔다는 게 밝혀진 것이다. 혐의를 받는 사람은 확률이 적을지라도 범인이어야만 한다는 게 제인의 굳은 신념이었다. 그래서 그는 언제나 조사 대상자의 혈액 분석 결과를 날조해왔던 것이다.

제인의 동료들은 1985년에 이미 그가 아무것도 없는 실험용 유리판을 손에 들고 무언가 있는 것처럼 읽어 대는 것을 목격한 일이 있다고 털어놓았다. 이처럼 적당히 얼버무리는 어처구니없는 날조가 장기적으로 통할 수 없는 것은 정해진 이치다. 과학적 실험이라는 것은 조건만 같다면 언제나 같은 결과를 보여주어야 하는 것이기 때문이다. 1987년에 열린 한 공판에서 제인이 위조한 실험 결과를 못 미더워한 재판부가 재검을 요구하면서, 제인이 벌여온 사기 행각의 정체가 드러나고 말았다. 그가 법정 감정인으로 오랫동안 활동하면서 보고서를 작성했던 모든 사건은 서둘러 재심 절차를 밟아야만 했다.

제인이 감정인으로 참여한 사건이 모두 134건에 이른다는 사실이 밝혀지자 미국인들은 놀란 입을 다물 수가 없었다. 웨스트버지니아의 헌팅턴에서는 제인의 조작으로 한 남자가 무장 강도와 성추행을 벌인 죄목으로 최소 203년에서 최장 335년에 이르는 실형을 선고받았다. 4년 뒤 제인의 시험 결과가 성공적으로 반박되었기에 망정이지 그 사람은 평생을 감옥에서 썩을 뻔했던 것이다. 거짓말을 일삼는 감정인으로 인해 사형선고가 내려진 경우는 다행히도 없었다. 이제 미국 법정은 중형을 내리는 데 있어 몇 겹의 안전장치를 마련하는 신중함을 택했다. 사형이 선고될 수 있는 사건의 경우, 혈액형이나 유전자 감식 결과만을 유일한 증거로 채택하지 못하게 한 것이다. 다시 말해서 보강 수사를 벌여 반드시 물증을 확보하도록 했다(독일은 대법원의 결정으로 모든 형사재판에 이런 원칙을 적용하도록 했다. 그러니까 독일에서는 결정적인 증거들이 서로 확실한 연결 고리를 이루지 않는 한, 유죄판결을 내릴 수 없다).

제인으로 인해 빚어진 소동은 심슨 재판의 변호인들이 감정인을 몰아세울 수 있는 좋은 구실을 제공해주는 것이었다. 그럼에도 심슨 변호인단은 재판에 앞서 감정인을 공략하는 전략을 쓰지는 않을 움직임을 보였다. 심슨 사건의 혈흔은 프레드 제인과 같은 허풍선이가 아니라, 모든 게 완벽하게 통제되고 관리되는 실험실에서 분석했기 때문이다. 그러므로 감정 결과를 문제 삼는 것은 전략적으로 결코 좋은 선택이 아니었다.

그 대신 변호인단은 감정인의 다른 약점을 파고들기로 했다. 감정인은 법정에서 누구나 알아들을 수 있는 쉬운 말로 결과를 설명하면서 알록달록 그린 차트까지 동원하는 친절함을 과시하기는 했다. 그러나 변호인들은 작심한 듯 끈질긴 질문을 던져가며 시시콜콜한 것까지 집요하게 물고 늘어졌다. 지루한 질의응답이 끝없이 이어지자 배심원들은 넌더리를 내면서 더이상 감식 결과에 흥미를 갖지 않았다. 몇 시간 동안이나 같은 장면이 이어지자 과학적 사고에 길들여지지 않은 배심원들은 아예 신경을 끄고 끄덕끄덕 졸기까지 했다(나 역시 맨해튼의 형사재판 법정에서 끝없이 이어지는 지루한 공방 끝에 지친 나머지 재판 도중 잠이 들어버린 배심원들을 본 적이 있다).

피로 물든 발자국

O. J. 심슨 사건에서 피로 물든 구두 발자국은 시체가 발견된 장소에서 거리 쪽으로 나 있었다. 별것 아닌 것처럼 보일지 몰라도 이 발자국은 범행이 이루어진 과정을 고스란히 담고 있다.

발자국의 왼쪽을 따라 핏방울이 점점이 떨어져 있었다. 이 핏자국은 심슨의 유전자를 가진 것이다. 심슨이 왼손을 다쳤기 때문에 이것만으로도 발자국은 심슨이 만든 것이라는 확실한 증거다. 다시 말해서 심슨은 죽은 사람들이 흘린 피를 밟고 걸었다는 게 된다. 하지만 바로 이 점을 심슨은 한사코 부인했다.

될 수 있는 한 혼란만 부추기려는 변호사들의 전략에 대응하기 위해 FBI의 신발 자국 전문가인 윌리엄 보치아크가 불려왔다. 핏자국을 정밀 측정한 그는 모두 열여덟 개의 특징들로 미루어 문제의 구두 밑창이 이탈리아 '브루노 말리' 브랜드가 만든 '로렌초'라는 모델의 12사이즈와 일치하는 것으로 밝혀냈다. 좀더 확실하게 하기 위해 보치아크는 1995년 2월 이탈리아로 날아갔다. 볼로냐의 생산 공장에서 만들어지는 구두 모델들을 직접 두 눈으로 확인하기 위해서였다. 이때 보치아크는 범행 현장의 구두 자국이 '실가' 사에서 생산하는 'U-2887'이라는 밑창을 단 로렌초 구두에서 나온 것임을 똑똑히 보았다. '브루노 말리' 제품 모델의 밑창이 로스앤젤레스 범행 현장의 구두 자국과 정확하게 일치했던 것이다.

한 켤레에 200유로가 약간 안 되는 가격에 팔리는 로렌초 구두는 심슨에게는 별것 아니었을지 몰라도 평범한 미국 시민은 엄두도 내지 못할 고가의 제품이었다. 그래서인지 미국 전체를 통틀어(푸에르토리코까지 포함) 이탈리아 고급 구두를 파는 매장은 40여 곳에 지나지 않았다. 그뿐만이 아니다. 1991년에서 1993년 사이에 매장에서 팔려나간 로렌초 모델은 전부 299켤레일 뿐이었다.

심슨은 그런 "흉측한uglyass" 구두를 산 적이 없다고 한사코 부인했지만 '브루노 말리'의 여러 가지 모델들을 신고 다니는 심슨의 사진은 계속 나왔다.

길에 난 발자국과 비슷한 것은 니콜 브라운 시신의 등에도 나 있었다. 검사는 이로써 여자가 죽은 과정을 설명할 수 있다고 보았다. "범인은 한쪽 다리로 피해자의 등을 짓밟고서 머리카락을 잡아 챈 다음 칼로 여자의 목을 아주 깊숙이 베었다." 상처가 어찌나 깊은지 선정적이고 자극적인 보도에 목을 매는 3류 대중지조차 사진을 검은 띠로 처리했을 정도로 잔인한 범행이었다.

배심원 vs. 검사

심슨 사건에서 배심원단은 어떻게 구성되었을까? 또 배심원단 구성이라는 문제가 첫 번째 공판 결과와 무슨 관련이 있을까? 언제나 결과만을 중시하며 실력 지상주의가 판치는 미국에서 배심원은 어떤 기준으로 선발되며 편성되는지 하는 문제부터 일단 짚고 넘어가자.

배심원 제도가 안고 있는 일차적인 문제는 미국 시민들 대다수가 배심원으로 선발되기를 꺼려한다는 점이다. 배심원 노릇은 대개 아주 지루하며, O. J. 심슨 사건과 같은 형사재판의 경우 몇 주 동안이나 가족을 볼 수 없다는 부담도 안아야 한다(가족이 판결을 내리는 데 영향을 줄 수 있기 때문이다). 방송 뉴스나 신문도 볼 수 없다. 사정이 이렇다 보니 '배심원 의무Jury duty'를 어떻게든 피하려고 하는 게 일종의 국민 스포츠처럼 되어버렸다. 배심원 선출을 위한 예비 심사에서 될 수 있는 한 편파적인 정치관을 드러낸다든지, 입에 담기 어려운 말을 아무렇지도 않게 내뱉음으로써 의도적으로 부적격자임을 강조하는 식이다. 배심원 선택에는 변호사와 검사가 함께 참여하기 때문에 이런 태도로 못마땅한 의무를 피하는 것은 매우 손쉬운 일이다. 이제 남는 선택은 국가를 무슨 신주단지 모시듯 하는 "충직한 시민"이나, 달리 할 일이 없어 소일거리를 찾는 사람에 국한될 뿐이다.

심슨 사건에서 배심원 선발을 둘러싼 게임은 오히려 치열해지는 양상을 보여주었다. 사건 심리만으로는 별 승산이 없다고 보고 변호사들은 처음부터 배심원의 심리를 이용하는 쪽으로 가닥을 잡았기 때문이다. 그리고 정말 많은 사람들이 재판에 참여하기를 희망했다. 그만큼 사건이 흥미진진했던 탓이다. 미국에서 가장 유명한 변호사들 가운데 한 사람인 로버트 샤피로는 일찌감치 배심원 선발을 전문으로 하는 조엘렌 디미트리우스라는 브로커를 고용하기로 했다. 이 여자로 하여금 될 수 있는 한 변호사가 부르는 노래에 맞춰 춤을 춰줄 배심원을 고르게 한 것이다.

샤피로도 디미트리우스도 인간의 건강한 상식이라는 것을 믿지 않았기 때문에, 일단 이들은 심슨 사건과 비슷한 상황을 설정해두고 당신이라면 어떤 판단을 내리겠냐는 식의 다분히 의도적인 설문 조사를 벌였다. 미리부터 삐딱한 성향의 사람을 골라내기 위해서였다. 물론 변호사와 브로커는 조사 대상자가 "왜" 그런 판단을 했는지 하는 동기에는 전혀 관심을 갖지 않았다. 이들에게 중요한 것은 오로지 결과였기 때문이다. 이유가 무엇이든 심슨의 무죄 석방을 이끌어내는 것 말이다.

여검사 마샤 클라크는 자신이 가지고 있는 최고의 패를 변호인단에게 너무 일찍 써먹고 말았다. 배심원 선정에 앞서 검사는 심슨에게 사형을 구형하지는 않을 것이라고 공언해버린 것이다. 변호인단은 내심 쾌재를 부르며 설문 조사에서 심슨의 사형에 찬성하는 의견을 보인 배심원 후보들을 모두 탈락시켰다. 하지만 바로 이런 사람들이야말로 조금이라도 의혹이 있으면 피고에게 불리한 판결을 내리는 데 주저하지 않는다는 것을 검사는 간과하고 만 것이다. 다시 말해서 심슨의 사형을 주장하는 배심원 후보가 결정적으로 검사의 편을 들어주리라는 것을 계산하지 못한 것이다. 강경파를 솎아냄으로써 검사는 초장부터 최고의 우군을 잃고 마는 실수를 저질렀다.

그 밖에도 설문 조사 결과는 흑인 배심원이 심슨에게 유리한 평결을 내리리라는 것을 보여주었다. 심슨 자신이 흑인이기 때문이다. 클라크 검사는 이 문제를 전혀 다른 관점에서 접근했다. 그녀는 흑인 여성들이 야말로 자기편이 되어줄 것이라고 한사코 믿었다. 무엇보다도 미국의 흑인 여성들은 남편에게 구타를 당하는 일이 잦았다. 그래서 흑인 여성들을 아내를 때린 탓에 처벌까지 받은 전력이 있는 심슨과 같은 남자를 눈곱만큼도 용서하지 않으리라고 본 것이다.

겪어보지도 않고 제멋대로 결론부터 굳혀놓았음에도 불안했는지 검사는 1993년 7월 '디시전퀘스트DecisionQuest'라는 이름의 배심 자문회사와 함께 모의재판을 실시했다. 남자와 여자가 각각 다섯 명씩 구성된 배심원단(그 가운데 여섯 명은 백인이며, 네 명은 흑인이다)에게 재판에서 일어날 수 있는 상황들을 소개하며 간략하게나마 필요한 절차를 밟아본 것이다. 여성 배심원들의 선택을 확인한 클라크는 깜짝 놀랐다. 자신이 예상했던 것과는 정반대의 결과가 나온 것이다. 흑인 여성은 한 명도 빠짐없이 심슨이 무죄라고 생각한 반면, 모든 백인은 그를 처벌해야 한다고 판단했다. 아니, 상황은 더욱 심각했다. 그저 피부색 하나로 갈려진 의견 차이는 그 어떤 것으로도 좁혀지지 않았다. 흑인 여성들이 검사의 편에 설 것이라던 클라크의 이론은 이로써 완전히 뒤집히고 말았다.

쉽게 포기할 클라크가 아니었다. 모의 배심원단 앞에 선 검사는 자신을 소개하면서 시체가 발견된 현장에서 나온 피는 100퍼센트 심슨의 것이며, 장갑도 마찬가지라고 핏대를 세웠다. 그럼에도 흑인 배심원들은 꿈쩍도 하지 않았다. 네 명의 흑인 배심원들 가운데 세 명이 한사코 심슨의 무죄를 주장했다. 클라크는 머리를 쥐어뜯으며 신음을 토하지 않을 수 없었다.

이후 며칠을 두고 '디시전퀘스트'는 모의재판을 계속했지만 그럴수록 결과는 나빠지기만 했다. "남자가 아내에게 주먹을 휘두른다고 해서 그를 살인자라고 몰아붙일 수는 없는 거 아냐?" 흑인 여성 배심원들은 입을 모아 말했다. "부부 관계라는 게 언제나 약간씩 문제는 있기 마련이고, 그러다 보면 손찌검이 오갈 수도 있는 거지 뭐, 그런 걸 가지고 살인 어쩌고 할 수는 없지." 당시 속기록에 나오는 발언 내용이다. 보다 못한 자문회사 연구 팀은 설문 조사를 통해 피고에게 어떤 호감 지수를 줄 수 있는지 물었다. 그 결과 심슨은 10점 만점에 평균 9.5라는 높은 점수를 얻은 반면, 피해자 니콜 브라운의 그것은 5점대를 간신히 넘겼다. 심슨의 변호사 로버트 샤피로는 배심원들을 두고 "현명하고 단호하며 인생이 무엇인지 아는 유쾌한 사람들"이라고 한껏 치켜세웠다. 물론 여검사의 생각은 달랐다. "멍청하고 변덕스러우며 능청맞고 불쾌하기 짝이 없는 속물"이라며 눈을 흘겼다.

마샤 클라크는 자신의 눈앞에서 벌어지는 일을 믿을 수가 없었다. 그녀는 현실의 "실제 재판"에 참여할 "진짜" 배심원들은 생각이 깨어 있는 사람일 거라며 이를 악물었다. 검사로서 일생일대의 실수를 저지르는 순간이었지만, 오히려 그녀에게는 전화위복이 되었다. 재판이 끝난 다음 클라크는 법복을 벗었으며, 수백만 달러의 선금을 받고 심슨 사건을 다룬 책을 썼기 때문이다.

어쨌거나 1994년 9월 26일 배심원의 공식 선발 작업이 막을 올렸다. 판사 랜스 이투는 자그마치 900여 명(!)이나 되는 사람들에게 예선 초대장을 발송해야만 했다. 판사는 후보들에게 배심원은 하루에 고작 10달러의 보상금을 받으며, 재판이 진행되는 동안 외부와 완전히 단절된 생활을 해야만 한다고 설명했다. 이 말을 듣는 순간 대다수의 후보는 이미 마음을 접었다. 미국에서 장기간에 걸쳐 자리를 비우는 직원에게 계속 봉급을 지불하는 회사는 거의 없었기 때문이다.

이투 판사는 군중을 향해(예선 첫날에만 219명을 상대해야만 했다) 근엄한 어조로 더욱 겁을 주었다. "지금 이 사건과 같이 기괴한 경우는 그동안의 오랜 판사 생활 가운데 처음 봅니다. 아마도 여러분이 내릴 결정은 평생 해온 그 어떤 것보다도 중요한 게 될 것입니다." 판사가 배심원들에게 공포 분위기를 조성하다니 완전히 말도 되지 않는 이야기였지만, 소심하고 우유부단한 사람들은 벌써 주섬주섬 자리에서 일어나 작별을 고했다.

평화를 사랑하는, 역시 소심한 성격의 판사는 가겠다는 사람을 전혀 말리지 않았다. 다만 설문지에 고용주가 봉급을 주지 않아서라거나 그 어떤 "사적인 이유"로 재판에 참여할 수 없다는 변명을 꼭 남기게 했다. 이렇게 해서 나흘 뒤 후보군은 304명으로 줄어들었다. 여기서 법원은 열두 명의 정식 배심원과 마찬가지로 열두 명의 비상 후보를 선발해야만 했다. 비상 후보란 정식 배심원의 유고有故시, 그 자리를 물려받는 사람들을 말한다.

이제 선발 권한을 넘겨받은 쪽은 검사와 변호인단이었다. 미국의 전형적인 관료행정의 표본을 보여주기라도 하듯 양측은 전부 294개 문항의 설문지를 후보들에게 돌렸다. 비교적 간단한 질문으로는 다른 피부색을 가진 사람과 적어도 한 번 이상 잠자리를 같이 한 적이 있느냐는 것, 혹시 스타의 친필 사인을 받기 위해 지원한 것은 아니냐는 것 등을 꼽을 수 있다. 다른 문항은 직접 자신의 의견을 써넣어야 하는 것이었다. 이를테면 가족 내의 폭력은 어떤 원인으로 빚어지는지, 또는 스포츠가 원만한 성격 형성에 왜 좋은지 하는 것 따위를 물었다. 산더미처럼 쌓인 설문지들만 봐도 심슨 재판이라는 괴물이 엄청난 괴력을 자랑하게 되리라는 것이 선명하게 그려졌다.

변호인단은 계속 유리한 고지를 선점했다. 끝없이 이어지는 문항들만 보고도 교육 수준이 높은 백인 남성 후보들은 고개를 절레절레 흔들며 자발적으로 후보에서 물러났기 때문이다. 10월 12일에 이르자 절반에 할당된 흑인 배심원들을 뽑아야 했다. 그런데 흑인 후보들은 4분의 3 정도가 여성들이었다. 미국에서 흑인 인구가 차지하는 비중이 고작 11퍼센트에 지나지 않았고 흑인 여성은 이 사건에서 생각할 수 있는 최악의 배심원 후보였지만, 마샤 클라크는 자신에게 닥쳐올 불리한 상황을 두 눈 질끈 감고 인정하지 않으려고 들 뿐이었다.

동시에 로버트 샤피로와 흑백 2인조를 결성한 변호사 자니 L. 코크란은 성공적인 언론 플레이를 펼쳤다. "저희가 보기에 아무래도 검사 측에서는 흑인 여성 배심원들을 내몰려고 하는 것만 같습니다. 단지 그녀들이 같은 피부색을 가진 심슨이라는 영웅을 선호한다는 이유 하나만으로 말이죠. 이건 인종차별인 동시에 성차별이기도 합니다." 말도 안 되는 교묘한 논리였지만 그 효과는 엄청났다. "검찰, 흑인 여성을 불순하게 바라보다!" 다음 날 〈로스앤젤레스 타임스Los Angeles Times〉 1면 기사의 제목이다. 이로써 샤피로와 코크란은 재판이 나아갈 방향을 미리 제시하는 기세를 올렸다. 이제 재판은 증거를 둘러싼 심리가 아니라, 피고인의 피부색 때문에 빚어지는 공방이 되고 만 것이다. 결국 변호인단의 의도는 보기 좋게 들어맞았다. 변호사들은 거듭 로스앤젤레스 경찰이 흑인에게 적대적인 태도를 보이며(맞는 말이다), 그래서 일부러 심슨에게 상황이 불리하게 돌아가도록 그의 장갑을 가져다가 담벼락 뒤에 던져놓았다(틀린 말이다)고 주장했다. 다른 여러 가지 증거들과 정황으로 미루어 말도 안 되는 주장이었지만 배심원들은 정말 그럴 수도 있겠다며 맞장구를 치고 원래 자신들이 가졌던 소신으로 되돌아갔다. 심슨은 아무도 죽일 수 없는 좋은 사람이다! 이게 그들의 소신이었다.

마라톤 재판의 끝 무렵에 이르러 밀고 당기는 신경전에 지쳐 나가떨어진 배심원만 열 명이다. 이들은 모두 비상 후보로 대체되었다. 마지막으로 심슨의 유죄 여부를 판가름하는 투표에 참여한 배심원 열두 명의 성향을 정리하면 다음과 같다.

- 그들 가운데 정기적으로 신문을 읽는 사람은 단 한 명도 없었다.
- 단지 두 명만 전문대학을 졸업했다.
- 종합대학교를 다닌 사람은 아무도 없다.
- 한 명도 예외 없이 민주당 추종자들이다.
- 다섯 명은 자신이 직접 또는 가족의 일원 때문에 경찰과 좋지 않은 경험을 한 일이 있다.
- 다섯 명은 가족 안에서의 폭력도 때때로 일어날 수 있다고 본다.
- 아홉 명은 심슨처럼 아주, 아주 훌륭한 미식 축구 선수가 그의 아내를 죽인다는 것은 있을 수 없는 일이라고 믿었다.

———

경찰

경찰 역시 변호인단이 인종차별주의라는 사건과 전혀 무관한 주제를 계속 재판의 주요 논쟁거리로 부각시키는 데 일조했다. '로스앤젤레스 경찰국LAPD: Los Angeles Police Department'은 흑인들, 특히 사회적 약자 층의 흑인들을 거칠게 다루기로 악명을 떨쳤다. 하지만 처음에는 코크란과 샤피로도 이런 사실을 별 쓸모없는 것으로만 받아들였다. 심슨은 지극히 예외적인 대접을 받은 흑인이었기 때문이다. 심슨은 흑인 문제에 단 한 번도 관심을 갖지 않았다(물론 재판 때 심슨은 전혀 다른 주장을 했지만 말이다). 경찰은 언제나 심슨을 각별하게 대했으며 그가 초대하는 파티라면 군침을 흘리고 달려들었다.

인종차별주의를 들먹인 것은 상당히 성공적이었다. 현장에서 조사를 벌이던 경찰관들 가운데 한 명은 완벽한 희생양이 되어야만 했다. 평소 잘난 척을 일삼으며 거드름을 피우던 마크 펄만은 1995년 3월 9일 증언대에 서서 곤욕을 치렀다.

당시만 하더라도 펄만이 최고의 카드가 될 줄은 코크란과 샤피로조차 전혀 예상하지 못한 일이었다. 펄만은 'LAPD'가 편협하기 짝이 없는 인종차별주의에 빠져 있을 뿐만 아니라 몹쓸 자만심에 휘둘리는 집단이라는 살아 숨 쉬는 증거였다. 다만 변호인단이 한사코 숨긴 사실은 펄만은 수사 초기에만 아주 짧게 참여했다는 것, 그것도 별로 중요하지 않은 임무를 맡았을 뿐이었다는 것이다. 하지만 놀랍게도 검사도 법관도 증인 펄만이 말도 안 되는 핑곗거리에 지나지 않는다는 점을 배심원들에게 설명할 재간이 없었다.

처음에는 모든 게 순조롭기만 했다. 검사의 질문을 받는 펄만은 평범하고 올곧은 경찰관의 모습 그대로였다. 사건을 둘러싼 온갖 난리법석에 신경 쓰기보다는 사건 해결에만 집중하는 그런 경찰관 말이다. 그는 물론 1994년 7월 19일 심슨 변호인단이 고용한 한 여성 컨설턴트의 방문을 받았다. 이 여성은 펄만이 1985년과 1986년 사이에 몇 번인가 자신의 사무실을 찾아온 것을 똑똑히 기억했다. 같은 사무실에 근무하는 친구를 만나러 온 것이다. 어느 날인가 컨설턴트는 펄만이 친구에게 아무렇지도 않은 얼굴로 자동차 옆자리에 백인 여자를 태우고 다니는 "니거Nigger"● 만 보면 차를 세우고 검문한다고 말하는 것을 들었다. "니거"는 미국에서 절대 써서는 안 되는 말로 터부에 속한다(농담으로라도 그런 말을 해서는 안 된다). 더구나 펄만은 태연한 얼굴로 공권력 남용을 시인한 꼴이 됐다. 평소 흑인을 어떻게 생각하느냐는 컨설턴트의 질문에 펄만은 흑인들을 한자리에 모아놓고 싹 잡아 죽였으면 속이 시원하겠다는 폭언을 서슴지 않았다. 이를테면 무더기로 모아놓고 그 한가운데 폭탄을 터뜨려서 말이다.

신문들은 앞다투어 이런 이야기를 보도했다. 하지만 벌써 오래전의 일이 아닌가. 게다가 배심원들에게 은근히 인종차별주의를 암시하는 말을 흘리느라 바쁜 변호인단이 펄만의 진술에서만큼은 뒷짐 지고 물러나 지켜보기만 하는 태도도 묘하기만 했다. 심지어 펄만은 변호인단 가운데 한 명의 변호사에게서 혹시 심슨의 장갑에 피해자의 피를 묻혀 심슨 집 담벼락 뒤에 던져놓은 것은 아니냐는 노골적인 질문을 받았다. 당시 사건 관련 당사자들은 이 물음을 무슨 저런 형편없는 농담을 하느냐며 무시했다. 우선, 사건 발생 시점에 펄만은 심슨이 미국에 있는지조차 몰랐다. 둘째, 그는 현장의 다른 모든 경관들과 마찬가지로 주인

●　흑인을 '검둥이'로 낮춰 부르는 속어.

을 알 수 없는 혈흔에서 혹 에이즈 바이러스가 묻어나는 것은 아닌지 전전긍긍했을 뿐이다. 셋째, 가까이 있던 다른 경관들이 그가 현장에서 단서를 마음대로 조작하게 내버려두었을까? "사람을 가리키는 데" 있어 "니거"라는 말을 최근 10년 동안 써먹은 적이 있냐는 질문에 펄만은 눈썹 한 번 깜짝하지 않고 부정했다. 심지어 절대 쓰지 않았다고 다짐과 맹세를 되풀이할 정도였다. 나름 도박을 벌인 셈이지만 그리 현명했다고 볼 수 없는 선택이었다. 결국 그의 진술은 저 여성 컨설턴트에 의해 뒤집혔기 때문이다.

패배를 불러온 펄만

3월에 펄만이 법정에 첫 출두한 이래 넉 달이 흘렀을 무렵 한 익명의 제보자가 코크란의 사무실에 전화를 걸어왔다. 제보자는 로라 하트 맥킨니라는 이름을 가진 여성 시나리오 작가가 1985년 경찰의 수사는 일반적으로 어떻게 이루어지는지 하는 것을 다룬 작품을 쓰기 위해 펄만과 인터뷰를 가졌다는 사실을 알려왔다. 맥킨니가 특히 관심을 가졌던 문제는 'LAPD'에 새로 채용된 많은 여성 경찰관들이 어떤 어려움을 겪는가 하는 것이었다. 펄만은 그녀에게 여경관들은 놀고먹는 거나 다름없다며 코웃음을 쳤다고 한다. 두 사람은 계속 이런 취재 인터뷰를 위한 만남을 가졌다.

1985년 4월 2일 맥킨니는 나중에 결정적인 역할을 하는 녹취 테이프를 만들었다. 그녀는 경찰의 내부 정보를 알려주는 조건으로 펄만에게 1만 달러를 제공하면서, 특히 펄만의 여성 혐오적인 장광설에 많은 관심을 가졌다. 맥킨니는 한 시간씩 열두 번에 걸쳐 녹취한 것을 일일이

타이핑을 한 다음, 그 사본을 펄만에게 보냈다. 그 밖에도 'LAPD'의 여성 경찰관들을 상대로 취재를 했다. 이렇게 해서 한 편의 시나리오가 완성이 되었지만 별로 큰 성공을 거두지는 못했다.

1995년 7월 28일 이 녹취 테이프들은 심슨 변호사들의 손에 넘어갔다. 사건을 인종차별주의에 의해 빚어진 것으로 몰아가려는 그들의 저의가 실현되는 순간이었다. 펄만은 툭하면 욕설과 함께 "니거"라는 말을 서슴없이 사용했다. 다만 변호사들이 안타깝게 생각한 것은 이 녹취 테이프의 내용을 일반에게 공개할 수 없다는 점이었다. 테이프가 증거로 인정받기 위해서는 먼저 판사의 심사를 거쳐 채택 여부가 결정되어야 했다. 이 문제를 해결하기 위해 나선 사람이 래리 실러였다. 그는 심슨을 둘러싼 일이라면 아무리 더러운 짓이라도 마다하지 않을 위인이었다.

무엇보다도 실러는 심슨을 위해 《당신께 말해주고 싶어요I want to tell you》(1995)라는 책을 썼다. 이 책에서 당시 감옥에 갇혀 있던 심슨은 자신의 팬들에게 "저같이 좋은 아빠가 살인을 저지른다는 것은 결코 있을 수 없는 일입니다!"라고 다짐하고 있다. 하지만 흥미롭게도 살인 사건이 일어났을 당시 무엇을 했다는 이야기는 조금도 나오지 않는다. 그 대신 감옥에서 받은 편지와 가족사진 들로 책을 가득 채우고 있을 뿐이다. 이 이상야릇한 책이 왜 나와야 했는지 하는 의문은 오늘날까지도 풀리지 않는다.

누구도 부정할 수 없는 비난, 즉 심슨은 아내를 여러 차례 구타했다는 사실을 실러(그는 저자로 내세워진 심슨을 대신해 책을 썼다)는 몇 가지 예를 들어가며 반박하고 있다. 그 가운데에는 "J. 밀러Miller"라는 사람이 감옥에 보냈다는 편지가 등장한다.

> 친애하는 심슨 씨,
>
> 저는 다음과 같은 점만 말씀드리고 싶습니다. 사람들은 모두 항상 당신이
> 전처와의 결혼 생활에서 폭행을 가한 것만 이야기하곤 합니다. 하지만 그
> 녀가 당신에게 저지른 것은 왜 아무도 이야기하지 않을까요. (…) 저는 당
> 신께서 아내를 때린 게 아니라, 그 어떤 다른 것을 처벌한 것이라고 믿습
> 니다.

이 책이 나오고 난 다음 실러는 펄만의 녹취 테이프를 새 작업 대상
으로 삼았다. 변호인단의 이름으로 검찰에게 안길 마지막 결정타를 준
비한 것이다. 먼저 실러는 언론에 펄만이 했던 인터뷰 내용의 일부를 흘
렸다. 이는 물론 불법이었지만, 당시 횡행한 여러 가지 혼탁한 술수들로
미루어볼 때 재판 전체를 무효로 만들기 전에는 막을 길이 없었다. 그리
고 재판을 원점으로 되돌리는 것은 누구도 원치 않았다.

8월 14일 마침내 녹취 테이프들이 법관에게 제출되었다. 내용을 들
어본 판사는 깜짝 놀랐다. 펄만이 인터뷰를 하는 과정에서 판사 자신의
아내를 모욕하는 발언을 한 것이다. 그녀는 10년 전 'LAPD'에서 펄만
의 상관이었다. 이제 이투 판사는 사건과 직접 연루되고 말았다. 자신의
아내를 욕하는 증인을 판사는 더이상 중립적으로 다룰 수 없기 때문이
다. 이투 판사는 테이프의 존재를 공개적으로 부인할 수도 없었다. 엄연
히 있는 증거물을 판사가 없다고 할 수는 없지 않은가. 하지만 증거물을
인정하게 되면 재판은 종결되고 새 판사를 선임해 처음부터 다시 심리

를 진행해야만 했다. 그래서 이투 판사는 아내를 모욕하는 발언은 무시하기로 했다. 이는 곧 테이프가 일반에게 공개되지 않으며, 단지 배심원과 소송 당사자 들만 들을 수 있다는 것을 의미했다.

그러나 이런 결정에 만족할 변호인단이 아니었다. 이들의 속셈은 여론을 움직이는 것이었지, 단순히 배심원들만 상대하는 것과는 거리가 멀었기 때문이다. 펄만이 혐오를 불러일으키는 악한이라는 사실을 온 세상이 알아야만 했다. 그래야 심슨을 유죄로 심판하는 배심원은 나중에 사회로부터 '왕따'를 당할 게 아닌가. 2주 뒤인 8월 29일, 코크란과 샤피로는 언론을 들쑤셔 법관을 난처한 상황으로 몰아넣었다. 결국 녹취 테이프는 공개하기로 결정되고 말았다. 이는 곧 마샤 클라크의 패소를 의미했다.

"내 동료 두 명이 등 뒤에서 쏘는 총에 맞았다는 긴급 호출을 듣고 현장에 제일 먼저 도착한 건 나였소. 이미 범인들은 집의 위층으로 올라가 숨어버린 다음이더군." 법정에서 틀어놓은 녹음기에서 흘러나오는 펄만의 목소리였다.

"우리는 문을 박차고 들어가 거기 사는 계집애들 가운데 한 명을 사로잡았소. 범인 한 명의 여자 친구인 모양이더라고. 나는 그년의 머리를 잡아채고 총부리를 머리에 겨누었지. 그러니까 걔는 우리를 보호해주는 방패였어. 그런 다음 계단을 올라가 외쳤지. '여기 계집애를 잡고 있다. 네 놈들 가운데 한 명이라도 총을 가지고 있는 걸 보는 순간 이년의 머리를 박살낼 거야, 알았어!' 이제 계집애를 다시 아래로 끌어내렸소. '자, 이제 한번 신나게 놀아볼까.' 난 동료들에게 이렇게 속삭였소.

계집애를 죽이겠다고 위협하자 범인들은 이내 두 팔을 올린 채로 계단을 내려왔소. 뜨거운 맛 좀 보여주고 싶더군. 우리는 네 명이었고, 그쪽도 네 명이었어. 차례로 뼈를 분질러주었지. 아주 자근자근 짓밟아가면서 말이야. 애들 얼굴이 완전 곤죽이 되었지. 피가 천장까지 튀더군. 기어서라도 빠져나가려고 한 탓에 여기저기 피로 물든 손자국이 선명했어.

나중에 현장을 찍은 사진들을 살펴봤소. 벽이며 가구 그리고 온 바닥이 피투성이라 눈을 믿을 수가 없을 지경이었소. 나중에 들어보니 (병원에서) 그놈들 털을 다 밀어버렸다고 하더군. 한 놈은 아예 온몸을 매끈하게 밀어버려야 했대. 70바늘이나 꿰매야 했다더군. 우린 그놈들을 무릎 꿇리고 다시는 범죄 패거리에 가담하지 않겠다고 싹싹 빌게 했지.

나한테만 전부 66건의 소원이 들어왔더군. 경찰서 앞에서 시위를 벌이면서 심지어 내 이름을 소리쳐 외치더라고. (…) 18개월 동안 관련자들을 샅샅이 뒤지고 다니며 나를 고발한 놈을 찾아내 얼굴을 짓이겨놨지. 지금 생각해도 뿌듯해. (…)

난 단 하루도 처벌받지 않았어. (…) 그러니까 내 말은 아무렇지도 않게 경찰을 쏘는 놈은 반쯤 죽여놔야 한다, 이거지."

귀를 의심하겠지만 이 이야기는 사실이다. 이렇게 해서 10년 묵은 녹취 테이프가, 심슨 사건과는 조금도 관련이 없는 일이 판결을 결정짓는 사태가 벌어지고 말았다. 그것도 골수 인종차별주의자에 폭력을 서슴지 않으며, 법의 이름 아래 인질을 잡고 법정에서 선서를 하고도 태연히 거짓말을 일삼는 마초 경찰관 한 명 때문에 말이다. 결국 한때 명성을 날렸던 미식 축구 스타이자 배우이며 플레이보이인 O. J. 심슨은 1995

년 10월 3일 오전 10시, 무죄판결을 받고 풀려났다. 전처인 니콜 브라운과 그녀의 애인을 죽인 결정적 증거에도 자유의 몸이 된 것이다. 사건이 있던 날 저녁 심슨은 니콜 브라운과 그녀의 부모와 함께 레스토랑에서 식사를 했었다. 집에 돌아오고 나서 선글라스를 식당에 두고 온 것을 떠올린 니콜 브라운은 자신의 남자 친구에게 그것을 좀 가져다 달라고 부탁했다. 심슨은 선글라스를 되찾아온 애인과 다정하게 포옹을 하는 전처를 보고 눈이 뒤집혔던 것일까?

녹음을 듣고 난 배심원들은 마지막 결정을 위해 회의실에 모였다. 그들은 거의 모두 눈가가 홍건했으며, 서로 포옹하고 위로를 나누기도 했다. 그런 다음 서로 아무 말도 하지 않고 멍하니 천장만 노려보았다. 그만큼 압박감은 크기만 했다. 또 오랫동안 떨어져 지낸 가족의 안부가 궁금하기도 했다. 피부색이 검다는 이유 하나만으로 거침없는 폭력에 시달리며 살아야 하는 미국이라는 곳이 두렵기도 했으리라.

마침내 배심원들 가운데 한 흑인 여성이 침묵을 깼다. "우리는 우리 자신이 지켜야만 합니다." 이로써 쇼의 막이 내렸다. 최소한 잠정적으로나마 말이다. 그동안 친구들을 거의 잃고 만 심슨은 2001년 12월 언론의 1면을 다시 장식했다. 2년에 걸친 수사를 벌여온 FBI가 심슨을 찾아온 것이다(이 수사는 "오퍼레이션 X"라는 작전명으로 불린다). 그가 밀수단의 일원으로 암약해왔다는 죄목이었다. 네덜란드에서 '엑스터시Ecstasy'를 몰래 들여왔으며 불법으로 방송 위성의 데이터를 빼돌려오다가 덜미를 잡힌 것이다.

그보다 얼마 전인 2001년 10월 24일에도 심슨은 마이애미에서 폭행죄로 심판을 받은 일이 있었다. 심슨은 자신 앞에 끼어든 자동차의 운전

자에게 가서 선글라스를 빼앗아 박살을 내버렸으며 남자의 얼굴에도
상처를 남겼다.

증인들을 어디까지 믿어야 할까?

배심원이나 증인이나 법정에서는 똑같은 문제를 가지고 있다. 딱딱하고 메마른 자연과학적 사실을 다루어본 일이 없거니와, 그런 것을 가지고 생각할 훈련은 더더욱 되어 있지 않다. 또 어디서 그런 것을 알겠는가? 평범한 사람들의 일상은 '과학적 사실'과는 거리가 멀다. 오히려 저마다의 생각과 감정, 관심과 흥미, 나날이 누리는 소소한 재미 등을 중심으로 살아가는 게 우리네 삶이지 않은가. 법정에서 치열한 공방이 오갈 때에도 법률 전문가가 아닌 보통 사람들은 피고가 대체 어떤 사람인지 그 성격에만 관심을 가질 뿐, '자료'니 '사실'이니 하는 것에는 눈을 질끈 감아버리기 마련이다. 또 그게 당연한 일이기도 하다.

하지만 유감스럽게도 바로 그래서 소송 당사자들 가운데 어느 한쪽이 악의를 품게 되면 온갖 꼼수와 왜곡과 조작이 판을 치며 재판을 엉망으로 만들어버릴 위험이 상존한다. 이 점은 린드버그 사건에서 이미 분명해졌으리라 믿는다. 물론 사다리에서 나온 나뭇조각은 하우프트만을 유일한 범인으로 지목하게 만들기는 했다. 그렇지만 의도적으로 이야기를 비틀고 건너뛰며 조작을 일삼음으로써 그저 순전히 우연하게 수사망에 걸려든 잡범을 살인범으로 둔갑시켜버리고 만 것이다. 가이어 목사 부인 살해 사건의 경우만 해도 물증 없이는 그 진상이 무엇인지 판가름하기 힘들다. 오늘날까지도 목사는 한사코 자신은 죄가 없다고 주장하고 있다. 그런데 〈슈테른〉을 상대로 목사의 애인이 하고 있는 이야기는 전혀 다르다. "그는 언제나 무슨 일을 저질러놓고 자기가 한 게 아니라고 발뺌을 하곤 했죠. 자신에게 조금이라도 해가 될 것만 같으면 그게 자기가 한 것일지라도 철저히 부정했거든요. 옛날에 한번 마누라가 죽었으면 좋겠다고 그가 말하는 걸 들은 적이 있어요. 사건이 일어났다는 소식을 듣자마자 제 머리에는 이런 생각이 떠오르더군요. '드디어 그가 원하던 일을 저질렀구나!' 하고 말이죠."

대개 사람들은 애인의 이 말이 피고에게 결정적으로 불리한 것이라고 해석한다. 하지만 여기서 묻지 않을 수 없다. 어째서 그 애인의 짐작이라는 게 성직자의 무죄 주장보다 더 중시되어야 할까? 근거가 없기는 이쪽이나 저쪽이나 마찬가지가 아닐까?

명확한 시각을 잃지 않으려는 수사관이라면 개인적인 진술은 사건 전체의 커다란 그림을 이루는 아주 작은 모자이크 조각에 지나지 않는다는 것을 명심해야 한다. 과학적으로 논란의 여지가 없는 증거가 있다면 이 의견이라는 것은 아예 깡그리 잊어버리는 쪽이 훨씬 낫다. 어떤 의견이 참인지 거짓인지 알아본다는 것은 무척 어려운 일이기 때문이다.

물증에만 집중한다면 배심원은 잠 못 이루는 밤을 줄일 수 있으리라.

의견이나 성격을 고려해야 할 유일한 사람은 법관이다. 형량을 정하는 것도 판사의 몫이다(미국). 물론 판사가 사건 전반에 걸쳐 책임을 지는 경우도 있다(유럽 대부분의 나라).

의견뿐만 아니라 직접 현장을 보았다는 증인의 목격도 그 진위를 판가름하기 어렵기는 마찬가지다. 마누엘라 슈나이더 사건은 그런 숱한 예들을 보여주지 않았던가. 심지어 어린아이들조차 수사관에게 제멋대로 지어낸 이야기를 해가며 혼란에 빠뜨리는 어처구니없는 경우는 정말 어찌 설명해야 좋을까?

가이어 사건의 경우에도 이런 종류의 기괴함은 빠지지 않는다. 어떤 증인은 목사 부인의 사망 추정 시각에 그녀가 목사와 함께 현장에 있는 것을 두 눈으로 똑똑히 보았다고 몇 차례나 강조했다. 이 증언을 다룬 〈베를린 차이퉁Berliner Zeitung〉의 기사를 읽어보자.

"'사건 당일 현장에서 목사를 보았다고 주장하는 증인들은 많습니다. 묘한 것은 어떤 사람은 목사가 부인과 함께 있었다고 하고, 또다른 사람은 그게 아니라 목사는 혼자 있었다고 각기 충돌하는 증언을 하고 있는 점입니다.' 변호사 뵈르너(가이어 목사의 변호인—지은이)는 알 수 없다는 표정으로 이렇게 말했다. '누구도 의도적으로 거짓 진술을 하고 있는 것 같지는 않았습니다. 하지만 정말 목사가 맞는지 사진을 보여주며 확인을 부탁했을 뿐인데도 증인들의 기억은 갈수록 또렷해지더군요. 특히 사건을 다룬 신문 보도를 읽은 다음이면, 더욱 선명한 기억을 자랑했습니다.'

그뿐만이 아니다. 검사가 특히 믿을 만하다고 내세운 증인은 불과 2초 동안 보았다면서 당시 현장을 마치 영화의 한 장면처럼 자세하게 설명했다. '기억력이 아무리 뛰어난 천재일지라도 그런 건 불가능한 일이 아닌가요?' 변호사의 반론이다."

물론 변호사의 말이 틀렸을 수도 있다. 증인이 아주 주도면밀하게 관찰을 했을 수도 있으니 말이다. 하지만 〈프랑크푸르터 알게마이네 차이퉁Frankfurter Allgemeine Zeitung〉의 기사는 이 문제를 더욱 집요하게 파고들었다.

"쉰여섯 살의 의약품 중개상은 가이어이반트 부인이 사라진 지 이틀 뒤 그녀의 시체가 발견된 장소에서 가이어 목사를 보았다고 증언했다. 차를 타고 그곳을 지나가는데 빨간색 폴크스바겐 차량이 눈에 띄더라는 것이다. 그 차는 역주행 방향으로 갓길에 세워져 있었다고 한다. 아마추어 사냥꾼으로 친구와 함께 사냥을 가기로 약속했던 증인은 친구가 와 있는지 차창 밖을 살피고 있었다고 한다. 그러나 그는 이마가 훤히 벗어진 한 명의 낯선 남자만을 보았다는 것이다. '그치는 가슴이 철렁 내려앉을 정도로 저를 빤히 노려보더군요.'

'남자는 몹시 긴장하고 있는 기색이 역력했어요.' 불과 2초 동안 차창을 통해 보았다는 사람의 말이다. 그뿐만 아니라 증인은 자동차 뒤에 서 있는 남자의 옆얼굴도 보았다고 주장했다.

증인은 경찰에게 그 남자를 다시 알아볼 수 있을지 자신이 없다고 말했다. 하지만 그로부터 6주 뒤 일곱 명의 외모가 비슷한 혐의자들을 마주한 증인은 곧장 가이어 목사를 알아보았다."

정직한 증인과 배심원을 그렇지 못한 증인과 배심원과 구별하는 일은 심리학자들도 많은 관심을 가지고 연구해온 문제다. 가장 최근의 연구 결과는 코넬대학교 연구 팀에서 나왔다. 하지만 별로 새로울 것은 없다. 배심원에게 솔직하고 중립적인 태도를 가져야 한다고 아무리 다짐을 해도 별 소용이 없다는 것은 이미 오래전부터 잘 알려져 있는 사실이기 때문이다. 코넬대학교 심리학자들은 실험 대상자들에게 제발 실증된 자료만 유념하라고 몇 번이고 강조했지만 아무런 결실이 없었다고 토로한다. 심슨의 형사재판에 있어서도 배심원들의 판결은 이미 재판 이전에 굳어져 있었다고 봐야 하는 게 아닐까.

평범한 보통 사람들은 사실관계를 따지고 무엇이 공명정대한 것인지 고민하기보다는 이미 배우고 익힌 것만 믿고 살아가게 마련이다. 인생을 살면서 일일이 따지고 저울질한다면 그것도 우스운 노릇이기는 하다. 그랬다가는 평생 아무런 결정도 내리지 못할 수도 있으니 말이다. 그러나 재판은 쇼핑을 하고 수다를 떨며 운전을 하는 것과는 다른 규칙을 따라야만 하는 게 아닐까? 바로 그래서 대다수 현대 국가들은 법적 심판을 아마추어보다는 전문 법조인에게 맡겨두는 것이다.

이른바 초감각적인 현상의 경우, 우리의 지각 능력은 특히 심한 변덕을 부리기 마련이다. 병적일 정도로 남의 관심을 끌고 싶어 하는 청소년들은 심지어 멋대로 이야기를 지어내 사회 전체를 발칵 뒤집어놓곤 한다. 저승 세계를 두려워하는 마음(또는 저승 세계를 향한 동경)을 한껏 자극함으로써 우리의 건강한 상식을 송두리째 뒤흔드는 것이다. 어느 나라든 청소년이 일으킨 귀신 소동으로 한바탕 난리법석을 치른 경험은 가지고 있으리라.

법률가 헤르베르트 섀퍼는 열다섯 살짜리가 일으킨 귀신 소동의 정체를 밝혀내느라 몇 년 동안이나 씨름해야만 했다. 사건의 발단은 소년이 할머니 집의 현관문 위에 돌을 숨겨놓은 것이었다. 문을 열 때마다 떨어져 내리는 주먹만 한 돌 때문에 할머니는 그만 혼이 나가고 말았다. 유령이 고문이라도 즐기는 것일까?

또 소년은 밤에 밖에서 창문을 향해 돌을 던지고 나서 자신은 집 안에 있었노라고 주장하는 못된 장난을 즐겼다. 학교 지하실에서는 도자기들을 일렬로 비스듬히 세워놓은 다음 조그만 충격에도 차례로 쓰러지게 조작해두었다. 지하실 문을 열다가 와장창 깨지는 도자기들을 본 교장은 귀신의 소행이라며 입에 거품을 물었다. 이 악동은 아무도 보지 않는다 싶으면 낡은 접시를 도자기들을 진열해놓은 장식장에 던지기도 했다. 깨진 도자기 조각들이 널려 있는 마당에 마찬가지로 깨진 접시 조각을 가려볼 수 없는 것은 당연한 일이다. 소년은 나중에 자신이 써먹은 수법을 모두 털어놓았음에도 1960년대 이 사건은 "노이에 파르*에서 일어난 세기적인 사건"으로 사람들의 입에 오르내렸다. 당시 출동했던 소방대원들조차 귀신의 소행이라며 넋을 잃었다. "선택적인 믿음으로 귀신과 같은 것에 사로잡히는 바람에 스스로 장님이 된 것이다." '고스트버스터'** 섀퍼의 짤막한 논평이다.

심지어 남자들 사이의 짙은 우정조차 심령 때문에 박살이 난 적도 있다. 공연 마술사 해리 후디니는 20세기 초 상당히 과감한 수법으로 사람들을 깜짝 놀라게 만들었다. 그는 마술 쇼에서 물을 가득 채운 통에 수갑으로 손목을 묶고 들어가 몇 분 뒤에 멀쩡하게 빠져나오는 묘기를 부린 것이다. 하지만 사실 수법의 정체는 간단했다. 수갑을 쉽게 딸 수

---

* 독일 브레멘에 있는 한 지역의 이름으로 문제의 소년이 살았던 곳이다.
** 유령 사냥꾼이라는 뜻. 1984년에 나온 영화 〈고스트버스터Ghostbusters〉에 빗댄 표현이다.

있게 조작해둔 것이다. 하지만 초자연적인 현상을 믿는 사람들은 놀란 나머지 눈이 튀어나올 것만 같았다. 후디니의 이름을 연호하며 진정한 마술사라고 환호하기도 했다. 후디니와 절친한 친구 사이였던 아서 코난 도일 경의 생각도 마찬가지였다. 그만큼 도일은 후디니에게 푹 빠져 있었다. 그런데 후디니는 도일이 즐겨 찾는 심령 모임이 사실은 이른바 '영매'가 사람들을 돈으로 매수해 벌이는 쇼라고 폭로해버렸다. 심령을 믿는 사람들의 분노는 하늘을 찔렀다. 이렇게 해서 결국 도일과 후디니의 진한 우정도 금이 가고 말았다. 이후 후디니는 다시 '물고문 마술 쇼'를 선보일 때마다, 이것은 마술이 아니라 기술이라고 밝혔다고 한다.

말이 나왔으니 하는 이야기지만 후디니의 꼼수가 발각이 난 것은 딱 한 번뿐이다. 소동은 1901년 쾰른의 공연에서 벌어졌다. 당시는 너무나 경제 사정이 안 좋았기 때문에 사람들은 어떤 종류의 것이든 사기와 속임수라면 아주 민감하게 반응하던 시절이었다. 후디니가 '코르티알트 호프'라는 서커스단에 출연하기로 하자 마침 쾰른에 방문했던 또다른 서커스단 '지돌리'는 폭로전을 펼쳐 후디니의 명성에 먹칠을 하기로 작정했다. 쾰른의 경찰관 그라프로 하여금 〈라인 차이퉁Rheinische Zeitung〉에 후디니가 자신에게 매수를 시도했다고 털어놓게 한 것이다. 신문에는 후디니가 경찰관에게 20마르크를 주며 손쉽게 딸 수 있는 수갑을 "경찰 공인" 수갑처럼 보이게 해달라고 요구했다는 기사가 대문짝만하게 났다. 또 신문은 후디니를 사기꾼이라고 비난했다. 그가 마술에 써먹은 수법은 모두 속임수였다고 주장했다.

후디니는 매수라는 비난에 당당히 맞서 자신이 쓴 수법의 실체를 정확히 밝혔다. 사람들은 후디니의 그런 용기를 오히려 칭찬했다. 후디니

사진23, 24 (위) 후디니의 출연을 알리는 '코르티알트호프' 서커스단의 광고 포스터. (아래) 이에 맞서는 '지돌리' 서커스단의 광고.

는 사람들이 자신을 더이상 초능력을 가진 마술사로 보지 않게 된 것을 기뻐했다고 한다. 관객들 역시 눈으로 보았다고 사실로 믿는 게 얼마나 어리석은 일인지 깊이 깨달았으리라.

증인과 배심원에 관해 생각해보면서 인간의 지각 능력을 다루다 보니 이야기가 옆으로 새고 말았다. 이 책의 마무리를 위해 세 가지 사건들을 더 살펴볼 생각이다. 모두 심슨 사건과는 달리 대중의 별다른 주목을 끌지 못하고 놀라울 정도로 빨리 잊혀버린 사건들이다. 처음 두 사건 (자이페르트와 뎅케)은 너무나 끔찍해서 벽난로 앞에 둘러앉아 오순도순 이야기를 나누기에는 부적절할지도 모르겠다. 게다가 범인들은 사건이 벌어지고 나서 이내 죽음을 맞았다. 바로 그래서 그들을 둘러싼 전설이 생겨나지 못한 모양이다. 이들에 관해 알려진 바가 거의 없는 이유는 여기에 있다.

마지막으로 다룰 세 번째 사건(강도 크나이슬)은 그렇게 끔찍한 것은 아니다. 이 사건은 이미 100여 년 전에 일어난 것임에도 20세기 말까지 독일 남부 지방 사람들 입에 전설처럼 회자되고 있는데, 그러한 이유도 사건이 그리 잔혹하지 않았다는 데 있다.

화염방사기를 든 남자 자이페르트

사건의 전말이 낱낱이 드러나 있음에도 도대체 어떻게 해서 그런 어처구니없는 일이 벌어질 수 있었는지 머리를 긁적이게 만드는 사건들도 많다. 범인의 범행 동기조차 약간의 상상력이면 대충 윤곽이 그려지기도 한다. 그런들 무엇하랴, 이미 운명은 산산이 깨어져 수북한 파편들만 남기고 있는 것을… . 다음 사건은 그 전형적인 사례라 하겠다. 이 사건 때문에 한 도시 전체는 몇 년 동안이나 숨을 죽이고 슬픔을 참아야 했을 만큼 충격적이었다. 오늘날에도 쾰른의 폴크호펜이라는 구역을 가거든 그곳 노인들에게 1964년 6월 11일은 아예 입에 올리지 않는 게 좋을 것이다.

당시 수사를 책임졌던 쾰른 경찰, 카를 키네의 보고서를 읽어보자.

"범행 현장은 변두리에 위치한 가톨릭 계열의 '국민학교'였다. (…) 학교는 도로 쪽으로 150센티미터 높이의 담장으로 둘러싸여 있었으며,

교문은 양쪽으로 열 수 있는 커다란 철문과 함께 학생들이 드나드는 외문 출입구를 가지고 있었다. 교정의 왼쪽에는 커다랗고 낡은 학교 건물이 덩그러니 서 있다. 건물 앞 오른쪽에는 막사처럼 생긴 길게 뻗은 단층의 목조 가건물이 보인다. 이 목조 건물에는 네 개의 교실이 마련되어 있다."

오늘날까지도 사람들이 흔히 '바라크'라고 부르는 막사 형태의 가건물은 쾰른의 몇몇 학교를 가면 볼 수 있다. 오래된 학교의 증축이 시급해지자 1960년대와 1970년대에 걸쳐 지었던 것으로 독립 건물을 형성하고 있는 경우도 많다.

지금 설명하려는 사건은 당시 '국민학교'라 부르던 곳에서 일어난 참극이다(현재의 정식 명칭은 '초등학교'다). 학교에는 모두 일곱 동의 바라크 교사가 있는데, 그 가운데 네 동은 일렬로 붙어 있으며 두 동은 별도의 통로를 통해 연결되어 있고 나머지 하나는 홀로 떨어져 있다.

수사 반장 키네의 보고는 계속된다.

"(네 동의 바라크에 있는—지은이) 교실 안팎으로 커다란 검은 얼룩들을 볼 수 있다. 고열의 화기로 인해 생겨난 게 분명했다. 위에서 말한 바라크 복도에는 0.5제곱미터 크기로 피가 고여 있었다. 더 작은 핏자국들은 출입구 바닥에서도 쉽게 눈에 띄었다. 반대편에는 (…) 두 개의 교실이 통로로 서로 연결되어 있다. 그 앞에는 자그마한 화단이 마련되어 있었고, 옆의 보도블록을 깐 길을 따라가면 운동장으로 나갈 수 있다. 계단 앞에서 약 2미터 떨어진 곳에도 피가 흥건하게 고여 있는 게 보인다.

사건의 규모를 가늠하기 위해 여기저기 돌아보고 있는데, 열세 살의 남학생 두 명이 나에게 다가와 나무로 만들어진 쐐기 하나를 건넸다. 교문에서 발견했다고 한다. 두 아이들은 그들이 목격한 것을 설명했다."

두 소년 가운데 한 명은 이날 주번으로 저학년 학생들이 아침 7시 30분에서 8시 사이에 안전하게 도로를 건널 수 있도록 교통 지도를 담당했다. 맡은 일을 끝낸 학생은 집으로 돌아갔다. 그의 수업은 오후에야 시작하기 때문이었다.

하지만 이 부지런한 학생은 9시쯤 다시 학교로 돌아왔다. 주번 일에는 아이들에게 코코아를 나누어주는 것도 포함되어 있었기 때문이다. 9시 25분, 이 학생은 다른 친구 두 명과 함께 운동장에서 아이들에게 나누어줄 코코아 병들을 정리했다. 운동장 다른 한쪽에서는 어떤 반이 체육 시간을 맞아 체조를 하고 있었다. 한 낯선 남자가 나타난 것은 아이들이 마침 코코아를 나누어주러 교실로 들어가려 할 때였다.

"정각 9시 30분에 한 남자가 운동장을 가로질러 뚜벅뚜벅 걸어왔어요." 소년이 경찰에게 한 증언이다. "처음 보는 어른이 푸른색 작업복을 입고 등에는 해충 약을 뿌리는 분무기를 메고 있었어요. 분무기는 우리 집 정원에서 본 것과 똑같았어요."

소년은 눈을 동그랗게 뜨고 계속 말했다. "그 남자는 교문의 작은 출입구를 통해 들어왔어요. 그 문은 자물쇠가 고장 나서 닫혀 있지 않았거든요. 그 아저씨는 커다란 나뭇조각을 가지고 왔는데, 문을 열고 나서 그 아래 받쳐두었어요. 쐐기 모양의 나무 밑에는 못들이 촘촘히 박혀 있었죠. '여기서 뭐 하세요?' 제가 아저씨에게 물어보았어요. 그러나 아저씨는 아무 말도 하지 않았어요. 저는 아저씨가 문을 고치러 온 줄 알았어요(출입구 철문 열쇠를 고치러 온 줄 알았다는 말—지은이). 그래서 제가 이렇게 말했죠. '야, 드디어 문을 고치는 모양이다!' 그래도 아저씨는 아무 말도 하지 않고 고개만 절레절레 젓더라고요."

이 남자는 여드레 전에 43번째 생일을 맞은 발터 자이페르트Walter Seifert다. 그는 뚜벅뚜벅 걸어 여자 체육 선생인 랑고어에게 갔다. 그러고는 분무기의 방열 처리가 된 철제 호스를 꺼내들고 뚜껑을 열었다. 처음에는 호스 끝을 막아놓은 철망 아래서 조그맣게 떨던 불길이 순식간에 몇 미터 길이로 확 뿜어져나왔다. 불길에 안면을 강타당한 여 선생은 "불이야!" 하는 외마디 소리와 함께 비틀거리며 몇 걸음 물러나더니 화단 위로 그대로 고꾸라지고 말았다. "저는 그 아저씨가 장난을 치는 줄만 알았어요." 울상이 된 주번이 말했다. "그 불도 모양만 불꽃이지 차가운 거라고 말이죠."

하지만 그것은 진짜 불이었다. 남자는 엔진 오일과 희석된 니스를 섞어 분무기에 압축해 사제 화염방사기를 만든 것이다. 거기서 뿜어져나오는 포말은 뜨거운 쇠에 닿기만 해도 불이 붙을 정도로 강한 화력을 자랑했다. 자이페르트는 기겁하고 달아나는 아이들에게서 등을 돌려 첫번째 바라크에서 가장 가까이 보이는 문을 박차고 들어갔다.

범인은 직접 만든 묵직한 쇳덩이가 달린 쇠줄을 휘둘러 바라크의 유리창을 산산조각 냈다. 곧이어 학생들로 가득한 교실을 향해 6미터 길이의 불기둥이 뿜어졌다. 불길은 나중에 눈으로 확인할 수 있는 검은 얼룩이 말해주듯, 교실 맞은편 벽에 닿을 정도였다.

불길을 견디다 못한 헤리베르트라는 이름의 남학생이 아직 의식을 잃지 않고 창문을 뛰어넘었다. 그게 하필 자이페르트가 서 있는 쪽이었다. 자이페르트는 창틀에서 굴러떨어지는 헤리베르트를 보자 불길을 아이의 얼굴에 대고 직접 뿜었다. 불에 타고 있는 옷을 입은 채 혼비백

사진25 자이페르트가 1964년 6월 11일 화염방사기를 발사한 교실 모습. 맞은편 벽의 창문에까지 검은 얼룩이 있는 것으로 보아 화염방사기의 위력을 짐작하고도 남는다. ⓒ 수사 자료, 마르크 베네케

산해서 교실을 뛰쳐나가는 아이들 역시 다시 한 번 불길 세례를 받고 말았다.

"이 일을 지켜보면서 장난이 아니라는 생각이 퍼뜩 들었어요." 코코아 담당 주번이 울먹이며 한 진술이다. "저는 다른 친구 두 명과 함께 교문 출입구를 막아놓은 나무 쐐기를 빼내느라 진땀을 흘렸어요. 그래야 다시 문을 열 수 있었으니까요. 쐐기를 빼내는 일은 저 같은 아이들에게 너무 어려웠어요. 교문을 빠져나가 한참 뛰다 보니 운동장 나무에 매어둔 자전거 생각이 났어요. 그래서 얼른 다시 학교로 돌아왔죠. 그 이상한 남자는 그때 1학년 교실 앞에 서서 불길을 토해내고 있었어요. 얼른

사진26, 27 화염방사기로 개조된 살충제 분무기. 불길을 겨누고 쏠 수 있는 부분은 발터 자이페르트가 직접 만든 것이다. ⓒ 마르크 베네케

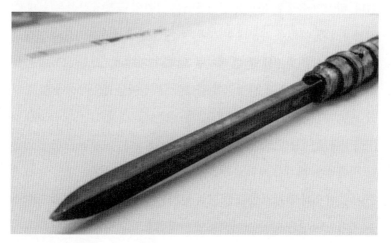

사진28 삼각 날을 가진 창. ⓒ 마르크 베네케

자전거를 풀어낸 저는 그걸 타고 정신없이 경찰서를 향해 달렸어요."

화염방사기의 용액이 다 떨어지자 자이페르트는 텅 빈 분무기를 운동장 바닥에 그대로 팽개쳤다(사진26, 27). 아마도 당시 교정에 있던 380명의 학생들 가운데 대다수가 목숨을 건질 수 있었던 것은 사제 화염방사기 용액이 부족했기 때문이리라.

그럼에도 잔혹 행위는 계속 이어졌다. 다음으로 자이페르트가 꺼내 든 것은 역시 직접 만든 것으로 보이는 삼각 날의 창이었다(사진28). 돌연 그 무기가 어디서 나온 것인지 나중에 아무도 밝혀내지 못했다. 자이페르트를 향해 달려들던 한 여선생은 배를 찔린 단 한 번의 공격으로 목숨을 잃고 말았다.

이제 위험에 처한 것은 바로 앞에 있는 두 개의 학급이었다. 그곳에서 수업을 하고 있던 두 명의 여선생들은 안간힘을 다해 출입구를 막아섰다. 하지만 육중한 몸으로 밀어붙이는 남자의 공격에 문짝은 쉽게 떨어져나갔다. 여선생 가운데 한 명은 두 계단을 굴러 운동장으로 떨어졌으며, 거기서 허벅지에 두 번 창날을 받았다. 자이페르트는 고통에 몸을 비트는 여선생의 등을 사정없이 찔렀다. 결국 여선생은 목숨을 잃고 말았다.

사람을 죽이는 일에 광분해 있던 자이페르트는 그동안 교문 출입구를 막아놓은 쐐기가 제거된 것을 알 턱이 없었다. 그래서 학교 안에 자신이 갇혀 있다고 생각한 그는 교문 반대쪽을 향해 뛰었다. 창끝으로 벽을 찍어가며 담을 넘은 자이페르트는 폐허로 버려져 있던 공터를 지나 철둑길 쪽으로 내달렸다.

마침 소방대원들이 현장에 도착해 가건물에 붙은 불을 진화하기 시작했다. 수많은 구경꾼들도 몰려들었다. 이 가운데 몇 명이 급파된 경찰에게 자이페르트가 어디로 도망갔는지 알려주었다. 순찰대의 두 경관은 이내 범인을 따라잡을 수 있었다. 물론 범인은 창으로 맹렬하게 반항했다. 경찰이 쏜 총에 허벅지를 맞고 나서야 그는 무릎을 꿇었다.

강력반도 신속하게 현장에 도착했다. 수사관들은 현장에서 자이페

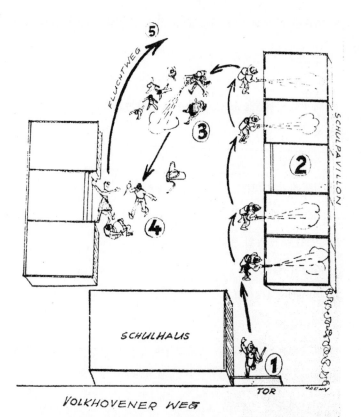

Der Weg des Täters: Durch das Tor (1) neben dem massiven alten Schulgebäude lief Seifert nach den bisherigen Feststellungen der Polizei zum vierklassigen hölzernen Pavillon (2), wo er den Feuerstrahl von außen durch die Fenster in die Klassenräume richtete. Vor dem Pavillon stach er die Lehrerin Bollenrath nieder. Dann lief er zur unter Leitung von Frau Langohr turnenden Kindergruppe (3), die er ebenfalls mit dem Flammenwerfer angriff. Von hier aus stürmte er zum gegenüberliegenden Pavillon (4), wo er die Lehrerin Frau Kuhr tötete. Der Fluchtweg (5) führte über freies Feld bis zum etwa 500 m entfernten Bahndamm.   Zeichnung: Haehn

그림2 자이페르트의 범행 경로. 경찰이 확인한 범인의 행로를 그림으로 나타내본 것이다. ① 교문을 통해 커다란 낡은 학교 건물 옆을 지나 자이페르트는 네 개의 학급이 있는 가건물로 갔다. ② 밖에 서서 창문을 통해 화염방사기로 교실을 향해 불을 뿜어댔다. ③ 그런 다음 운동장에서 우왕좌왕하던 아이들에게 다가가 역시 화염방사기로 공격했다. ④ 두 개 학급이 있는 반대편 가건물로 가서 준비해온 창날로 여교사 쿠르를 살해했다. ⑤ 그리고 나서 운동장을 가로질러 500미터 떨어진 철둑길까지 도주했다.

르트의 진술을 이끌어내려 시도했다. 처음 이루어진 심문 조서는 다음
과 같은 내용이다.

> 문: 내 말을 알아들을 수 있소? 말은 할 줄 아는 거요?
>
> 답: 예.
>
> 문: 이름이 뭐요?
>
> 답: 발터 자이페르트.
>
> 문: 생년월일과 출생지는?
>
> 답: 1921년 6월 19일, 쾰른이오.
>
> 문: 직업이 뭐요?
>
> 답: (알아들을 수 없음)
>
> 문: 주소지는?
>
> 답: 폴크호펜가街(번지수는 정확히 알아들을 수 없다. 54번 어쩌고 하는
> 것 같다).
>
> 문: 이런 짓을 한 이유는?
>
> 답: 그자가 나를 죽이려 했다.
>
> 문: 그자라니? 누구를 말하는 거요?
>
> 답: 그 의사(…)그 자식이 나를 죽이려고 했다!
>
> 문: 여선생들은 평소 알고 있었나?
>
> 답: 아니, 전혀 모르오.
>
> 문: 학교와 무슨 문제라도 있었나?
>
> 답: 없소!

도무지 무슨 말인지 알아들을 수 없을 정도로 어눌한 말투였다. 자이페르트는 1961년 아내 울라와 갓 태어난 아기의 죽음이 당시 치료를 맡았던 의사 탓이라고 굳게 믿고 있었다. 하지만 사실 아기는 조산아였으며, 당시 조산아를 살려낸다는 것은 의학적으로 일대 도전이 아닐 수 없었다. 그의 아내는 산욕으로 인해 치명적인 혈관 폐색 증세를 나타냈다. 이후 자이페르트는 거의 하루도 빠지지 않고 신선한 꽃을 사들고 아내와 아기의 무덤을 찾았다. "아내를 정말 사랑했던 모양이에요!" 나중에 꽃 가게 여주인이 경찰에게 한 말이다.

철둑에 도착한 구급 전문의는 자이페르트의 상태를 살피자마자 당장 병원으로 옮길 것을 지시했다. 병원에서도 범인의 상태는 갈수록 나빠졌다. 사제 화염방사기 옆에는 당시 흔히 볼 수 있었던 식물 살충제 파라티온Parathion: E605 한 병이 발견되었다. 자이페르트는 이 독극물을 삼켰던 것일까?

강력반 형사는 조금도 사정을 봐주지 않고 의사의 첫 응급조치가 끝나자마자 심문을 계속했다.

문: 내 말 알아들을 수 있소?

답: 예.

문: 대체 왜 그런 짓을 했소?

답: ….

문: 나를 볼 수 있소?

답: 예.

문: 대체 왜 그런 짓을 했소?

답: ….

문: 여선생들 가운데 아는 사람이 있소?

답: 아뇨.

문: 아이들 가운데는?

답: 아뇨.

문: 학교는 이전부터 알던 곳이오?

답: 아뇨.

문: 대체 왜 그런 거요?

답: 그래요, 아주 몹쓸 짓이죠. 모든 게 다.

문: 그래? 왜 그게 몹쓸 짓이오?

답: 그냥, 모든 게 몹쓸 짓이오.

문: 언제 계획을 짰소? 언제부터 그럴 생각을 한 거요? 오래전부터? 아니
면 최근에?

답: 아주 오래전부터.

문: 대체 왜 그런 몹쓸 짓을 했소?

답: ….

문: 대체 왜 그런 짓을 했냐고? 이유를 대보란 말이야!

답: 의사들과 갈등이 있었소.

문: 어떤 의사들? 누가 당신을 괴롭혔소? 이름을 말해봐요.

답: M 박사.

문: 또 누구?

답: C 박사.

문: 왜? 보상금 때문에?

답: 그것도 있죠. 하지만 그건 중요한 게 아니오.

문: 그럼 어떤 갈등을 말하는 거요?

답: ….

문: 왜 하필 아이들이오?

답: 숨을 쉬기가 힘들어요.

문: 그럼 내일 말해줄 거요?

답: 예, 내일 합시다.

문: 후회하오? 부끄럽소?

답: 나중에 말하리다. 모든 걸 책임지겠소.

문: 왜 하필 애들을 죽였냐고! 아이들을 싫어하오?

답: 아뇨, 그렇지 않아요.

문: 그럼 대체 왜?

답: 아마도 썩어빠진 생각 때문이겠지.

문: 그럼 세 명의 여선생들은?

답: 그들이 나한테 달려들었소.

문: 무슨 짓을 저질렀는지 알기는 해요?

답: 그럼, 알고 있소.

문: 무슨 짓을 저질렀소? 차례로 말해봐요.

답: 화염방사기를 만들었소.

문: 그걸로 무슨 짓을 했소?

답: 사람을 공격했소.

문: 왜? 화염방사기만 가지고? 또다른 건?

답: 창으로도 했소.

문: 그걸로 무슨 짓을 했는지 알고 있소?

답: 여선생을 찔렀소.

문: 창으로 몇 사람이나 찔렀소?

답: 세 사람.

문: 둘 아니면 셋?

답: 셋(정확히는 둘이다—지은이).

문: 왜 하필 아이들과 선생과 학교요?

답: 우연이오.

문: 내가 이 사건을 당신 어머니에게 말하면 가슴이 아프겠소?

답: 좋을 대로.

문: 그럼 동생에게는? 아까 동생이 찾아왔던데.

답: 좋을 대로 하시오.

문: 언제부터 계획한 거요? 어제? 그저께?

답: (머리만 흔든다.)

문: 1년 전 신문 파는 여자를 습격한 적 있소?

답: 아뇨.

문: 대체 언제부터 계획한 거요? 하루 전? 일주일 전? 한 달 전?

답: ….

문: 창은 언제 만들었소?

답: 대략 두 달 전에.

문: 화염방사기는?

답: 최근에.

자이페르트의 입에서는 더이상 아무 말도 나오지 않았다. 정각 20시 30분, 그는 'E605' 중독으로 사망했다.

이후 수사관들은 머리를 쥐어뜯지 않을 수 없었다. 전혀 예측하지 못한 특히 잔혹한 사건이 대개 그렇듯, 이웃들은 자이페르트를 두고 조용하며 남을 도울 줄 알고 무엇보다도 아이들을 좋아하는 남자였다고 증언했다.

이웃들의 그런 평가가 얼마나 피상적이었는지는 자이페르트보다 여섯 살이 어린 남동생의 말을 들어보면 잘 알 수 있다. 통신사에서 비서로 일하는 동생은 이런 말을 했다. "형이 결혼하기 전(1955년—지은이) 저는 형하고 심하게 다툰 적이 있어요. 정말 미친 사람이 아니고서는 생각조차 할 수 없는 계획을 품었더라고요."

이 계획이란 미친 것 그 이상이다. 열 명의 초등학생들과 두 명의 여선생들을 살해할 조짐이 이때 이미 나타났던 것이다. 글쎄 이 형이라는 작자가 지하실에 소녀들을 잡아다 가둘 생각을 했던 것이다. "필요할 때마다 써먹으려고 했다"니 이게 말이나 되는 소리인가? 한적한 길에 잠복해 있다가 여자애만 나타나면 마취를 해서 스쿠터에 태워 "집으로 데려와 저장해놓는다." 절대 정상이라고 볼 수 없는 정신 상태가 아닐까!

"어쨌거나 정말 무섭더라고요." 동생의 계속된 증언이다. "농담이 아니라 실제로 그럴 계획을 하고 있다는 강한 인상을 받았거든요. 형의 얼굴을 보면 당장 알 수 있죠." 동생은 두 번이나 형이 납치 계획을 포기하도록 종용했다고 말했다.

범행 동기와 계획

"동기요? 난 그저 어제 형이 싸운 걸(하수도 건설 노동자와의 다툼—지은이) 본 기억밖에 없어요." 동생의 계속된 진술이다. "하지만 우리는 그러고 나서도 텔레비전에서 본 것을 가지고 웃고 떠들었어요. 형이 그런 끔찍한 짓을 계획하고 있다는 걸 조금도 눈치채지 못했습니다."

결국 형을 잘 아는 동생마저도 발터 자이페르트의 내면에서 무슨 일이 벌어지고 있는지 전혀 몰랐던 것이다. 그는 벌써 오래전부터 점점 더 심해지는 이상 징후를 보이고 있었다. 겉보기로는 멀쩡했지만 자이페르트는 갈수록 과대망상에 시달려온 것이다. 그리고 이런 미친 생각의 고리는 두 명의 의사가 자신의 아내와 신생아를 죽였다는 데서 출발하고 있다. 그는 장장 100여 쪽이 넘는 탄원서를 써서 관청과 의사 그리고 제약 회사 등에 보내며 사건을 집요하게 물고 늘어졌다.

"의사는 인류 역사상 유례를 찾아볼 수 없는 희대의 대량 학살범이다. 의사는 가난한 사람이라면 철저히 짓밟는다. 어찌해야 그들의 만행을 막을 수 있을까? '양심'에 호소하자고? 허튼소리하지 마라. 양심이라고는 모르는 작자가 의사 아닌가? 스스로 열심히 공부해서 그들을 법정에 세우라고? 아니다. 의사 집단이 숱하게 벌이는 테러에 대응하기 위해서는 법을 초월해 손수 심판의 칼날을 내려치는 수밖에 없다. 테러는 맞불을 놓는 테러로만 응징할 수 있다. 법이 나를 보호해주기를 거부했기에 어쩔 수 없이 손에 몽둥이를 쥔다는 것을 똑똑히 알아둬라!"

이런 인식에 철두철미하게 물든 사람이었기에 아예 체제를 상대로 싸움을 벌일 생각을 한 것이다. 그래서 그는 그토록 비난한 공공의 적,

즉 "의사 집단"이 택했던 것과 똑같은 수단, 곧 약자들을 무차별 테러하는 무시무시한 일을 저질렀다. 선반공 직업훈련을 받은 자이페르트는 자신의 창고에서 주섬주섬 찾아낸 것들로 복수 도구를 손수 만들며 자신도 어린애와 여자라는 약자를 짓밟을 쾌감을 누렸던 모양이다.

물론 위의 짧막한 심문 조서에서 암시되고 있듯 자이페르트가 정말 아무 생각 없이 무차별적으로 범행 대상을 골랐을 수도 있다. 그가 습격한 국민학교는 마침 그의 집에서 가까운 곳이었다. 그의 마음속 깊은 곳에 어떤 괴물이 숨어 있었든지 간에 학교는 우연히도 손쉽게 도달할 수 있는 목표였다. 그래, 자이페르트가 정말 아이들에게 나쁜 마음을 먹지 않았을 수도 있다. 하지만 다시 묻지 않을 수 없다. 그의 복수 계획은 세상의 모든 법과 규칙을 무시하는 초법적 테러가 아니었던가. 왜 하필 약자를 골라 공격했을까? 이게 과연 우연일까.

발터 자이페르트는 이전에도 권력에 대항해 싸웠다. 쾰른에서 태어난 선반공 자이페르트는 스무 살의 나이로 전쟁터에 나가야만 했다. 하지만 1년 뒤 그는 결핵에 걸렸다는 판정을 받고 귀가 조치 명령을 받았다. 병은 완쾌되지 않았지만, 그렇다고 더 나빠지지도 않았다. 그럼에도 자이페르트는 육체노동을 감당할 수 없었다. 일자리를 잡지 못하고 허송세월을 보내야만 했다.

악에 받친 청년은 자신의 병이 전쟁 때문에 생겨난 것이라고 굳게 믿었다. 다른 병사에게서 전염되었다고 생각한 것이다. 1955년부터 폐병으로 치료를 받던 그는 1960년 "불구자" 판정을 받았다. 이는 다시 말해서 노동능력을 상실했기 때문에 그에 해당하는 사회복지 혜택을 받을 수 있다는 것을 뜻했다. 여기서 만족할 수 없었던 자이페르트는 더

높은 연금을 탈 수 있는 "참전 상이군인"으로 인정받기 위해 분투했다. 하지만 국가는 인정을 거부했다. 자이페르트는 보건위생국장과 쾰른의 시장 막스 아데나워에게 끝없이 새 신청서와 탄원서를 보냈다.

그동안 시의 의료담당국장은 자이페르트 문제를 책임지고 있는 보건소 의사에게 그의 발병이 이미 전쟁 이전에 이루어졌다고 하는 소견서에 서명을 하게 했다. 병자가 길길이 날뛰었음은 물론이다. 특히 새 소견서가 자신과 상담 한 번 하지 않고 서류만 가지고 작성된 데 분노했다. 자이페르트가 이 새 소견서에 관해 안 것은 범행을 벌이기 불과 며칠 전이다. 그때 그는 자신의 장인과 장모에게 세상에는 도무지 정의라는 게 없다고 투덜댔다고 한다. 노인들은 사위가 다시 죽은 딸 이야기를 꺼내기 시작하는 것을 보고 가슴이 철렁했다고 한다. "울라만 나에게 있어준다면 얼마나 좋을까." 사위가 징징대며 했다는 말이다. "딸과 손자가 죽었을 때 나는 이미 그 친구가 미쳤다는 것을 알았어." 장인은 나직하지만 단호하게 말했다.

———

당혹감과 무력감만 남다

언론은 온통 경악과 흥분 그리고 희생자를 추모하는 분위기였다. 〈쾰른 슈타트안차이거Kölner Stadt-Anzeiger〉는 1면 톱으로 다음과 같은 논지의 사설을 실었다. "자식을 가진 부모라면, 아니 다친 아이를 보고 가슴 아파할 줄 아는 사람이라면 누구나 이 터무니없는 범행에 깊은 상처를 받았으리라. 어찌 한 인간이 그런 짓을 서슴지 않고 저지를 수 있단 말인가. 또 우리가 그런 미치광이에게 이렇게 속수무책으로 내맡겨져 있다는 게 말이 되는가? 몸서리를 치면서도 아무것도 못하고 지켜볼 수밖에 없는 우리의 처지가 한심하다고밖에 할 말이 없다." 심지어 프랑스 신문들도 이 화염 학살 사건을 1면 톱으로 보도했을 정도다.

하지만 자이페르트의 장모는 이런 모든 것을 믿을 수 없다는 표정이었다. "정말 알 수가 없네요, 이건 있을 수 없는 일이에요." 사건 소식을 전해준 여기자 에리히 샤아케에게 장모가 했다는 말이다. "우리 사위가 그런 짓을 했다고요? 말도 안 돼. 그가 얼마나 착한 사람인지 알기는 해요? 파리 한 마리도 죽일 수 없는 우리 사위가? 만약 당신이 폴크호펜의 하늘이 무너져 내렸다고 한다면 차라리 그 말을 믿겠어요. 우리 사위가 얼마나 좋은 사람인데."

사건이 벌어진 날 저녁, 범인 자이페르트가 죽었다는 소식을 들은 독일 사람들의 표정은 돌처럼 굳어 있기만 했다. 당시 전후의 폐허에서 이제 막 일어서기 시작한 사람들이었다. 하루하루 먹고 사는 게 지옥의 형벌만 같던 시절이었다. 사건을 곱씹어 생각하기에는 너무 지쳤던 것일까? 이후로도 오랫동안 사람들은 이 사건 이야기만 나오면 입을 다물었다. 사건 전체가 이해의 한계를 벗어나 있었기에 아예 생각조차 하기 싫었던 것일까? 다만 한 가지 설명만큼은 사람들의 입에 자주 오르내렸다. "죽은 여선생들 가운데 한 명이 자이페르트의 아내를 많이 닮았대." 범인이 정말 무슨 동기에서 그런 짓을 저질렀는지 단 한 마디만 하고 죽었다면, 사람들은 아픈 기억을 이겨내기 위해서라도 사건을 좀더 파고들었으리라. 하지만 폴크호펜에서 발터 자이페르트라는 이름과 그가 저지른 범행에 관해 누군가 입이라도 뻥긋할라치면 사람들은 철저하게 외면하며 입을 굳게 다물 뿐이다. 그것도 40년이나 지난 오늘까지 말이다. 1960년대의 세상이 깨끗하고 살기 좋았다고 말하기 어려운 것만큼이나, 자이페르트 역시 "좋은 남자"였다고 보기 힘들다고 한다면 좀 위로가 될까? 하지만 당시 이 문제를 놓고 깊이 있게 고민해볼 생각은 아무도 하지 않았다.

인육을 먹은 연쇄살인범
뎅케

발터 자이페르트처럼 자신의 범행 동기를 조금도 밝히지 않는 범인을 보면 사람들은 무섭고 두려운 나머지 몸서리를 치기 마련이다. 기사로 쓸 별 뾰족한 것을 갖지 못하는 언론도 당혹스럽기는 마찬가지다. 이런 당혹감과 공포를 보여주는 또다른 예는 '아버지 뎅케' 사건이다. 그의 이름과 범행은 상상조차 하기 어려운 끔찍함에도 거의 완전히 잊히고 말았다. 반면, 제프리 다머나 에드 가인Ed Gein● 또는 찰스 맨슨Charles Manson●●과 같이 떠벌리기를 좋아했던 살인자들은 심지어 팬들로부터

● 1906~1984, 미국 출신으로 정식 이름은 에드워드 시오도어 가인Edward Theodore Gein이다. 최소 두 명 이상의 여자들을 살해했다. 더욱 놀라운 것은 시체의 피부를 벗겨내 말린 다음 옷, 등나무 의자 덮개, 마스크 등을 만드는 엽기적인 행각을 벌였다는 데 있다. 영화 〈양들의 침묵〉의 소재가 되었다고 한다.
●● 1934년 미국 신시내티에서 창녀의 사생아로 태어났다. 이른바 '맨슨 패밀리Manson Family'라는 밴드를 조직, 음악 활동을 하면서 수많은 사람들을 살해했다. 종신형을 받고 복역 중이다.

우상처럼 떠받들어지고 있다. 오죽하면 이들의 얼굴을 찍어넣은 찻잔과 티셔츠 따위가 날개 돋친 듯 팔려나가며 각종 웹사이트까지 생겨날까.

반대로 입이 무거운 범인들은 도대체 왜 그런 짓을 저질렀는지 알아내기가 여간 힘든 게 아니다. 하지만 오늘날 우리가 양자물리학을 몰라도 아무렇지도 않게 일상을 살아가는 것과 마찬가지로 동기를 끝내 알수 없는 범행들과도 더불어 살아야만 한다. 오늘날까지도 끝내 풀리지 않고 있는 근본 문제는 이를테면 이런 것이다. 어떤 사람을 범죄자로 만드는 것은 대체 무엇일까? 타고난 운명과 환경이 비슷했음에도 왜 다른 사람들은 목수나 경찰 또는 간호사나 검사로 버젓이 살아가는데, 어째서 그 사람만 유독 범죄의 나락으로 빠지고 말았을까? 이 물음에 만족스럽게 대답할 수 없는 한, 앞으로도 우리는 계속 머리를 쥐어짜게 만드는 사건들과 대결해야만 하리라. 이런 사건의 전말을 깔끔하게 밝혀내기란 종종 불가능에 가깝다. 바로 '아버지 뎅케' 사건이 그랬다.

―

연쇄살인

영화 제작자, 정신과 의사 그리고 내로라하는 범죄학자들 가운데 뎅케 사건에 주목한 사람은 거의 없다. 그래서 결국 그가 저지른 사건들은 당시 사람들이 보고 느낀 그대로 설명할 수밖에 없다. 뎅케는 연쇄살인범 에드 가인(1957년 체포됨)보다 훨씬 이전에 악행을 일삼았음에도 가인만큼 세간의 이목을 끌지는 못했다. 가인의 범행은 이를테면 〈사이코〉와 〈양들의 침묵〉과 같은 영화가 만들어지는 데 결정적인 계기를 제공한 반면, 훨씬 더 큰 반향을 불러일으킬 영화 소재로 손색이 없는 뎅케는 그저 잊히고 말았다. 뎅케가 한사코 침묵한 탓에 사람들은 끔찍하기 짝이 없는 그의 잔혹상에도 별로 놀라지 않았던 것이다.

브레슬라우 출신의 법의학자 피에트루스키는 1925년 본에서 열린 법의학과 사회의학 학술대회에서 '뎅케 사건'을 주제로 발표했으며, 해당 논문을 이듬해《독일 법의학 총론》이라는 학술지에 기고했다. 다음은 피에트루스키의 보고서다.

토막 살인 사건 보고서: 뎅케 사례 연구

수많은 사람들을 죽인 살인범 프리츠 하르만의 범행이 죗값을 치르지 못하고 사람들에게 깊은 충격을 안기고 있을 때, 훨씬 전에 뮌스터베르크에서 벌어졌던 사건 하나를 우연히 알게 되었다. 이는 하르만이 저지른 것보다 훨씬 더 참혹한 살인 사건이다. 카를 뎅케Karl Denke는 최근 21년 동안 서른한 명이 넘는 인명을 살상했으며, 그 인육 일부를 직접 먹는가 하면 나머지를 다른 사람들에게 먹으라고 주기도 했다. 심지어 인간의 시체를 가지고 생활용품으로 가공하기도 했다. 그야말로 전례를 찾아볼 수 없는 이 사건은 불가능한 일도 얼마든지 현실로 나타날 수 있다는 가르침을 뼈아프게 새기게 한다.

지금부터 설명할 사실은 이곳 법의학 연구소에 보내진 자료 전체를 꼼꼼히 연구한 결과임을 알려둔다. 현장을 직접 찾아 조사한 것은 물론이고 관련 수사 기록들을 일일이 참조했다. 친절하게도 자료의 열람을 허락해준 뮌스터베르크 시장과 검사장 그리고 경찰 책임자에게 감사를 드린다.

뮌스터베르크는 약 9,000여 명의 인구를 가진 전형적인 소도시로 브레슬라우의 관할구역에 속한다. 공장 하나 없는 탓에 그야말로 시골 분위기 그대로다. 도심에서 조금만 벗어나도 널찍한 정원을 자랑하는 야트막한 집들이 20미터에서 50미터 간격으로 나란히 서 있다. 뎅케가 살고 있는 집의 양옆으로는 위에서 말한 간격으로 농가들이 떨어져 있는게 보인다. 집 옆에는 거리에서 어느 정도 안쪽으로 들어와 목재로 지은 헛간이 있다. 이 헛간은 집과 직접 맞닿아 있어, 필요할 때마다 바로 드나들며 원하는 일을 할 수 있게 만들어진 구조다. 집 뒤로는 약 80미터 정도 떨어져 3미터 깊이의 웅덩이가 있는데, 이것은 뎅케가 3년 전에 파 놓은 것이다. 집 뒤로 몇백 미터 정도 가면 물이 흐르는 계곡을 만날 수 있다.

집에는 모두 세 가구가 살았다. 집의 소유주인 교사 가족이 앞채에서 살았다. 이 교사는 원래 오버슐레지엔 지방에 살았으나 폴란드가 그곳을 차지하면서 추방당했다. 뎅케는 뒤채 1층에 세 들어 살았으며, 같은 출입구와 복도를 이용하는 2층은 한 노동자 부부의 거처였다. 난청이 심한 남자는 어딘지 모르게 어두운 인상이었던 반면, 그의 아내는 무척 활달했다.

뎅케는 1층에서 달랑 방 하나만 세를 얻어 살았다. 16제곱미터 남짓한 크기의 방은 지면과 거의 맞닿아 있었다. 그는 이 방에서 먹고 자고 일을 하며 사람을 죽이고 토막을 냈다. 불결함은 이루 말할 수 없을 정도였다. 살인과 관련이 있는 물건들은 나중에 자세히 다루겠지만, 우선 먼저 강조하고 싶은 것은 소금이 엄청나게 많았다는 점이다. 그리고 그가 죽인 사람들의 옷가지가 수북하게 쌓여 있었으며, 쓸 만한 멜빵도 몇개 눈에 띄었다.

사진29 카를 뎅케가 세 들어 살던 집. ⓒ 마르크 베네케

돌연 가택수색이 이루어지면서 범행의 전모가 발각되게 만든 정황은 이렇다. 어떤 거지가 뎅케에게 구걸을 하러 왔다. 그러자 뎅케는 근시가 심해서 자신은 글씨를 쓰기가 어려우니 편지를 대신 써달라고 했다. 그 대가로 20페니히를 주겠다면서 말이다. 나중에 감옥에서 만난 걸인은 이 과정을 이렇게 설명했다. 편지를 받아 쓸 준비를 끝내고 불러줄 말을 기다리고 있는데 뎅케가 드디어 입을 열었다는 것이다. "이 배불뚝이 돼지 새끼야." 이게 편지에 쓸 말이라고? 너무나 이상했던 거지가 놀라 고개를 돌려 뎅케를 올려다보는 찰나, 그의 머리를 겨누고 날아오는 곡괭이를 보았다. 고개를 비튼 덕에 간신히 곡괭이 날을 피할 수는 있었지만 관자놀이를 스쳐 지나는 것까지 막지는 못했다. 회심의 일격이 빗나간 것을 본 뎅케는 몸을 날려 거지를 덮쳤다. 거지는 힘이 꽤 좋은 남자였음에도 살인마의 공격을 막아내기에는 역부족이었다. 그는 사람

살리라며 목청껏 비명을 질렀다. 고함 소리를 들은 집주인과 2층의 노동
자가 나타났다. 남자들은 힘을 모아 간신히 뎅케의 손에서 걸인을 풀어
낼 수 있었다. 그만큼 거지를 잡고 있는 뎅케의 힘은 악착같았다. 남자들
이 왜 싸우느냐고 묻는 말에 뎅케는 아무런 대답도 하지 않았다. 그저 벌
겋게 달아오른 얼굴을 잔뜩 찡그리고 걸인을 뚫어져라 노려볼 뿐이었
다. 이를 부득부득 갈면서 몇 차례나 온몸을 부르르 떨기도 했다.

거지의 오른쪽 관자놀이는 약 8센티미터 길이에 2센티미터 정도의
폭으로 쭉 벌어진 상처에서 흘러나오는 피로 범벅이 되어 있었다. 상처
의 모양은 나중에 설명하게 될 살해 도구의 날과 일치했다. 경찰에 신고
를 하라는 사람들의 요구에 거지는 쭈뼛거리기만 했다. 무언가 꺼리는
게 있는 표정이었다. 사실 이 부랑자는 어서 빨리 자리를 피하고 싶은
생각뿐이었다. 사람들이 거듭 몰아세우자 거지는 하는 수 없이 경찰을
부르라고 했다. 먼저 체포된 쪽은 부랑자였다. 도대체 무슨 말을 하는
것인지 횡설수설하는 통에 도무지 신뢰가 가지 않았기 때문이다. 게다
가 뎅케는 도시에서 아주 좋은 평판을 누렸다. 하지만 거지가 폭력을 행
사한 쪽은 뎅케라고 한사코 주장하는 바람에 그도 체포되지 않을 수 없
었다.

뎅케가 체포되었다는 소식에 많은 시민들은 화부터 냈다. 부랑자의
말만 믿고 평소 조용하기만 한 남자를 체포하는 게 말이나 되는 소리냐
며 사람들은 경찰의 무정함을 비난했다. 감방에서 뎅케는 자살을 감행
했다. 수건을 약 50센티미터 높이에 있는 창살의 갈고리에 걸어 올가미
를 만든 다음 누운 자세로 목을 맨 것이다. 연락이 닿은 뎅케의 친척들
은 한목소리로 장례를 치러줄 비용을 부담할 수 없다며 손사래를 치는

통에 경찰은 난감해지고 말았다. 때문에 혹시 집 안에 남겨놓은 돈이 있는지 알아보기 위해 가택수색을 하기로 결정을 했다. 이틀 뒤 벌어진 수색에서 쏟아져나온 것은 시체의 토막 난 덩어리들이었다.

여기서 나는 나중에 사람들이 '아 그게 그거였구나' 하고 떠올린 기억들을 언급하고자 한다. 그때 사람들이 좀더 주의해서 뎅케의 행동을 지켜보았더라면, 그의 범행은 일찌감치 세상에 드러날 수 있었으리라. 2년 전만 하더라도 온몸이 피투성이인 거지 한 명이 뎅케의 집에서 뛰쳐나온 일이 있었다. 뒤도 돌아보지 않고 뛰던 남자는 맞은편 집 문을 두드리며 살려달라고 애원했다. 사람들이 그를 진정시키고 들어본 사연은 이랬다. 구걸을 하러 찾아간 걸인에게 뎅케는 편지를 대필해달라고 하더란다. 그래서 주저앉아 편지를 써주려고 하는데 갑자기 뎅케가 쇠사슬로 목을 조르더라는 거였다. 거지는 힘이 아주 좋았던 덕에 뎅케의 공격을 피해 도망치는 데 성공했다. 주민들은 코웃음만 치며 허튼수작하지 말라고 거지를 쫓아버렸다.

1년 반 전 어느 날인가는 뎅케의 집에서 새어나오는 역겨운 냄새를 참을 수가 없어 이웃들이 찾아가 항의를 했다. 뎅케 바로 위층에 사는 노동자는 벌써 몇 차례나 동네 사람들에게 불평을 해오던 일이었다. 집단 항의를 받은 다음 날부터 냄새는 사라졌다. 사건의 전모가 밝혀진 다음 사람들은 그제야 혹독한 인플레이션으로 힘들던 시절, 뎅케가 항상 많은 고기를 비축하고 있는 게 다 이유가 있었다며 무릎을 쳤다. 뎅케는 언제나 뚜껑을 닫지 않은 냄비에 고기를 담아 마당 어딘가에서 가지고 오더라는 거였다. 그동안 주민들은 그게 개고기일 거라고 짐작했었다. 언젠가 집 앞에서 개가죽이 떨어져 있는 것을 보았다는 증언도 나왔다.

사람들은 어려운 시절이니 뭐 그럴 수도 있지 하고 넘어갔다고 한다. 개를 몰래 잡는 일이 법으로 금지되어 있었음에도 그저 두 눈 질끈 감고 만 것이다.

하지만 그 많은 개들을 어디서 데리고 오는지 하는 것쯤은 문제 삼았어야 하는 게 아닐까. 뎅케가 걸핏하면 핏물이 담긴 양동이를 마당에 쏟아붓는 것을 보고도 사람들은 조금도 이상하게 생각하지 않았다. 아예 피를 들이부어도 눈길 한 번 주지 않았다. 한밤중에 늘 뚝딱거리며 쓱싹쓱싹 톱질을 하는 소리를 들어도 평소 뎅케가 팔던 그릇이나 냄비를 만드는 소리이겠거니 하고 더 관심을 갖지 않았다는 것이다.

나중에 보니 이상했다는 이야기는 또 나왔다. 저녁이나 한밤중에 뎅케가 큼직한 보따리를 들쳐 업고 어디론가 사라졌다가 한참 뒤에야 다시 빈손으로 터덜거리며 돌아오더라는 거였다. 또 한밤중에 몇 차례나 집을 나서는 것을 보았다는 사람도 있었다. 그뿐만이 아니었다. 낡은 옷과 구두를 팔기도 했으며, 마당에서 태우는 일도 빈번하게 목격되었다. 이따금씩 뼈가 나오기도 했지만, 사람들은 그저 그게 개 뼈일 거라고 지레짐작했던 것이다.

집 안을 수색해서 나온 것 가운데 제일 먼저 눈에 띄는 것은 역시 뼈와 살덩이였다. 고깃덩어리는 나무통에 담긴 채로 소금물에 재워져 있었다(오래 저장하기 위해 그런 것이다—지은이). 고깃덩어리는 전부 열다섯 개로 피부를 벗겨내지 않은 것이었다. 그 가운데 두 덩어리는 털이 아주 많이 난 가슴 부위였다. 이 살덩이는 가슴의 중앙선에서 배꼽 위 한 뼘 정도 되는 곳을 절개한 것이다. 고기의 옆선은 앞쪽 축의 길이와 일치한다. 다시 말해서 그냥 마구잡이로 잘라낸 게 아니라 정확히 측정해서 잘랐다. 뱃살을 잘라낸 부위의 한복판에는 배꼽이 그대로 붙어 있었다. 나머지 고깃덩어리들은 옆구리와 등을 자른 것이다. 가장 큰 게 40×20센티미터 정도였다. 특히 눈에 띄는 것은 엉덩이 두 쪽이 그대로 붙은 항문을 굉장히 깨끗하게 처리해놓았다는 점이다.

고기는 적갈색을 띠고 있었으며, 피가 그렇게 많이 빠져버리지는 않았다는 인상을 주었다. 등에서 잘라 낸 고기에는 연한 검푸른색 물이 들어 있었다. 이는 인체가 사망했을 때 나타나는 얼룩이다. 이로 미루어 죽은 지 몇 시간이 지나서야 토막을 낸 것으로 보인다.

고깃덩어리의 절단면에는 생체 반응으로 해석할 수 있는 흔적이 남아 있지 않다. 이는 곧 희생자의 숨이 붙어 있을 때 토막을 낸 게 아니라는 증거다. 발견된 고깃덩어리 가운데는 목의 피부나 근육으로 보이는 것을 찾아볼 수 없었다. 마찬가지로 손과 발, 머리, 성기 등도 빠져 있었다. 사망 원인이나 사용된 흉기의 종류를 판단할 수 있는 조직 변화나 부상 흔적 역시 확인할 수 없었다.

중간 크기의 냄비 세 개에는 마치 크림소스처럼 보이는 걸쭉한 소스가 담겨져 있었다. 살덩이를 넣어 푹 삶은 게 틀림없었다. 일부 남아 있는 피부 가죽에서 나온 털은 인간의 것으로 입증되었다. 고기의 안쪽은 연분홍색을 띠고 있었다. 이것은 엉덩이 부위(둔근臀筋―지은이)를 잘라 낸 것이다. 냄비 하나에는 허겁지겁 먹다 남긴 것처럼 고기가 반 정도만 남아 있었다. 틀림없이 뎅케가 최근에 먹다가 남긴 모양이다.

희생자에게서 나온 고기를 다른 사람에게 팔았을 것이라고 추론할 수 있는 단서는 전혀 없다는 것을 언급해두고 싶다(사람들은 하르만이 이런 짓을 했으리라 짐작했지만, 이미 그가 팔아먹은 고기가 다 소비된 탓에 입

사진30 뎅케가 살던 방 안의 모습. ⓒ 마르크 베네케

증할 수 없었다—지은이). 반대로 손님들, 다시 말해서 자신을 찾아온 걸 인들에게 식사 대접을 한 것은 틀림없어 보인다. 세 번째 냄비에서 녹을 대로 녹아 아교질처럼 끈적이는 수많은 사람 피부 조각과 대동맥 조직 을 발견할 수 있기 때문이다.

뎅케 방에 있는 식탁 위 접시에는 호박색의 기름 덩어리가 있었는데, 이는 인간의 지방과 매우 흡사하다. 생화학 실험의 결과 인간의 단백질 을 확인할 수 있었다. 그러나 그 농도는 그리 짙지 않았다.

헛간에서는 뼈가 수북하게 쌓여 있는 통도 발견되었다. 힘줄과 근육 등이 깨끗이 발라져 있는 것으로 미루어 이미 요리를 하고 먹어치운 다 음 남은 게 틀림없어 보였다. 이 뼈들을 실험실에서 받아 조사를 한 결 과, 그 가운데 섞여 있는 여섯 개의 팔뼈에서 이 뼈들이 최소한 세 사람에게서 나온 것임을 확인할 수 있었다. 그 밖에도 손목과 발목의 수많은 관절뼈들이 있었다. 헛간 뒤에서도 우리의 눈을 놀라게 하는 것이 많았다. 수년 전 뎅케가 파놓은 구덩이에는 종아리뼈 조각들이 수북했으며, 숲에는 정말 많은 뼛조각들이 어지러이 널려 있었다. 경찰은 이를 모두 수거해 우리에게 보내주었다. 우선 대퇴골 아래쪽 부위가 모두 열여섯 쌍이 있었는데, 그 가운데 한 쌍은 척 보기에도 대단히 튼튼한 것이었고, 아주 연약해 보이는 게 두 쌍, 대퇴골 윗부분 여섯 쌍, 왼쪽 것만 남아 있는 대퇴골 두 개, 중간 정도 크기의 기다란 장골 열다섯 개, 네 쌍의 상박 자뼈들, 요골 상단 일곱 개, 요골 하단 아홉 개, 하부 자뼈 여덟 개, 상단 정강이뼈 한 쌍이 있었다. 또 아직 연결되어 있으며 심하게 곰팡이가 슨 한 쌍의 하박, 상박 아래쪽 한 쌍, 상박 위쪽 한 쌍, 쇄골 한 쌍, 견갑골 두 개, 근골과 복사뼈 여덟 개, 발가락과 손가락 마디뼈 120개, 발목뼈와 복사뼈 65개, 1번 늑골 다섯 개와 늑골 조각 150개 등이 나왔다. 몇몇 뼈를 제외하고 나머지 대부분은 아주 가벼웠으며, 작은 구멍이 숭숭 뚫렸고 지방이라고는 남아 있지 않았다.

그 밖에도 숲에서는 척추의 일부와 깔끔하게 손질된 남자 골반 네 개가 발견되었는데, 이 뼈들의 한쪽 면에서는 톱질한 자국이 선명했다. 두개골은 딱 한 조각만 나왔다. 그것은 왼쪽 측두골 조각으로 둔중한 것에 맞아 깨진 것처럼 이빨이 들쑥날쑥했으며, 위쪽 끝에는 톱질한 흔적이 그대로 남아 있었다. 망치로 깨고 톱질을 한 흔적이 역력했다. 두개골 조각에는 잉크로 그려넣은 십자가가 눈길을 사로잡았다.

뼈들을 크기대로 비교를 해가며 짜 맞춰본 결과, 한 사람은 아주 강인한 체격을 지녔음을 알 수 있었고, 두 명은 가냘픈 골격을 가졌으며, 또

다른 한 명은 이른바 "내반고$^{coxa\ vara}$"(고관절 기형—지은이)를 앓았던 게 분명했다. 사망 이후 얼마나 시간이 흘렀는가 하는 문제는 대부분의 뼈들이 이미 요리되고 난 다음에 버려졌다는 점을 고려한다면, 숲에 버려진 것을 놓고서만 의미 있는 추정이 가능했다. 현지의 기후 조건과 그동안 뼈들이 비바람을 맞고 있었던 것을 종합해서 고려할 때 죽은 지 한달에서 두 달 정도 지난 것으로 볼 수 있었다. 이는 앞서 살펴본 고깃덩어리의 상태와도 맞아떨어지는 결과였다. 물론 인육을 소금에 절인 경우를 다루어본 경험이 없다는 점을 십분 고려해서 아주 신중하게 계산했다는 것을 밝혀둔다.

뼈의 절단면은 들쑥날쑥 거칠기만 했다. 둔중한 힘에 의해 부러질 때 이런 현상이 일어난다. 이를테면 도끼의 머리나 망치로 내리칠 때 말이다. 물론 부분적으로 톱을 가지고 잘라낸 말끔한 면이 없는 것은 아니었다. 몇몇 개의 뼈들을 통해서 아주 날카로운 도구를 썼다는 것을 알 수 있다. 날을 예리하게 갈아놓은 도끼날일 확률이 높다. 관절 같은 뼈들에서 특히 매끈하게 잘라낸 모양을 볼 수 있는 데, 아마도 칼을 사용한 것 같다.

지금까지 조사한 것을 토대로 우리에게 보내진 뼈들은 적어도 여덟 명에게서 나온 것이라는 결론을 내릴 수 있었다.

뎅케가 모아놓은 이빨들은 우리에게 훨씬 더 많은 사실을 말해준다. 경찰은 우리에게 전부 351개의 치아들을 보내왔다. 이것들은 일부 돈을 넣어두는 자루에, 또 일부는 두 개의 양철통에, 나머지는 세 개의 종이봉투에 담겨져 있었다. 두 개의 양철통에는 각각 "소금"과 "후추"라고 쓴 딱지가 붙어 있었다. 세 개의 종이봉투는 원래 후추를 담아두는

사진31 카를 뎅케가 사용한 살인 도구들. ⓒ 마르크 베네케

것이었다. 치아들의 일부는 크기에 따라 정리가 되어 있기도 했다. 이를 테면 어금니는 돈 자루에, 나머지는 상태의 좋고 나쁨에 따라 양철통과 종이봉투에 갈라 넣는 식이다. 다른 봉투 하나는 얼핏 보기에도 한 사람에게서 나온 이빨들을 모아놓은 것 같았다. 세 번째 봉투에는 송곳니 세 개가 들어 있는데, 마모 정도가 심한 것으로 보아 노인의 것으로 추정된다. 여섯 개만 빼면 치아들의 보관 상태는 나무랄 데 없었다.

우리 연구소의 위탁을 받아 치아만 전문적으로 다루는 오일러 교수는 고맙게도 소견서뿐만 아니라 치아들을 찍은 사진까지 첨부했다. 치아들의 상태를 가지고 풀어야 하는 질문은 다음과 같다. 우선, 몇 명이나 희생된 것일까? 희생자들의 나이는? 성별은 어떻게 될까? 직업은? 이는 어떻게 뽑힌 것일까? 발치되고 나서 경과한 시간은?

연구 결과는 우리에게 놀랄 만한 성과를 가져다주었다. 뼈와 그 잔해를 가지고 우리는 희생자들이 최소한 여덟 명일 것으로 추정했었다. 그렇지만 다른 여러 가지 정황으로 미루어볼 때 희생자는 더욱 늘어날 게 분명했다. 치아를 조사해본 결과, 우리는 희생자가 확실히 스무 명은 넘

사진32, 33, 34 소금에 절인 인육과 치아들, 사람 가죽으로 만든 바지 멜빵과 끈 등을 나열해놓은 모습으로 모두 뎅케의 방 안에서 발견된 것들이다. ⓒ 마르크 베네케

는다는 결론을 내렸다. 왼쪽 아래 송곳니만 스무 개 있었기 때문이다.

치아들은 희생자들의 대다수가 치주조직에 질환(치주염—지은이)을 앓고 있었다는 것을 확인해주었다. 그렇다면 희생자 수는 더 늘어나야 한다. 송곳니는 치주염에 특히 취약하기 때문이다. 이의 상태로 미루어 볼 때 희생자들은 치과 진료를 거의 받지 않은 게 분명했다. 그리고 확인된 희생자들이 특히 고령이라고 볼 이유도 없었다. 그렇다면 이미 송곳니를 잃어버린 사람도 뎅케에게 살해되었을 가능성을 함께 계산해야만 한다. 오일러 교수는 아주 신중하게 계산을 한 끝에 희생자는 최소한 스물다섯 명이라는 결론을 내렸다.

이는 다양한 방법으로 뽑힌 것을 확인할 수 있었다. 일부 치아는 노인성 퇴화(마모—지은이)와 질병에 의해 이미 뿌리가 흔들리는 상태인 것을 간단하게 잡아 뽑았다. 그러나 아직 뿌리가 튼튼한 경우에는 힘을 써서 강제로 뽑아낸 흔적이 역력했다. 많은 이에서 잇몸 벽에서 떨어져 나온 조직의 흔적을 볼 수 있었기 때문이다. 몇몇 치아에는 강제로 뽑을 때 나타나는 전형적인 법랑질 손상이 나타나 있다. 특히 어금니와 앞어금니에서 볼 수 있는 법랑질 균열은 살아 있을 때 생긴 게 아니다. 많은 치아들에서 아주 날카로운 집게를 댄 흔적이 그대로 남아 있다. 치근의 형태로 미루어 이를 뽑기 전에 턱을 삶았을 거라는 추측에 힘이 더해진다. 뽑아내면서 부러진 치아는 뎅케가 역청을 가지고 다시 붙여놓았다.

특히 흥미를 끄는 것은 희생자의 나이를 판별하는 일이었다. 나중에 살펴볼 명단(사진35, 469쪽)에서 우리는 거의 모든 연령층이 망라된 것으로 보아야 한다는 결론을 내렸다. 다만 열 살 이하의 어린아이는 포함되어 있지 않다. 네 개의 사랑니는 반론의 여지없이 동일 인물에게서 나온 것이다. 이 사랑니 주인은 치아의 특성으로 미루어볼 때 대략 열다섯 살 정도라는 것을 알 수 있다. 나머지 치아들을 살펴보니 적어도 5분의 4 정도는 사십 대 이상으로 봐야 한다는 결론이 내려졌다. 오일러 교수는 이 모든 것을 종합해서 희생자들 가운데는 열여섯 살 미만의 사람이 반드시 한 명 있으며, 대다수는 마흔 살을 훌쩍 넘겼다는 것, 이십 대와 삼십 대 사이로 추정되는 사람이 둘 있다는 것, 삼십 대와 사십 대 사이는 한 명이라는 결론을 내렸다.

희생자들의 성별을 판별하는 문제는 만족할 만한 성과를 이끌어내지 못했다. 직업을 짐작할 수 있는 단서도 거의 없었다. 또 비슷한 이유에서 죽은 다음 시간이 얼마나 지났는지 판가름하기도 힘들었다. 다만 확실한 것은 몇 개의 치아는 이미 수년 전에 뽑힌 것이라는 사실이다. 청소년의 치아는 족히 몇십 주 전에 뽑힌 것으로 보였다.

어쨌거나 치아를 전문적으로 감식한 소견서는 희생자의 숫자와 나이에 관한 한, 뼈만 가지고 씨름한 것보다 훨씬 더 많은 성과를 이끌어냈다. 물론 뼈가 비교적 적었으며, 그나마 부분적으로만 남아 있었다는 점은 고려해야 하지만 말이다. 어째서 과학자와 전문가라는 사람들이 이 정도밖에 알아내지 못할까 하고 궁금해하는 독자가 있을지 모르겠다. 여기서 현장의 연구 방법과 수단을 하나하나 자세하게 설명한다면, 그런 궁금증은 자연스레 풀릴 것이다. 하지만 지면 관계상 더 자세히 다루지 않는 것을 양해해주기 바랄 뿐이다.

뎅케의 바지 멜빵들 가운데 세 쌍은 사람의 가죽으로 만들어진 것이었다. 멜빵은 약 70센티미터 길이에 폭이 약 6센티미터 정도였다. 인간의 피부는 신축성이 그다지 뛰어나지 않기 때문에 몇 군데 갈라진 곳이 눈에 띈다. 다시 말해서 가죽으로 처리를 하기 위해 무두질을 하지 않은 것으로 보인다. 다만 피하조직을 떼어낸 다음 그늘에서 잘 말린 것 같다. 한 부분에서 분명하게 확인할 수 있는 것은 피부를 양쪽 가슴 젖꼭지 위에서부터 잘라냈을 것이라는 점이다. 한 쌍의 멜빵을 만드는 데는 네 조각의 피부를 기웠다. 그러니까 가슴에서 엉덩이까지 잘라낸 것 두 조각, 사타구니에서 종아리까지 잘라낸 것 두 조각, 이렇게 네 개를 엮어 한 쌍의 멜빵을 만든 것이다. 사타구니에서도 잘라냈다는 것은 멜빵 가죽에 붙어 있는 털로 미루어 알 수 있다. 외관이나 양으로 볼 때 음모와 일치하기 때문이다. 현미경으로 들여다보니 음모에 붙어 있는 사면발니 알 몇 개를 확인할 수 있었다. 세 쌍 모두 사용한 흔적이 있었으며 그 가운데 한 쌍은 뎅케가 죽을 때 착용하고 있던 것이다.

바지 멜빵 외에 뎅케는 사람 피부를 가지고 끈도 만들어놓았다. 이렇게 만든 것을 가지고 신발 끈으로 썼으며, 일부는 헤진 옷을 기우는 데도 썼다. 많은 끈들에서 사람의 털을 확인할 수 있었는데, 어떤 끈에서는 1센티미터 길이의 잿빛이 감도는 하얀 털이 보였다. 조사해보니 이것은 사람의 새치였다. 나머지 끈들은 어느 부위를 잘라낸 것인지 확인하기 힘들었다.

뎅케의 방에서는 많은 낡은 옷가지와 더불어 침대 아래서 전부 마흔한 개의 크고 작은 헝겊 꾸러미도 나왔다. 모두 앞서 말한 인간 가죽 끈으로 묶어놓은 것이다. 조사를 해보니 꾸러미 안에서는 아주 낡아 못쓰게 된 양탄자 조각도 끼어 있었다. 다른 꾸러미에서는 역시 낡아 헤진 창문 커튼 쪼가리가 나왔다. 나머지는 옷이나 무슨 일상 용품에 쓰인 것 같았으나 형태만으로는 정확히 무엇인지 판가름하기 힘들었다. 천은 대부분 아마포이거나 양모 또는 면 등 고급 섬유에서 나온 자투리였다.

주목할 만한 것은 3×4센티미터 크기의 이 아무짝에도 쓸모없는 천 조각을 아주 정성을 들여 보관해놓았다는 점이다. 대부분의 천에서 확인할 수 있는 것은 먼저 세심하게 분류한 다음 깨끗하게 빨아 묶음을 만들어놓았다는 사실이다. 특히 묘한 점은 모두 테두리를 깔끔하게 다듬었으며 다림질을 해놓거나 무언가 무거운 것으로 눌러 잘 펴놓은 것이었다. 커다란 꾸러미에서는 이렇게 다듬은 작은 천 조각이 스무 장 나왔는데, 모두 같은 종류의 실로 만든 것이었다. 마찬가지로 테두리를 감쳐놓았다. 처음에는 헤진 옷, 이 경우에는 셔츠를 수선하는 데 쓰려고 모아놓은 것인가 싶었으나 그렇게 보기에는 너무 많은 양이었다. 전혀 쓸모가 없는 천 조각을 모으고 정리해두는 것이 아무래도 뎅케의 취미 생활이었던 모양이다.

이에 못지않게 기이한 것은 뎅케가 수집해놓은 동전들이다. 1페니히에서 50페니히 동전에 이르기까지 일일이 모아놓았을 뿐만 아니라, 동전들을 동그랗고 평평한 점토에 찍어놓기도 했다. 뭐 하려고 이런 수고를 아끼지 않았을까? 참으로 묘한 취미가 아닐 수 없다.

또 방에서는 희생자의 것으로 보이는 많은 신분증과 개인 서류 등이 나왔다. 그 가운데는 뎅케의 회계장부도 있었는데, 그동안 정원을 돌봐주고 얻은 수입, 그날그날의 노동시간, 일일 수입과 지출 등을 비교적 깔끔하게 정리해둔 것이다. 더욱 주목을 끄는 것은 서른 명에 달하는 남자와 여자의 이름들을 적어놓은 몇 장의 종이였다. 이름 옆에 일자도 써놓았는데, 이는 아무래도 해당 인물의 사망 연월일을 기록해놓은 것 같았다. 31번에는 날짜만 적혀 있을 뿐, 이름은 빠져 있다. 목록은 일자별로 정리되어 있었다. 번호는 11번부터 매겨져 있다. 여자의 경우에는 성은 빼고 이름만 적었으며, 남자의 경우에는 메모가 꽤 자세했다. 이를테면 해당 인물의 생년월일과 주소지 그리고 직업 따위를 일일이 적어놓았다. 이 목록이 희생자들의 이름을 적어놓은 명단이리라는 짐작은 정확히 맞아떨어졌다. 우선, 뎅케의 방에서 나온 신분증에 적힌 이름이 고스란히 명단에 등장했다. 또 그동안 행방을 알 수 없어 애만 태우던 가

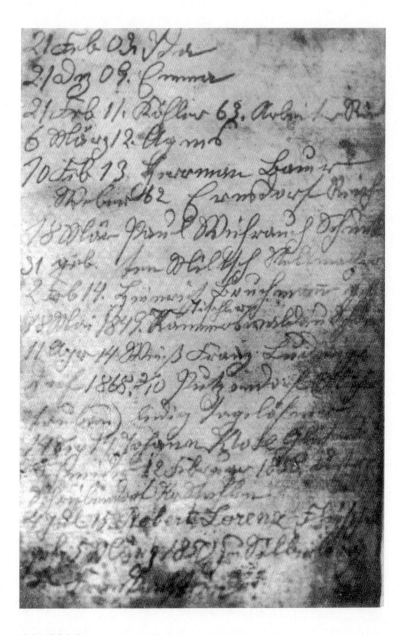

사진35 뎅케의 메모.

족들이 옷가지를 보고 그 주인을 확인한 경우의 이름도 명단에는 들어 있었다. 그리고 필체로 보아 명단은 단 하루 만에 작성된 게 아니었다.

어떤 종이에는 이름의 첫 글자만 적어놓고 바로 그 뒤에 숫자를 써놓았다. 숫자는 해당 인물의 체중을 가리킬 확률이 높았다. 또다른 종이에는 이름과 나란히 "사망 122, 알몸 107, 토막을 냈을 때 83" 하는 식으로 메모가 되어 있었다. 마지막 숫자 옆에는 다시 해당 인물의 이름을 적었다.

우리는 계속 숫자들을 열 개 단위로 끊어 세 묶음으로 나눈 다음, 합산을 해놓은 것도 볼 수 있었다. 첫 번째 칸에는 가장 최근에 죽은 열 명의 체중을, 중간 칸에는 말 그대로 중간 시기에 죽은 사람들의 것을, 마지막 칸에는 최초로 죽인 열 명의 그것을 각각 기록해서 다시 그 전체 총합을 계산한 것이다. 각 칸에서 숫자는 크기 순서대로 배열이 되어 있다. 31번에는 이름도, 해당 인물의 정보도 나와 있지 않다. 그저 덩그렇게 숫자만 써놓았다. 아무래도 해당 인물의 체중을 적어놓은 게 분명했다.

목록의 두 번째 이름, 즉 엠마만 체중이 빠져 있다. 이런 이름으로 죽은 여인의 토막 난 시체가 1909년 뮌스터베르크에서 발견되어 T라는 사람이 혐의를 받은 끝에 12년 형을 선고받고 형기를 채우고 풀려난 일이 있었다. 하지만 이제 뎅케 명단의 존재가 알려지자, T와 가까운 K라는 사람이 사건의 재심을 청구했다. 다시 열린 재판에서 T는 무죄를 인정받았다.

살해와 시체 토막 내기에 쓴 도구로 지목을 받은 것은 도끼 셋, 커다란 톱 하나, 그리고 가지치기용 작은 톱, 곡괭이 한 자루, 칼 세 자루 등이다. 경찰은 도끼들과 가지치기용 작은 톱만 빼고 나머지 도구들을 우리에게 넘겨주며 사람의 혈흔을 확인할 수 있는지 물어왔다. 커다란 톱은 현미경으로 보니 나무도 잘랐던 게 분명했다. 사람의 혈흔을 확인하는 일은 성공적이었다. 그러나 우리는 엉덩이와 머리에서 볼 수 있는 아주 매끄러운 절단면으로 미루어 이 부위를 잘라내는 데는 훨씬 더 잘 드는 톱이 사용되었을 거라는 의견을 제시했다. 아니나 다를까, 그것은 가지치기용 톱을 사용해 자른 것으로 확인되었다. 마지막 살인에 쓴 곡괭이 날에서도 사람의 피를 검출해낼 수 있었다. 곡괭이 날은 약 40센티미터의 길이로 끝으로 갈수록 날카로워지는 형태를 가진 것이다. 칼에서는 별다른 점을 확인할 수 없었다.

범인의 이력을 알아내기 위해 나는 친척과 친지를 찾아다니고 각종 기록을 추적했다. 이렇게 해서 알아낼 수 있었던 인간 카를 뎅케는 다음과 같은 모습을 하고 있었다.

카를 뎅케는 한 소지주의 셋째 아들로 1860년에 태어났다. 외가와 친가 양쪽 모두 정신병이나 알코올중독, 자살, 간질 발작 등의 내력은 없다고 주장했다. 뎅케의 아버지는 어딘지 모르게 옹졸해 보이는 인물이었다. 형제와 자매는 비슷한 집안의 배우자를 만나 역시 소지주로 그저 그렇고 그런 인생을 살아가고 있었다. 모두 제법 나이를 먹었지만 건강만큼은 좋았다.

뎅케의 출산 과정을 둘러싼 자세한 이야기는 들을 수 없었다. 하지만 어린 시절의 뎅케는 발달이 매우 지지부진했으며, 특히 뭘 배우는 것을 몹시 힘들어 했다. 게다가 좀체 입이 떨어지지 않아 부모는 "저러다 병어리가 되는 게 아닐까" 하는 걱정을 했다고 한다. 처음으로 말문이 터진 것은 여섯 살 때였다.

그는 일곱 살을 꽉 채우고서야 학교에 들어갔다. 학교에서도 몇 주가 지나고 나서야 비로소 말을 배우기 시작했다. 하지만 말투는 어눌하기 그지없었으며 듣기만 해도 짜증부터 나는 그런 목소리였다. 담임선생은 그를 언제나 "모자란 놈^{Idiot}"(피에트루스키 시절만 하더라도 'Idiot'라는 말은 오늘날처럼 얼간이 또는 바보 따위의 비하하는 뜻을 갖지 않았다) 취급을 했다고 털어놓았다. 좀체 입을 여는 일이 없었으며, 행동이 몹시 굼뜬 것을 두고 한 말이다. 뭘 물어봐도 대답 한 번 하는 일이 없었다. 인사를 하려고 손을 내밀면 언제나 오른손만 달싹하는 통에 사람들은 항상 그의 손을 잡기 위해 팔을 아래로 뻗어야만 했다. 학교생활이 제대로 될 리가 없었다. 배우는 속도가 무척 더뎠으며, 툭하면 꾸지람을 받았다.

학년이 올라가면서 배우는 게 나아지기는 했다. 당시 성적표를 보면 "우"와 "미"가 적잖이 눈에 띈다. 1학년 때 "하루 종일 뚱해서 뭐라 할 말이 없음"이라고 되어 있던 담임의 총평은 이듬해 "많이 나아졌음"으로 바뀌었다. 학급 또래와 어울리는 일은 거의 없었다. 친구가 생겨날 리 만무했다.

무뚝뚝하고 고집이 세다는 말은 소년 뎅케만 보면 누구나 하는 이야기였다. 학교 가기를 워낙 싫어해서 형이나 같은 반 동료의 손에 억지로 이끌려 나오는 일이 잦았다. "교실에 발길을 들여놓기 싫어하는 게 얼굴에 씌어 있다." 어눌한 말투는 조금도 고쳐지지 않았으며, 고학년에 올라가서도 툭하면 이부자리를 오줌으로 적셨다.

그나마 학교를 다니는 동안은 형과 가까이 지냈다. 하지만 학교를 그만두고 난 다음부터 이런 관계는 확 바뀌었다. "서로 살아가는 길이 완전히 달라지고 말았어요. 아무리 어르고 달래도 자기 방에서 꿈쩍도 하지 않았죠."

학교를 일찌감치 그만둔 뎅케는 아버지의 일을 도왔다. 그저 혼자만 있으려는 경향은 갈수록 심해졌다. 좀체 속내를 드러내는 일이 없었으며, 또래는 물론이고 누구와도 사귀지 않았다. 술집을 찾아 사람들과 어울리는 일은 전혀 없었다. 스물두 살이 되자 뎅케는 몰래 가출을 했다. 아홉 달 동안 그의 행방을 아는 사람은 아무도 없었다. 가족도 그가 살아 있는지조차 모를 지경이었다. 결국 가족이 이리저리 수소문을 하고 다닌 끝에 그가 오랫동안 채석장에서 돌을 깨고 살았으며 이후 공사판에서 막일꾼으로 전전한 것을 알아냈다. 집으로 돌아오고 나서도 왜 가출을 했는지, 그동안 무슨 일을 했는지 단 한 마디도 하지 않았다. 그저 언제나처럼 입을 꾹 다물고 허공만 노려볼 뿐이었다.

부모가 죽었을 때 뎅케의 태도는 특히 차갑기만 했다. 자신과 아무 상관없는 일이라는 듯 냉담했다. 동생이 도저히 혼자 살아갈 수 있을 것으로 보이지 않았던 누나는 자신이 뎅케를 맡기로 했다. 뎅케는 일을 나가기는 했지만 그것도 잠시였다. 아버지가 돌아가시고 나자 얼마 안 있어 뎅케의 귀가 시간은 불규칙해지기 시작했다. 걱정이 되어 몰래 뒤를 밟아보니 숲 속을 정처 없이 헤매고 다녔다. 자정을 넘기는 일이 빈번해졌으며, 마침내 다시 집을 나갔다. 얼마 뒤에 돌아온 그는 저녁에 자신의 물건을 주섬주섬 챙겨 끌고 온 수레에 싣고 무어라 말 한 마디 없이 뮌스터베르크로 갔다. 그리고 그곳에서 방을 세냈다. 곧이어 그는 땅을 샀다. 터무니없는 가격을 치른 거래였다. 저러다 그나마 가진 것마저 전부 날리는 게 아닌가 걱정이 된 형제자매는 금치산 선고 신청을 할 정도였다. 그만큼 동생의 정신이 온전하지 않다고 본 것이다. 법원에 낸 신청서에서 이들은 뎅케가 원래 시세의 세 배나 되는 가격을 지불했으며 동생의 판단 능력에 의심을 가지지 않을 수 없다고 썼다.

금치산 선고 신청 서류에는 오래전부터 뎅케를 알고 지냈다는 많은 시민들의 의견서도 첨부되어 있다. 이들은 입을 모아 뎅케가 스스로 재산을 관리할 능력이 없다고 강조하고 있다. 그럼에도 금치산 선고 신청은 기각되었다. 이는 뎅케와 상담을 나누어본 의사의 충고에 따른 결정이었다. 의사는 "뎅케와 같은 성격을 가진 사람은 자제력이 거의 없기 때문에 자신이 원하는 대로 되지 않으면 폭발적인 분노를 일으킨다"고 말하며, "언제 어디에서 사람들에게 심각한 공격을 가할지 모른다"고 강조했다. 그냥 조용히 살게 내버려두되 늘 보호관찰이 필요하다는 소견이었다. 그래서 신청이 기각되고 난 다음에도 검사는 남자의 행동을 예의주시하라는 판결을 내렸다.

이 소송이 끝나고 난 다음 뎅케는 가족을 노골적으로 불신하기 시작했다. 하지만 그렇다고 무슨 행패를 부리거나 하지는 않았다. 다만 누군가 자기 흉을 보면 불같이 화를 냈다. 특히 듣기 싫어하는 말은 "저놈은 남자도, 그렇다고 여자도 아니야!" 하는 것이었다. 그리고 당시 이런 풍문은 자자했다. 아무튼 보통 사람과는 여러모로 다른 뎅케였다. "겁을 내는 일도 없고, 뭘 불쾌해하지도 않아!" 가족은 동생을 보고 "아무것도 느끼지 못하는 모양"이라고 했다. 뎅케와 자리를 함께해본 사람들은 그저 그가 닫힌 성격이라고만 했다. 무슨 병적인 징후를 보인 것은 아니었다. 욱해서 난폭하게 구는 일은 전혀 없었다.

말문을 열게 만들기는 무척 힘들었다. 그렇다고 앉아서 당하기만 하는 일도 없었다. 누군가 자신을 조롱하면 똑 부러지는 목소리로 항의를 하곤 했다. 도축업을 하는 삼촌은 조카인 뎅케가 고기를 다루는 것을 보고 혀를 내두르곤 했다. "짐승을 잡을 때만큼은 뎅케가 일을 배우려는 의욕에 불타는 견습생으로 손색이 없었죠." 그가 나에게 해준 말이다. 뎅케 위층에 세 들어 살던 여자는 낯을 심하게 가리는 이 이상한 남자가 어딘지 모르게 겁이 나더라고 말했다. 그래서 그의 방에는 발길 한 번 들여놓지 않았다고도 했다. 무슨 이유인지는 자신도 모르지만, "정말 묘하게만 느껴졌거든요"라고 말했다.

이후 뎅케는 형제들과 왕래를 끊고 살았다. 와서 같이 밥 한번 먹자고 몇 차례나 불렀으나, 응한 것은 단 한 번뿐이었다. 이때 그는 혼자서 1킬로그램이나 되는 고기를 먹어치웠다고 한다. 놀란 가족은 그를 "대식가"라고 불렀다.

이웃에게 뎅케는 좀 기이하기는 하지만 마음씨 착한 남자였다. 텃밭에서 손수 가꾼 채소와 직접 만든 접시를 내다 파는 것으로 먹고살면서 늘 남에게 베풀 줄 알더라는 거였다. 부랑아와 거지 사이에서 뎅케는 자선가로 통했다. 그의 집을 찾아가 빈손으로 나오는 경우는 거의 없었기 때문이다. 사람들이 입을 모아 "아버지 뎅케"라고 부른 이유가 달리 있는 게 아니다.

극심한 인플레이션으로 생활이 어려워지자 뎅케는 땅을 포함해 자신이 가진 것을 모두 팔고, 죽기 전까지 살던 집에 방 하나를 세내서 살았다. 살림살이에 필요한 모든 일은 직접 해결했으며 다만 빨래만 남에게 맡겼다.

그의 성생활이 어땠는지도 조사했다. 여자와 잠자리를 같이 한 적은 한 번도 없었으며, 두말할 필요가 없을 정도로 여성 혐오가 심했다는 평판이 자자했다. 그렇다고 동성애적 취향을 확인해주는 것도 없었다. 특이하게도 술은 한 방울도 입에 대지 않았다.

나는 직접 시신을 부검해보고 아래와 같은 결론을 내렸다. 지금 소개하는 것은 일부만 발췌한 것이다.

164센티미터의 키에 근육질을 자랑하는 남자로 적당한 체지방에 강인하게 다져진 몸매를 가졌다. 머리카락과 가슴 털은 잿빛이다. 전형적인 남자의 몸이며 남성에게서만 볼 수 있는 가슴 털을 가졌다. 음낭에는 건강한 고환 두 개가 건재함을 과시한다. 목, 그러니까 갑상연골 바로 아래에 0.3센티미터 굵기의 검푸른 줄이 불거져 수평을 그리고 있다. 오른쪽 귀 아래까지 뻗어 있으며 왼쪽으로는 귀 아래를 약 2센티미터 넘어간다. 피가 말라붙어 정맥이 불거져 나온 것이다.

머리를 감싸고 있는 경뇌막은 부풀어 오르거나 비틀어지지 않고 반들반들 반짝였다. 더 깊이 들어 있는 연막軟膜이 아주 작은 실핏줄에 이르기까지 충분한 피들로 채워져 있다는 증거다. 그래서 경뇌막이 부드럽게 반짝이는 것이다. 뇌에서는 질환을 앓았다는 그 어떤 흔적도 찾을 수 없었다.

좌우 두개골 사이의 봉합선은 뒤로 가면서 오른쪽으로 강하게 휘어 있다. 이는 뇌막이 접합되는 과정에서 왼쪽보다 오른쪽의 수축이 강했다는 것을 뜻한다. 갓난아기 때 머리가 한쪽으로만 심하게 눌렸기 때문에 나타나는 현상이다. 그래서인지 뒤통수는 한쪽만 판판하다.

흉부와 복부 안에 자리 잡고 있는 장기들에서도 질병으로 인한 변형의 흔적은 찾을 수 없다. 대동맥 내부의 벽은 매끈했다. 위에는 약 50세제곱센티미터 정도의 걸쭉한 액이 들어 있었는데, 산성의 이 용액 안에

사진36 죽어 관에 누운 카를 뎅케. ⓒ 마르크 베네케

서는 잘게 부서진 고기 조각이 나왔다. 두 개의 고환은 각각 호두알 크기였으며, 부고환과 부신에서도 육안으로나 현미경으로나 이상 징후를 발견할 수는 없었다. 정낭선은 끈적거리는 점액으로 꽉 차 팽팽했고, 수가 많지는 않지만 지극히 정상적인 정자들을 가지고 있었다. 장기들에서 기형이나 새롭게 나타난 변형 등은 찾아볼 수 없다. 혀는 회백색의 백태가 잔뜩 끼어 있다. 혀에 오래된 흉터 같은 것은 전혀 없다. 혀끝에서 좌측으로 약 1센티미터 정도 들어간 곳에서 완두콩 크기의 혈종이 조직에 생긴 것이 보인다.

특히 관심을 끄는 문제는 물론 뎅케의 정신 상태를 둘러싼 것이리라. 하르만의 경우는 비교적 마음 편하게 감정을 할 수 있었지만, 뎅케의 경우는 좀 착잡했다. 한 가지 확실한 것은 대부분의 언론이 불러일으킬 떠들썩함을 생각한다면, 뎅케가 자살이라는 방법을 택함으로써 현세의 심판으로부터 벗어났다는 것, 이로써 법정 심리와 제대로 된 평가 및 감정을 할 필요가 없어졌다는 점이 우리로서는 반가울 따름이라는 점이다.

어떤 개인의 정신 상태를 관련 서류와 기록으로만 평가하고 감정한다는 것은 아주 몹쓸 짓이다. 범행 그 자체는 정신 상태에 대해 이야기해주는 바가 거의 없거나 전무하다. 범행 동기를 알지 못한다고 해서 아예 병든 정신의 분출로만 바라보는 것은 올바른 접근 방식이 아니다. 언제나 인격 전체를 놓고 보는 것이 반드시 필요하다. 그러나 전인격적 이해라는 것을 이 사건에서 우리에게 중개해줄 사람들조차 뎅케에 관해 아는 바가 별로 없다. 범인의 독특한 성격 때문에 그저 피상적으로만 그를 알고 있던 사람들에게서 무얼 기대할 수 있으랴.

하르만 사건으로 미루어볼 때 처음에 가장 그럴 듯했던 설명은 카를 뎅케가 변태성욕을 갖는 아주 심한 사이코패스가 아닐까 하는 것이었다. 지적 장애로 인해 매우 심각한 위협을 주는 그런 사이코패스 말이다. 남자의 성장 과정이나 그동안 살아온 이력을 볼 때 이런 가정은 힘을 얻는 것만 같았다. 특히 항문을 도려낸 것이랄지, 젖꼭지를 포함해 피부를 잘라낸 것, 또 사람 가죽으로 생활용품을 만든 것 등을 보라. 특히 피부를 잘라내 멜빵으로 만든 것에서 비죽 솟은 음모를 보면 심증은 굳어져만 갔다. 하지만 뎅케의 성격이 지니는 많은 측면들이 이런 가정으로는 도무지 설명되지 않는다. 오히려 뎅케를 정신분열증 환자로 보는 게 더욱 그럴싸한 설명이 아닐까?

어떤 유전적 결함이 있었는지 확실하게 알 수 있는 것은 없었다. 하지만 아버지의 성격이 지나치게 옹졸하고 병적일 정도로 꼼꼼했다는 가족의 증언은 있었다. 여기서부터 실마리를 풀어야 할까? 사춘기 이전의 성장 과정은 분명 비정상적이었다. 말을 너무 늦게 깨우친 탓에 선생으로부터 "모자란 놈"이라는 핀잔을 들었다. 무뚝뚝하고 폐쇄적이며 고집이 센 성격도 소년의 두드러진 특징이었다. 이를 종합하면 어린 시절에 이미 병적 징후가 뿌리를 내렸다고 보아야 한다. 물론 사춘기에 들어서면서 상태는 더욱 열악해졌다. 뎅케의 형은 이 시기에 이미 동생과의 친근한 관계를 접어야 했다고 증언하지 않던가. 외부에 일체 관심을 끊고 자기 속으로만 파고드는 것이야말로 정신분열증의 시초다.

이렇게 자신을 고립시키는 성향은 갈수록 심해졌다. 사람들과 조금도 접촉하지 않으려고 했던 것을 생각해보라. 술집이나 춤판을 기웃거리는 일도 없었으며, 밤낮으로 홀로 숲 속만 배회하고 다녔다. 주변에 조금도 관심을 갖지 않았으며, 모든 게 심드렁하고 귀찮기만 했다. 말한 마디 없이 집을 나가버리기까지 했다. 거의 1년 만에 집에 돌아와서도 그동안 무슨 일을 어떻게 겪었는지 입 한 번 뻥긋하지 않았다. 가족의 걱정은 차갑게 무시했다. 뎅케는 부모의 무덤 앞에서도 심드렁하니 아무 감정을 드러내지 않았다. 안타까움이나 슬픔 같은 것을 표정에서 찾아볼 수 없었다. 그렇다고 못되게 굴지도 않았다. 한 번도 화를 내는 일이 없었으며 별 애착도 없었지만 시키는 일은 열심히 했다. 특히 가축을 잘 돌봤다.

이따금씩 마주치는 이웃이나 시민에게 뎅케는 그저 좀 괴짜인 중년 아저씨에 지나지 않았다. 오히려 "아버지 뎅케"라며 호감을 갖는 사람들도 적지 않았다. 누구와도 다투지 않았으며, 걸인을 위해서는 늘 무언가 남겨놓곤 했다. 물론 조금씩 놀려대는 사람이 없는 것은 아니었다. 하지만 그렇다고 평정을 잃고 흥분하지는 않았다. 그저 자기 방에 틀어

박혀 살아갈 날들을 하루하루 까먹고 있었을 뿐이다. 사람들이 그를 좋게 생각했었다는 것은 체포될 당시 터져나온 시민들의 불만만 봐도 잘 알 수 있다. 단지 위층에 사는 여자만 절대 그의 방에 발을 들여놓지 않으려고 했다. 그녀는 남자가 이상하기만 했던 것이다. 그녀는 뎅케 안에 들어 앉아 있는 악마를 직감한 모양이다.

하지만 냉담하게 겉을 꾸민 저 깊은 속 안에서는 온갖 감정과 자글자글한 생각들이 한바탕 난장판을 벌였다. 수많은 사람을 그저 짐승 잡아 죽이듯 때려죽이고, 무게를 달았으며 토막을 냈다. 어디 그뿐인가? 사람의 껍데기를 벗겨 바지 멜빵을 만들고 끈을 삼았다. 희생자들의 체중을 꼼꼼하게 적어 넣은 목록을 만들었으며, 그 숫자들을 가지고 놀이라도 즐기듯 합산을 했다. 얼마나 잡아먹었는지 알아두려고? 수백 개의 이빨들을 종류대로 분류를 하고 무슨 놀이패처럼 보관했다. 조그만 헝겊 조각을 깨끗이 세탁해 사람 가죽으로 질끈 동여맨 다음 누가 볼세라 고이고이 숨겨놓았으며, 점토로 자기만 쓰는 돈까지 만들어놓았다.

겉으로는 관대하며 온화하고 친절한 착한 중년의 모습을 꾸미고, 속으로는 사람을 때려잡지 못해 안달하는 괴물을 키웠던 남자, 더불어 사는 인간을 죽여 그 인육으로 배를 불리고 가죽으로 끈을 삼았던 미치광이. 두 가지 상반된 모습을 동시에 갖춘 기인, 그의 이름은 뎅케였다.

정신분열증이라는 진단이 정확한 것인지 확실하게 말할 수 있는 사람은 아무도 없다. 다만, 그럴 확률이 높다는 것일 뿐이다. 이 모든 것을 살펴본 지금 우리는 카를 뎅케를 두고 끔찍하기 짝이 없는 괴물이라고 손가락질할 수는 없다. 아니, 해서도 안 된다. 그는 그저 불행한 인간이었을 뿐이다. 오히려 그는 우리가 알지 못하는 어떤 위대한 섭리, 자신의 뜻이 실현될 때까지 인간을 끝없는 악순환의 고리 속에서 피눈물 흘리게 만드는 저 영원한 존재의 한낱 노리갯감에 지나지 않는 가엾은 미물일 터 ….

　얼마 전 나는 아르민 뤼터스라는 사람을 알게 되었다. 그는 끈질기게 뎅케 사건을 추적하면서 다각도로 연구해온 남자다. 그는 뮌스터베르크에서 출현한 현대판 식인종을 둘러싼 여러 가지 최신 정보를 수집했을 뿐만 아니라, 심지어 2001년에는 옛날 뎅케가 살았던 집을 찾아가 지금 살고 있는 여주인과 커피를 마시며 담소까지 나누었다고 한다.
　나이가 많은 노파는 뤼터스에게 뎅케의 집을 사들인 것은 자신의 남편이라고 털어놓았다. 무슨 속셈으로 이 집을 사들였는지 남편은 한 번도 이야기한 적이 없다고 했다. 그동안 남편은 세상을 떠났다며 노파는 눈물을 찍어냈다. 자신은 처음에는 이 집이 싫었지만 남편을 떠나보내고 나서는 이곳을 떠날 수 없다는 말을 했다. 왜 그런지 자신도 그 이유를 알 수 없다고 하면서 말이다. 그러면서 노파는 아르민 뤼터스에게 집을 싼값에 사라는 제안을 했다. 평소 뎅케에게 관심이 많았던 그로서는 혹하는 이야기가 아닐 수 없었다. 뮌스터베르크에 최초의 현대판 식인종 출현을 기리는 장소가 하나쯤 필요하다는 생각에서였다. 불행한 사건의 유물들을 전시해놓음으로써 사람들로 하여금 인생의 의미를 곱씹어볼 기회를 주는 것도 나쁘지는 않을 것 같더라는 것이다. 하지만 주변 사람들의 거센 반대로 뤼터스는 꿈을 접고 말았다. 베르나르도와 호볼카나 위르겐 바르취 사건들에서 보듯 사람들은 오욕으로 물든 슬픈 역사로 자신들의 고향이 유명해지는 게 싫었던 것이다. 엄연히 있는 과거를 한사코 지우려고 한 것이랄까. 당시 뮌스터베르크 시장의 딸도 카를 뎅케라는 주제를 입에 올리는 것조차 싫어했다.

지금은 이 소도시의 옛 시청 청사에 뎅케 사건을 기억하고자 하는 박물관이 들어서 있다. 뎅케가 사용한 다리미와 그 밖의 소소한 살림살이를 진열한 곳이다. 유례를 찾기 힘든 이 독특한 전시에는 뎅케가 갇혔던 감방도 실물처럼 꾸며놓았다. 뎅케가 수건을 꼬아 스스로 목숨을 끊었던 그 창살도 그대로 있다. 이런 식으로 누구나 좋은 사람이라고 평가했던 "아버지 뎅케"는 자신의 뇌에 공급되는 피와 산소를 끊었던 것이다. 정작 더불어 사는 이웃의 무관심과 냉대에 피와 산소의 공급이 끊어졌으면 하는 게 이런 박물관을 마련한 진의가 아닐까.

2003년 여름, 나는 다시금 뎅케 사건과 맞부딪쳐야 했다. 헤르브레히팅엔의 옛 수도원에서 열린 강연회에 초대를 받아 지난 한 세기 동안 일어난 기괴한 범죄 사건이라는 주제로 일반 시민과 이야기를 나누어볼 기회가 있었다. 장장 3시간이 넘도록 강연을 했음에도 청중은 나를 놓아주려 하지 않았다. 그래서 나는 뎅케 사건을 꺼내들었다. 강의를 끝맺는 데 이보다 더 좋은 이야깃거리도 없으리라고 생각한 것이다. 하지만 웬걸! 뎅케 이야기는 오히려 벌집을 쑤셔놓은 것만 같은 결과를 낳았다. 한 여성이 손을 들고 자리에서 일어나더니 자신의 어머니가 즐겨 불렀다는 '모리타트Moritat'•를 아느냐며 사람들이 지켜보는 가운데 시

• 19세기 독일에서 엽기적인 살인이나 재난을 풍자해 부르던 노래. 입에서 입으로 전해지는 민요와 같은 성격을 갖는다.

범을 보였다. 예전에 단 한 번도 들어본 적이 없는 노래에 나는 적잖이 당황하고 말았다. 뎅케의 첫 살인이 일어난 지 거의 100년이 지난 지금, 여인이 부르는 노래에 나는 돌덩이처럼 굳어지고 말았다.

> 뮌스터베르크, 너 아담한 예쁜 도시여,
> 뮌스터베르크, 너 아름다운 도시여,
> 네 안에 걸물 뎅케가 살았다며!
> 수많은 젊은 떠돌이들을 잡아 죽인!
> 젊은 청년만 보았다 하면,
> 편지를 써달라고 불러들여
> 크고 멋진 통에 담아
> 모두 소금으로 절여버렸다며!
>
> 마침 또 한 명의 부랑자가 찾아와
> 빵 한 조각 나누어달라고 빌었지.
> 뎅케는 편지를 써달라며 불러들여
> 그를 때려죽이려 했다네.
> 하지만 불쌍한 청년은
> 뎅케의 대담한 살의를 눈치채고
> 피투성이 머리를 해가지고
> 야수를 공격했네.
> 하지만 경찰은 이 불쌍한 청년의 말을
> 단 한 마디도 믿지 않았네.

오히려 가엾은 거지를

철창에 가두어버렸지.

뎅케가 목을 매지 않았더라면

소금 절이기는 계속 되었겠지.

마침내 비밀을 알아낸 사람들은

비밀의 휘장을 갈가리 찢어버렸네.

그녀의 어머니가 이 노래를 어디서 배웠는지, 왜 그런 노래를 딸에게 늘 불러주었는지 질문을 주고받았지만 알 수 있는 것은 없었다. 다만, 원래 이 노래는 손풍금 반주에 맞춰 불렸으며, 동시에 칠판에 그림을 그려가며 노래 내용을 설명했다는 것만 우리는 확인할 수 있었다.

동성애자 연쇄살인범 프리츠 하르만의 경우에도 비슷한 노래가 있다. 이 노래는 지금까지도 사람들의 입에 오르내리고 있다. 물론 여기서 우리는 하르만 사건이 예나 지금이나 독일에서 아주 잘 알려진 유명한 사건인 반면, 뎅케 사건은 전후 사람들의 기억에서 말끔하게 지워져버렸다는 점을 유념해둘 필요가 있다. 하르만 노래는 이렇다.

기다려, 아주 잠깐만 기다려,

곧 하르만이 너를 찾아올 거야.

조그만 도살 도끼를 들고

너를 갈아 소시지를 만들어버릴 거야.

노래가 너무 끔찍하다고? 걱정할 것 없다, 이렇게 맞받아치면 그만이다.

하르만, 잠깐만 기다려

우리도 너를 찾아갈게,

커다란 도살 도끼를 들고

너를 잘게 썬 훈제 소시지로 만들어버릴게.

바이에른의 로빈 후드, 크나이슬

범죄라고 해서 언제나 끔찍한 것만은 아니다. 특히 범인이 시골의 조그만 방앗간 집 아들로 태어나 저 "윗대가리"에게 보기 좋게 한방 먹인 경우는 이야기가 달라진다. 강도 크나이슬 사건에서 범인을 칭송해 마지않은 사람들의 평가는 상당히 흥미롭게 음미해볼 부분이다. 바이에른의 동향 사람들은 크나이슬을 두고 전설의 의적 로빈 후드라고 칭송해 마지않았지만, 정작 본인은 단 한 번도 로빈 후드 행세를 한 적이 없다. 그리고 이런 그의 태도는 올바른 것이었다. 기본적으로 그는 어쩌다 잘못된 길로 접어든 청년이었을 뿐이기 때문이다.

크나이슬의 부모는 수상쩍다고 말하기는 어려울지 몰라도 괴상한 사람인 것만큼은 분명했다. 작기는 해도 손님이 끊이질 않던 식당을 계속 운영하는 대신, 이들은 1886년 아우크스부르크와 뮌헨 그리고 프라이징 사이에 걸친 정통 바이에른 지역이라고 할 수 있는 곳에 있는 울창

한 숲의 한가운데 자리 잡은 외딴 방앗간을 사들였다. 길도 제대로 나지 않은 습지대에 도적 소굴이나 다름없어 보이는 방앗간을 산 것을 두고 사람들은 고개를 갸웃했다.

그렇지 않아도 방앗간을 둘러싼 평판이 좋지 않던 시절이었다. 예로부터 사람들은 양치기와 방앗간 주인을 보고 "비열한 놈"이라며 손가락질을 일삼았던 것이다. 이유는 간단했다. 이들은 전쟁이 터져도 소집을 면제받았기 때문이다. 양 떼나 방앗간처럼 지키고 돌봐주는 사람이 없으면 안 되는 경우, 국가가 그 불가피함을 인정해주었던 것이다. 고향을 지키기 위해 피를 흘려가며 싸우지 않는 남자를 주변에서 좋게 볼 리가 없었다. 또 외진 방앗간을 구태여 사들인 크나이슬 아버지의 본래 목적이 군대 회피인 것도 사실이었다. 1875년 8월 4일 크나이슬이 세상에 태어났을 때에는 이런 오명이 거의 잊히기는 했지만, 그래도 개운치 않은 뒷맛은 남아 있었다.

그 밖에도 방앗간은 좀도둑들이 모의를 벌이기에 맞춤한 장소였다. 워낙 외진 곳에 떨어져 있다 보니 일을 꾸미기 좋았기 때문이다. 1892년에 벌어진 성지 순례 교회 "주님의 평안" 약탈 사건에 가담했던 크나이슬의 아버지는 결국 체포되어 멀지 않은 다카우로 끌려갔다. 그리고 얼마 뒤 그는 그곳 감옥에서 죽고 말았다. 어쩌다가 죽음에까지 이르게 되었는지 그 자세한 정황은 알려진 바가 없다. 동시에 어머니도 유치장에서 조사를 받아야만 했다. 모든 것을 스스로 알아서 해결해야만 했던 두 아들 알로이스와 마티아스에게는 가혹하기만 한 시절이었다. 학교생활이 제대로 이루어질 수가 없는 것은 정해진 이치였다. 당시 열두 살인 마티아스의 성적표를 보면 다음과 같은 이야기가 나온다. "능력이 없다고까지 말하지는 않겠다. 하지만 게으름의 끝이 어디인지 보여주기로 작정한 모양이다. 태만한 데다가 정말 대단히 산만해서 수업을 전혀 따라오지 못한다. 벌을 주고 훈계도 해보았으나 아무 소용이 없다. 이런 상태에서는 학교를 다닌다는 게 무의미할 따름이다."

마티아스의 동생 열 살 알로이스는 더욱 심각했다. "무어라 마땅히 비교할 게 마땅치 않은 정말 어처구니가 없는 학생이다. 그나마 음악에 재능을 보이는 게 위로라면 위로랄까. 가정에서 교육이 전혀 이루어지지 않는 모양이다. 학교를 밥 먹듯 빠지고 있다."

가족을 먹이기 위해 기꺼이 총을 잡고 사슴이나 멧돼지를 사냥했던 어머니 아래서 자란 두 아들이었다. 이들은 선생이 뭐라 하던 코웃음을 치며 직접 사냥에 나섰다. 이런 소년들을 경찰이 곱게 볼 리 없었다. 물론 당시의 국민 정서로 볼 때 소년들의 밀렵쯤은 아무것도 아니었다. 오히려 푸른 제복을 차려입은 질서 수호자야말로 연미복이나 입고 거들먹거리는 고위관료와 부자의 하수인이라며 흘겨보던 시절이었다. 땀 흘려 일하는 농부와 달리 입만 나불거리며 가난한 사람들을 착취하는 게 경찰 나부랭이라며 반감이 무척 심했던 것이다. 이런 마당이다 보니 주민들은 경찰에 쫓기는 사람을 무조건 같은 편이라고 여겼다. 게다가 당시 경찰에는 프랑켄• 지역 출신이 많았다. 질서를 중요시하며 권력에 충실하기로 유명한 프랑켄 출신은 스스로 그 정반대라고 생각하는 바이에른 주민들에게 눈엣가시가 아닐 수 없었다.

• 바이에른 북쪽 지역을 이르는 명칭. 서쪽으로는 뷔르템베르크와 더 위쪽으로는 튀링겐과 맞닿아 있다. 뉘른베르크와 뷔르츠부르크 등이 주요 도시다.

"내 불행의 싹은 학교 다니던 시절에 이미 뿌려졌다." 12년 뒤 법정에서 마티아스 크나이슬이 진술한 내용이다. "부당하게도 나는 열일곱 살이 될 때까지 학교를 다녀야만 했다. 나를 밉살맞게 여긴 엔들 목사가 계속 유급을 시켰기 때문이다. 내 친구들은 벌써 오래전에 졸업을 한 상태였다. 나도 다른 놈들 못지않게 열심히 배웠다. 그런데도 시험만 봤다 하면 나 혼자서만 앞으로 나가 칠판에 문제를 풀어야 했다. 부당한 대우를 참을 수가 없었다. 굴복을 하느니 스스로 망가지는 길을 택하기로 했다."

학교를 다닐 때 이미 크나이슬 형제는 자신들의 앞날이 어찌될지 알았던 것이다. 1902년 2월 21일 마티아스는 망나니의 칼날에 목을 잃어야만 했다.

———

강도가 된 크나이슬

크나이슬 형제의 부침 많은 인생은 1892년 11월 2일 그 서막을 올렸다. 괴스바인과 푀르취라는 이름의 두 경관이 말썽꾸러기 형제가 다시는 밀렵을 하지 못하게 하려고 무장도 하지 않은 채 방앗간을 찾은 것이다. 푸른 제복은 마티아스와 알로이스를 어리게만 보고 그들의 투쟁 의지를 과소평가하는 실수를 저지르고 말았다. 소년들은 총을 들고 지붕과 천장 사이의 공간에 몸을 숨기고 들어오는 경찰을 겨누었다. 핑 날아온 총알에 혼비백산한 푀르취가 부들부들 떨고 있는 사이, 괴스바인은 천천히 좁고 가파른 계단을 타고 올라가며 둘 가운데 한결 더 침착한 태도를 보이는 마티아스에게 말을 걸며 무기를 버릴 것을 종용했다. 하지만 그때 알로이스가 쏜 두 발의 총알이 괴스바인 경관을 정통으로 맞추었다. 이때 입은 부상으로 경관은 평생 불구로 지내야만 했다. 며칠 뒤 크나이슬 형제는 경찰의 추적을 피해 도망 다니던 끝에 체포되고 말았다. 도주 및 강탈, 살인미수, 밀렵, 공무집행 방해 등의 죄를 물어 15년(알로이스)과 6년(마티아스)에 해당하는 실형이 각각 선고되었다.

1899년 감옥에서 풀려난 마티아스는 계속 고향의 숲 속에서 살았다. 잊을 만하면 들짐승 고기를 가지고 나타나는 마티아스를 농부들은 반색을 하며 맞았다. 농부들 사이에서 마티아스가 누리는 인기는 하늘을 찔렀다. 그 밖에도 마티아스는 미국으로 건너갈 꿈에 부풀었다. 필요한 돈은 훔치고 빼앗아 마련할 작정이었다. 하지만 끝내 돈은 모이지 않았다.

1900년 11월 30일 해가 뉘엿뉘엿 질 무렵 마침내 마티아스 크나이슬은 전설과 민요가 앞다투어 노래하는 전설적 영웅 '의적 크나이슬'로 변신할 순간을 맞았다. 그는 이르헨브룬 마을에서 플레클이라는 농부의 집 문을 두들겼다. 평소 알고 지내던 플레클의 집에서 하루 묵어갈 수 있으리라 기대를 한 것이다. 추적추적 비가 내리고 있는 데다가 배도 몹시 고팠다.

농부의 아내는 그를 집에 들이지 않으려고 했다. 여관에 가서 자면 될 것을 왜 하필 자기네 집이냐는 것이었다. 하지만 크나이슬은 여관만큼은 피하고 싶었다. 그동안 기회가 있을 때마다 도적질을 일삼아왔기에 여관 손님들 가운데 누군가가 신고를 하면 어쩌나 싶었던 것이다. 플레클 부부는 하는 수 없이 크나이슬을 집으로 들였다. 농부는 맥주와 소시지 그리고 훈제 고기를 내어와 크나이슬과 거실에 마주 앉아 밤 11시까지 이러저런 수다를 떨었다. 갑자기 개가 짖어 댔다. 누군가 현관문을 거세게 두들겼다. "문 열어라, 플레클! 경찰이다!" 밖에서 외치는 소리가 들렸다.

플레클은 짐짓 완강한 태도를 보이며 출동한 경찰들을 집으로 들이려 하지 않았다. 하지만 크나이슬은 의혹을 떨칠 수가 없었다. 농부가 맥주와 소시지를 가지러 가는 척하면서 신고를 했던 게 분명했다. 그래서 밑도 끝도 없는 이야기를 떠들어가며 그를 잡아두었던 것이다. 농부가 노리는 게 무엇인지는 불 보듯 환했다. 비록 자신도 암흑계에 한 발 담그고 있었지만, 크나이슬에게 걸려 있던 400마르크라는 현상금이 탐났던 것이다.

크나이슬은 얼른 총신이 세 개가 달린 자신의 엽총을 꺼내 쥐고 뒷문을 향해 뛰었다. 하지만 그곳에는 이미 여섯 명의 무장 경찰이 기다리고 있었다. 독 안에 든 쥐 신세가 된 크나이슬은 앞쪽에서 들이닥치는 경찰서장과 경장이 쏘는 총에 맞서 어두운 가운데서도 방아쇠를 당겼다. 뒤쪽의 여섯 명은 총소리에 놀라 숨어 엎드리기에 바빴다.

나중에 밝혀진 것이지만, 이때 크나이슬이 쏜 총알은 서장의 허벅다리에 맞았을 뿐이었다. 그러나 하필 동맥을 맞아 너무 많은 피를 흘리게 되고 말았다. 경장이 반격을 시작하고 나서야 크나이슬은 조준 사격으로 맞섰다. 경장의 오른발을 맞춘 것은 유탄이었다. 그로부터 3주 뒤 상처에 염증이 심해진 경장은 목숨을 잃었다.

전설의 탄생

구구절절 감탄과 찬사로 얼룩진 '크나이슬 송가'는 이때의 장면을 묘사하면서 갓 태어난 영웅을 순결한 희생양으로 그리고 있다. 사람이 총에 맞아 죽었음에도 사건은 아름다운 이야기로 포장되었다. 원래 마

사진37 강도 크나이슬은 체포되기 전에 이미 국민 영웅으로 떠받들어졌다. 현실의 그는 영웅이 아니었을 뿐만 아니라, 그렇게 되고 싶은 생각도 없었음에도 말이다. 심지어 크나이슬은 나중에 소설의 주인공으로도 등장했다. 그의 팔에 안겨 있는 상냥한 처녀만 현실에 조금 가깝다고 할까(쾰른대학교도서관이 소장하고 있는 만화책의 표지). ⓒ마르크 베네케

티아스는 경찰에게 아무런 해를 입히지 않고 도망가려고 했으나, 시시콜콜 지난 이야기를 들먹이며 깐죽거리는 통에 경찰은 스스로 화를 불러들이고 말았다는 것이다. 비열한 경찰의 철통같은 경계를 뚫고 탈출에 성공한 마티아스! 물론 그는 실제로도 도망을 갔다. 기차역마다 수배 전단이 나붙었다. 신문에도 남김없이 수배를 알리는 공고문이 실렸다. "스물다섯 살의 중간 키(마티아스 크나이슬의 정확한 키는 164센티미터다―지은이). 금발에 푸른 눈을 가졌으며, 바이에른 남부의 사투리를 강하게 씀. 왼쪽 허벅지에 총상으로 인해 생긴 오래된 흉터가 두 개 있음. 항상 검은 모자에 검은색 정장을 입고 있음. 깃을 빳빳하게 세운 푸른색 줄무늬 셔츠를 입었으며 목이 긴 노란 양말에 검정 구두를 신었음."

이제 상황은 일촉즉발의 심각함으로 치달았다. 수많은 사복 경찰이 크나이슬이 찾아갈 만한 곳마다 잠복을 하며 그가 나타나기만 기다렸다. 실제로 한 번은 그야말로 간발의 차이로 빠져나갈 수 있었다. 열여섯 명의 경관들이 포핑거 농장을 찾아와 주인을 다그치자 농부는 마티아스의 아버지와는 알고 지내던 사이지만 아들은 전혀 모른다고 딱 잡아뗐다. 다섯 명의 경찰이 집 안을 샅샅이 뒤지는 동안, 나머지 경찰은 밖에서 두 눈을 부릅뜨고 감시했다. 농부는 한심하다는 듯 그저 어깨만 으쓱하고는 퇴비를 실은 수레를 끌고 밭으로 나갔다. 밭에 도착하자 퇴비 더미를 뚫고 크나이슬이 나타났다. 악취가 코를 찌르기는 했지만, 어쨌거나 무사히 빠져나온 것이다.

이렇게 해서 영웅담은 꼬리에 꼬리를 물었다. 오죽했으면 사건을 풍자하고 당국을 비꼬는 그림엽서까지 등장해 커다란 인기를 끌었을까. 대부분 지어낸 이야기에 불과했지만 겨울의 농부들 사랑방을 통해 전설은 무서운 속도로 퍼져나갔다. 크나이슬 자신은 원치 않은 일이었지만, 어느덧 그는 농부들의 총아로 우뚝 서는 영광을 누렸다. 무대마다 나타난 국민 영웅이 높으신 양반과 부자들을 비웃고 조롱했다. 선술집마다 영웅을 자처하는 광대들이 표준말을 쓰는 배불뚝이 양반들을 바보멍청이로 만들며 사람들을 웃겨 댔다.

물론 현실은 그리 유쾌한 게 아니었다. 크나이슬은 숨 돌릴 겨를 없이 도망을 다녀야만 했다. 어쩌다 나누게 되는 하룻밤 풋사랑만이 유일한 위안이었다. 사회로 복귀할 길을 완전히 차단당한 도망자의 신세는 처량하기만 했다. 어쩌다 하룻밤 잠자리를 허락해주는 사람도 짚단이나 거적때기 하나 주는 것까지 돈을 받으려 들었다. 입으로는 영웅 운운하면서도 실질적인 도움을 주는 데는 그렇게 야박할 수 없었다. 나중에 재판을 받으며 크나이슬은 당시의 서러움을 이렇게 표현했다. "10마르크는 줘야 맥주 몇 잔과 빵 한 조각을 얻을 수 있었소. 더이상 베풀려는 놈은 눈을 씻고 봐도 없더군. 그래도 이를 악물고 참아야만 했소. 뭐라고 했다가는 바로 신고가 들어갈 테니 말이오."

도피 생활 동안 대부분의 지원은 가족이 해주었다. 누이동생이 2월의 혹독한 추위에 떨 오빠를 생각해 따뜻한 외투를 가져다주기도 했다. 외투를 주고받을 장소의 선택은 대단히 현명했다. 그곳은 수많은 관광객들의 발길이 끊이질 않는 "로젠아우"라는 이름의 유명한 관광지였다. 경찰에 쫓기고 있는 크나이슬이 이런 곳에 나타나리라고는 그 누구도 짐작하지 못했으리라. 손님들 가운데 국민 영웅으로 떠받들어지는 강도를 알아본 사람은 아무도 없었다.

—

현상금

쫓고 쫓기는 게임은 언젠가는 끝나기 마련이다. 그러나 크나이슬이 부주의한 탓에 참수를 당해야 했던 것은 아니다. 그를 체포할 수 있었던 것은 어디까지나 수사를 게을리하지 않은 경찰이 올린 개가였다.

국민 영웅의 몰락은 그의 스물네 살짜리 조카 푀스트가 뮌헨에서 체포되면서 시작되었다. 벌써 몇 번이나 자잘한 범죄를 저질러 뮌헨에서 완전 추방을 명령받았던 터라 조카는 적지 않은 형량의 실형을 걱정해야 할 판국이었다. 푀스트가 크나이슬과 친척 사이라는 것을 알게 된 수사관 요제프 뵈서르트는 모든 수단을 동원해가며 그를 구워삶으려고 들었다. 으르고 달래가며 협박과 회유를 반복했다. 뵈서르트는 푀스트에게 크나이슬이 숨어 있는 곳을 알려주기만 한다면, 그동안 1,000마르크로 불어난 현상금을 그에게 주겠노라고 구슬렸다.

당시로서는 엄청난 거금인 1,000마르크면 가난을 면할 수 있다는 생각에 푀스트는 차마 모른다고 잡아뗄 수가 없었다. 1901년 3월 3일 저녁 경찰은 메르클 부부의 농장을 급습했다. 처음에는 이리저리 둘러대던 부부는 마침내 크나이슬이 집 안에 있다고 털어놓았다. 총을 버리고 나오라는 경찰의 경고가 몇 번 이어졌지만 크나이슬은 이미 지붕과 천장 사이에 숨은 뒤였다.

3월 4일 농장을 에워싼 경찰의 수는 150명으로 늘어났다. 하지만 집 안으로 들어가 도둑을 끌어낼 엄두는 누구도 내지 못했다. 다음 날에야 자그마치 마흔세 명의 병력으로 구성된 경찰 특공대가 작전을 개시했다. 30분 동안 크나이슬이 숨어 있을 곳으로 추정되는 곳에 집중 사격을 퍼부었다. 그런 다음에야 집으로 들어간 특공대원들은 중상을 입고 쓰러져 있는 크나이슬을 끌어냈다. 발로 차고 때릴 필요가 전혀 없었지만 흥분한 경찰 몇 명은 크나이슬에게 침을 뱉어가며 난동을 피웠다. 뮌헨에서 파견 나온 경찰이 중간에 끼어들어 말렸기에 망정이지 크나이슬은 그 자리에서 목숨을 잃었을 수도 있었다. 몇 개월 동안이나 시달려온 현지 경찰은 그만큼 예민해져 있었던 것이다.

크나이슬의 최후

자신의 의지와 상관없이 국민 영웅이 된 남자는 부상이 너무나 심한 나머지, 만약을 우려한 신부가 미리 마지막 성사를 치렀을 정도였다. 성사가 끝나자 경찰은 크나이슬을 지붕이 없는 마차에 태워 기차역으로 데리고 갔다. 뮌헨의 감옥으로 이송하기 위해서였다. 뮌헨에 도착한 기차는 몰려든 군중 때문에 역사 안으로 진입을 할 수 없었다. 결국 기관사가 다시 기차를 거꾸로 몰아 역에서 제법 떨어진 바이어슈트라세라는 거리에 이르러서야 크나이슬을 내려놓을 수 있었다.

"여보쇼, 내가 원했다면 당신을 얼마든지 쏠 수 있었소." 크나이슬이 기차를 타고 오며 경찰 지휘관에게 했다는 말이다. "하지만 난 그렇게 하지 않았소!"

"네가 숨어 있을 때 네 대갈통을 날려버릴 수도 있었어!" 지휘관은 이를 갈며 으르렁거렸다.

"날 맞추지는 못했을걸." 크나이슬이 맞받아쳤다. "내 총 솜씨는 훨씬 빠르고 정확하니까."

크나이슬이 결코 먼저 발포한 게 아니라는 것을 증명하는 두 가지 사실이 있다. 우선, 그는 법정에서 누가 들어도 진심이구나 하고 알 수 있을 정도로 진지하게 플레클 농부 집에서의 총격전은 자신이 먼저 시작한 게 아니었다고, 사건 이후 평생 숨어 다녀야 할 줄 알았더라면 절대 쏘지 않았을 거라고 눈물로 호소했다. 더구나 사람을 노리고 쏜 게 아니라 그저 바닥에 대고 겁만 주기 위해 쏘았다고 했다. 둘째, 그가 체포된 다락방에는 장전된 소총과 권총이 있었지만 단 한 발도 발사되지 않은 채로 총알이 고스란히 남아 있었던 것이다.

그 밖에도 크나이슬은 냉정하고 침착한 태도를 잃지 않았다. 1901년 11월 중순 한참 진행되고 있는 재판을 보며 손과 발이 묶인 피고는 모든 게 한바탕 연극이라는 말을 중얼거렸다고 한다. 재판정을 가득 메운 관객은 사실 창녀와 포주였으며, 법률가들과 자신은 배우에 지나지 않는다

사진38 당시 일간지에 실린 크나이슬 재판 관련 보도 기사.

는 지극히 정확한 판단이었다. 재판이 열릴 때마다 크나이슬 자신도 언
제나 말쑥한 차림으로 나타났다. 어머니가 검은 양복에 하얀 포켓 손수
건, 밝은 파란색 넥타이와 반들반들 광이 나는 구두를 사주었던 것이다.

사진39, 40 현실의 크나이슬은 사람들이 상상하는 영웅과는 거리가 먼 남자였다. 특히 혹독한 겨울 경찰에 쫓기며 나중에 부상까지 당한 크나이슬의 몰골은 초라하기만 했다. ⓒ미하엘 파린Michael Farine, 뮌헨

크나이슬의 병세는 갈수록 심해졌다. 그는 간호사들과 좋은 친구가 되었다. 물론 너무 좋아서 탈인 경우까지 있었다. 어쨌거나 그녀들의 극진한 간호 덕분에 결국 단두대에서 처형되었으니 말이다. 그냥 내버려두었으면 병으로 죽었을 사람을 한사코 살려내 단두대에 세운 셈이랄까.

아무려나 이 강도가 일반 사람들이 보듯, 죄 없는 희생양인 것은 아니었다. 검사는 논고를 통해 이를 분명하게 지적하고 있다. "크나이슬은 사회로부터 제거되어야 마땅합니다. 15년의 감옥살이는 그가 받아야 할 형벌이 아닙니다. 저는 그가 저지른 죄가 살인이라는 점을 분명히 해두고자 합니다. 그리고 재판을 하는 동안 이런 서글픈 확신은 더욱 굳어졌다고밖에 달리 드릴 말씀이 없습니다. (⋯) 크나이슬과 같은 인간

이 15년 뒤에 다시 사회로 나오는 것은 우리 모두에게 불행한 일입니다. 피고가 다시 일자리를 얻을 수 있을까요? 저는 그렇게 보지 않습니다. 딱히 직장을 갖지 못한 전과자 크나이슬이 다시 무엇을 할 수 있겠습니까? 또 도둑질에 손을 대겠지요! (…) 존경하는 배심원 여러분, 사안의 심각성을 헤아려 저 살인마가 다시는 자신이나 우리에게 해를 끼치는 일이 없도록 현명한 판단을 내려주시기 바랍니다."

변호사는 별다른 반론을 제기하지 못했다. 한 시간 반에 걸친 회의 끝에 배심원들은 유죄판결을 내렸다. 서장 살인죄와, 경장을 고의로 상해해 결국 죽게 만든 죄를 모두 유죄로 인정한 것이다. 이제 남은 일은 법관이 형의 정도를 확정하는 것이었다. 한 시간에 걸친 심의 끝에 판사는 확정판결을 내렸다. 서장을 죽게 만든 것은 고의가 아닌 과실로 인정한다. 이 부분은 15년 형으로 책임을 져야 한다. 경장을 죽음에 이르게 만든 것은 조준사격으로 인한 다분히 고의적인 행위였다. 사형! 피고의 얼굴은 백지장처럼 하얘졌다. 방청석의 어머니는 자리에서 벌떡 일어나 "이건 법의 이름을 빙자한 살인이다!"라고 울부짖었다. 하지만 1902년 2월 21일 아침 7시 정각 아우크스부르크에서 거행된 참수형이 끝난 다음, 시체를 60마르크라는 돈을 받고 팔아넘긴 사람도 어머니였다.

처형 직전 크나이슬은 맥주를 여섯 잔 비워냈다. 그리고 마지막 순간까지 혼자 이렇게 중얼거렸다고 한다. "나는 억울함을 끌어안고 죽을 것이다. 이르헨브룬에서 두 명의 경찰관을 쏜 것은 절대 고의가 아니었다." 그가 남들 앞에서 그저 그렇게 꾸민 것인지, 진짜 그의 속내가 그랬는지 우리는 알 길이 없다. 하지만 그를 믿지 못할 이유는 또 뭘까?

그래도 끝은 나쁘지 않았다

크나이슬의 이야기는 라인란트까지 퍼져나갔다. 그가 체포되고 나서 하루 뒤 노동자들이 즐겨 읽는 쾰른의 신문 〈라인 차이퉁Rheinische Zeitung〉은 크나이슬이 체포된 소식을 자세히 다루었다. 다만 그 내용이 문제였다. 기사 옆에는 진짜 권총 사진까지 떡 하니 실려 있었다. 크나이슬이 두 명의 여자와 흐드러지게 술판을 벌이다가 잡혔다나! 그것도 "질투에 불탄 한 창녀의 고발"로! 기자는 한 술 더 떠서 크나이슬의 술친구들과 그를 재워준 농부까지 잡혔다고 허풍을 떨었다.

하지만 바이에른 사람들 못지않게 놀기 좋아하고 윗대가리라면 치를 떠는 쾰른 사람들이 사건의 정확한 진상을 알기까지는 이틀밖에 걸리지 않았다.

"이 사건을 통해 적어도 한 가지만큼은 분명해졌다. 민중이 국가 질서를 떠받드는 근간이라는 흔히 듣는 주장은 전혀 들어맞지 않는 헛소리였다. (…) 이제 당국은 심각하게 고민을 해야 한다. 어떻게 해야 국민의 도덕적 소양을 높일 수 있는지 그 구체적인 방안을 찾아야만 한다. 아마도 시급한 것은 경제 발전을 통한 생활환경의 개선이자, 책임을 소중히 여길 줄 아는 자유정신을 성심과 성의를 다하는 교육을 통해 키워내는 일이리라. (…) 이게 크나이슬 사건이 우리에게 주는 교훈이다. 밀렵을 했다고 해서 처벌을 받았지만, 크나이슬이 일자리를 찾는 데는 아무 문제가 없었다. 그를 고용한 장인匠人은 부지런하고 성실한 일솜씨에 만족해했다. 문제는 끊임없이 찾아와 전과자라고 동태를 파악하려고 드는 경찰에게 있었다. 장인은 경찰의 이런 통제와 감시가 못내 불편해 그를 해고할 수밖에 없었다."

이 기사의 마지막 부분은 오늘날에도 법정에서 흔히 듣는 주장이다. 고용주는 전과자라고 해서 차별을 할 생각이 전혀 없으며 얼마든지 일자리를 주어 사회에 다시 적응할 수 있도록 돕고 싶은데도 마음대로 되지 않는다는 것이다. 사실 오늘날 전과자를 다시 거리로 내모는 쪽은 경찰이 아니라, 고객이다. 고객이 쑥덕거리고 손가락질을 하는 통에 이미 죗값을 치르고도 고통을 받는 전과자의 처지를 이해해주어야만 하지 않을까.

크나이슬의 두개골은 1944년까지 뮌헨대학교에 아무 탈 없이 한자리를 차지하고 있었다. 하지만 폭격기의 공습으로 해부학 전시실은 풍비박산 나고 말았다. 그러나 크나이슬 민요는 여전히 꺼지지 않는 생명력을 자랑하고 있다. 1966년에는 노랫말 내용이 판화로 그려져 이 타의에 의한 민족 영웅을 묘사한 서사 소설책의 삽화로 등장하기도 했다.

심지어 어떤 마부마저 크나이슬의 명성을 팔아먹은 모양이다. 이름이 알려지지 않은 이 마부가 죽었을 때, 신문에는 그가 유명 작가 루트비히 토마Ludwig Thoma•는 물론이고 저 '의적 크나이슬'도 손님으로 모신 일이 있다는 부고가 실려 마부의 죽음을 애통해 한 일이 있다.

• 1867~1921, 독일 바이에른 출신의 작가. 촌철살인의 풍자와 해학으로 대단한 인기를 누렸다.

끝을 맺으며

인류가 살아 있는 한, 전혀 예상하지 못한 새로운 범죄는 계속 일어날 것이다. 이렇게 볼 때 모든 범죄는 반드시 풀어야 할 숙제를 남기는 일종의 도전이 아닐 수 없다. 2001년 9월 11일 승객을 가득 태운 여객기들이 세계무역센터로 돌진했을 때, 우리 과학수사관들은 최근 어떤 착각에 빠져 있었는지 분명하게 깨달을 수 있었다. 새 천년의 시작과 더불어 한동안 우리는 현장에서 나온 단서를 감식하는 데 있어 마지막 장벽을 극복했다고 믿었던 것이다. 범죄수사학의 종주국이라 할 수 있는 영국에서 1985년 유전자 감식 기법이 발견되었을 때, 우리는 오랜 꿈이 실현되는 것 같아 감격에 몸을 떨었다. 신속하고 무엇보다도 예방적인 차원에서의 사건 처리가 현실로 다가왔다는 가슴 벅찬 감동이었다. 하지만 유전자 감식을 통해 신원을 밝혀낼 수 있었던 세계무역센터 사망자들은 지극히 일부에 지나지 않는다. 나머지 시신들은 폐허의 잿더미와 파편들 사이로 깨끗이 자취를 감추고 말았다. 한마디로 생체 단서가 완전히 사라지고 만 것이다.

이렇게 볼 때 우리는 19세기 말 범죄수사학이 막 태동하던 그 시절로 되돌아와 있다. 다시 도전해서 풀어야 할 기술적 난제가 눈앞에 산처럼 쌓여 있는 것이다. 이는 지금까지 보던 것과는 차원이 전혀 다른 새로운 문제다. 그리고 어떻게 풀어나갈 수 있을지 막막하기만 하다. 다만, 한 가지만큼은 자신 있게 말할 수 있다. 앞으로도 현실은 그 어떤 소설보다 더 흥미진진하리라는 분명한 사실 말이다.

참고 문헌 및 출전

독어 자료

Anonymus(익명 필자, 1984), "Auffallend vorsichtig. Kriminalistische Bilanz der Heineken-Entführung", *Kriminalistik* 38, 53쪽. [하이네켄 사건]

Anonymus(익명 필자, 2000), http://www.geocities.com/byebyekarla/ [칼라 호몰카 사망 내기 사이트]

Bassenge, F. (1937), *Ehre und Beleidigung.* Berlin: Duncker & Humblot. [결투]

Bayerisches Oberlandesgericht (2000), Beschluss vom 2000, 02, 23, zu Aktenzeichen 5 St RR30/00, *Deutsches Auto-Recht* (DAR) 2000, 277쪽. [교통 감시카메라 모욕 사건]

Benecke, M. (1996), "Die DNA-Beweise im Fall Simpson", *Kriminalistik*, 제50호, 481쪽 이하. [O.J. 심슨 사건]

Benecke, M. (2001), *Kriminalbiologie. Genetische Fingerabdrücke und Insekten auf Leichen.* 제2판. Bergisch Gladbach: Bastei Lübe Taschenbuch. [범죄생물학 단서]

Benecke, M. (2002), "Insekten auf Leichen", *Spektrum der Wissenschaft*, 2001년 3호, 42~48쪽.

Benecke, M./M. Rodriguez (2002), "Luis Alfredo Garavito Cubillos. Kriminalistische und juristische Aspekte einer Töungsserie mit über 200 Opfern", *Archiv für Kriminologie.* [연쇄살인범 루이스 알프레도 가라비토]

Benecke, O. (1889), *Von unehrlichen Leuten. Culturhistorische Studien und Geschichten aus vergangenen Tagen deutscher Gewerbe und Dienste.* 제2판, Berlin: Wilhelm Hertz/Bessersche Buchhandlung. [불명예스러운 직업군]

Dalcke, A. (1913), *Strafrecht und Strafprozeß. Eine Sammlung der wichtigsten, das Strafrecht und das Strafverfahren betreffenden Gesetze.* 제13판. Berlin: H. W. Müler. [노욕]

Dietel, M./P. Krietsch (1996), *Berliner Medizinhistorisches Museum an der Charité.* CD-ROM. Berlin: Blackwell. [결투]

Dietrich, S. (1998), "Hier ist ein Gesicht zerstört worden.", FAZ 89, 1998. 04. 17, 11쪽. [가이어 목사 사건]

dpa (1976), "Jürgen Bartsch beigesetzt.", *Rheinische Post*, 1976. 5. 4. [위르겐 바르취 사건]

Dvorchak, R. J./L. Holewa (1992), *Wer ist Jeffrey Dahmer? Das schockierende Porträt des Milwaukee-Mörders.* Bergisch Gladbach: Bastei Lübe Taschenbüher. [제프리 다머 사건]

Eckermann, W. (2001), "Ein diffuser Auftragsmord. Oder: Der mysteriöse Tod einer Ehefrau", *Kriminalistik* 제55호, 264~270쪽. [가이어 목사 사건]

Frankfurter Allgemeine Zeitung (1998), "Staatsanwalt fordert acht Jahre. Pastor des Totschlags angeklagt", FAZ 71, 1998, 3, 15, 11쪽. [가이어 목사 사건]

Friedrichsen, G. (1998), "Wie Falschgeld herumlaufen", *Der Spiegel* 7, 2001. 2. 9, 70쪽. [가이어 목사 사건]

Gerassimow, M. M. (1968), *Ich suchte Gesichter. Schädel erhalten ihr Antlitz zurück. Wissenschaft auf neuen Wegen.* Gütersloh: Bertelsmann. [얼굴 복원]

Gronau, H. (1933), *Der Hiesel. Ein Räuber und doch ein Volksheld.* Freya Heidenau. [크나이슬 사건]

Helmer, R. (1984), *Schädelidentifizierung durch elektronische Bildmischung.* Heidelberg: Kriminalistik Verlag. [얼굴 복원]

Helmer, R. (1998), "Identifizierung unbekannter, unkenntlicher Leichen mittels bildtechnischer oder rekonstruktiver Verfahren", D. Leopold(편집), *Identifikation unbekannter Toter.* Lübeck: Schmidt-Römhild, 449~476쪽. [얼굴 복원]

Helmer, R./S. Röricht/D. Petersen/F. Moer (1989), "Plastische Gesichtsrekon-struktion als Möglichkeit der Identifizierung unbekannter Schädel(II).

Eine Üerprüfung der Zuverlässigkeit der Rekonstruktionstechnik durch einen doppelten Blindversuch", *Archiv für Kriminologie* 제184호, 142~160쪽. [얼굴 복원]

Henke, J. (1995), "Die Bedeutung der DNA-Analysen im Prozess gegen O. J. Simpson", *Der Amtsvormund*, 788~802쪽. [O. J. 심슨 사건]

Hinder, L. (1997), "Zwischen Himmel und Höhle", *Stern* 50, 1997, 12, 4, 200쪽. [가이어 목사 사건]

Juhnke, A. (1998), "Der Hinrichtungsjournalismus hat mich zerstört. In einem einstüdigen Schlusswort bat Pastor Geyer vor Gericht um Freispruch", *Berliner Zeitung* 77, 1998. 4. 1, 12쪽. [가이어 목사 사건]

Kaya, H. (2001), "Die Bedeutung des Ehrbegriffs im tükischen Kulturkreis. Hintergrundinformationen bei Tötungsdelikten und schweren Körperverletzungen", *Der Kriminalist* 제10호, 411쪽 이하. [명예]

Kern, E. (1912), *Die systematische Abgrenzung der Verbrechenselemente bei der Beleidigung*. Breslau: Schlettersche Buchhandlung/Franck & Weigert. [결투]

Kohut, A. (1888), *Das Buch berühmter Duelle*. Berlin: Alfred Fried. [비스마르크와 피르호 결투]

Kristl, W. L. (o.J.), Kneißl. *Bayerns Kriminalfall der Jahrhundertwende*. München: Pflaum. [크나이슬 사건]

Pietrusky, F. (1926), "Üer kriminelle Leichenzerstückelung. Der Fall Denke", *Deutsche Zeitschrift für die gesamte gerichtliche Medizin* 제8호, 703~726쪽.

Pozsár, C./M. Farin (Hrsg.) (1995), *Die Haarmann-Protokolle*. Reinbek b. Hamburg: Rowohlt. [프란츠 하르만 사건]

Reidl, M. (1971), *Der Räuber Kneißl. Vierundvierzig Holzschnitte über den bayerischen Kriminalfall um 1900 mit dem Text des Kneißl-Lieds und einer Chronik der wirklichen Ereignisse*. Ebenhausen: Langewiesche-Brand. [크나이슬 사건]

Rossa, K. (1966), *Todesstrafen. Ihre Wirklichkeit in drei Jahrtausenden*. Oldenburg: Stalling. [결투]

Schäfer, H. (1994), *Poltergeister und Professoren: Über den Zustand der Parapsychologie*. Bremen: Fachschriften-Verlag Schäfer. [증인]

Schmiedel, H. (1992), *Berüchtigte Duelle*. Leipzig: Koehler & Amelang. [결투]

Steuerer, E. (1978), "Die Rekonstruktion von Entfürungswegen", *Kriminalistik* 제

32호, 396~400쪽. [마누엘라 슈나이더 사건]

Wälter, H./N. Westphal (1995), "Entfürung-eine infame Spielart der Erpressung", *Kriminalistik* 제49호, 629~636쪽. [마누엘라 슈나이더 사건]

Zarbock(1995), "Das DNA-Verfahren im Strafprozess und in Vaterschafts-feststellungen am Beispiel des Simpson-Prozesses in Los Angeles", *Der Amtsvormund*, Juli 1995, 788~802쪽. [O. J. 심슨 사건]

Zbarski, B. I./S. Hutchinson (1999), *Lenin und andere Leichen. Mein Leben im Schatten des Mausoleums.* Stuttgart: Klett-Cotta. [레닌의 시신]

영어 자료

Ahlgren, G./S. Monier(1993), *Crime of the Century: The Lindbergh Kidnapping Hoax*, Boston: Branden Books. [찰스 린드버그 사건]

AP(2001), *Police: FBI, DEA serve warrant at home of former footballgreat O. J. Simpson*, AP, 2001. 12. 14.

Brandon, R.(1993/2001), *The Life and Many Deaths of Harry Houdini*, London: Secker & Warburg/Pan Books. [후디니]

Bruce, R. G./M. E. Dettmann(1996), "Palnyological analyses of Australian surface soils and their potential use in forensic science," *Forensic Science International* 81, 77~94쪽. [꽃가루는 알고 있다]

Burnside, S./A. Cairns(1995), Deadly Innocence. The True Story of Paul Bernardo, Karla Homolka, and the Schoolgirl Murders, New York: Warner Books. [베르나르도와 호몰카 사건]

Cairns, A.(2000), "Karla: Prison Party Girl," *The Toronto Sun*, 2000. 9. 2, O. S. [베르나르도와 호몰카 사건]

Cairns, A.(2001), "Bernardo allegedly got smut from guard. Kingston prison suspends staffer in contraband probe," *The Toronto Sun*, 2001. 5. 24, 20쪽. [베르나르도와 호몰카 사건]

Carlson, K. A./J. E. Russo(2001), "Biased interpretation of evidence by mock jurors," Journal of Experimenal Psychology: Applied 7, 91~103쪽. [증언]

Connors, E./T. Lundregan/N. Miller/T. McEwen(1996), "Convicted by juries, exo-nerated by science. Case studies in the use of DNA evidence to establish innocence after trial"(74~76쪽: "Glen Woodall"), Alexandria, Virginia, US Department of Justice & National Institute of Justice/Institute for Law and Justice. [프레드 제인 사건]

Court TV(1996), Reporter's daily transcript. Superior Court of the State of

California for the County of Los Angeles. Sharon Rufo et aliis, plaintiffs, vs. Orenthal James Simpson et aliis, defendants. Santa monica, California, 1996. 11. 21. [O. J. 심슨 사건 신발 자국]

Dahmer, L.(1995), *A Father's Story*, New York: Avon Books. [제프리 다머 사건]

Gerassimow, M. M.(1971), *The Face Finder*, Philadelphia, New York: Lippincott. [얼굴 복원]

Graham, S. A.(1997), "Anatomy of the Lindbergh kidnapping," *Journal of Forensic Sciences* 42, 368~377쪽. [찰스 린드버그 사건]

Hillman, H.(1992), "The possible pain experienced during execution by different methods," *Perception* 22, 745~753쪽. [사형]

Houdini, H.(약 1920), *Miracle mongers and their methods. A complete exposé*, New York: Prometheus Books. [후디니]

Iscan, M. Y./R. P. Helmer(편집) (1993), *Forensic Analysis of the Skull: Craniofacial Analysis, Reconstruction, and Identification*, New York: Wiley-Liss. [얼굴 복원]

Koehler, A.(1933), *Report of examination of ladder for the New Jersey State Police. Summary of observations and conclusions*, West Trenton: New Jersey State Police Museum. [찰스 린드버그 사건]

Koehler, A.(1935), "Who made that ladder?" *Saturday Evening Post*, 1935. 4. 20. [찰스 린드버그 사건]

Koehler, A.(1937), "Technique used in tracing the Lindbergh kidnapping ladder," *Journal of Criminal Law and Criminology* 7, 712~724쪽. [찰스 린드버그 사건]

Manchester Union Leader(1990), "Dear Abbey," *Manchester Union Leader*(New Hampshire, USA), 1990. 12. 23. [찰스 린드버그 착류]

Marks, M.(1995), "William M. Bass and the development of Forensic Anthropology in Tennessee," *Journal of Forensic Sciences* 40, 741~750쪽.

Murder in Mind(1998), "Bruno Hauptmann," *Murder in Mind*, Vol. 37, London: Marshall Cavendish. [찰스 린드버그 사건]

Nowak, R.(1994), "Forensic Science goes to court with O. J.," *Science* 265, 1352쪽 이하. [O. J. 심슨 사건]

Pennsylvania Gazette(2000), Dr. William Bass Ⅲ, "On this farm, corpses are cultivated," *Pennsylvania Gazette*, Alumni Profiles, University of Pennsylvania, 2000. 8. [보디 팜]

Polidoro, M.(1998), "Houdini and Conan Doyle. The story of a strange friendship," *Sceptical Inquirer* 22, 40쪽. [후디니/코난 도일]

Pringle, K.(2000), "Inside the mind of Jeffrey Dahmer. FBI files detail orgy of sex, murder and cannibalism," APBNews. Com, 2000. 8. 10, Internet: Http://apbonline.com/media/gfiles/dahmer/dahmer0814.html?s=pb_dahmer [제프리 다머 사건]

Quatrehomme, G./S. Cotin/G. Subsol/H. Delingette/Y. Garidel/G. Grévin/M. Fidrich/P. Bailet/A. Ollier(1997), "A fully three-dimensional method for facial reconstruction based on deformable models," *Journal of Forensic Sciences* 42, 549~652쪽. [얼굴 복원]

Roberts, T. D. M.(1954), "Cortical activity in electrocuted dogs," *The Veterinary Record* 66, 561~567쪽. [사형: 개의 뇌에 전류 공급]

Rodriguez, W. C./W. M. Bass(1983), "Insect activity and its relationship to decay rates of human cadavers in East Tennessee," *Journal of Forensic Sciences* 28, 423~432쪽. [보디 팜]

Shapiro, E. D./S. Reifler(1996), "Forensic DNA analysis and the united states government," *Medicine, Science, and Law* 36, 43~51쪽. [O.J. 심슨 사건]

Smith, S. L./P. H. Buschang(2001), "Midsagittal facial tissue thickness of children and adolescents from the Montreal growth study," *Journal of Forensic Sciences* 46, 1294~1302쪽. [얼굴 복원]

Snyder-Sachs, J.(2001), *Corpse. Nature, forensics, and the struggle to pinpoint time of death*, Cambridge, USA: Perseus Books. [보디 팜]

Stephan, C. N./M. Henneberg(2001), "Building faces from dry skulls: Are they recognized above chance rates?" *Journal of Forensic Sciences* 46, 432~440쪽. [얼굴 복원]

Stoney, M. B./T. D. Koelmeyer(1999), "Facial reconstruction: a case report and review of development of techniques," *Medicine, Science, and the Law* 39, 49~60쪽. [얼굴 복원]

Supreme Court of Appeals of West Virginia(1993), Investigation of West Virginia Police Crime Laboratory, Serology Division: Post-Coviction Habeas Corpus. Ross A, Special Prosecuting Attorney vs. Castelle G, Chief Public Defender of Kanawha County: Justice Miller deliv. opinion of the Court, filed November 10, 1993, Case 21973. [프레드 제인 사건]

The London Free Press(2001), " 'Evil' Bernardo tapes burned. The families of his tennage victims say they're relieved," *The London Free Press*(Kanada), 2001. 12. 22, [베르나르도와 호몰카 사건]

The Ottawa Sun(1998), "Families call for help to keep tapes secret," *The Ottawa Sun*, 1998. 02. 21, 6쪽. [베르나르도와 호몰카 사건]

The Toronto Sun(2000), " 'He was going to lie.' Murray quit when Bernardo told him to suppress videos," *The Toronto Sun*, 2000. 4. 20, 4쪽. [베르나르도와 호몰카 사건]

The Winnipeg Sun(2000), "Bernardo Ex-Lawyer grilled about tapes," *The Winnipeg Sun*(Final Ed.), 2000. 4. 26, 14쪽. [베르나르도와 호몰카 사건]

Tyrrell, A. J./M. P. Evinson/A. T. Chamberlain/M. A. Green(1997), "Forensic three-dimensional facial reconstruction: historical review and contemporary developments," *Journal of Forensic Sciences* 42, 653~661쪽. [얼굴 복원]

Ubelacker, D. H./D. R. Hunt(1995), "The influence of William M. Bass Ⅲ on the development of American Forensic Anthropology," *Journal of Forensic Sciences* 40, 729~734쪽. [보디 팜]

살인본능

개정판 1쇄 찍음 2016년 7월 20일
개정판 1쇄 펴냄 2016년 7월 27일

지은이 마르크 베네케
옮긴이 김희상
펴낸이 정혜인 안지미
편집 성기승 박혜미 이준환
디자인 한승연
제작처 공간

펴낸곳 알마 출판사
출판등록 2006년 6월 22일 제406-2006-000044호
주소 우. 03990 서울시 마포구 연남로 1길 8, 4~5층
전화 02.324.3800 판매 02.324.2845 편집
전송 02.324.1144

전자우편 alma@almabook.com
페이스북 /almabooks
트위터 @alma_books

ISBN 979-11-5992-020-2 03300

이 도서의 국립중앙도서관 출판시도서목록CIP은 서지정보유통지원시스템 홈페이지
http://seoji.nl.go.kr와 국가자료공동목록시스템 http://www.nl.go.kr/kolisnet에서
이용하실 수 있습니다. CIP제어번호: 2016016875

알마는 아이쿱생협과 더불어 협동조합의 가치를 실천하는 출판사입니다.
살아 숨 쉬는 인문 교양을 중심으로 새로운 감각을 일깨우며 오늘의 사회를 읽는 책을 펴냅니다.

종이 표지_삼화 CCP 250g/㎡ 본문_전주 그린라이트 70g/㎡